臺灣史研究名家論集

（三編）

尹章義　林滿紅　林翠鳳

武之璋　孟祥瀚　洪健榮

張崑振　張勝彥　戚嘉林

許世融　連心豪　葉乃齊

趙祐志　賴志彰　闞正宗

蘭臺出版社

作者簡介（依姓氏筆劃排序）

尹章義　社團法人臺灣史研究會理事長、財團法人福祿基金會董事、財團法人兩岸關係文教基金會執行長。中國文化大學民國 106 年退休教授，輔仁大學民國 94 年退休教授，東吳、臺大兼課。出版專書 42 種（含地方志 16 種）論文 358 篇（含英文 54 篇），屢獲佳評凡四百餘則。

　　　　赫哲人，世居武昌小東門外營盤（駐防），六歲隨父母自海南島轉進來臺，住臺中水湳，空小肄業，四民國校、省二中、市一中畢業，輔仁大學學士，臺灣大學碩士，住臺北新店。

林滿紅　專攻歷史學，國立臺灣大學歷史學系學士與碩士、國立臺灣師範大學歷史研究所博士、美國哈佛大學歷史與東亞語文研究所博士；1990 年之後擔任中央研究院近代史研究所研究員與國立臺灣師範大學歷史學系教授，2008-2010 年間曾任中華民國國史館館長，2015 年迄今擔任中央研究院與陽明醫學大學合開人文講座課程兼任教授，2021 年轉任中央研究院近代史研究所兼任研究員；研究課題包括：近代中國或臺灣的口岸貿易與腹地變遷、晚清的鴉片觀與國內供應、十九世紀中國與世界的白銀牽繫、亞太商貿網絡與臺灣商人（1860—1961）、亞太歷史與條約：臺海，東海與南海等。

林翠鳳　臺灣彰化人。國立中山大學中文研究所博士，國立臺中科技大學應用中文系教授。曾任國立臺中科技大學應用中文系主任。主要研究方向：臺灣文學、民俗信仰等。著作：《陳肇興及其陶村詩稿之研究》《黃金川集》《鄭坤五及其文學研究》《施梅樵及其漢詩研究》等專書。主編《臺灣旅遊文學論文集》《宗教皈依科儀彙編》等十餘種。擔任《田中鎮志》《大里市史》《媽祖文化志》《登瀛書院簡史》等史志單元編纂。已發表期刊論文數百篇。

武之璋　河南孟縣（現孟州市）人，1942 年生，1949 年七歲隨父母赴台，淡江大學外文系畢業，曾經營紡織、營造業多年，從商期間自修經濟學，常發表財經論文，為當局重視，曾擔任台北市界貿易中心常務董事、行政院經濟改革委員會務顧問，多次參與台灣財經政策討論，後從商場退休，專心治學，範圍遍及中國近代史、台灣史及儒家學說，曾經出版《二二八真相解密》、《策馬入林》、《中庸研究》、《解剖民進黨》、《台灣光復日產接收研究》、《二二八真相與謊言》、《原來李敖騙了你》、《武之璋論史》、《外省人的故事》等書，近年

致力兩岸和平統一，強力反對民進黨文化台獨，並組織「藍天行動聯盟」，從文化、思想各方面與民進黨展激烈戰鬥。

孟祥瀚　國立中興大學歷史學系兼任副教授，國立臺灣師範大學歷史系博士，曾任臺灣古文書學會理事長。研究領域為臺灣區域史、臺灣原住民史、台灣方志學與台灣古文書研究等。主要關注議題在於清代與日治時期國家力量對於地方與族群發展的影響，如清末至日治初期，國家政策對於東台灣發展的形塑，清代封山禁令下番界政策對於中台灣東側番界開發的影響等。方志與古文書的研究，則是企圖透過在地生活的豐富紀錄，以思考與探討台灣基層社會運作的實際面貌。本書所收各篇，大致回應了上述的學思歷程。

洪健榮　臺灣臺南市人，籍貫澎湖縣。省立臺南一中畢業，輔仁大學歷史學系學士、清華大學歷史碩士、臺灣師範大學歷史博士。曾任僑生大學先修班、臺師大歷史學系、明志科大通識教育中心、中央大學歷史研究所、臺北科大通識教育中心、輔大歷史學系兼任教師、國立故宮博物院圖書文獻處助理研究員，現職國立臺北大學歷史學系教授兼海山學研究中心主任。主要研究領域為臺灣社會文化史、臺灣方志學、臺灣區域史、臺灣族群史，著有《龍渡滄海：清代臺灣社會的風水習俗》、《西學與儒學的交融：晚明士紳熊人霖《地緯》中的世界地理書寫》，發表相關學術論文五十餘篇，另曾主編《五股志》、《延平鄉志》、《新屋鄉志》、《續修五股鄉志》、《續修新竹縣志卷九・人物志》。

張崑振　1970 年生於台北木柵，成大建築系畢業，成大建築博士，現任北科大建築系副教授，兼文化部、台北市及地方政府文資委員。曾擔任北科大創意設計學士班創班主任 2005-2008、北科大建築系主任 2016-2019。專長為建築史與理論、傳統建築與風土、遺產與都市保存，二十多年來一直從事台灣文化資產的保存、修復研究工作，主持六十餘件古蹟、聚落、文化景觀、產業遺產、遺址等類型文化資產調查研究計畫，近年也擔任古蹟修復設計及再利用策展工作。近年著有 2020《再尋冷戰軌跡-臺糖南北平行預備線文化資產價值研究》、2016《找尋曾經艱困的時代輪廓》、2015《傳家—新埔宗祠的故事》、2015《關渡宮—宮廟與文化景觀》等書。

張勝彥　臺灣大學歷史學學士、碩士，日本京都大學博士。先後任東海大學歷史系教授、日本京都大學文學部外國人招聘教授、中央大學歷史研究所教授兼所長、日本私立關西大學經濟學部外國人招聘教授、臺北大學歷史系教授兼民俗藝術研究所所長、及人文學院院長等教職。此外曾任臺灣歷史學會會長、內政部古蹟評鑑小組委員、臺中

縣志總編纂、續修臺中縣志總編纂、續修臺北縣志總編纂等職。現為臺北大學兼任教授、續修新竹縣志總編纂。已出版之學術著作有《南投開拓史》、《清代臺灣廳縣制度之研究》、《認識臺灣（歷史篇）》、《臺灣開發史》、《台中市史》、《臺灣史》等著作。

戚嘉林　**Dr. Chi Chia-lin**，中國統一聯盟前主席，1951 年生於台灣（原籍湖北沔陽/仙桃），輔仁大學商學士、中國文化大學經濟研究所碩士、南非首都比勒陀利亞大學（University of Pretoria）國際關係學博士。台灣外事人員特考及格，任職駐外單位、退休后曾任中國統一聯盟主席、並在世新大學授課。現為《祖國》雜誌發行人兼社長，社團法人台灣史研究會理事長，著有《台灣史》《台灣二二八大揭秘》《李登輝兩岸政策十二年》《台灣史問與答》《謝南光-從台灣民眾黨到中國共產黨》，及主編《坎坷復興路》等書。

許世融　雲林縣口湖鄉人，1966 年生，臺灣師範大學歷史學系博士，現任臺中教育大學區域與社會發展學系副教授兼系主任。先後於嘉義農專、國空大、建國科大、清華大學歷史研究所擔任兼任講師、助理教授；陸續進行過科技部諸多專題研究案。2011-2013 年並參與京都大學經濟學部堀和生教授主持的「東アジア高度成長の史的研究一連論から東アジア論へ一」跨國研究計畫。主要學術專長：臺灣經濟史、社會史、族群史等。博士論文〈關稅與兩岸貿易（1895-1945）〉曾獲得彭明敏文教基金會臺灣研究最佳博士論文獎。

連心豪　福建省仙遊縣人，1954 年 3 月生於安溪縣文廟廖厝館，旋移居泉州市區。廈門大學歷史學碩士，歷任廈門大學歷史學系教授，廈門大學中國海關史研究中心主任，福建省連橫文化研究院院長，福建省文史研究館研究館員，中國海關博物館顧問。專攻中國近代海關史，兼治閩臺關係史、閩南民間信仰與譜牒學。著有《近代中國的走私與海關緝私》、《水客走水》、《中國海關與對外貿易》，主編《閩南民間信仰》、《福建連氏志》、《仙遊鳳阿阿頭連氏譜牒》等書。

葉乃齊　1960 年出生於嘉義。1982 年自文化大學建築系畢業，1987-1989年曾就讀於台灣大學土木研究所交通乙組，1989 年曾於文化大學造園景觀系兼任執教，1990-1993 年服務於行政院文建會，從事古蹟保存業務。1993 年就讀台灣大學建築與城鄉研究所博士班，2002年 7 月獲台大城鄉所博士學位，曾擔任南亞技術學院建築系專任助理教授及華梵大學建築學系專任助理教授。2005 年 8 月接任華梵大學建築學系主任、所長，於 2008 年 1 月卸任。曾參與王鴻楷教授主持之研究案有《澎湖天后宮之彩繪》等五案。及夏鑄九教授主

持之研究案有《新竹縣三級古蹟新埔褒忠亭整修計畫》等七案。專業研究規劃案有近二十五本著作，個人代表著作有博士論文《台灣傳統營造技術的變遷初探--清代至日本殖民時期》，碩論《古蹟保存論述之形成—光復後台灣古蹟保存運動》及近百篇論文與著述。

趙佑志　1968 年，臺北人，臺灣師範大學歷史系學士、碩士、博士。現任新北高中教師兼任學務主任、清華大學歷史研究所兼任助理教授、真理大學人文與資訊學系兼任助理教授、淡江大學師培中心兼任助理教授，曾參與《沙鹿鎮志》、《梧棲鎮志》、《桃園市志》、《續修臺北縣志》、《高中歷史教科書》的編纂。著有：《日據時期臺灣商工會的發展(1895—1937)》、《日人在臺企業菁英的社會網絡(1895—1945)》、《續修臺北縣志》卷八文教志、〈躍上國際舞臺—清季中國參加萬國博覽會之研究〉等近百篇論文。

賴志彰　臺灣彰化人，逢甲建築系學士，國立臺灣大學建築與城鄉研究所碩、博士，長期參與文化資產保存工作，從最早的內政部到目前幾個市縣的文化資產諮詢委員，深入研究霧峰林家的歷史與建築，研究臺灣地方民居（包括新北、桃園、苗栗、臺中縣、彰化、嘉義市等），碩博士論文攢研臺中市的都市歷史，研究過新莊迴龍樂生療養院、臺灣古地圖、佳冬蕭宅、彰化縣志的公共藝術與工藝篇等。目前服務於國立臺南大學文化與自然資源學系臺灣文化碩士班，担任副教授，指導超過 180 篇以上的碩士論文。

闞正宗　1961 年出生於臺灣嘉義，成功大學歷史學博士。1985 年起年從事新聞編採工作，進而主持佛教出版社、雜誌社。長年從事佛教寺院及文物的田野調查，二十餘年間完成有關佛寺、人物田野調查專著、合著十餘冊。1996 年起先後出版《臺灣佛寺導遊》九冊、《臺灣佛教一百年》、《臺灣佛寺的信仰與文化》、《重讀臺灣佛教——戰後臺灣佛教（正續編）》、《臺灣佛教史論》、《中國佛教會在臺灣——漢傳佛教的延續與開展》、《臺灣日治時期佛教發展與皇民化運動——「皇國佛教」的歷史進程（1895-1945)》、《臺灣佛教的殖民與後殖民》、《臺灣觀音信仰的「本土」與「外來」》等學術著作。除臺灣佛教史研究之外，研究領域尚延伸至臺灣宗教、中、臺、日三邊佛教交涉、日本文化等研究領域。曾任法鼓佛教學院、玄奘大學宗教研究所兼任助理教授，現任佛光大學佛教學系副教授。

《臺灣史研究名家論集》——總序

　　《臺灣史研究名家論集》即將印行，忝為這套叢刊的主編，依出書慣例不得不說幾句應景話兒。

　　這十幾年我個人習慣於每學期末，打完成績上網登錄後，抱著輕鬆心情前往探訪學長杜潔祥兄，一則敘敘舊，問問半年近況，二則聊聊兩岸出版情況，三則學界動態及學思心得。聊著聊著，不覺日沉西下，興盡而歸，期待半年後再見。大約三年前的見面閒聊，偶然談出了一個新企劃。潔祥兄自從離開佛光大學教職後，「我從江湖來，重回江湖去」（潔祥自況），創辦花木蘭出版社，專門將臺灣近六十年的博碩士論文，有計畫的分類出版，洋洋灑灑已有數十套，近年出書量及速度，幾乎平均一日一本，全年高達三百本以上，煞是驚人。而其選書之嚴謹，校對之仔細，書刊之精美，更是博得學界、業界的稱讚，而海峽對岸也稱許他為「出版家」，而不是「出版商」。這一大套叢刊中有一套《臺灣歷史文化叢刊》，是我當初建議提出的構想，不料獲得彼首肯，出版以來，反應不惡。但是出書者均是時下的年輕一輩博、碩士生，而他們的老師，老一輩的名師呢？是否也該蒐集整理編輯出版？

　　看似偶然的想法，卻也是必然要去做的一件出版大事。臺灣史研究的發展過程，套句許雪姬教授的名言「由鮮學經顯學到險學」，她擔心的理由有三：一、大陸學界有關臺灣史的任務性研究，都有步步進逼本地臺灣史研究的趨勢，加上廈大培養一大批三年即可拿到博士學位的臺灣學生，人數眾多，會導致臺灣本土訓練的學生找工作更加雪上加霜；二、學門上歷史系有被社會科學、文學瓜分，入侵之虞；三、在研究上被跨界研究擠壓下，史家最重要的技藝——史料的考訂，最後受到影響，變成以理代証，被跨學科的專史研究壓迫得難以喘氣。另外，中研院臺史所林玉茹也有同樣憂慮，提出五大問題：一、是臺灣史研究受到統獨思想的影響；二、學術成熟度仍不夠，一批缺乏專業性的人可以跨行教授臺灣史，或是隨時轉戰研究臺灣史；三、是研究人力不足，尤其地方文史工作者，大多學術訓練不足，基礎條件有限，甚至有偽造史料或創

造歷史的情形，他們研究成果未受到學術檢驗，卻廣為流通；四、史料收集整理問題，文獻資料躍居成「市場商品」，竟成天價；五、方法問題，研究者對於田野訪查或口述歷史必須心存警覺和批判性。

十數年過去了，這些現象與憂慮仍然存在，臺灣史學界仍然充滿「焦慮與自信」，這些焦慮不是上文引用的表面問題，骨子裡頭真正怕的是生存危機、價值危機、信仰危機，除此外，還有一種「高平庸化」的危機。平心而論，臺灣史的研究，不論就主題、架構、觀點、書寫、理論、方法等等。整體而言，已達國際級高水準，整個研究已是爛熟，不免凝固形成一僵硬範式，很難創新突破而造成「高平庸化」的危機現象。而「高平庸化」的結果又導致格局小、瑣碎化、重複化的現象，君不見近十年博碩士論文題目多半類似，其中固然也有因不同學門有所創見者，也不乏有精闢的論述成果，但遺憾的是多數內容雷同，資料重複，學生作品如此；學者的著述也高明不到哪裡，調研案雖多，題材同，資料同，析論也大同小異。於是乎只有盡量挖掘更多史料，出版更多古文書，做為研究創新之新材料，不過似新實舊，對臺灣史學研究的深入化反而轉成格局小、理論重複、結論重疊，只是堆砌層累的套語陳腔，好友臺師大潘朝陽教授，曾諷喻地說：「早晚會出現一本研究羅斯福路水溝蓋的博士論文」，誠哉斯言，其言雖苛，卻是一句對這現象極佳註腳。至於受統獨意識形態影響下的著作，更不值得一提。這種種現狀，實在令人沮喪、悲觀，此即焦慮之由來。

職是之故，面對臺灣史這一「高平庸化」的瓶頸，要如何掙脫困境呢？個人的想法有二：一是嚴守學術規範予以審查評價，不必考慮史學之外的政治立場、意識形態、身分認同等；二是返回原點，重尋典範。於是個人動了念頭，很想將老一輩的著作重新整理，出版成套書，此一構想，獲得潔祥兄的支持，兩人初步商談，訂下幾條原則，一、收入此套叢書者以五十歲（含）以上為主；二、是史家、行家、專家，不必限制為學者，或在大專院校、研究機構者；三、論文集由個人自選代表作，求舊作不排除新作；四、此套書為長期計畫，篩選四、五十位名家代表

作，分成數輯分年出版，每輯以二十位為原則；五、每本書字數以二十萬字為原則，書刊排列起來，也整齊美觀。商談一有結論，我迅即初步擬定名單，一一聯絡邀稿，卻不料潔祥兄卻因某些原因而放棄出版，變成我極尷尬之局面，已向人約稿了，卻不出版了。之後拿著企劃書向兩家出版社商談，均被婉拒，在已絕望之下，幸得蘭臺出版社盧瑞琴女史遞出橄欖枝，願意出版，才解決困局。但又因財力、人力、市場的考慮，只能每輯以十人為主，這下又出現新困擾，已約的二十幾位名家如何交代如何篩選？兩人多次商討之下，盧女史不計盈虧，終於同意擴大為十五位，並不篩選，以來稿先後及編排作業為原則，後來者編入續輯。

　　我個人深信史學畢竟是一門成果和經驗累積的學科，只有不斷累積掌握前賢的著作，溫故知新，才可以引發更新的問題意識，拓展更新的方法、理論，才能使歷史有更寬宏更深入的研究。面對已成書的樣稿，我內心實有感發，充滿欣喜、熟悉、親切、遺憾、失落種種複雜感想。我個人只是斗膽出面邀請同道之師長友朋，共襄盛舉，任憑諸位自行選擇其可傳世、可存者，編輯成書，公諸同好。總之，這套叢書是名家半生著述精華所在，精彩可期，將是臺灣史研究的一座豐功碑及里程碑，可以藏諸名山，垂範後世，開啓門徑，臺灣史的未來新方向即孕育在這套叢書中。展視書稿，披卷流連，略綴數語以說明叢刊的成書經過，及對臺灣史的一些想法、期待與焦慮。

卓克華

2016.2.22 元宵　於三書樓

《臺灣史研究名家論集》——推薦序

　　《臺灣史研究名家論集》這套書本身就是一種臺灣史研究。其性質與意義，可以我擬編的另一套書來做說明。

　　相對於大陸，臺灣學界個性勝於群性，好處是彰顯個人興趣、自由精神；缺點是不夠關注該學科的整體發展，很少人去寫年鑑、綜述、概括、該學科的資料彙編或大型學人論著總集。

　　所以我們很容易掌握大陸各學科的研究發展狀況，對臺灣則不然。比如哲學、文學、社會學、政治學都各有哪些學派、名家、主要著作，研究史又如何等等，個中人也常弄不清楚，僅熟悉自己身邊幾個學校、機構或團體而已。

　　本來名家最該做這種事，但誰也不願意做綜述、概括這等沒甚創見的勞動；編名家論集嘛，既抬舉了別人，又掛一漏萬得罪人，何必呢？

　　我在學生書局時，編過一些學科綜述，頗嘗甘苦。到大陸以後，也曾想在人文與社會學科中，每學科選二十位名家，做成論文集，以整體呈現臺灣二十世紀下半葉的學術成果，遷延至今，終於未成。所以我看卓克華兄編成的這套《臺灣史研究名家論集》特有會心、特深感慨。

　　正如他所說，現在許多學科都面臨大陸同行的參與，事實上也是巨大的壓力。大陸人數眾多，自成脈絡。臺灣如果併入其數量統計中去，當然立刻被淹沒了。他們在許多研究成果綜述中，被視野和資料所限，也常不會特別關注臺灣。因此我們自己的當代學術史梳理就特別重要、格外迫切。

　　《臺灣史研究名家論集》從這個意義上說，本身就是一種臺灣學術史的建構。所選諸名家、各篇代表作，足以呈現臺灣史這個學科的具體內容與發展軌跡。

　　這些名家，與我同時代，其文章寫作之因緣和發表時之情境，讀來歷歷在目，尤深感慨。

　　因為「臺灣史」這個學科在臺灣頗有特殊性。

　　很多人說戒嚴時期如何如何打壓臺灣史研究，故臺灣史尠有人問津；

後來又如何如何以臺灣史、臺灣文學史為突破口，讓臺灣史研究變成了顯學。克華總序中提到有人說臺灣史從「鮮學變成顯學」，然後又受政治影響，成了險學，就是這個意思。

但其實，說早年打壓臺灣史，不是政治觀點影響下的說詞嗎？卷帙浩繁的《臺灣風物月刊》、《臺北文獻季刊》、《臺灣文獻季刊》、臺灣銀行《臺灣文獻叢刊》等等是什麼？《臺灣文獻季刊》底下，十六種縣市文獻，總計就有四億多字，怎麼顯示五十年代到八十年代中期政府打壓了臺灣史的資料與研究？我就讀的淡江大學，就有臺灣史課程，圖書館也有專門臺灣史料室，我們大學生每年參加臺灣史蹟源流會的夏令營，更是十分熱門。我大學以後參與鄉土調查、縣誌編撰、族譜研究，所感受的暖心與熱情，實在不能跟批評戒嚴時期如何如何打壓臺灣史研究的說詞對應起來。

反之，對於高談本土性、愛臺灣、反殖民的朋友所揭櫫的臺灣史研究，我卻常看到壓迫和不寬容。所以，他們談臺灣文學時，我發現他們想建立的只是「我們的文學史」。我辦大學時，要申辦任何一個系所都千難萬難，得提前一兩年準備師資課程資料及方向計畫去送審；可是教育部長卻一紙公文下來，大開後門，讓各校趕快開辦臺灣史系所。我們辦客家研討會，客家委員會甚至會直接告訴我某教授觀點與他們不合，不能讓他上臺。同樣，教師在報端發表了他們不喜歡的言論，各機關也常來文關切……。這時，我才知道有一個幽靈，在監看著臺灣史研究群體。

說這些，是要提醒本叢刊的讀者：無論臺灣史有沒有被政治化，克華所選的這些名家，大抵都表現了政治泥沼中難得的學術品格，勤懇平實地在做研究。論文中匕鬯不驚，而實際上外邊風雨交加。史學名家之所以是名家，原因正要由此體會。

但也由於如此，故其論文多以資料梳理、史實考證見長。從目前的史學潮流來看，這不免有點「古意盎然」。他們這一輩人，對現時臺灣史研究新風氣的不滿或擔憂，例如跨學科、理論麾指史料、臺灣史不盡

為史學系師生所從事之領域等等，其實就由於他們古意了。

　　古意，當然有過時的含義；但在臺灣，此語與老實、實在同意。用於臺灣史研究，更應做後者理解。實證性史學，在很多地方都顯得老舊，理論根基也已動搖，但在臺灣史這個研究典範還有待建立，假史料、亂解讀，政治干擾又無所不在的地方，卻還是基本功或學術底線。老一輩的名家論述，之所以常讀常新，仍值得後進取法，亦由於此，特予鄭重推薦。

龔鵬程

《臺灣史研究名家論集》——推薦序

臺灣，在許多大陸人看來是一個地域相對狹小、自然資源有限、物產不夠豐富、人口不夠眾多且孤懸於海外的一個島嶼之地。對於這座寶島的歷史文化、社會風貌、民間風俗以及人文地貌等方面的情況知之甚少。然而，當你靜下心來耐心地閱讀由臺灣蘭臺出版社出版的《臺灣史研究名家論集》（已出版三編）之後，你一定會改變你對臺灣這個神奇島嶼的認知。

《臺灣史研究名家論集》到目前為止，已經輯錄了近五十名研究臺灣史的專家近千萬字的有關臺灣史的研究成果。這些研究成果大都以臺灣這塊獨特的地域空間為載體，以發生在這塊神奇土地上的歷史事件、人物故事、社會變遷、宗教信仰、民間習俗、行政建制、地方史志、家族姓氏、外族入侵、殖民統治、風水習俗以及建築歷史等等為研究內容，幾乎囊括了臺灣的自然與社會生活的方方面面。例如，尹章義的《臺灣移民開發史上與客家人相關的幾個謎題》，林滿紅的《清末臺灣與我國大陸之貿易型態比較（1860-1894）》，林翠鳳教授的《臺灣傳統書院的興衰歷程》，武之璋先生的《從純史學的角度重新檢視二二八》，洪健榮的《明鄭治臺前後風水習俗在臺灣社會的傳佈》，張崑振的《清代臺灣地方誌所載官祀建築之時代意義》，張勝彥的《臺灣古名考》，戚嘉林的《荷人據台殖民真相及其本質之探討》，許世融的《日治時期彰化地區的港口變化與商貿網絡》，連心豪的《日本據臺時期對中國的毒品禍害》，葉乃齊的《臺灣古蹟保存技術發展的一個梗概》，趙佑志的《日治時期臺灣的商工會與商業經營手法的革新（1895—1937）》，賴志彰的《台灣客家研究概論—建築篇》，闞正宗的《清代治臺初期的佛教（1685-1717）——以《蓉洲詩文稿選集》、《東寧政事集》為中心……

上述各類具體的臺灣史研究，給讀者全面、深刻、細緻、準確地瞭解臺灣、認知臺灣、理解臺灣、並關注臺灣未來的發展，提供了「法國年鑒學派」所說的「全面的歷史」資料和「完整的歷史」座標。這套叢書給世人描摹出一幅幅臺灣社會、文化、經濟、生態以及島民心態變遷

的風俗畫。它們既是臺灣社會的編年史、也是臺灣的時代變遷史,還是臺灣社會風俗與政治文化的演變史。

《臺灣史研究名家論集》在史學研究方法上借鑒了法國年鑒學派以及其他現代史學流派的諸多新的研究方法,給讀者提供了新的研究視角,使得史學研究能夠從更加廣闊、更加豐富的空間與視角上獲取歷史對人類的啟示。《臺灣史研究名家論集》的許多研究成果,印證了中國大陸著名歷史學家章開沅先生對史學研究價值的一種「詩意化」的論斷,章開沅先生曾經說過,「**從某種意義上說,史學應當是一個沉思著的作者在追撫今夕、感慨人生時的心靈獨白。史學研究的學術的價值不僅在於它能夠舒緩地展示每一個民族精神的文化源流,還在於它達到一定境界時,能夠闡揚人類生存的終極意義,並超越時代、維繫人類精神與不墮……」**

閱讀《臺灣史研究名家論集》,能夠讓讀者深切感受到任何一個有限的物理空間都能夠創造出無限的精神世界,只要這塊空間上的主人永遠懷揣著不斷創造的理想與激情。我記得一位名叫唐諾(謝材俊)的臺灣作家曾經說過,由於中國近代歷史的風雲際會,使得臺灣成為一個十分獨特的歷史位置。「**在很長一段時間裡,臺灣是把一個大國的靈魂藏在臺灣這個小小的身體裡面……**」,的確,近代以來的臺灣,在某種程度上來講成就驚人。它誕生過許多一流的人文學者、一流的史學家、一流的詩人、一流的電影家、一流的科學家。它曾經是「亞洲四小龍」之一。

臺灣之所以能夠取得如此驚人的文化成就,離不開諸如《臺灣史研究名家論集》裡的這些史學研究名家和**臺灣蘭臺出版社**這樣的文化機構以及**一大批「睜眼看世界」的仁人志士們**持之以恆的辛勤耕耘和不畏艱辛的探索。是這些勇敢的探尋者**在看得見的地域有限物理空間拓展並創造出了豐富多彩的浩瀚精神宇宙**。

為此,我真誠地向廣大讀者推薦《臺灣史研究名家論集》這套叢書。

王國華　2021 年 6 月 7 日於北京

《臺灣史研究名家論集》——編後記

　　我在〈二編後記〉中曾慨嘆道，編此《論集》有三難：邀稿難、交稿難、成書難。在《三編》成書過程中依然如此，甚且更加嚴重，意外狀況頻頻發生，先是新冠肺炎疫情耽誤了近一年，而若干作者交稿、校稿拖拖拉拉，也有作者電腦檔案錯亂的種種問題，也有作者三校不足，而四校，五校，每次校對又增補一些資料，大費周章，一再重新整理，諸如此類狀況，整個編輯作業延誤了近一年，不得已情商《四編》的作者，將其著作提前補入《三編》出版，承蒙這些作者的同意，才解決部分問題。

　　如今面對著《三編》的清樣，心中無限感慨，原計畫在我個人退休前將《臺灣史研究名家論集》四輯編輯出版完成，而我將於今年（2021）七月底退休，才勉強出版了《三編》，看來又要耗費二年歲月才能出版《四編》，前後至少花了十年才能夠完成心願，十年，人生有多少個十年？！也只能自我安慰，至少我為臺灣史學界整理了乙套名家鉅作，留下一套經典。

卓克華　　于三書樓

2021.6.7

張勝彥

臺灣史研究名家論集

蘭臺出版社

目　錄

自序

　　筆者自就讀台大歷史系之後，認知人是最有強烈歷史意識的動物，經常「活在回憶過去中」，會把過去所處的環境，見到的事物記錄下來，成為人類最佳記憶材料，人類的歷史就記在其中。援此，人類未來的行為，總是會受到過去歷史的支配，致人和歷史有不可分割的關係，了解歷史真相成為必要課題，了解歷史更是發揮人性的重要層面。筆者基於上述之認知，乃思從事歷史研究工作。

　　筆者自台大歷史系畢業後，繼續在台大歷史系碩士班研讀，碩士班畢業後，隨即前往日本京都大學進入博士班研讀。據考古資料的推估，台灣約有三至五萬年的歷史，地理上台灣位於東亞大陸之東南，日本之西南，南洋之東北，所以自古以來即為這三個地區之要衝，每受這三個地區之歷史與文化的影響。西元第 17 世紀之後台灣更加入了歐美的影響，漸登上世界歷史舞台，台灣的歷史實值得我們深加研究，筆者乃以台灣史為主要研讀領域。

　　筆者留學日本回國後，先後在東海大學、中央大學和台北大學擔任專任教授，並先後兼任研究所所長、學院院長，在各大學主要講授台灣史相關課程。筆者過去一直對台灣的歷史極感興趣，且覺得台灣的歷史值得我們深加研究，在授課和工作之餘，乃著力於台灣史相關課題之研究，撰寫一些論著。今於卓克華教授的大力鼓勵下，將以前發表過的「台灣古名考」、「鄭成功的家世及其少年之探討」、「台灣清代地方志之研究─以康熙年間所編之台灣府志為例」、「清代台灣知縣制度之研究」、「清代台灣廳制度史之研究（一）」、「清代台灣廳制度史之研究（二）」、「清代台灣廳制度史之研究（三）」、「清代台灣漢人土地所有型態之研究」、「清代台灣書院制度」和「台灣近代教育的發展」等諸篇論著收編成書，提供讀者對台灣史瞭解的若干視角，並以此就正於方家，尚祈諸先進與高朋之士不吝指教。

張勝彥序於台北市士林

2021 年 04 月 16 日

臺灣古名考

一、前言

　　從各個學科研究結果，人們已可以了解臺灣與中國大陸，自古以來就有著密切的關係。例如從地質學來說，林朝棨教授認為臺灣是大陸的一部份[1]；又如從現代考古人類學的理論與方法來研究臺灣史前的文化，也得到一個共通的印象，那就是臺灣的歷史與文化跟大陸保持著密切的關係[2]。雖然如此，可是漢人究竟何時知道臺灣，自古如何稱呼臺灣並於何時大批移民臺灣，關於這些問題，有關文獻的記載實在有限。儘管如此，但如果想進一步解決上述問題，似乎從文獻資料著手，多少對問題的解決有所幫助。現就中國漢人何時知道臺灣，以及中外如何稱呼臺灣做一簡單的探討。

1　林朝棨，〈從地質學說臺灣與大陸的關係〉，見《中原文化與臺灣》，臺北市文獻委員會編，民國六十年十月，頁一九九。

2　宋文薰譯，〈臺灣先史時代的文化層〉，見《文獻專刊》，第三卷，第三、四期。
　　宋文薰譯，〈考古學上的臺灣〉，見現代國民基本知識叢書內「臺灣文化論集」（一）。
　　宋文薰譯，〈東南亞細亞的黑陶彩陶及紅陶〉，見《臺灣風物》第二卷第三期。
　　宋文薰譯，〈長濱文化發掘報告〉，見前引《中原文化與臺灣》。
　　宋文薰譯，〈長濱文化──臺灣首次發現的先陶文化〉，見中國民族學通訊第九期。
　　宋文薰，〈臺灣西部史前文化的年代〉，見《臺灣文獻》，第十六卷，第四期。
　　石璋如，〈先史時代臺灣與大陸的交通──彩陶、黑陶、肩斧、段 等研討〉，見《臺北文獻》，第二期。
　　石璋如，〈六種石器與中國史前文化〉，見《中央研究院歷史語言研究所集刊》，第三十本上冊。
　　凌純聲，〈臺灣先史學民族學概觀序〉，見《文獻專刊》，第五卷，第一、二期。
　　張光直，〈中國境內黃土期以前的人類文化〉，見前引《中研院史語所集刊》，第三十七本下冊。
　　張光直，〈中國新石器時代文化斷代〉，見前引《史語所集刊》，第三十本上冊。
　　張光直，〈華南史前民族文化史提綱〉，見《中央研究院民族學研究所集刊》，第七期。
　　〈臺灣研究特集〉，日本民族學會發行，《民族學研究》，第十八卷，第一、二期合刊。
　　宮本延人，〈臺灣先史時代概說〉，見長坂金雄編，《人類學先史學講座》，東京雄山閣株式會社，合昭和十六年，六月再版。
　　金關丈夫，〈臺灣先史時代研究〉，見《臺灣文化》，第六卷，第一期。

二、隋唐以前的稱呼

　　中國文獻最早有關臺灣的記載到底是何者，目前仍然眾說紛云，換言之，中國漢人何時知道臺灣，最初如何稱呼臺灣，關於這些問題，人們仍然不甚明瞭。有些學者從《尚書》中的〈禹貢〉篇去尋找這些問題的答案。《臺灣府志》就說臺灣屬於「禹貢」的揚州[3]。日本學者尾崎秀真先生認為〈禹貢〉篇中所記「島夷卉服」之「島夷」即係當時居住在臺灣的民族[4]。另一位日本臺灣史專家伊能嘉矩先生則認為「島夷」是否係指臺灣；似乎不得不加以再三考量[5]。因此，四千年前漢人是否稱臺灣島民為「島夷」，是否知道有現在的臺灣等問題仍待考證。部份學者從《史記》加以探討，認為該書之秦始皇本紀中記說：「齊人徐市（福）等上書，言海中有三神山，名曰：蓬萊、方丈、瀛洲，僊人居之，請得齋戒，與男女童求之，於是遣徐市發童男女數千人，入海求僊人」[6]其中的「蓬萊」、「方丈」、「瀛洲」三神山之一是指現在的臺灣，他們這類說法尚難令人接受。另外有些學者以為《前漢書》地理志卷八中「會稽海外有東鯷人分為二十餘國，以歲時來獻見」的「東鯷」是指今日的臺灣。例如日本學者市村瓚次郎先生曾在〈關於唐以前之福建及臺灣〉（參見《東洋學報》，第八卷第一號）一文中認為「東鯷」似乎有指今日之琉球或臺灣的可能。其後，日本學者白鳥庫吉先生認為「東鯷」即是指現在的臺灣[7]。不過桑田六郎先生

3　高拱乾，《臺灣府志》，臺北，臺灣銀行經濟研究室編，民國四十九年，頁一。

4　尾崎秀真，蓬萊山，見《臺灣史話》第一卷。楊雲萍教授認為尾崎先生以柑橘、織具來解釋「島夷卉服」之「島夷」即係「臺灣」，理由似欠充分。楊教授說：「柑橘非臺灣一地之特產……織具假使可斷定為現在之『珠裙』，但也不能斷定在『禹』的時代，臺灣以外之島嶼，絕沒有『珠裙』的存在。四千多年的漫長歲月，不是容易可以一躍而跨過的。再從古代的交通情形說，問題亦不是如此簡單的。至於『禹貢』之寫定年代本有疑問；氣候、地形，古今亦有變化。『禹貢』所載的『島夷卉服』之『島夷』是否即四千多年前之臺灣原住民族，固有俟今後的研討，只是提出古代臺灣與中國大陸的關係，確值得注意。」（引自楊雲萍教授，臺灣大學民國五十九學年度臺灣史講義。）

5　伊能嘉矩，《臺灣文化志》上卷，東京，刀江學院，昭和三年，頁二。

6　《史記‧秦始皇本紀》卷六。

7　桑田六郎著，賴永祥譯，〈古代之臺灣〉，見賴永祥編《臺灣史研究初集》，臺北，三民書局，民國五十九年，頁一。

卻認為「東鯷」是想像中之產物[8]。因此「東鯷」是否為其時漢人對臺灣的稱呼，我們對此還是採取保留的態度，暫時存疑較為妥當。另外有些學者發現《三國志》曾記載吳黃龍二年（西元二三〇年）孫權征「夷洲」並俘數千人而還的事情[9]，就根據沈瑩的「臨海水土志」中有關「夷洲」的記載，指稱「夷洲」就是臺灣[10]。例如我國學者凌純聲、郭廷以先生等及日本學者市村瓚次郎、白鳥庫吉、和田清先生等均認為「夷洲」即今之臺灣[11]。其中凌氏雖然曾以為「中國志籍記載臺灣最

8　同前，頁二。

9　《三國志》，卷四十七，〈吳志卷二・孫權傳〉記曰：「二年春正月……遣將軍衛溫諸葛直將甲士萬人，浮海求夷洲及亶洲。亶洲在海中，長老傳言：秦始皇遣方士徐福將童男童女數千，入海求蓬萊神山及仙藥，止此洲不還，世相承有數萬家，其上人民，時有至會稽貨布，會稽東縣人海行亦有遭風流移至亶洲者，所以絕遠，卒不可得至，但得夷洲數千人還。」

同前書，卷五十八，〈吳志卷十三・陸遜傳〉記曰：「權欲遣偏師取夷洲及朱崖，皆以諮遜。遜上疏曰：臣愚以為四海未定，當須民力以濟時務。今兵興歷年，見眾損減，陛下憂勞聖慮，忘寢與食，將遠規夷洲，以定大事，臣反覆思惟，未見其利，……權遂征夷洲，得不補失。」同前書，卷六十，吳志卷十五，全琮傳記曰：「初權將圍珠崖及夷洲，皆先問琮，琮曰：以聖朝之威，何向而不克，然殊方異域，隔絕障海，水土氣毒，自古有之，兵入民出，必生疾病，轉相污染。……權不聽，軍行經歲，士眾疾疫，死者十有八九，權深悔之。」

10　沈瑩，《臨海水土志》記曰：「夷洲在臨海東南，去郡二千里，土地無雪霜，草木不死，四面是山，眾山夷所居，山頂有越王射的正白，乃是石也。此夷各號為主，分畫土地人民，各自別異。人皆髠頭穿耳，女人不穿耳。作室居，種荊為蕃。土地饒沃，既生五穀，又多魚肉。舅姑子歸，男女臥息，共一大床，交會之時，各不相避。能作細布，亦作班文布，刻畫其內，有文章以為飾好也。其地亦出銅鐵，唯用鹿觡矛以戰鬥耳。磨礪青石以作矢鏃、刀斧、鐶貫、珠璫。飲食不潔，取生魚肉，雜貯大器中以滷之，歷日月乃啖食之，以為上餚。呼民人為彌麟，如有所召，取大空財，材十餘丈，以著中庭，又以大杵旁舂之，聞四五里如鼓　民人聞之，皆往馳赴會。飲食皆踞相對，鑿狀作器如稀槽狀，以魚肉腥臊安中，十五五共食之。以粟為酒，木槽貯之，用大竹筒長七寸許飲之。歌似犬口罩皐，以相娛樂。得人頭，斫去腦，駁其面肉，留置骨，取犬毛染之，以作鬚眉髮，編貝齒以作口，自臨戰鬥時用之，如假面狀，此是夷王所服。戰得頭，着首還於中庭，建一大材，高十餘丈，以所得差次挂之，歷年不下，彰示其功。又、甲家有女，乙家有男，仍委父母往就之居，與作夫妻，同牢而食。女以嫁皆缺去前上一齒。」（見宋李昉等撰《太平御覽》，卷七八〇，四夷部一，臺北，新興書局，民國四十八年。）

11　凌純聲，〈古代閩越人與臺灣土著族〉，見《學術季刊》，第一卷第二期。
郭廷以，《臺灣史事概說》，臺北，正中書局，民國四十三年。
市村瓚次郎，〈唐以前の福建及臺灣に就いてし〉，見《東洋學報》第八卷第一號。
桑田六郎著，賴永祥譯，〈古代之臺灣〉，見前註七。
和田清，〈琉球臺灣の名稱に就いて〉見《東洋學報》第八卷第四號。

古的文獻，當為臨海水土志，中國政府正式經略臺灣始於東吳，而漢夷民間往還更早於此。至於越人的移殖臺灣則在遠古」[12]，但仍有學者對「夷洲」即指今之臺灣的看法採保留的態度。例如桑田六郎先生甚至認為「夷洲」之名，實由來於徐福渡海說，決非有所根據，亦非自古則指臺灣，可能至發現並認識臺灣之後，始將此名冠於其上者[13]。楊雲萍先生則認為在《臨海水土志》中，從方位、氣候、地形、物產及古蹟等加以研析的話，則「夷洲」與其擬之為現在的臺灣，不如擬之為現在廣州的某一地方或海南島之某地，似較為妥適。要之「夷洲」是否今日之臺灣，尚有許多疑問存在[14]。楊先生對「夷洲」即指臺灣的看法是採保留態度的。

三國之後雖為晉完成一統之局，但和平統一的局面並不長，中國不久又進入分裂的局面，歷經兩晉南北朝，其間分裂時間長達三世紀之久。在這期間可擬為有關臺灣的記載之文獻資料，似尚未為學者們所發現，因而有關這段期間漢人對臺灣的認識如何，他們如何稱呼臺灣也就不得而知了，可是到了隋朝漢人對大陸東南海島的知識已稍豐富了，《隋書·流求國傳》關於流求之記載就長達千字之多[15]。但此段

---

12 凌純聲，前引〈古代閩越人與臺灣土著族〉。

13 桑田六郎著，賴永祥譯，〈古代之臺灣〉見註七。

14 楊雲萍，臺灣大學民國五十九學年度臺灣史講義。

15 《隋書》卷八十一，〈東夷列傳四十六·流求國傳〉記曰：「流求國，居海島之中，當建安郡東，水行五日而至。土多山洞。其王姓歡斯氏，名渴刺兜，不知道其由來有國代數也。彼土人呼之為可老羊，妻曰多拔茶。所居曰波羅檀洞，塹柵三重，環以流水，樹棘為藩。王所居舍，其大一十六間，珧刻禽獸。多鬭鏤樹，似橘而葉密，條纖如髮，然下垂。國有四五帥，統諸洞，洞有小王。往往有村，村有鳥了帥，並以善戰者為之，自相樹立，理一村之事。男女皆以白紵繩纏髮，從項後盤繞至額。其男子用鳥羽為冠，裝以珠貝，飾以赤毛，形製不同。婦人以羅紋白布為帽，其形方正。織鬭鏤皮并雜色紵及雜毛為衣，製裁不一。綴毛垂螺為飾，雜色相間，下垂小貝，其聲如珮。綴鐺施釧，懸珠於頸。織藤為笠，飾以毛羽。有刀、矟、弓、箭、劍、鈹之屬。其處少鐵，刃皆薄小，多以骨角輔助之。編紵為甲，或用熊豹皮。王乘木獸，令左右輿之而行，導從不過數十人。小王乘杌，鏤為獸形。國人好相攻擊，人皆驍健善走，難死而耐創。諸洞各為部隊，不相救助，兩陣相當，勇者三五人出前跳噪，交言相罵，因相擊射。如其不勝，一軍皆走，遣人致謝，即共和解。收取鬭死者，共聚而食之，仍以髑髏將向王所。王則賜之以冠，使為隊帥。無賦斂，有事則均稅。用刑亦無常准，皆臨事科決。犯罪皆斷於鳥了帥；不伏，則上請於王，王令臣下共議定之。獄無枷鎖，唯用繩縛。決死刑以鐵錐，大如筋，長尺餘，鑽頂而殺之。輕罪用杖。俗無文字，望月虧盈以紀時節，候草藥枯以

文字究係描述何地，學者們的意見紛紛：法國學者 Hervey de Saint Denys 認為《隋書》所載〈流求國傳〉的「流求」實指包括臺灣及現在的琉球[16]；《臺灣島史》（Geschichte der Insel Formosa）之作者德人黎斯（Ludwig Riess）贊成 St. Denys 的看法[17]，此外不少學者贊成「流求」包括臺灣及現在的琉球諸島。日本學者伊波普猷、秋山謙藏等先生極力主張「流求」即今之琉球；市村瓚次郎和田清先生等及荷蘭學者希勒格（Gustav Schlegel）則主張「流求」即臺灣[18]。至於我國學者對此的看法也不一致，梁嘉彬先生主「流求」為今日之琉球[19]；郭廷以、洪樵榕先生主張「流求」係對今日臺灣之稱呼[20]；曹永和先生認為《隋書》

為年歲。人深目長鼻，頗類於胡，亦有封慧，無君臣上下之節，拜伏之禮，父子同牀而寢。男子拔去髭鬢，身上有毛之處皆亦除去。婦人以墨黥手，為蟲蛇咬文。娶嫁以酒肴珠貝為娉，或男女相悅，便相匹偶。婦人產乳，必食子衣，產後以火自灸，令汗出，五日便平復。以木槽中暴海水為鹽，木汁為酢，釀米麪為酒，其味甚薄。食皆用手。偶得異味，先進尊者，凡有宴會，執酒者必待呼名而後飲。上王酒者，亦呼王名。銜杯共飲，頗同突厥。歌呼蹋蹄，一人唱，眾皆和，音頗哀怨。扶女子上膊，搖手而舞。其死者氣將絕，舉至庭，親賓哭泣相弔。浴其屍，以布帛纏之，裹以葦草，親土而殯，上不起墳。子為父者，數月不食肉。南境風俗少異，人有死者，邑里共食之。有熊羆豺狼，尤多猪雞，無牛羊驢馬。厥田良沃，先以火燒而引水灌之。持一插，以石為刃，長尺餘，闊數寸，而墾之。土宜稻、梁、床黍、麻、豆、赤豆、胡豆、黑豆等，木有楓、栝、樟、松、梗、楠、枌、梓、竹、藤、果藥同於江表，風土氣候與嶺南相類。

俗事山海之神，祭以酒肴，鬬戰殺人，便將所殺人祭其神。或依茂樹起小屋，或懸髑髏於樹上，以箭射之，或累石繫幡以為神主。王之所居，壁下多聚髑髏以為佳。人間門戶上必安獸頭骨角。大業元年，海師何蠻等，每春秋二時，天清風靜，東望依希，似有煙霧之氣，亦不知幾千里。三年，煬帝令羽騎尉朱寬入海求訪異俗，何蠻言之，遂與蠻俱往，因到流求國。言不相通，掠一人而返。明年，帝復令寬慰撫之，流求不從，寬取其布甲而還。時倭國使來朝，見之曰：「此夷邪久國人所用也。」帝遣武賁郎將陳稜、朝請大夫張鎮州率兵自義安浮海擊之。至高華嶼，又東行二日至竈鼊嶼，又一日便至流求。初，稜將南方諸國人從軍，有崑崙人頗解其語，遣人慰諭之，流求不從，拒逆官軍。稜擊走之，進至其都，頻戰皆敗，焚其宮室，虜其男女數千人，載軍實而返，自爾遂絕。

16 同註一三，頁四。
17 周學普譯；〈臺灣島史〉，見《臺灣經濟史第三集》，臺北，臺灣銀行經濟研究室編印，民國四十五年。
18 同註一三，頁四。
19 梁嘉彬，〈隋書流求國傳逐句考證〉，見《大陸雜誌》第四十五卷第六期。
20 郭廷以，前引「臺灣史事概說」，頁五。洪樵榕，〈從臺灣文獻資料申論臺灣與大陸之整體性〉見，《臺灣文獻》，第十五卷第四期。

所載之「流求」即係指今日之臺灣較為妥適[21]，楊雲萍先生曾對「流求」是否指臺灣的各家說法加以介紹，並下結論說：就隋書流求國傳所載內容加以「考之方位、距離、風俗、語言、尤其是來航路線，先史遺址，出土的遺物，則『流求』即臺灣似最合理，十之八九殆可信」[22]。不過「流求是否臺灣」這個問題爭論已達數十年，仍未得到確切的答案，於今亦無法下個論斷。雖然如此，但從隋書流求國傳記載之詳細，至少可以相信中國漢人在隋代對於大陸東南島嶼的情形已比前代稍清楚了，因此我們有理由從古代中國文獻資料中推測隋唐以前，漢人也許已知道有臺灣的存在，而「島夷」、「蓬萊」、「方丈」、「瀛洲」、「東鯷」、「夷洲」及「流求」等或許就是該諸時代對臺灣的稱呼，或臺灣就被包括在其區域內。

三、宋元時代的稱呼

澎湖位居大陸與臺灣本島之間，因此如果能探討出漢人何時移殖澎湖則必有助於了解漢人何時始移殖臺灣本島這個問題。目前關於漢人移殖澎湖的記載。儘管有些學者認為以唐憲宗時代的詩人施肩吾所題「島夷行」這首詩為最早[23]，但很顯然的有關澎湖的記載應以宋人的為最早。宋人周必大「文忠集」中記載「毗舍耶」侵入澎湖事說：「七年（按即乾道七年）……四月起。知泉州海中大洲號平湖，邦人就植粟、麥、麻。有毗舍耶蠻，揚颿奄至，肌體淡黑，語言不通，種植皆為所獲。調兵逐捕，則入水持其舟而已。俘民為鄉導，劫掠近城赤嵌州，於是春夏遣戌，秋暮始歸，勞費不貲。公即其地，造屋二百區，留

21　曹永和，〈早期臺灣的開發與經營〉，《臺北文獻》第三期。

22　同註一四。

23　施肩吾詩曰：「腥臊海邊多鬼市，島夷居處無鄉里，黑皮少年學採珠手把生犀照鹹水。」參見《全唐詩》（臺北，明倫出版社影印本，民國六十年），第八函第二冊。方豪先生在〈從歷史文獻看中國在臺澎的主權〉（參見前引〈中原文化與臺灣〉）一文中指出，早在宋寶慶三年（西元一二二七年）王象之的「輿地記勝」中已視施氏〈島夷行〉一詩為詠澎湖之作。

屯水軍，蠻不復來」。[24]另外宋樓鑰《攻媿集》所載者相同[25]。還有南宋趙汝适《諸番志》之「毗舍耶」條中記說：「泉有海島曰澎湖，隸晉江縣，與其國密邇，煙火相望，時至寇掠，其來不測，多罹生噉之害，居民苦之」[26]。由上述這些宋人的文獻記載看來，使有些學者以為當時已有不少漢人移殖澎湖，而確知澎湖附近有蠻夷居住者，其時漢人稱之為毗舍耶，並認為當時的毗舍耶即今之臺灣。不過宋史流求國傳載曰：「流求國在泉州之東，有海島曰澎湖，烟火相望，其國塹柵三重環以流水……無他奇怪貨，商賈不通……旁有毗舍邪國，語言不通，袒裸盱睢，殆非人類。淳熙間國之酋豪，嘗率數百輩，猝至泉之水灣圍頭等村，肆行殺掠」[27]；馬端臨《文獻通考》卷三百二十七，〈四裔考〉四，琉球條也有與《宋史・流求國傳》相同之記載，其間有關澎湖的記載，兩者均將「流求」或「琉球」與「毗舍耶」並記，因而有些學者乃認為「流求」或「琉球」才是彼時對臺灣的稱呼，而毗舍耶是臺灣附近的另一地名，並非當時臺灣的另一種稱呼[28]。

　　由前述宋人的文獻看來，宋朝漢人對東南諸島嶼的地理知識已頗豐富，但對該諸島的了解仍嫌不夠明確，才有「毗舍耶」或「毗舍邪」，「流求」或「琉球」等同音異字的地名出現。同時就那些文獻而言，也難令人斷言「毗舍耶」或「毗舍邪」一定不是臺灣，或臺灣一定包括在其區域內；當然也很難武斷地說「流求」或「琉球」不包括現在的琉球，也許連現在的琉球也包括在其間，而把臺灣和琉球混同為一。同樣就元史的記載說：「瑠求，在南海之東。漳、泉、興、福四州界內澎湖諸島，與瑠求相對，亦素不通。天氣清明時，望之隱約若煙若霧，其遠不知幾千里也。西、南、北岸皆水，至澎湖漸低，近瑠求則謂之落漈。……瑠求在外夷最小而險者也。漢唐以來史所不載，近

24　周必大，《文忠集》，見臺北商務印書館，四庫全書珍本二集，卷六十七。

25　樓鑰，《攻媿集》，見四部叢刊初編縮本，卷八十八，頁八一七。

26　趙汝适，《諸番志》，見臺北，廣文書局影印本，民國四十八年。

27　《宋史》，卷四九一，列傳卷二五〇，外國七，流求國條。

28　伊能嘉矩，前引《臺灣文化志》上卷，頁八七—八八。

代諸蕃市舶不聞至其國」[29]也仍無法斷言「瑠求」係指指臺灣而言。但元史列傳瑠求條中有「天氣清明時望之，隱約若煙若霧……」的地理介紹；又有福建書生吳志斗建議由澎湖發船討瑠求，元遂於至元二十九年（西元一二九二年）三月由汀路尾澳發船征瑠求；另外有福建省平章政事高興建議在泉州就近出兵攻瑠求，元乃於元貞三年（西元一二九七年）再度興兵討瑠求等史實記載[30]如果將之詳加研讀則發現這些地理景觀與史實，似與今之琉球無關，因之元人稱今日之臺灣為「瑠求」殆無疑問，只是其概念尚不十分明朗罷了。

四、明清以來的稱呼

明代洪武初年，中山王受明朝冊封以後，很明顯的「琉球」遂漸成為現今琉球的專有名詞。例如在明史列傳琉球條的四千零六十一字

---

29 《元史》卷二一〇，〈列傳九十七・瑠求傳〉記曰：「瑠求，在南海之東。漳、泉、興、福四洲界內澎湖諸島，與瑠求相對，亦素不通。天氣清明時，望之隱約若煙若霧，其遠不知幾千里也。西南北岸皆水，至彭湖漸低，近瑠求則謂之落漈。漈者水趨下而不回也。凡西岸漁舟到彭湖已下，遇颶風發作，漂流落漈，回者百一。瑠求在外夷最小而險者也。漢、唐以來，史所不載，近代諸蕃市舶不聞至其國。
世祖至元二十八年九月，海船副萬戶楊祥請以六千軍往降之，不聽命則遂伐之，朝廷從其請。繼有書生吳志斗者上言生長福建，熟知海道利病，以為若欲收附，且就彭湖發船往諭，相水勢地利，然後興兵未晚也。冬十月，乃命楊祥充宣撫使，給金符，吳志斗禮部員外郎，阮鑑兵部員外郎，並給銀符，往使瑠求。詔曰：『收撫江南已十七年，海外諸番罔不臣屬。惟瑠求邇閩境，未曾歸附。議者請即加兵。朕惟祖宗立法，凡不庭之國，先遣使招諭，來則按堵如故，否則必致征討。今止其兵，命楊祥、阮鑑往諭汝國。果能慕義來朝，存爾國祀，保爾黎庶；若不效順，自恃險阻，舟師奄及，恐貽後悔。爾其慎擇之。』二十九年三月二十九日，自汀路尾澳舟行，至是日巳時，海洋中正東望見有山長而低者，約去五十里。祥稱是瑠求國，鑑稱不知的否。祥乘小舟至低山下，以其人眾，不親上，令軍官劉閏等二百餘人以小舟十一艘，載軍器，領三嶼人陳輝者登岸。岸上人眾不曉三嶼人語，為其殺死者三人，遂還。四月二日，至彭湖。祥責鑑、志斗『已到瑠求』文字，二人不從。明日，不見志斗蹤跡，覓之無有也。先，志斗嘗斥言祥事要功，欲取富貴，其言誕妄難信，至是，疑祥害之。祥顧稱志斗初言瑠求不可往，今祥已至瑠求而還，志斗懼罪逃去。志斗妻子訴于官。有旨，發祥、鑑還福建置對。後遇赦，不竟其事。成宗元貞二年，福建省平章政事高興言，今立省泉州，距瑠求為近，可伺其消息，或宜招宜伐，不必它調兵力，興請就近試之。九月，高興遣省都鎮撫張浩、福州新軍萬戶張進赴瑠求國，禽生口一百三十餘人。」

30 同前。

中幾乎全是敘述現今琉球在有明一代與中國的朝貢關係，而有關臺灣的記載則另記於雞籠條內，由此可見明人或不再將「琉球」和「臺灣」相混稱了[31]。其時為了將之區別起見，把琉球稱之為「大琉球」，把臺灣稱之為「小琉球」。明嘉靖十三年（西元一五三四年）陳侃的《使琉球錄》載說：「閩中士大夫頻云，鼓山霽日，可望琉球，蓋小琉球也爾，若大琉球，借目難婁，何從望之。[32]」就有大、小琉球的記載。不過後來並非只有漢人才稱臺灣為「小琉球」，其實約在十六世紀初歐洲人曾航行於臺灣海峽，到了十六世紀中葉，葡萄牙的航海者就在途經臺灣海峽時，看到風光明媚的臺灣島，因以「Ilha Formosa」（美麗之島）稱之。不過此「扶爾摩沙」（Formosa）之稱呼，起初並非泛稱全臺，而僅指北部臺灣而已。當時西洋人稱南部臺灣為「小琉球」（Lequeominor 或 Lequeo-pequeno）因此明萬曆二十七年（西元一五九九年）荷蘭人 Jan Fuygen van Linschoten 的東亞細亞地圖，就將南、北臺灣分稱「扶爾摩沙」和「小琉球」。其所以會如此將南、北臺灣分開稱呼，蓋因其時西洋人對臺灣的地理認識不夠，他們把橫貫臺灣西部平原的大河流視為海水道，以為臺灣是由兩三個大島構成。後來彼等漸漸了解臺灣，知臺灣本島係一完整的大島，例如荷蘭人 Francois Valentyn 在一七二六年繪製的地圖，就以「扶爾摩沙」稱臺灣，以 Pisca-dores 名澎湖，於是「扶爾摩沙」遂成為西洋人泛稱臺灣的專有名詞。[33]

　　由於臺灣位居大陸東南和日本西南的海面上，古來即為東北亞和東南亞間交通必經之地，日本人來臺的活動自然是意料中事，因此早在四百年前左右，日本人對臺灣就有其稱呼。當時日本人稱臺灣為「TAKASAGO」，其源起是這樣的：即起初日本人來臺的主要活動地點之一為西部平原的「打狗」（今高雄一帶），此地有一平埔族村落叫

31 《明史》，卷二二二，列傳二一一，琉球條。
32 見藤崎濟之助，《臺灣全誌》，日本，中文館書店，昭和六年，頁七
33 伊能嘉矩，《臺灣志》，卷一，東京，以文館，明治四十四年，頁二、三、九、十。伊能嘉矩，前面引《臺灣文化志》上卷，頁三二、六○。

「打狗山社」，因而日人就以「高砂浦」的「高砂」或「塔伽沙古」命名其地（按日文「高砂」及「塔伽沙古」音似「打狗山」），後來漸以「高砂」或「塔伽沙古」泛稱全臺。又因其間地勢雄偉，附近每有高峯突起，乃以音近似「高砂」（音為 TAKASA）、「塔伽沙古」（音為 TAKASAGO）的「高山國」稱臺灣[34]。以上是伊能嘉矩先生起初對「TAKASAGO」一音的源起所做的解釋，後來伊能先生對前述看法加以修正。他認為「高山國」一名與臺灣北部「雞籠」一地有關。蓋「雞籠」較「打狗」近日本，日本人到「雞籠」活動是很自然的事，況古文書「異國渡海船路積」其中有一段記說「雞頭籠，此所自先年、亥年，始有御朱印船來到」可見日人早已來「雞頭籠」活動。其中值得注目的是，該古文書中在「雞頭籠」旁邊注「タカサゴ」一語，所以後來日人援此稱臺灣叫「他卡沙古」。他且進一步解釋說；日本語稱雞頭為「トカサ」（音似 TOKASA），籠叫「ロ」（音似 GO）以此聯想到以日本地名「タカサゴ」（高砂）來稱呼臺灣。此種稱呼起初僅指「雞籠」一地，後來才外延至泛稱全臺的地名[35]。至於日人始稱臺灣為「高砂」、「塔伽沙古」、「高砂國」或「高山國」的確切年代，目前尚不得而知。不過從有關豐臣秀吉的資料中發現他曾在日本文祿二年（明萬曆二十一年，西元一五九三年）致書「高山國」，由此可以推知「高砂」、「塔伽沙古」、「高砂國」及「高山國」等名稱，大概在明萬曆年間，甚或在此以前就已經有了。同時此等名稱很可能是日本戰國末年（即西元十六世紀中末葉）以來，一批企圖遠征中國及南洋的日本人所取的[36]。

　　前面曾提過，明初以後漢人大都已知區別臺灣與琉球，但對居住臺灣的土著不甚了解。漢人因與臺灣土著語言不通，又覺其生活近似原始，乃視彼等為東方之番，因而明以來有以「東番」名臺灣的。除

34　前引伊能嘉矩，《臺灣志》，卷一，頁四—五。

35　前引伊能嘉矩，《臺灣文化志》上卷，頁七三、七五。安倍明義，《臺灣地名研究》，臺北，杉田書店，昭和十三年，頁八九—九四。

36　前引伊能嘉矩，《臺灣文化志》上卷，頁四四。

了「東番」之外，當時中國漢人對臺灣的稱呼很多，且不一致，諸如「雞頭籠」、「雞籠」、「雞籠山」、「北港」、「東都」、「東寧」及「臺灣」等等。茲分別說明如下：「東番」一詞早在明萬曆年間周嬰的遠遊篇就出現了，他在其「東番記」內記載了有關臺灣地區的事情[37]。明萬曆年間進士何喬遠的閩書裡也有「東番夷，不知所自始，居澎湖外洋島中，起魍港、加老灣、打鼓嶼、小淡水、雙溪口、加里林、沙巴里、大幫坑（以上均昔日臺灣南部地名）皆其居也，斷續千餘里，種類甚蕃」等的記載[38]足見「東番」是昔日泛指臺灣的土著。另外，在名山藏裡記說：「雞籠淡水夷（雞籠淡水在今臺灣北部），在澎湖東北，名北港，又名東番」[39]，看來「東番」既為種族之泛稱，又為地方之名詞。另據清康熙三十三年之《臺灣府志》記載說：「東番，從列嶼諸澳，乘北風航海，一晝夜可至澎湖，又一晝夜可至加老灣」[40]則「東番」已成臺灣的地理名詞。「雞籠」與「東番」演變相似，最初是臺灣北部的一個小地名。這個稱呼本來是由臺灣北部自稱「Kietagaramg」族的平埔族部落的音譯漢字曰「雞頭籠」，簡稱「Kieran」漢譯音叫「雞籠」，其後附加上具有海島意義的「山」字，而成為地名叫「雞籠山」，起初僅是一小地名，爾後才逐漸延伸其範圍成為泛稱臺灣的地名，故臺灣一時曾叫「雞頭籠」、「雞籠」或「雞籠山」[41]。又在前面所提名山藏裡已有「北港」一詞的出現，另外在明史列傳雞籠山條和讀史方輿紀要澎湖嶼條分別有：「雞籠山在澎湖嶼東北，故名北港，又名東番，去泉州甚邇，地多深山大澤，聚落星散」[42]及「澎湖為漳泉之門戶，而北港即澎湖之唇齒，失北港則唇亡而齒寒，不特澎湖可慮，漳泉亦可憂也，北港在澎湖之東南，亦謂之臺灣」[43]的記載，由是可知

37　同註三二，頁一九。
38　何喬遠，〈閩書〉，引自藤崎濟之助，《臺灣全誌》，頁一九—二〇。
39　同註三二，頁二〇。
40　同前。
41　前引伊能嘉矩，《臺灣文化志》上卷，頁七二—七六。
42　《明史》，卷三二三，列傳卷二一一，雞籠條。
43　顧祖禹，《讀史方輿紀要》，卷九九，福建五，澎湖嶼條。

明、清時代的人或以「北港」稱呼今之臺灣,而起初「北港」可能僅指「雞籠」或「北港」(今北港和新港一帶)。至於一直沿用至今的「臺灣」,有些學者認為可能早在元朝就有了,換句話說,這些學者以為早在元代漢人就將臺灣某地以「臺灣」一音命名了。但如查閱下列文獻,對「臺灣」的出現,或將得到較具體的了解。清巡臺御史張湄著《瀛壖百咏》序裡記說:「至明季莆田周嬰遠遊編,載東番記一篇,稱其地為臺員,蓋南音之謂也。臺灣之名入中土,實自茲始」[44]。《臺灣隨筆》也載說:「臺灣於古無考,惟明季莆田周嬰遠遊編,載東番記一篇,稱臺灣為臺員,蓋南音也」[45]。上述之周嬰係明崇禎年間前後之人物[46],因此依此等文獻推測則最遲在崇禎年間以前,已有人以「臺灣」一音稱臺灣某地了。另據季戲光著蓉洲文稿載說:「萬曆間,海寇顏思齊踞有其地,始稱臺灣」[47](按顏思齊據臺應是明天啟年間);《明史‧列傳雞籠條》記說:「至萬曆末,紅毛番泊舟於此,……稱臺灣」[48];謝金鑾《臺灣縣志》載說:「萬曆末年荷蘭據臺灣,築城於一鯤身之上,曰臺灣城,臺灣之名於是始」[49]則可上溯至明萬曆天啟年間已有不少漢人用「臺灣」稱臺灣某地了。《明史‧列傳雞籠條》載說:「臺灣在澎湖島外,距漳泉止兩日夜程,……北自雞籠,南至浪嶠,可一千餘里。東自多羅滿,西至王城,可九百餘里。水道順風,自雞籠淡水至福州港口五更可達,自臺灣港至澎湖嶼四更可達,自澎湖至

44　前引伊能嘉矩,《臺灣志》,卷一,頁五。

45　徐懷祖,《臺灣隨筆》」,見臺灣輿地彙鈔,臺灣文獻叢刊第二一六種,臺灣銀行經濟研究室編,民國五十四年。

46　日人伊能嘉矩周嬰即世所謂翠虛先生,係明宣德正德間人,於成化年間中進士(見伊能氏著《臺灣文化志》上卷,頁七八)。安倍明義對周嬰的介紹與伊能氏同(見安倍氏編《臺灣地名研究》,頁八三、八五)。但筆者經昌彼得先生的提示和楊雲萍先生的指教,在《四庫全書總目提要》卷一一九、子部二九、雜家類三、厄林條查得:「嬰字方叔,莆田人,崇禎庚辰,以貢入京,特授上猶知縣」足見周嬰非宣德正德間人乃明末人物也。關於此請另參考楊先生之備忘小錄(四)(《臺灣風物》第二卷第三期,頁一六)及方豪先生之〈陳第東番記考證〉(方豪六十自定稿,頁八四六)。

47　前引伊能嘉矩,《臺灣志》,卷一,頁六。

48　同註四二。

49　謝金鑾,〈臺灣縣志〉,卷一,見《臺灣全誌》第八卷,日本大正十一年。

金門七更可達」[50]更顯而易見「臺灣」起初僅是臺灣諸地名之一而已。可是「臺灣」一詞的起源又是如何呢！根據研究「臺灣」一音源自臺灣土著語。即漢人在臺灣南部登陸定居後，漸與平埔族有所接觸。這些平埔族稱當時的漢人叫「Kapairangan」、「Paira'gan」、「pai'gan」、「paioan」後來又轉音成「Taioan」，最後轉成「Taiwan」。又、起初漢人聚居於「臺江」（今臺南）西側的「一鯤身」島（今安平），因而「Taiwan」漸成稱呼「一鯤身」島的地名，加上其源出土著語，遂有「臺員」、「大灣」及「臺灣」等等同音異字出現。後來隨著漢人拓殖範圍的擴展，「臺灣」的範圍也愈來愈大，最後演成包含臺灣本島及澎湖群島的大地名。然而在明鄭永曆十六年（清順治元年，西元一六六二年）鄭成功開始經營臺灣時改「臺灣」為「東都」，後來鄭經又改「東都」為「東寧」[51]，直到明鄭永曆三十七年（清康熙二十二年，西元一六八三年）滿清將臺灣改入版圖，於臺灣設臺灣府始，「臺灣」一名才固定地沿用到今天。

五、結語

　　由前面的探討可知漢人也許早在隋唐以前就知道有臺灣的存在。而「島夷」、「蓬萊」、「方丈」、「瀛洲」、「東鯷」及「流求」等或許就是該諸時代對臺灣的不同稱呼。或臺灣就被包括在其區域內。到了宋代，漢人對中國大陸東南諸島嶼的地理知識已較豐富，只是對各該諸島的了解仍嫌不夠正確而已。換句話說我們仍不敢武斷地說宋代文獻所出現的「毗舍耶」或「毗舍邪」一定不是臺灣，或臺灣一定包括在其區域內；同樣地也很難斷言「流求」或「琉球」不包括現在的琉球，也許連現在的琉球也包括在其間，而把臺灣和琉球混同為一也說不定。不過元人稱今之臺灣為「瑠求」這一點大概沒什麼問題，只是

50　同註四二。

51　前引伊能嘉矩，《臺灣志》，卷一，頁七─八。前引古倍明義，《臺灣地名研究》，頁八七─八八。

其概念不十分明朗罷了。然而到了現代，漢人已漸不再把臺灣和琉球混稱，已有人將臺灣稱之為「小琉球」，而將琉球稱之為「大琉球」了。又、並非只有漢人才把臺灣稱為「小琉球」，其實西洋人在十六世紀中葉以來也將南臺灣稱為「小琉球」，而將北臺灣稱為「扶爾摩沙」（Formosa），後來他們漸認識臺灣為一大島，因此在十八世紀初葉才改以「扶爾摩沙」泛稱全臺。至於古代日本人如何稱呼臺灣，現尚難考之，但四百年前左右，漸漸有日本人用「高砂」、「塔伽沙古」、「高砂國」、或「高山國」稱呼臺灣。

　　如前所述，雖在明代漢人已漸漸不把臺灣和琉球混稱，但是明以來漢人對臺灣的稱呼仍然甚為不一致，諸如：「東番」、「雞頭籠」、「雞籠」、「雞籠山」、「北港」、「東都」、「東寧」[52]，直到明鄭永曆三十七年（清康熙二十二年，西元一六八三年）滿清將臺灣改入版圖，於臺灣設臺灣府始，「臺灣」一名才固定地沿用到今天。

　　（資料來源，《臺灣史研究》，臺北，華世出版社，民國七十年，四月。）

---

52 前引伊能嘉矩，《臺灣志》，卷一，頁七—八。前引古倍明義，《臺灣地名研究》，頁八七—八八。

鄭成功的家世及其少年之探討

鄭成功致其父鄭芝龍的一封信裡說：

> 違侍膝下，八年於茲矣。但吾父既不以兒為子，兒亦不敢以子
> 自居，坐是問候闊絕，即一字亦不相通；總緣（由）時勢殊
> 異，以致骨肉懸隔。蓋自古大義滅親，從治命不從亂命，兒初
> 識字，輒佩服春秋之義，自丙戌（按丙戌即隆武二年，西元一
> 六四六年）冬，父駕入京時，兒既籌之熟而行之決矣（按「籌
> 之熟而行之決」係指抗清復明的決心和行動）。忽承嚴諭，欲兒
> 移忠作孝。仍傳清朝面諭，有「原係伯侯，即與加銜」等語。
> 夫既失信於吾父，兒又安敢以父言為是耶？當貝勒入關之時，
> 父早已退避在家，彼乃卑辭巧語，迎請之使，車馬不啻十往
> 還，甚至啗父以三省王爵。始謂一到省，便可返家，既又謂一
> 入京，便可出鎮，今已數年矣，王爵且勿論，出鎮且勿論，即
> 欲一過故里，亦不可得。彼言豈可信乎？……，我將士痛念國
> 恥家亡，咸怒髮指冠，是以有漳泉之師……，且不特此也，異
> 國之兵如日本，東埔寨等諸夷兵旦晚畢至，亦欲行春秋大義
> 矣。……，父既誤於前，兒豈復再誤於後乎？兒在本朝，亦既
> 賜姓矣，稱藩矣，人臣之位已極，豈復有加者乎？[1]

已表明其抗清的堅決意志，由此信可看出鄭成功舉兵抗清，並非僅為報
父母及諸弟被清所害之仇，而是為雪恥復國基，為君民盡忠到底，為此
即使「滅親」亦在所不惜。依此看來，鄭成功真是一位歷史性人物，值
得吾人細加研究。文擬先就鄭成功的家世及其少年時代加以探討。

一、家世

中國歷史上漢人由於受到北方非漢諸族南進的影響，屢有南遷的
現象，也有因中原大亂而南來的。因此不少南方的中國人，他們原本

---

1 楊英，《從征實錄》，《臺灣文獻叢刊》（下簡稱臺文叢）第三二種（下僅具數碼），臺
  北，臺灣銀行經濟研究室編（下簡稱臺銀經研編），頁四二―四四。

居住在中原，後來或因避亂南下而定居於南方，例如鄭成功的先世就是本來居住在華北，在唐末往南遷的。根據鄭成功的族人鄭芝鸞所撰《石井本宗族譜》序裡說：

> 吾鄭著漢、唐表表，茲弗具述；述其光啟間，十姓從王緣光州固始入閩，於是有鄭焉。[2]

可見鄭成功的先世早在唐朝僖宗光啟年間（西元八八五—八八八年）也許因為當時中原局勢混亂的緣故，就由光州固始（即現在河南省轄境）遷到南方的福建。[3]不過其先世南來時，並非一開始就定居福建南安縣的。同前序記載說：

> 嗣而分派，有居莆、居武榮。旋就武榮遷於楊子山下居者，吾祖五郎公隱石也。[4]

鄭芝龍（成功父）撰《石井本宗族譜》裡也記載說：

> 我鄭自唐光啟間入閩，或於三山、於莆、於漳、於潮，是不一處；獨我五郎公隱石與二、三懿親若許若伍者蔦（蘿）相附，意味投合，遂於楊子山下石井家焉。今武榮山邱壠具在，則隱石公之所自來也。[5]

另外，鄭克塽等撰的〈鄭氏祔葬祖父墓誌銘〉裡也載說：

> 先世自光州固始縣入閩，由莆居漳、居粵之潮。至始祖隱石公，乃移居於泉之南安縣楊子山下石井鄉，遂世為南安人。[6]

從這些文獻資料顯見鄭成功之先世，最初南遷時，其族人或居福建，

---

2 石井本宗族譜，見《鄭氏關係文書》臺文叢六十九，臺銀經研編，頁二五。

3 謝壽昌、陳基等編，《中國古今地名大辭典》，臺灣商務印書館，民國五五年，頁二八六，光州條及頁四三八，固始縣條。劉君任，《中國地名大辭典》，文海出版社，民國五六年，子部頁六六，光條及丑部頁四〇，固始條。

4 石井本宗族譜，見前引《鄭氏關係文書》，頁二五—二六。

5 同前引書，頁二三。

6 稻垣孫兵衛，《鄭成功》，臺北，臺灣經世新報社，日本昭和四年，頁六一四。《臺灣關係文獻集零》，臺文叢三〇九，臺銀經研編，頁二七。

或居廣東，至其五郎公隱石才定居在福建南安縣石井鄉。還有根據鄭氏《石井本宗族譜》的一段記載說：

> 始祖五郎公隱石，諱絲，字原永。有宋靖康間避難，兄弟散處，或居莆、居潮、居漳，五郎公由閩侯官來泉郡之武榮，築室居家、卜地築坆，日事耕稼業。值歲不登，厥惟食維艱。閩海濱利藪，日易以給，乃因懿表相依，遷楊子（山）下石井居焉。[7]

由此則知在宋朝靖康年間（西元一一二六至一一二七）避難時，鄭氏隱石之兄弟，散於莆田、潮州、漳州，而隱石則由福建侯官遷到泉州之武榮，從事耕稼之業，後因適值凶年歉收，生活艱苦，乃搬到楊子山下石井鄉定居下來，遂世為南安人。[8]

石井鄉在明代隸屬南安縣四十三都[9]，是一個有青山綠水，風光秀麗，氣勢雄偉的地方。江日昇《臺灣外記》曾描述石井安平地方說：其地「龍勢飛騰—山環而相顧，水潮而有信」，並記明朝江夏侯周德興奉命勘查福建地形，路過石井鄉，親登該地山嶺，觀賞該地風光的情景時，記說：

> 次早，德興按夫役，親登嶺上。遙望波濤洶湧，山勢嵯峨，發跡環遠，不但尖圓秀麗，氣概雄壯；及山盡水窮，愈玩愈有意味。[10]

7　石井本宗族譜，見前引《鄭氏關係文書》，頁四九。

8　廖漢臣根據石井本宗族譜一世條推測說：「靖康元年，金陷汴京，宋室南移，盜賊縱橫，情勢洶洶，黃河南北百姓，不堪金國的荷歛誅求，或逼令頂髮易制，有血氣的群起抗敵，沒血氣的挈妻攜子離鄉他避。大概成功的始祖隱石，是個善良的農民，在這時候，也和一般難民，避難入閩，初住侯官，即今閩侯縣，再遷武榮，以農為業，嗣因歲歉而三遷於石井。」（見《文獻專刊》，第一卷第三期，頁五五）廖氏可能因該族譜有「始祖五郎公隱石，……有宋靖康間避亂，兄弟散處，或居莆、居潮、居漳，五郎公由閩侯官來泉群之武榮，……值歲不登，厥惟食維艱。閩海濱利藪，日易以給，乃因懿表相依，遷楊子（山）下石井居焉。」（見註七）等語才做此種解釋。但如果以此段文字與該族譜之鄭芝龍序及鄭芝鸞相對照來看的話，就很難解釋說隱石是比其同族人晚三百四十年左右才南遷福建的，而不如說鄭氏先世在唐光啟間到閩粵，隱石則到靖康年間才定居在南安石井鄉，較為妥適。

9　見前引《鄭氏關係文書》，頁四八。

10　江日昇，《臺灣外記》，臺灣文化出版社，民國四五年，上冊頁一—二。

看來石井鄉似是一個風景宜人的地方，鄭成功的先世數代就在這裡生活了數百年。根據鄭氏《石井本宗族譜》的記載，在這數百年間，由石井鄉開基祖隱石傳至鄭芝龍，一共十世，其間與鄭成功有直系血親關係的情形是這樣的：即隱石生二子，長男曰肖隱，次男曰隱泉，是為二世祖；隱泉亦生二子，長男曰砥石，（西亭派下開基祖）次男曰古石（華亭派下開基祖）是為三世祖，鄭成功即為砥石的直系後裔。砥石再生二子，長男曰純玉，次男曰麗玉，是為四世祖；純玉有子三，長男名亮號井居，次男名豪號威魚，三男名崇號居英；麗玉僅生一子，名王息號奮西，與純玉的三個兒子均屬鄭氏五世祖。然而四世祖與五世祖中之中，到底何人與鄭成功有直系血親關係，現階段不得而知。[11]至於六世祖是誰，目前更無文獻可考。不過到了七世祖以降，與鄭成功的關係，其脈絡就清楚了。現在先來看看下列一些資料：鄭經撰〈皇明□□樂齋鄭公暨姒郭氏誌銘〉記說：

> 樂齋公，經七世祖也暨姒郭氏葬在南邑康店柑欖山之原坐已向亥；長玄伯祖悅齋公袝於左，三玄伯祖姒王氏袝于石；玄祖于野公暨祖姒許氏，玄叔祖深江公暨姒郭氏，俱袝葬于前。五傳而生大父。[12]

鄭經撰〈皇明石井鄭氏祖墳誌銘〉載說：

> 于野公暨姒許氏，經之六世祖也。與叔祖深江公為伯仲，暨叔祖姒郭氏俱袝葬康店大墓；五世祖西庭公譚氏媽原葬於陳厝鄉；四世祖象庭公葬南安三十三都金坑山。[13]

鄭克塽等撰〈鄭氏袝葬祖父墓誌銘〉記云：

> 始祖隱石公，乃移居於泉之南安縣楊子山下石井鄉，數傳至八

11　見前引《鄭氏關係文書》，頁四八—五○。如果僅就現存的石井本宗族譜加以探討鄭成功的世系，則看不出鄭成功係出西亭派下那一房，換句話說，如無其他文獻可據的話，看不出究竟石井派下鄭氏四世祖和五世祖中，何人與鄭成功有直系血親的關係。當然僅從該譜也找不出鄭成功的直係六、七、八、九及十世祖。

12　見前引《臺灣關係文獻集零》，頁二五。

13　同前引書，頁二五—二六。

世祖樂齋公，樂齋公傳于野公，于野公傳西庭公，西庭公傳象庭公，象庭公傳曾大父飛黃公。[14]

從這些資料知道鄭成功的直系七世祖、八世祖、九世祖、十世祖及十一世祖分別為樂齋、于野[15]、西庭、象庭（紹祖）及飛黃（芝龍），其中除了鄭芝龍之外，其餘都在石井鄉渡過了一生。

鄭成功的世各代的家境和出身如何，依現有的資料很難推知，不過從福建南安縣人伍資遠在他的《鄭成功傳說》一書中的一則傳說裡約可看出蛛絲馬跡。該傳說的內容如次：

鄭成功底曾祖母死而無棺埋葬，祖兄弟二人求助於母舅，得錢千文，相約次日至墓地祭奠。

二人嗜賭如命，攜錢於歸途中在賭博中輸光，又恐母舅明日相訪，無奈兄弟二人於深夜納母屍於米籃中。[16]

從這一則傳說一方面可以說明成功在他曾祖西庭公死的時候，也就是成功祖父象庭（紹祖）年輕的時候，家境可能很窮困，連埋葬費都成了問題；另一方面顯示其時鄭家既不是地方上的土豪，也不是名門世家，可能只是普普通通的老百姓而已，尤其是成功的祖父紹祖看來大概沒受過什麼教育。

鄭紹祖即鄭芝龍父，如前所述在他年輕時，經濟狀況極差，到底從事何業，無文獻可考。但後來似乎曾經從事海外貿易。《駿府記》、〈如官日簿抄〉載說：

慶長十七壬子年（按即明神宗萬曆四十年，西元一六一二年）

---

14 同註六，從鄭經撰〈皇明石井鄭氏祖墳誌銘〉及鄭克塽等撰〈鄭氏祔葬祖父墓誌銘〉則知鄭經和鄭克塽都以本身為第一世，然後往上逆推，則于野為經之六世祖，克塽之七世祖，而樂齋為經之七世祖，克塽為經之八世祖。

15 于野之孫為象庭（紹祖），而臺灣外記說達德之孫為紹祖（見前引《臺灣外記》，頁二）則于野及達德。

16 伍資遠，鄭成功傳說，見婁子匡〈鄭成功傳說之整理〉，《臺北文獻》，第一期，頁一○三。另見婁氏〈鄭成功誕生傳說之研究〉，《大陸雜誌》，第二二卷，第八期，頁二五四—二五五。婁氏所引這一段傳說，在其兩篇文章中，內容相同，但文辭略有不同，看來似非伍氏的原文，而是經婁氏編寫的。

> 八月十五日，大明人一官，進上御藥種等，又大明人祖官出御
> 前，仍召兩人，及唐土御雜談。[17]

大概在萬曆四十年左右，紹祖似乎已在商業上，多少有些成就，在社
會上也有點地位，看來在當時頗受日本幕府的重視。可是後來不知何
故，放棄從商，改業為公務員，擔任泉州府庫吏。[18]庫吏地位雖不高，
然生活當在小康以上。

二、父母

成功父芝龍兄弟有五。《閩海紀略》記說：

> 平國公姓鄭，諱芝龍，號飛虹，南安石井巡司人也。兄弟五
> 人：長即公，次諱芝虎，三定國公諱鴻逵，四澄濟伯諱芝豹。[19]

鄭氏《石井本宗族譜》之〈井江鄭氏歷代人物〉內記說：

---

17 有些學者引日文資料如《駿府記》說：「慶長十七壬子年八月十五日，大明人一官，進上
   御耀種等，又大明人祖官出御前，仍召兩人及唐士御雜談」及「外國入津記」說：「慶
   長十七年八月十五日、於駿府大明滄浪の客一官，祖宮拜謁、唐土の事を尋させ給ふ。
   一官は藥種數品、且經國雄略二十卷を獻す」（見石原道博，《日本乞師の研究》、東
   京，富山房株式會社，日本昭和二十年、民國三四年，頁二六二。）就說鄭芝龍在明萬
   曆四十年（日本慶長十七年，西元一六一二年）到日本，這種說法實須再詳加檢討，理
   由是：從前閩南人常以「某官」尊稱對方。「某官」就是「某老爺」或「某少爺」的意
   思，直到現在福建閩南人，臺灣福佬人，仍然有人沿用之，而十六、七世紀有不少閩南
   人到日本謀生做生意。他們當然也有人以「某官」互相稱呼，因此筆者以為，在十六、
   七世紀時代的華僑或華裔海盜，一定不僅僅只有鄭芝龍叫「一官」，換句話說「一官」
   不是芝龍的「專利品」。但是有些國人或日人對此不甚了解，加上後來芝龍名聲遠播，
   就以為凡是有關「一官」的文獻紀錄，即是記芝龍事，其實不盡然。筆者認為日文資料
   中慶長十七年等那一段記載裡的「一官」毋寧說不是芝龍，而可能是另有所指，其中之
   「祖官」極可能是芝龍父紹祖，不然如果「一官」係指芝龍的話，其時芝龍也不過是四
   歲到九歲的小男孩，德川幕府極不可能向他詢問外國事務。伊能嘉矩說得好，他說〈鄭
   成功碑〉（按指日本葉山高行撰〈鄭氏遺蹟碑〉）裡有鄭芝龍の渡來を慶長壬子に擬
   す。慶長壬子は十七年にして、萬曆四十年なれぼ、鄭芝龍の生れし同三十四年を距う
   僅かに七年のみ。七歲の年少遠く海を渡ゐこと信じ難し」（伊能嘉矩，《臺灣文化
   志》，東京，刀江書局，日昭和三年、民國一七年，上卷、頁六二）認為芝龍七歲能遠
   渡重洋實難令人相信。
18 見前引《臺灣外記》，上冊，頁二。
19 見《閩海紀略》，臺銀經研編，頁一。

> 西亭鄭芝虎字曰蟠，號蟠遠……芝龍二弟。
>
> 西亭鄭芝鳳字曰漸，號羽公，又字聖儀；芝龍四弟。崇禎庚午科武舉人，改名鴻逵。
>
> 西亭鄭芝豹字曰文，號若唐。……以軍功，欽受太子太師，澄濟伯。芝龍五弟。[20]

〈精奇尼哈番芝龍揭帖〉記說：

> 廂黃旗下固山額真劉之源，同旗正欽尼哈番鄭芝龍謹揭為奏請奉旨搬家取家眷，理合據實陳明事……精奇尼哈番鄭芝龍具奏，伊祖先墳墓俱在原籍，請留伊母，弟併長男看守。……欽遵，職讀之不勝感激。緣職同胞兄弟，見存三人。第四逆弟名鴻逵，在海未順。只第五弟名芝豹，向受臣母教訓，同在家料理家務事。[21]

即芝龍排行為老大，次弟為芝虎，三弟不詳，四弟為芝鳳（鴻逵），五弟為芝豹〔按就前列資料加以探討，則知芝龍確為五兄弟，非一般所說只有四兄弟，但有關三弟事，尚未見任何資料有所記載。又有些學者以為芝龍確有五兄弟，而認為鄭氏《石井本宗族譜》之〈井江鄭氏歷代人物〉內載：「西亭鄭芝鵬，諱鳴都，字曰都，號舜臣，……芝虎兄。」之鄭芝鵬即芝龍三弟，例如廖漢臣即主張此說者。廖氏在「鄭芝龍考（上）」裡說「紹祖一稱，不見於《石井本宗族譜》似為一種『俗名』，他有幾個兒子，諸書所載不盡而同。……紹祖是共有五個兒子。這五個兒子的姓名，《石井本宗族譜》開列如下，長子芝龍，次子芝虎，三子芝鵬，四子芝鳳，五子芝豹。」（見《臺灣文獻》，第十卷，第四期，頁六三）但筆者查閱《石井本宗族譜》並未發現「三子芝鵬」字樣。該譜僅說「芝鵬芝虎兄」而已，因此我們不能因為紹祖有五子就斷定芝鵬為紹祖之三子芝龍之三弟，筆者以為芝龍三弟究係是誰，仍需待考。」

20　見前引《鄭氏關係文書》，頁三六—三七。
21　精奇尼哈番鄭芝龍揭帖，見《鄭氏史料初編》，臺文叢一五七，臺銀經研編，頁一八四。

　　明萬曆三十二年（西元一六〇四年）三月十八日，黃氏生芝龍。關於芝龍之出生，《臺灣外記》有那麼一段記載說：

　　傳其孫紹祖（芝龍父）充泉州庫史。是年萬曆甲辰，三月初十日，春暖融和，天氣晴明。廈門忽爾雲霧四合，雷電閃爍，霹靂一聲，海渚劈開一石，中悉隸篆鳥跡，識者文之曰：艸雞夜鳴，長耳大尾，御鼠千頭，拍水而起。殺人如麻，血成海水。揚眉於東，傾限馬耳。生女滅雞，十倍相倚，志在四方，一人也爾。庚小熙皞，太平伊始。人咸不解其語。十八日辰時，芝龍生。其母黃氏夢三婦人引紅霞一片，堆於懷，徐而採抹地下。[22]

足見有些人對芝龍雖不視為一代偉人，但似乎視之為非凡之人，不過

22　見前引《臺灣外記》，頁二—三。從這段記載知悉黃氏係芝龍親生母，但無法推測究係紹祖元配或繼配抑或妾身。然而如果從鄭經撰〈皇明石井鄭氏祖墳誌銘〉所記：「于野公曁姒許氏，經之六世祖也。……祖姒徐氏原藁大覺。」（見前引《臺灣關係文獻集零》，頁二五—二六）則判斷紹祖元配係徐氏，殆無疑問，而芝龍母黃氏可能就是繼配或妾的身份了。又、關於芝龍的出生年月，目前眾說紛紜：或說生於明萬曆九年（西元一五八一年）如稻垣孫兵衛《鄭成功》載說：「明の萬曆九年福建省泉州府南安縣の石井と云ふ所に生れた」（前引稻垣孫兵衛《鄭成功》，頁四四）不知作者根據什麼文獻才做如是論斷；或說明萬曆二十三年（西元一五九五年）生，採此說者多係根據日人川口長孺《臺灣鄭氏紀事》、朝川鼎〈鄭將軍成功傳碑〉、葉山高行〈鄭氏遺蹟碑〉等文獻加以推算的。但上述這些日本文獻都是十九世紀的作品，距鄭氏時代將近兩百餘年，以此等文獻資料來探討鄭氏史事，實在有其危險性，非特別小心不可，因此與其用十九世紀的文獻不如用鄭氏當代或稍後的文獻來得安全些。例如川口氏之《臺灣鄭氏紀事》有一段記說：「慶長十七年壬子（明萬曆四十年），明鄭芝龍及祖官來謁幕府于駿府，幕府親問以外國事。芝龍獻藥品（武德大成記、國史、武德編年集成。按祖官不詳何人），幕府命館之長崎（逸史）……紹祖嘗為泉州太守蔡善繼庫吏，芝龍時十歲。」（見川口長孺，《臺灣鄭氏紀事》，臺文叢五，臺銀經研編，頁二）按蔡善繼係在萬曆四三年至四六年間任泉州知府（見懷蔭布，《泉州府誌》，卷三〇、頁三〇）如果當時芝龍十歲，則萬曆四十年芝龍可能只是一個四到七歲大的小孩，試問德川幕府怎會向他請教外國事務。由此足見如果如川口氏《臺灣鄭氏紀事》的這段記載來推算芝龍的出生年，實在大有問題；或說生於明萬曆三十四年。筆者以為就目前的文獻資料想知道芝龍的確切出生年，實在很困難，蓋即使被視為原始資料的記載，其間亦不一致，如江日昇《臺灣外記》說芝龍生於萬曆三十二年（該書，頁二—三）依鄭亦鄒《鄭成功傳》載「其大父紹祖，為泉州太守蔡善繼吏。時芝龍方十歲」（見臺文叢六七，臺銀經研編，頁一）來推算則芝龍可能出生於萬曆三十四年至三十七年間，因此我們目前只能說芝龍可能出生於明萬曆三十二至三十七年間。但記載芝龍之出生及赴日之年月較詳細者以江日昇之《臺灣外記》為最，故暫採其說。

更有視之如妖孽者。匪石《鄭成功傳》說：

> 吾大不解吾中國元祖黃帝之何子何孫，以何年何月何日乃怪產
> 一鄭芝龍！先儒有說，國家將亡，必有妖孽，……雖然鄭芝龍
> 者，屠殺國族之劊子手也，降叛旗下之好人物也。肇自始生之
> 年，下逮身死之歲，芝龍無一時、無一事不與朱明為死敵。[23]

認為芝龍是民族的敗類，明朝的叛徒。因此芝龍在歷史上的地位當然
不能與其子成功相比擬了。

芝龍小名一官，字曰甲，號飛黃，[24]後號飛虹將軍，又號平戶老一
官。[25]西洋稱他叫 Iquan 或 Yquan 或 Equan，這種種稱呼，不用說當然
是由「一官」音譯而來的。[26]芝龍五歲時他父親送他上學受啟蒙教育，
取名叫國桂，自己小就很聰明而頑皮，茲從下面諸書的記載，就可以
見其一般了。《臺灣外記》載說：

> 越戊申（萬曆三十六年，西元一六〇八年），一官五歲，紹祖送
> 啟蒙，取名國桂，頗聰明。庚戌，一官七歲。讀書放午歸於
> 途，戲石過牆，誤中太守蔡善繼紗帽。繼失驚，遣人擒入。紹
> 祖始為免巾請罪。善繼見一官眉目清秀，氣宇軒昂，贊之曰：
> 「此寧馨兒也！」賞而釋之。[27]

《廣陽雜記》載說：

> 鄭飛虹，幼狡好。其父為府吏時，知府蔡善繼園有荔支樹，飛
> 虹同其弟自牆外以石打荔支，誤中善繼之頭；善繼怒，呼其父
> 子至，一見飛虹而怒解。[28]

鄭亦鄒《鄭成功傳》記說：

23　匪石，鄭成功傳，見《鄭成功傳》，臺文叢六七，臺銀經研編，頁七四。

24　石井本宗族譜，見前引《鄭氏關係文書》，頁三六。

25　匪石，見《鄭成功傳》，臺文叢六七，頁一一六。

26　石原道博，《國姓爺》，東京，吉川弘文館，日昭和四七年、民國六一年，頁一。

27　見前引《臺灣外紀》，頁三。

28　劉獻廷，《廣陽雜記》，鄭飛虹兄弟條，見《廣陽雜記選》，臺文叢二一九，臺銀經研
　　編，頁三四。

> 芝龍：其大父紹祖，為泉州太守蔡善繼吏。時芝龍方十歲，嘗
> 戲投石子，誤中太守額，太守擒治之；見其容止，笑而釋焉。[29]

他雖然調皮，但可能長得相當可愛，令人不覺討厭，至少蔡太守不討
厭他，所以就把他釋放了。年齡稍長後，芝龍仍然好玩，不喜歡讀
書。臺灣外記說：芝龍「性情蕩逸，不喜讀書，有膂力，好拳棒」[30]；
鹿樵紀聞說他「既長，益撫媚；音律、樗蒲，靡不精好」[31]形容芝龍是
個性情蕩逸，貪玩好賭的問題少年。後來因失愛於父，[32]就在明天啟元
年（西元一六二一年）十八歲那年，離家出走，到廣東香山澳找其母
舅黃程，起初程加以指責其遠離父母之不是，但經芝龍說明之後，於
是乃留芝龍住下來。《臺灣外記》載說：

> 一官年十八，性情蕩逸，不喜讀書；有膂力，好拳棒。潛往澳
> 東香山澳尋母舅黃程。程見雖喜，但責其「當此年富，正宜潛
> 心。無故遠遊，擅離父母。」一官跪答以「思慕甚殷，特候起
> 居，非敢浪遊。」[33]

其時香山澳已是葡萄牙人的勢力範圍，國際貿易很盛，黃程即在此經
營海外貿易，芝龍留住香山澳，剛好可以幫其舅經營貿易事務。[34]在此
情況下與西洋人有所接觸，因此有些西文著作說芝龍曾受洗禮為天主
教徒，教名叫「Nicolas Gaspard」，但中日文資料未見此事之記載。鄭

29　鄭亦鄒，《鄭成功傳》，見《鄭成功傳》，臺文叢六七，頁一。

30　見前引《臺灣外紀》，頁三。

31　梅村野史，《鹿樵紀聞》，臺文叢一二七，臺銀經研編，頁五九。

32　芝龍失愛於父，離家出走的原因，據廣陽雜記及鹿樵紀聞都說是因蒸其後母，不得已才
離開家鄉的（見註二八、三一）；也有說「芝龍以妾故，失愛於父，父怒逐之」（見朝
川善菴〈鄭將軍成功傳碑〉，《臺灣文物》，第十一卷，第四期，頁三四。）；另外計
六奇，《明季北略》、鄭芝龍小傳也說「飛黃……父多妾媵，其生第六子之母與飛黃媾
別情：一日為飛黃理髮，飛黃以手插入其裙腰調情，意密。父自後走出，飛黃提縮勢
急，裙帶為絕。父目擊，持棍怒逐」（見計六奇，《明季南略》，臺文叢一四八，臺銀
經研編，附錄、鄭芝龍小傳，頁五一八）。上述諸說是否屬實，仍需待考。但從這些記
載可以想像芝龍是個性情蕩逸，行為不檢的好色之徒，不然那有這類不刊入目的醜聞。

33　見註三〇。

34　同前。

芝龍究竟是否天主教徒，仍待研究。[35]

　　明天啟三年（西元一六二三年）五月黃程有一批貨由芝龍押往日本，時芝龍年二十。[36]那時候日本國際貿易很盛，蓋自十六世紀後半葉以來，歐洲人已來到東方從事貿易，此時日本，尤其是西南諸侯，為了富國強兵，對歐洲人來日本貿易尤表歡迎，平戶及長崎遂成國際貿易要港。當時華船也參加國際貿易行列，華人僑居日本平戶、長崎者，自然不在少數，芝龍即其中之一。[37]他抵日本時正方剛之年，且單身在日，況典型的日本女子，向以溫柔體貼聞名於世，芝龍當難逃美人關，遇上一位婀娜多姿的翁氏（或稱田川氏）小姐，更非拜倒石榴裙不可了。這位翁氏小姐就是鄭成功的生母（關於成功母親翁氏，容後詳述）。[38]

　　芝龍到日本後，仍然如同幼年時代那般活躍，陸陸續續結交了不少所謂「英雄豪傑」，並經由楊天生的介紹得與當時旅日僑界領袖顏思齊（顏振泉）相識。顏氏係福建漳州府海澄縣人，身體雄健，武藝精熟，因受當地宦者的凌辱，揮拳擊斃官家僕人，乃亡命日本。初旅日以裁縫為業，居數年後，漸有積蓄，疏財仗義，逐漸知名，他與福建泉州晉江人楊天生，素有深交。顏氏本是一位有心人，有一天對天生說：「人生如朝露耳，若不能揚眉吐氣，虛度歲月，羞作骯髒丈夫！」天生答說：「舜何人也，予何人也，有志者亦若是，長兄有此雄略，何愁久困，以余度之，此地可圖」，於是就由天生四處奔走，把當時有力量的華人組織起來，共推思齊為盟主。芝龍就在楊天生的推荐下，參加了結盟組織。他們在天啟四年六月舉行結盟儀式，參加結盟者，除了思齊之外有楊天生、洪陞、陳勳、張弘（或作張宏）、陳德、林福、

35　見廖漢臣，〈鄭芝龍考〉（上），《臺灣文獻》，第十卷，第四期，頁六七；林秀樞譯，〈國姓爺〉，《臺灣風物》，第五卷，第四期，頁一；前引日本乞師の研究，頁二九六—二九七。

36　見前面引《臺灣外記》，頁三。另參見註二二。

37　豐田武，《概說日本歷史》，大阪教育圖書株式會社，日昭和五一年、民國六五年，頁一九四—一九七。

38　見前引《臺灣外記》，頁三。

李英、莊桂、楊經、陳衷紀、林翼、黃碧、張輝、王平、黃昭、李俊臣、鄭一官、何錦、高貫、余祖、方勝、許媽、黃瑞郎、唐公、張寅、傅春、劉宗趙、鄭玉等二十八人，其中以芝龍年紀最輕，排為尾弟。嗣後彼等來往極密，天生更強調說：「日本地廣闊，上通遼陽、北直，下達閩粵、交趾，真魚米之所，若得佔踞，足以自霸。」於是陳衷紀、陳勳、張弘、洪陸、高貫等人都被天生的論調所動，積極勸思齊把握機會舉事。思齊遂決意於是年八月十五日舉事，擬在日本別創一華人的新天地。但事機洩漏，思齊於是月十四日率眾搭船倉皇逃離日本，經商議決往臺灣，航行八晝夜始抵臺灣。抵臺後將徒眾分寨安頓，後橫行海上，四出搶掠，遂成為中國東南海上的海盜集團。[39]

天啟五年九月思齊從諸羅（今嘉義）打獵回其寓所，由於身體疲倦，加上歡飲過度，遂患重感冒，一病不起，終於去逝。在此之前，芝龍聲勢已大，是時因其父紹祖已逝，芝龍諸弟及堂兄弟等紛紛來投靠，其勢力遂更大。[40]據記載當時思齊將徒眾分為十寨，寨各有主，芝龍即十主之一，而其富卻逾十寨了。《明季北略》記說：

> 海盜有十寨，寨各有主。停一年，飛黃之主有疾，疾且痼；九主為之宰牲療祭，飛黃乃泣求其主，明日祭後必會飲，乞眾力為我放一洋，獲之有無多寡皆我之命，煩緩頻懇之」。主如言，眾人各欣然。劫四艘貨物，皆自暹邏來者，每艘約二十餘萬。九主重信義，盡畀飛黃；飛黃之富逾十寨矣。海中以富為尊；其主亦就殂，飛黃遂為十主中之一。時則通家耗，輦金還家，置蘇杭細軟，兩京大內寶玩；興販琉球、朝鮮、真臘、占城、三佛齊等國，兼掠東粵、潮、惠、肇、福浙汀、閩、臺、紹等處。此天啟年事也。[41]

39　同前引書，頁三—十一。或說顏思齊即李旦，但筆者以為顏、李各有其人，非一而二，亦非二而一，而芝龍所奉之盟主係顏思齊，非李旦者也。關於這個問題可參見鄭喜夫撰〈李旦與顏思齊〉及〈補記李旦與顏思齊〉（鄭喜夫《臺灣史管窺初輯》，臺北，浩瀚出版社，民國六四年，頁四—三九）。

40　見前引《臺灣外記》，頁十一。

41　計六奇，《明季北略》，〈鄭芝龍小傳〉，見前引《明季南略》，頁五一八。

雖然如此，但如欲繼思齊之後，來統御此一龐大海盜集團，則非得到各寨主之支持，實在無能為力。欲得各寨主的支持，除憑一己之實力外，尚需假借「天意」之助，芝龍之能夠繼承思齊之地位，就是兼備這兩個條件的。《臺灣外記》記芝龍得到領袖地位的過程裡說：

> 杲卿曰：「……今欲再舉一人統領諸軍，弟恐新舊愛惡不一，倘苟且從事，自相矛盾，反為不妙。然統軍亦非易事，當設立香案，禱告蒼天，將兩碗擲下，連得聖筊而碗不破者，即推之為首。……」眾曰：「此論最當，庶無後言。」隨排香案，眾各拈香跪告畢，依序向前拜祝，兩碗擲下粉碎，無一完者，咸躊躇焉。惟一官尚未擲；……一官跪禱，將兩碗擲下，恰好一個聖筊，碗不破。眾皆駭然，一官取起擲下，復如前。衷紀曰：「我不信。」取原碗當天禱告：「我等大哥已死，欲推一人領諸軍。天若相一官，再賜兩筊，眾願相扶。」又連擲兩聖筊，碗不破。間有不信者，禱告擲下復如前。如是者屢，屈指計之共成聖筊三十。眾齊閧曰：「此乃天將興之，誰能違之？吾等願傾心矣！」[42]

黃宗羲《鄭成功傳》記說：

> 思齊死，眾無所立，乃奉盤錡割牲而盟，以劍插米，各當劍拜，拜而劍躍動者，天所授也。次至芝龍，再拜，果躍出地；眾乃俱服，推為魁（或傳陳衷紀、陳勳等十人各乘一舟，亡之臺灣為盜。風引桅帶攪而為一，各駭然曰：「此殆天以我十人不相統攝欲立一中軍耶」？乃共申約，鼓三通而開者立之。至芝龍而開。其言芝龍所以起事者，或異然。要之，生而盜賊，亦有天焉）。陸梁海上，官軍莫能捕。然大權猶歸衷紀，芝龍仍陽奉之。[43]

這兩段記載雖然不同，然一方面顯示當時陳衷紀實力很強；另一方面表示各寨主均有問鼎「領袖」地位之意圖，而芝龍是在此情況下，憑

42　見前引《臺灣外記》，頁十一一十二。

43　黃宗羲，《鄭成功傳》，見黃宗羲，〈賜姓始末〉，臺文叢二五，臺銀經研編，頁九。

其實力假借「天意」之助得到領袖群雄的地位的。

　　經各寨主共推芝龍為首之後，起初芝龍做固辭狀，最後終於藉「天意」而接納下來，並決定於天啟五年十二月十八日舉行承接統領諸軍儀式。在這同時更換各軍旗幟，重新編組徒眾，分設參謀、監軍、監造、監守、管糧、左右謀事等職，並更名「一官」為「芝龍」，其族人同輩者十七人，也同時一律冠上「芝」字來命名，以應其十八日之數。[44]他如此整頓，足見他極具野心，想在思齊所留下的基礎上圖謀更大的發展。

　　在芝龍繼思齊之領袖地位的前後，正值大陸福建地區鬧飢荒，這從天啟年間同安知縣曹履泰致書福建巡撫朱一馮的一段描述裡所說：

> 職以微材，當劇邑，且值多故之秋，天實阨之。兩年之內，惟去春僅有半收。夏秋亢旱，一望皆赤。至今年三月間才雨。鄉出艸根樹皮食盡。而揭竿為盜者，十室而五。[45]

就曉得當時災荒之嚴重，已到吃盡樹皮草根，揭竿而起的程度。芝龍乘此機會於天啟六年春，首次發船隊劫掠福建金門、廈門，及廣東靖海、甲子等地。[46]芝龍想藉此行動探察大陸東南沿海虛實，並勒取糧餉，且吸收遊手好閑之徒，以擴充陣容，壯大其勢力。《臺灣外記》載說：

> 時鄭芝龍統船隨風馳逐，適逢雨水不順，失於收成，……米價騰貴，遊手好閑，悉往投之。芝龍將奪來船隻，分配駕駛，因而日盛。邊將望風披靡，不敢與敵。[47]

是時大陸東南久未用兵，明朝官軍又類多「悉承蔭襲，寬衣大袖，坐享君祿」，戰力薄弱，士氣低落，當然不是芝龍徒眾的對手。加上芝龍

44　見前引《臺灣外記》，頁十三—十四。

45　見曹履泰，《靖海紀略》，臺文叢三三，臺銀經研編，頁三。

46　見前引《臺灣外記》，頁十四—十五。

47　見前引書，頁十五。

約束其徒眾,「不許攜婦女,屠人民,縱火焚燒,搾艾稻穀」[48],似與其他海盜作風有所不同。曹履泰於致書朱一馮時說:

> 今龍之為賊,又與祿異。假仁、假義,所到地方,但令報水,而未嘗殺人。有徹貧者,且以錢米與之。其行事更為可慮耳。[49]

由此看來,明廷對芝龍的騷擾感到束手無策,而地方當局也苦於不知如何應付。就在這個時刻,招安之議乃起。[50]

明廷知道蔡善繼任泉州知府時,芝龍父任其庫吏,認為他們間當有一段情誼,於是起用蔡氏為泉州巡海道,想藉此使招安芝龍的工作能夠順利進行。果然透過蔡氏的關係,雙方有所接觸。芝龍曾表示說:

> 海上弄兵,原非本意。因寄跡東洋,受困倭人,迫而成之。今既承道憲嚴命,豈敢固執,以負德意?自與諸將領商之。[51]

由上可見已有與明朝妥協的意向,於是邀集諸將說:

> 我想飄颻海外,虛度歲月,總無了局。今道憲招安,意欲就撫,不知諸位心曲何如?[52]

向部屬表明其欲接受明朝的招撫。但其幹部基於安全上的疑慮,多半不願向明朝投降。陳衷紀向芝龍說:

> 主公就撫,道憲決然垂青。我等並無夙昔之交,雖然今日藉主公餘庇;倘後來道憲陞轉,官勢羅織,有司不諒,那時進退維谷。乞假我船隻,仍回臺灣。同李英等觀看主公得意,紀等再來相尋未遲。不知主公允否?[53]

48　同前。
49　見前引《靖海紀略》,頁四。
50　見前引《臺灣外記》,頁十五。
51　見前引書,頁十六。
52　同前。
53　同前。

要求搭船回臺灣觀望，然後再做決定。當時與陳氏持相同看法的尚有呆卿（即洪陞）、子大（即張弘）、陳勳等十三人，他們得到芝龍應允之後率眾回臺灣，而芝龍另帶一部份徒眾往泉州港謁善繼，準備向明朝投降。後來芝虎、芝豹認為明朝只想解散他們的黨羽，並無安撫的誠意，建議芝龍乘夜率眾潛逃，於是芝龍乃乘三更半夜，率其諸弟及黨徒逃離泉州，再度回到海上當海盜去了。[54]

　　明天啟六年，芝龍回到海上當海盜，爾後又先後進犯閩粵沿海，明朝雖然屢派官軍剿之，但未見效果。崇禎元年（西元一六二八年）泉州知府王猷再倡招撫之議。他說：

> 鄭芝龍兩次大勝洪都司而不追，獲盧遊擊而不殺，敗俞都督師於海內，中左棄城逃竄，約束其眾，不許登岸，不動草木；是芝龍不追不殺不掠者，實有歸罪之萌。今一時剿難卒滅，撫或可行。不若遣人往諭，退船海外，仍許立功贖罪。俟有功日，優以爵秩。[55]

認為芝龍對明朝官軍不追殺，約束他的徒眾不登岸搶掠，必有受撫的跡象，於今既不能消滅他，不如以賜爵來安撫他較妥，於是巡撫熊文燦乃派盧毓英向芝龍說降。[56]毓英向芝龍保證說：「撫臺委弟來招安，業將將軍衷曲一一剖明，甚是歡喜。著將軍退師海外，立功之日，定然保題，決不負將軍歸誠之意。」芝龍聽了，除表示感謝毓英的斡旋

54　同前引書，頁一六—一七。

55　同前引書，頁二七。

56　盧毓英原係金門遊擊，天啟七年與芝虎交兵時被俘。芝龍禮遇之，並對毓英說：「某之受招安者，實感蔡道憲前日之恩，故不論輕重，諭到即歸。但道憲書猷獎勵無則，不過分散安插而已。因此大眾失望，不得不逸去。」；又說：「苟一爵相加，應為朝廷致力，東南半壁，即可高枕矣。」（前引《臺灣外記》，頁二一；沈雲，《臺灣鄭氏始末》，臺文叢一五，臺銀經研編，頁三—四）向毓英明白表示，只要明廷授官封爵，願意就撫，由此可見芝龍奮鬥的目標在謀取高官厚祿，只要達此目的，將不擇手段以赴之。此次芝龍之所以不殺毓英，就是想藉毓英感恩圖報的心情，讓毓英回明朝為芝龍的企圖做一番奔走，果然毓英答允將為芝龍「力揚」。但毓英回明時雖曾盡力說明芝龍願就撫，可是都督俞咨皋主戰，毓英反遭下獄。後來明官軍屢剿芝龍無效，泉州知府王猷在倡撫議，熊文燦才派毓英向芝龍說降（《臺灣外記》，頁二一—二七；《臺灣鄭氏始末》，頁三—五）。

外，並要求允許他的黨徒「通行各處，庶使將士便於採買糧食」。雙方條件談妥之後，芝龍就在是年九月率眾投降，並遣派他弟弟帶厚禮隨同毓英回泉州城，賄賂福建高級地方官。巡撫熊文燦在芝龍投降後，以義士「鄭芝龍收歸一官」功，題委芝龍為海防遊擊，並派毓英為監督，負責督芝龍軍討伐諸海盜。[57]

如前所述，明朝官軍屢討東南海盜無效之後，改以盜制盜的策略，招安芝龍，而芝龍則藉其海上雄威，向明朝邀官投降，以明軍的姿態，出沒於東南海上。崇禎二年（西元一六二九年）芝龍先後討平李魁奇、楊六、楊七、褚綵（或做「彩」）老等海盜，並在消滅李魁奇之後，由遊擊轉題為參將。[58]上述海盜被芝龍掃除之後，所剩最大的海盜要算劉香（或稱劉香仔，或稱劉香老）了。劉香曾屢擾閩粵，崇禎八年芝龍奉令討平劉香，芝龍胞弟芝虎，堂弟芝鵠，就在此次戰役中陣亡。劉香既經平定，東南沿海又恢復平靜，這自然是「賴芝龍之威制」所成。崇禎十二年芝龍又擊潰來犯之荷蘭軍，次年八月晉為福建總兵，[59]到這個時候，芝龍之威勢可以說是雄霸東南海疆，舉凡往來東南海上船隻，只要樹鄭氏旗幟即可通行無阻，他更且以海利通交朝貴。「靖海志」記說：

> 芝龍既俘劉香老，捲其資蓄，復來漳鎮。其八主皆為芝龍勁旅，從此海氛頗息。通販洋貨，內容外商，皆用鄭氏旗號，無儆無虞，商賈有廿倍之利。芝龍盡以海利交通朝貴，寖以大顯。[60]

57　同前引《臺灣外記》，頁二七—二九。從芝龍這次賄賂事件，更能明顯的看出他並無崇高的理想和抱負，處處僅為自己的名位著想而已，即使與明朝條件已談妥，猶恐失去當官的機會，大事賄賂，其人格如何，由此可想而知。蓋他迷信財貨萬能，以為「世無君子，天下皆可貨取耳，陳平之閒項也，黃金勝百戰矣」（見前引《臺灣鄭氏始末》，頁五），才有此等卑鄙行為，而明季地方官之腐化，在此也可窺見其一般了。

58　見前引《臺灣外記》，頁三〇；前引臺灣鄭氏始末，頁五。

59　見前引《臺灣外記》，頁三二—三五；前引《臺灣鄭氏始末》，頁六—七；彭孫貽，《靖海志》，臺文叢三五，臺銀經研編，頁五—六。

60　見前引《靖海志》，頁六。按前引《臺灣外記》記說：在崇禎八年，劉香與芝虎交兵，兩人都一起被火焚死（見該記，頁三二—三四）。

鄭亦鄒《鄭成功傳》也記說：

> 芝龍幼習海，群盜皆故盟或門下。就撫後，海船不得鄭氏令旗
> 不能來往。每舶例入三千金，歲入千萬計，以此富敵國。自築
> 城于安平鎮，艫舳直通臥內。所部兵自給餉，不取於官。鐵鍪
> 剽銳，徒卒競勸。凡賊遁入海者，檄付芝龍，取之如寄。以故
> 鄭氏貴振於七閩。[61]

至是芝龍不僅富而且貴了。

　　崇禎十七年（清順治元年，西元一六四四年）闖賊李自成陷北
京，崇禎帝自縊於煤山，吳三桂迎清兵入山海關，北方局勢已無可
為。是年五月，誠意伯劉孔昭、司禮監韓贊周等立福王即位於南京，
次年改年號為弘光，封福建總兵芝龍為南安伯。弘光元年（順治二
年）五月，清軍破南京，弘光朝亡。接着於是年閏六月福建巡撫張肯
堂、巡按御史吳春枝、禮部尚書黃道周、南安伯鄭芝龍、靖虜伯鄭鴻
逵等擁立唐王於福州，改元為隆武。之後，晉封芝龍為平虜侯、鴻逵
為定虜侯。尋又分別封為平國公和定國公；芝豹、鄭彩則分別封為澄
濟伯和永勝伯。[62]但擁立福王非芝龍本意，因此與文臣常齟齬，對抗清
又無信心，早有叛意，於是暗中與其同鄉洪承疇、黃熙胤互通信息。
《鄭成功傳》記說：

> 芝龍以擁立非本意，日與文臣忤。又度章皇帝神武，必不能偏
> 安一隅，密有歸款意。時招撫江南者內院洪承疇、招撫福建者
> 黃熙胤，皆晉江人，與芝龍同里，通聲問。[63]

61　鄭亦鄒，見《鄭成功傳》，《臺文叢》六七，頁三。

62　見前引《靖海志》，頁一—八；前引《臺灣外記》，頁四三、四四、五二、五三、五
　　五、五六、五七；阮旻錫，《海上見聞錄》，《臺文叢》二四，臺銀經研編，頁一。

63　同註六一：夏琳，《海紀輯要》也記說：「芝龍以擁立非其本意，日與文臣忤。又度清
　　朝神武，必不能偏安一隅，有叛意；密遣人通清內院洪承疇、御史黃熙胤。至是，聞魯
　　監國杭州失守。乃稱缺餉，檄守將施天福等回。」（見《臺文叢》二二，臺銀經研編，
　　頁二。）《臺灣外記》更記說：「隆武召黃道周、何楷、曾櫻、路振飛、黃景昉、蘇觀
　　生、何吾騶等諸文武入朝，會議戰守策。鄭芝龍首站東班。楷讓之曰：「文東武西，太
　　祖定制。今鄭芝龍妄自尊大，不但欺凌臣等，實目無陛下。」龍曰：「文東武西，雖古
　　來定制；然太祖已行之，徐達業站東班首。」道周曰：「徐達乃開國元勳。汝敢與達比

就是說芝龍已存異志，早已通敵，預做投降滿清的準備。

隆武二年（清順治三年，西元一六四六年）隆武帝知道仙霞關失守，於八月打算轉進江西，行抵汀州，清兵追至，遂遇難。[64]九月芝龍一向以保全名位為做人處事的準則，而置忠君、保國、衛民於度外，一聽清朝將以閩粵總督相待，就欣然於是年十一月十五日到福州投降。《靖海志》記說：

> 九月，大兵入泉州，德化知縣陳光晉迎降。既而汀、漳皆陷。惟鄭芝龍退保安平，……貝勒知泉紳郭必昌與芝龍有舊，因遣招之。芝龍曰：「我非不欲忠於大清，恐以立唐王為罪耳」。會大清固山兵逼安平，芝龍怒曰：「既招我，何相逼也」！貝勒聞之，乃切責固山，令離安平三十里駐軍，別遣內員二人持書至安平。書略曰：「吾所以重將軍者，以將軍能擁立也。人臣事主，苟有可為，必竭其力，力盡不勝天，則投明而事，乘時建功，此豪傑事也。若將軍不輔立，吾何用將軍哉？且兩粵未平，今鑄閩粵總督印以相待。吾欲見將軍者，欲商地方人才及取兩廣事宜也」。芝龍得書大悅，劫眾議降。[65]

芝龍投降後，不數日即被挾往北京。明永曆七年（清順治十年，西元一六五三年）滿清封芝龍為同安侯。[66]自是而後芝龍及其家人失去行動自由，[67]但暗中與成功通信息，永曆九年因此被劾下獄。十一年清廷流芝龍及其家屬於寧古塔，[68]終於在十五年，清廷照謀叛律將芝龍及其在京諸子一律處死。[69]

乎？」龍曰：「以今日較之，我從福建統兵恢復，直至燕都，功亦不在徐達下。」楷曰：「俟爾恢復至北京，那時首站未遲。」遂互爭殿上（見該記，頁五八—五九），足見當時文武不和已極。

64 見前引《臺灣外記》，頁七二、七五；前引靖海誌，頁十二—十三。

65 見前引《靖海志》，頁十三。

66 見《大清世祖章（順治）皇帝實錄》，臺北，臺灣華文書局影印本，民國五三年，卷七五，頁八。

67 同前引書，卷六六，頁十八。

68 陳衍，《福建通志列傳選》，臺文叢一九五，臺銀經研編，頁九〇；前引《大清世祖章（順治）皇帝實錄》，卷一〇九，頁三—四。

69 見前引《閩海紀略》，頁十六；《大清聖祖仁（康熙）皇帝實錄》，臺北，臺灣華文書局

　　由前面所述看來，芝龍乃是一個不折不扣的投機分子，但卻娶了一位賢妻翁氏（或稱田川氏）即成功之母，她對成功的一生，當具決定性的影響。蓋據心理學家的研究認為人格形成的最重要因素之一就是家庭，理由是「個人與社會發生關係最早的是家庭，時間最長久的也是家庭。因此家庭對於個人人格的影響，自然也就形成最重要的因素。……父母及一切長輩們的言行態度，兄弟姊妹間的情感與作為，均足以影響一個人的人格。而母親的影響尤其重要」。[70]成功自出生至七歲，絕大部份時間皆與其母親生活在一起，而母親的影響又是人格形成時重要因素中尤其重要者，故筆者以為成功之母對他一生具決定性的影響。因此成功母親究竟是什麼樣的女性，實值得吾人探究，可惜其相關資料有限，只好先就現有的資料來稍加探究。

　　成功母之出身，世人不甚清楚。據一些資料記載，或說她是「日本長崎王族女」；[71]或說是日本肥前平戶士人田川氏之女；[72]或說是「倭婦翁氏」；[73]而據歷來學者的研究也未得到一共通的結論。[74]例如日人川口長孺、稻垣孫兵衛等說成功母親是日本平戶士人田川氏之女；匪石《鄭成功傳》及連橫《臺灣通史》也持此說法；[75]伊能嘉矩以筆名「考古生」在《臺灣慣習紀事》之〈鄭氏異聞〉及《臺灣文化志》上說：據說成功母是歸化日籍的泉州冶匠翁翊皇，從日本人田川氏領來的養女，故華人多稱之為翁氏，日本人多稱之為田川氏。[76]筆者以為，成功母既生於日本，又在日本長大，因此不管她姓翁或姓田川，她總算是日本人。因此稱她為「日人翁氏」大概是最恰當不過的

影印本，民國五三年，卷五，頁二。

70　曾國威，《心理學》，臺中，中央書局，民國六一年，頁三〇九。

71　見前引《賜姓始末》，頁一；前引《鹿樵紀聞》，頁五九；前引《靖海志》，頁一。

72　二齋藤正謙，《海外異傳》，引自前引《鄭氏關係文書》，頁七八。

73　見前引《臺灣外記》，頁三；前引《福建通志列傳選》，頁五七。

74　成功母究姓翁，抑或姓田川，目前各說不一，黃玉齋曾將有關此問題的中、日文資料予以列舉。見黃氏，〈國姓爺的家世及其事蹟〉（二），《臺北文物》，第六卷，第四期。

75　見前引《臺灣鄭氏紀事》，頁七；前引《鄭成功》，頁四─五；前引匪石《鄭成功》，頁七二。

76　見考古生，《鄭氏異聞》（一），鄭成功の生母田川氏條，《臺灣慣習記事》，第六卷，第八號，頁六九二；前引《臺灣文化志》，上卷，頁六二。

了。

芝龍在日本平戶河內浦遇上成功母翁氏，就娶她為妻，但據鄭氏
《石井本宗族譜》的記載，則知他與翁氏結婚之前已娶陳氏了。[77]
（按芝龍前妻陳氏，究竟是早逝，抑或與芝龍離異，文獻已無可考。
但成功母翁氏是繼配而非側室，這在鄭氏《石井本宗族譜》內已明
載，當無疑問。）在《臺灣外記》的一段記載裡說：

> 婦人雖跣足蓬頭，而姿色羞花，宛如仙女，且頭髮日日梳洗，
> 熏以奇楠，不似中國抹以香油也。客至其家，最敬者或茶或
> 酒，杯盞必擦以頭髮，然後斟而送客，其奇楠氣味，齒頰生
> 香。所以抵日本者，老誠亦被迷墮，況一官正在方剛之年乎？
> 亦是天數駭然，赤繩繫足。本街有倭婦翁氏（倭日本別號），年
> 十七，天嬌絕俗，美麗非常。見一官魁梧奇偉，彼此神交；第
> 不得即為雙棲竝一耳。一官遂聘之。[78]

由此不但令人對昔日日本女子的裝扮和溫柔體貼的性情有些認識和印
象，且令人不難想像成功母可能是一位溫柔體貼、婀娜多姿、姿色嬌
豔的典型日本女子。她欣賞芝龍魁梧奇偉，倆相遇之後，不僅互相戀
慕，且有相見恨晚之概，遂於二十二歲那年與芝龍結為連理，次年生
成功（容後詳述）。[79]另據《廣陽雜記》載說：

> 鄭芝龍幼逃入日本，為人縫紉以餬其口。餘賫三錢縫衣領中失
> 去，旁皇於路以求之，不得而泣。有倭婦新寡，立於門內；見
> 而問之。芝龍告以故；婦曰：「以汝材力，三百萬亦如拾芥；三
> 錢何至於是」？蓋其婦夜有異夢。如韓蘄王夫人也；遂以厚賫
> 贈之而與之夜合。芝龍後得志，取以為室，即賜姓之母也。[80]

---

77 見前引《鄭氏關係文書》，頁三六。
78 同註三八。
79 據《臺灣外記》說成功母翁氏嫁芝龍時年十七，但據鄭克塽等撰〈鄭氏祔葬祖父墓誌銘〉
　　載說：「王父生於甲子年（天啟四年，西元一六二四年）八月十八日未時」（見前引
　　《臺灣關係文獻集零》，頁二七。）則知翁氏嫁芝龍時應是二十二歲才對。
80 見前引《廣陽雜記選》，頁二七—二八。

這段記載雖屬極具戲劇性，但約略可以看出大概人們印象中認為翁氏不僅是一位美嬌娘，且是一位頗具同情心，樂於助人，慷慨大方的女子，才會有這類傳言。同時她也是一位熱愛夫婿子女，對家庭相當負責任的女性。《臺灣外記》描寫成功七歲回中國，翁氏與其子別離的情景時說：

> 翁氏臨別之際，悲喜交集──喜者喜其父子相會；悲者悲未見夫君，今反失其子──奉衣慟泣。[81]

另外翁氏致書芝龍說：

> 國主接將軍手札，畫圖威儀，頗甚憚懾。召余父翌皇于偏殿，議應如何答覆。宰相三水吉雄謂，吾國向無以婦女適中國者；芝龍已生子，不若遣子留婦，策司兩全，國主如儀行。噫吁乎，哀哉！曩悲失余夫，今復失余子。雲海萬里，寸心割裂，未知何日，予夫妻母子再圖聚首也。望風嗚咽，泣下霑裳，想芝虎叔必能為予曲諒之！[82]

上兩段文字如無疑問的話，實為翁氏思念夫君和兒子之真情流露，和其渴望全家早日團聚的心聲！

鄭成功回中國後，芝龍和成功曾屢請翁氏及成功弟七左衛門回國，但翁氏以七左衛門年幼，因此未成行。洪光元年五月清兵陷南京，六月張肯堂、鄭芝龍、鄭鴻逵等，擁立唐王即位於福州，改元隆武。前此一年剛好翁氏以其次子七左衛門年已稍長，向日本德川幕府申請回中國，幕府以芝龍已顯且貴，又操大軍，乃准許翁氏到中國，於隆武元年（清順治二年，日本正保二年，西元一六四五年）十月遣使護送翁氏到安平。[83]翌年十一月芝龍向清朝投降。被挾往北京，清軍突至安

---

81 見前引《臺灣外記》，頁三〇。

82 見閣墨華珍，〈鄭芝龍妻翁氏由東洋致其夫書〉，引自伍稼青，〈鄭延平二三事〉，《藝文誌》，第八期，頁一四──一六。按這封信既未署名，又未具日期，其真實性待考。

83 見前引《臺灣外記》，頁五九──六〇。又、日人川口常孺在《臺灣鄭氏紀事》乙書中記七左衛門事說：「是歲（按指成功七歲那一年）芝龍請迎其妻子于本邦，本邦許而遣之（華夷變態、南塾乘、長崎夜話草。『是歲』，據成功傳。……）而妻及七左衛門猶留

平，成功母受淫辱，於十一月三十日毅然自殺殉國[84]。翁氏以一婦女以
身殉國的愛國行為，必促使成功更堅定其抗清復明的決心，蓋以一出
生於異國的婦女，嫁明人為妻，都能為明朝以身殉國，況一堂堂大明
之大丈夫，能不為國盡忠乎？此念頭必在成功心田洶湧而起吧！

三、少年

明天啟四年（西元一六二四年）七月十四日鄭成功誕生於日本平
戶河內浦千里濱。[85]丸山正彥在「平戶に於ける鄭成功」裡，描述千里
濱的風景時說：

> 此の平戶の歐洲の貿易港たりしは、後奈良天皇の天文十八年
> （按即西元一五四九年）に始リ、明正天皇の寬永十七年（按

本邦（華夷變態。七左衛門，據其訴狀。南塾乘曰：『及芝龍貴，妻封國夫人』）。成
功時年七歲，七左衛門才二歲（據七左衛門訴狀『正保乙酉前年年十六』文推而書
之）。後芝龍及成功貽書數招母子；母子自平戶詣長崎，然以七左衛門幼，辭而不赴。
正保元年甲申，七左衛門年十六。以年漸長，成功強而迎之；芝龍妻……遂請航於幕
府，幕府許之。翌年赴明；每歲贈銀于七左衛門。及後芝龍妻死節，七左衛門詣江戶，
請赴明戮力成功，滅清以報仇；幕府令七左衛門貽書成功達其意。七左衛門數託書于長
崎成功船；而成功船人貪縱，頗私財貨，恐七左衛門赴明，或發其事，故不達書。適會
器有公薨，國衰多事，所志不達，還長崎而歿。子名道順，復姓鄭。七左衛門之請滅清
報仇也，道順亦欲共父赴明，而事不成。及父歿，正德中來江戶，往吳服街，以醫為
業，不仕而終（參取七左衛門訴狀、鄭道順訴狀）。」（見前引《臺灣鄭氏紀事》頁七
一八），而鄭喜夫，鄭成功「胞弟」七左衛門的若干疑問乙文中，對七左衛門的存在表
示懷疑（見前帶《臺灣史管窺初輯》，頁四〇—四六）。

84 據鄭克塽等撰〈鄭氏祔葬祖父墓誌銘〉，則知翁氏自殺事發生於清順治三年十一月三十
日（見前引《臺灣關係文獻集零》，頁二七）。又、翁氏自殺為明殉難乃一事實，惟各
文獻有關其自殺的方式記載不一：《臺灣外記》說她是「毅然拔劍割肚而死」（見前引
《臺灣外記》，頁七九）；黃宗羲，《鄭成功傳》，僅記：「俄而，貝勒王及固山兵
至，乃潰。成功母不去，死之。」（見前引「賜姓始末」，頁十二），並未記載成功母
是如何死的；靖海志說：「貝勒至安平，亂兵大肆淫掠，成功母亦被淫自縊死。」（見
前引《靖海志》，頁十四）；長崎夜化草說：「芝龍妻至本邦，在圍城中歎曰：「遙在
異域，事既至此，今惜一死，何面目復見人耶」？登城樓投河水自殺。清兵吐舌曰：
「婦女尚而，倭人之勇可知也。」（見前引《臺灣鄭氏紀事》，頁二〇—二一」）。

85 鄭成功誕生日或說七月十五日（見夏琳《閩海紀要》，臺文叢一一，臺銀經研編，頁一
〇）；或說七月二十三日（見前引朝川善菴，〈鄭將軍成功傳碑〉）；今採《臺灣外
記》及鄭克塽等撰〈鄭氏祔葬祖父墓誌銘〉之說。

即西元一六四〇年）に終り……是れ松浦家の平戸城趾なり……
…此突角を相抱持して一小灣を包む市街は、即ち昔時歐洲貿
易市場の地なり其東南の海岸に聳立して、玄海洋の怒濤に當
る石壁は、昔日蘭人の築きし處なりといふ、阿蘭陀屋敷の名
今猶ほ存セリ、此城下を距る西南凡と一里許、丘陵起伏岬灣
屈曲するあにリに白砂千里、青松數株、恰も鎌倉附近の海濱
に似たるは、所謂千里濱てれなり、此濱に沿ひ西に入りたる
一灣は、昔時蘭船を泊したる河內浦なり。[86]

千里濱其地在十六世紀中葉到十七世紀中葉間，是一處青松翠綠、白
沙千里、距離繁華市街很近、風景極佳的海濱。平常除了可聽到海浪
拍岸聲外，可能相當寂靜，也許是當時平戶居民鬧中取靜的好去處。
因此傳說成功母親翁氏就是到海邊散步，拾貝玩耍時，在一個巨石旁
產下成功的，故字之曰「福松」以為祝，而到今天那個地方還有一個
大石頭叫「兒誕石」（日文「兒誕石」即中文「誕兒石」之意），留為
家喻戶曉的美談佳話，說成功就是在那巨石旁邊誕生的。葉山高行撰
〈鄭氏遺跡碑〉載說：

> 明延平郡王，鄭將軍成功，初名森，字大木，小字福松，其父芝
> 龍……娶士人田川氏女，屢訪藩士家，學雙刀技。既而田川氏
> 娠，一日出游千里濱，拾文貝，俄將分娩，不暇還家，乃就濱內
> 巨石以誕，是為成功，實寬永元年七月也。士人今猶名其石曰兒
> 誕石。[87]

匪石《鄭成功傳》記說：

> 居者告余：「昔吾國（按指日本）有義俠女曰田川氏，實為平戶
> 士人之女。……一日，田川氏出遊千里濱，風雨大至不得歸，
> 田川氏拾文貝為戲，忽絕分娩，蹌踉就濱內巨石以生。……氏
> 字之曰福松。福松者，就石側古松以為祝也。[88]

86　丸山正彥〈平戶に於ける成功〉，《史學雜誌》，第六編第十號，頁七〇一一七〇二。
87　葉山高行，〈鄭氏遺跡碑〉，見前引《史學雜誌》，第六編第十號，頁七〇三。
88　匪石，《鄭成功傳》，見《鄭成功傳》，臺文叢六七，頁七二。

葉山高行和匪石兩人係就傳說中，成功誕生時與眾不同的情景，做了如上的敘述。

　　人們關於成功誕生的傳說，除前述旁石而生者外，尚有很多，[89]譬如：或說成功所以得到榮顯是因其曾祖母墳地風水好，受其庇蔭的緣故；[90]或說早在宋代先賢朱熹就看出福建南安這個地方將出大人物，於是在山巔上題「海上視師」四個大字。明朝周德興奉命「斷沿邊孽穴」行抵安平，見龍勢飛騰，又夜夢上帝命他保護此土，不要破壞此地風水，以讓後來有德者葬此地，當出五代諸侯，為明朝嘆氣，次晨周氏步山巔，見「海上視師」四個大字，就決意不將該地風水斬斷。後來成功高祖達德獲葬於此，果然在鄭家出現了一位為明效死的成功；[91]或說成功誕生前數日，天昏地暗，飛沙走石，風狂雨暴，象徵着英雄即將降臨，接着翁氏夢見大魚冲懷，驚倒醒來，果然生一男孩即成功，傳說成功是由一條大魚投胎轉世而來的；[92]或說當翁氏分娩時，眾人眼見鄭一官家失火，前往救火，方知翁氏產下一男孩，眾人隨即紛向一官道賀，他們認為成功將來必定大貴，而芝龍對此也感到非常欣悅；[93]或說成功降生時「萬火齊明」。[94]上述這些傳說令人得到一個印象，即人們雖非盡視成功為英雄或一代完人，但至少可說都視成功為不平凡的一代強人，才會有這麼多不同的傳說。不過這些傳說也並非全屬「傳說」而沒有一點真實性，換句話說，或許成功真的誕生在千里濱的巨石旁；或許翁氏要生成功前不久，真的天昏地暗，狂風暴雨一場，或許翁氏真的夢見一條大魚冲進她的懷裡，然後生下成功；或許成功誕生那一瞬間，其出生地真的萬火齊明。可是這些現象，並

89　關於鄭成功之傳說很多，婁子匡曾就此做過介紹和整理，請見前引之〈鄭成功誕生傳說之研究〉，〈鄭成功傳說之整理〉兩文。另見陳香，關於〈鄭成功傳說的探討〉，《臺灣風物》，第十一卷第四期。

90　同註一六。

91　見前引《臺灣外記》，頁一―二。

92　同前，頁六―七。

93　同前。

94　鄭亦鄒，《鄭成功傳》，見前引臺文叢六七，頁一；齋藤正謙，《海外異傳》，見前引《鄭氏關係文書》，頁七八；見前引夏琳，《海紀輯要》，頁一。

非惟有成功誕生時才會出現，相信在人類有史以來，中外一定有不少人在誕生時有類似以上的情況出現的。但並非所有曾遇過這些現象的人，就注定將成為英雄人物或一代強人，或許也有人在出生時同時出現類似上列若干現象，但却沒沒無聞。相反的一個人當他誕生時可能一切很平常，但後來却成就很大，理由是一個人之成為大英雄人物或一代強人，是必須具備種種條件的：諸如優良的天資，充分的學養，良好的品德，正確的人生觀及個人的不斷努力等，其中尤其以個人的不斷努力特別重要。因此成功之所以成為一代英雄或強人，並非單憑傳說中的那些條件的。

鄭成功本名森，字明儼，[95]在滿月的那一天，其父芝龍因參加預定於是年八月十五日顏思齊之舉，事機洩漏，倉促間離開日本，父子從此離別，其間日長達七年之久。[96]在這七年間，他都是由他母親翁氏一手撫育的。據說成功五、六歲時。他母親就送他到日本武士家學劍術「雙刀法」。[97]由這一件事，令人易於猜想成功自幼身體可能相當結實，動作靈敏，且對武術有所興趣吧！

成功一出生就深受其父親芝龍的喜愛，其父似乎對他充滿了希望，期望他為其家帶來「好處」。後來芝龍雖因參加顏思齊舉事之故，不得已離開日本，漂泊海上，但似乎未忘其愛子成功，尤其是成功出生時所出現的「火光」異景更使芝龍印象深刻而難忘。[98]明崇禎元年（西元一六二八年）芝龍接受明朝的招撫，被授為海防游擊以後，生活已安定，就想接其妻子回中國，乃於崇禎三年五月間，先派芝燕到

95　石井本宗族譜，見前引《鄭氏關係文書》，頁三九；另見前引《臺灣文化志》，上卷，頁九一。

96　見前引《臺灣外記》，頁三—十一、三〇—三一。

97　葉山高行，〈鄭氏遺跡碑〉，見前引《史學雜誌》，第六編第十號，頁七〇五；考古生，「鄭氏異聞」（一），見《臺灣慣習記事》，第六卷、第八號、頁六九一。據前引石原道博《國姓爺》乙書記說：「福松は，劍道を藩の指南花房某からまなんだといい」（見該書，頁十五）。毛一波在「鄭成功的早年事跡」也曾記說：「日本長崎方面，相傳成功七歲以前，曾與花房某某學劍的故事。」（見《大陸雜誌》第十一卷，第六期，頁一八二）。石原氏和毛氏均未註明其史料來源，於茲但引之以為考。

98　見前引《臺灣外記》，頁六—七、三〇。

日本迎接之，正交涉迎接妻兒回國事。是年九月日本幕府終於准許芝燕和芝鵬攜成功回中國，他們於是年十月抵安海，是時成功年僅七歲。《臺灣外記》有這麼一段記載說：

> 崇禎三年庚午夏五月，芝龍因憶火光夢中之異，修書遣芝燕駕船往日本……然芝龍自遣芝燕去後，偶閒談間，見南風大盛，屈指芝燕到日本矣。旁有日本舊唐者到芝龍面前言曰：「到諒到矣，恐國王未必允從。」芝龍曰：「汝何所見？」舊唐者曰：「日本從來未有婦人入我中國，國王焉肯特破此例，必用一計服他然後可。」芝龍猛省：「爾言有理。可覓畫師，畫我形圖，駕統無數艨艟，旌旗飛揚，軍威雄壯。令芝鵬帶好漢六十名，新盔亮甲，器械堅利，乘此南風尾過去。聲言若不依允，即欲興師前來。」鵬領命行。……國王收閱，集諸文武會議曰：「鄭芝龍連發兩書，遣人前來，未知將作何發付？」輔國將軍啟曰：「邇聞鄭芝龍兵船甚盛，今連發兩書前來，欲依他，從無此例；若不依他，恐一旦加兵，亦是費事。以臣管見，不如將兒子送還他，其婦女說從無此例，則一舉可以兩得矣。」國王大喜曰：「此議甚當。」立傳翁翌皇面諭，皇領命回家，與燕、鵬及女兒說知。九月北風起，國王回芝龍書，送其子交芝燕、芝鵬載歸。……十月到安海。[99]

芝龍望見成功儀容雄偉，聲音洪亮，心裡很高興，並為他取名叫「森」。[100]

成功母翁氏教子有方：一方面使成功自幼明白人與人之間應對的禮貌，所以成功在離日本回中國前，就懂得到劍道老師花房某某家辭行。據說現在平戶高中校園裡，有一棵樵樹就是成功盜劍道老師家辭行時所植以留念的。[101]另一方面使成功小小心靈中，早就有了為人子

---

99 同前、頁三〇─三一。這段記載描述芝龍遣人領成功回中國的經過，其情節雖頗具戲劇性，但芝龍於崇禎三年派人將成功領回中國則是事實。此事在鄭亦鄒之《鄭成功傳》（見臺文叢六七、頁二）及黃宗羲之《鄭成功傳》（見臺文叢二五，頁一〇）均有所記載。

100 見前引《臺灣外記》，頁三一。

101 見前引《國姓爺》，頁十四─十五；毛一波，〈鄭成功的早年事跡〉，《大陸雜誌》，第十一卷，第六期，頁一八二。

者應該孝順父母的觀念，且能隨時銘記在心，時時付諸實踐，連在睡夢中也將之表露無疑。因此回到中國，平日除孝繼母顏氏外，因念其在日的母親，「每夜必首翹東，咨嗟太息，而望其母」，但却常遭諸叔父和諸弟所窘，只有其四叔鴻逵特別器重之，說他是鄭家的千里駒。[102]成功共有六個弟弟，除七左衛門留居日本外，其餘均在中國，其順序為世忠、世恩、世蔭、世襲、世默，其中除世襲外，其餘諸弟後來均被清廷依謀叛律處死。[103]

　　如前所述，芝龍非常疼愛成功，俟成功回到中國，就延聘老師授以課業，[104]期望成功在功名上有所成就，以光耀其門第。《臺灣外記》載說：

> 有相士見之曰：「郎君英物，骨格非常！」對芝龍稱賀。芝龍謝曰：「余武夫也，此兒倘能博一科目，為門第增光，則幸甚矣。」[105]

但已有某相士看出成功的才華超乎一般人，認為他將是位「濟世雄才，非止科甲中人」，不必在科場上埋頭苦幹也將有一番作為。這位相士似乎真的把成功的抱負和性格及其未來，看出了幾分，因為成功平日喜讀春秋和孫子兵法，於制藝之外，則舞劍騎射，不死讀書，為他日後的事業，打下了良好的基礎，自然如相士所說的將成「濟世雄才，非科甲中人」了。又，成功頭腦極清楚而穎敏，讀書雖不治章句，但在他十一歲習作時，老師以「洒掃應對進退」為題，讓他寫作，却於文中寫出「湯武之征誅，一洒掃也；堯爵之揖讓，一應對進退也。」等令老師驚訝的文句來，[106]即使到現在，此文仍令人讚佩不

102　黃宗羲，《鄭成功傳》，見臺文叢二五，頁一〇；前引《臺灣外記》，頁數三二。

103　見註二一、註六八、註六九則知芝龍除七左衛門外，確實尚有六子，可是鄭氏石井本宗族譜（見《鄭氏關係文書》，臺文叢六九）未將世默記入。

104　見前引《臺灣外記》，頁三一。

105　同前：頁三二。

106　同前；黃宗羲，《鄭成功傳》，見臺文叢二五，頁一〇；前引《福建通志列傳選》，頁五七；《臺灣省通志》，臺灣省文獻委員會編，民國五十九年，第七卷人物志，第一冊，頁一。

已。這段文字，除表現成功的寫作能力外，更重要的是令人得到一個印象，即成功自年少時，就有充分的政治意識，高度的時代感，對國家和社會又有相當深的責任心。

由於芝龍期望成功能經由科考博取功名，自然相當鼓勵成功在這方面下功夫，而成功雖未全力以赴，在課餘之暇，總是喜歡涉獵孫吳兵法及舞劍騎射等課外活動，可是仍不負其父所望，在崇禎十一年（西元一六三八年）十五歲那一年，以優等的成績，考取南安縣學生員，難怪當時有位王觀光老先生看到成功時，就向芝龍說「是兒英物，非若所及也。」[107]果然成功日後成就遠超過其父了。

崇禎十四年，成功十八歲，可能就在這年的年底或次年的年初以前和長成功一歲的明朝進士禮部侍郎董颺先之胞姪女結了婚。崇禎十五年十月二日，[108]董氏生鄭經。據說成功起初並不太喜歡董夫人，但董夫人修養很好，又明理，處世且機智，後來漸得到成功的敬重。[109]

前面提過有位相士看到成功時驚訝說：「此奇男子，骨相非凡，命世雄才，非科甲者」，這是崇禎十五年成功十九歲那年到省城應鄉試時的事，當時成功正銳意場屋，並不以為然。後來成功到南京太學深造，其時年已二十一歲，因慕謙益之名，曾行弟子禮拜錢氏為師。[110]

---

107 鄭亦鄒，《鄭成功傳》，見臺文叢六七。頁二；齋藤正謙，《海外異傳》，見臺文叢六九，頁七八；前引《海紀輯要》，頁一；黃宗羲，《鄭成功傳》，見臺文叢二五，頁一○。

108 據鄭克塽等撰〈鄭氏祔葬祖父墓誌銘〉記說：「王父生於甲子年七月十四日辰時，卒於壬寅年五月初八日未時，享年三十有九。……父諱經，字式天，號賢之，嗣封延平王，生於壬子年（壬子年為萬曆四十年），西元一六一二年，或為明永曆二十六，清康熙十一年、西元一六七二年，而鄭經不可能生於壬子年，故壬子應為壬午之誤。）十月初二未時，卒於辛酉年正月二十八日寅時，享年四十。……祖母董氏係明進士禮部侍郎董（諱）颺先公胞姪女，生於癸亥年九月二十四日酉時，卒於辛酉年六月十六日巳時，享年五十有九。」（《臺灣關係文獻集零》見臺文叢三○九，頁二七）依此則知董夫人係生於明天啟三年（西元一六二三年），而成功係生於天啟四年，則長成功一歲；同時依此知鄭經生於崇禎十五年（西元一六四二年）即成功十九歲那年，由此推算成功可能是在十八歲那年年底或十九歲那年年初以前與董夫人結婚。

109 黃典權，《鄭成功史事研究》，臺北，臺灣商務印書館，民國六十四年，頁一○三──一○四；廖漢臣，《鄭氏世系及人物考》，頁六○──六一。

110 見前引《臺灣省通志》，第七卷人物志，第一冊，頁一○。

據說成功在謙益門下時曾寫過三首詩：一首題曰：「春三月至虞謁牧齋師同孫愛世兄遊劍門」，其文曰：「西山何其峻，巉巖暨穹蒼。藤垂潤易陟，竹密徑微涼。烟樹綠野秀，春風草路香。喬木依高峰，流泉往壁長。仰看仙岑碧，俯視菜花黃。濤聲怡我情，松風吹我裳。靜聞天籟發，忽見林禽翎。夕陽在西嶺，白雲渡石梁。巇崿爭山突屼，青翠更蒼茫。興盡方下山，歸鳥宿池傍。」另兩首詩均題為：「越旬日復同孫愛世兄遊桃源澗」，其上首文曰：「閒來涉林趣，信步渡古原。松柏夾道茂，綠葉方繁繁。入林深幾許，瞻盼無塵喧。清氣蕩胸臆，心曠山無言。行行過草廬，瞻仰古人園。直上除荊棘，攀援上桃源。桃源何秀突，風清庶草蕃。仰見浮雲馳，俯視危石蹲。拭石尋舊遊，隱隱古跡存。值問何朝題，宋元遑須論。長嘯激流泉，層烟斷屐痕。逶邐欣一覽，錦繡羅江村。黃鳥飛以鳴，天淨樹溫溫。遠邑夕以麗，落日艷危墩。顧盼何所之，灑然滅塵根。歸來忘所歷，明月上柴門。」其次首文曰：「孟夏草木長，林泉多淑氣。芳草欣道側，百卉旨鬱蔚。乘興快臨登，好風襲我襟。濯足（清）流下，晴山綠轉深。不見樵父過，但聞牧童吟。寺遠忽聞鐘，杳然入林際。聲蕩白雲飛，誰能窺真諦？真諦不能窺，好景聊相娛。相娛能幾何？景逝曾斯須。胡不自結束，入洛索名姝。」從這幾首詩看來，成功的確頗具才華。其時謙益也曾就此稱讚成功的才氣，下評論說：「聲調清越，不染俗氣，少年得此，誠天才也！」[111]但成功雖因受他父親芝龍之鼓勵，曾在科考上下過功夫，却持有「讀書不忘救國」的銳志。從《臺灣省通志》所記成功與謙益的對話：

> 說謙益以知人善任，招携懷遠，練武備，足糧貯，決雍蔽，掃門戶。謙益曰：「少更事，知之易，行之難。」對曰：「行之在公等，度不能行，則去；能不我用，亦去；此豈貪祿位，徒事紛飾地邪？能將將，伊、呂一人；能將兵，虎賁三千足矣；不能多益擾，袵席間皆流寇也！」謙益改容謝；心是之而不能

---

111 〈延平二王遺集〉，見前引《鄭成功傳》，見臺文叢六七，頁一二七─一二八。

用。然偉其器，因字之曰大木。[112]

則足見成功滿懷愛國的熱誠，對時局非常關心，曾向其師提出當時為政之道的理想和做法。當時謙益同意成功的看法，因而以「大木」為成功字。

不久明朝局勢急轉直下，弘光元年五月，清兵破南京，弘光朝亡。是年六月唐王即位於福州，改元隆武，是為隆武帝。隆武元年（西元一六四五年）九月間芝龍弟鴻逵引子肇基謁隆武帝，隆武帝賜肇基姓朱，芝龍乃於次日領成功晉見隆武帝。《臺灣外記》載說：

> 九月：鄭鴻逵引其子肇基陛見，隆武賜姓朱。芝龍聞知，次日亦引其子森入見。隆武奇其狀。問之，對答如流。隆武撫森背曰：「恨朕無女妻卿！」遂賜國姓，賜名「成功」，欲令其父顧名思義也。封為御營中軍都督，儀同駙馬宗人府宗正。自此中外咸稱國姓。[113]

成功年少時相貌非凡，反應靈敏，晉見隆武帝時，與之對答如流，頗受隆武帝的器重，要是隆武帝有女，勢將許配給成功，然而隆武帝無子嗣，遂賜國姓，並賜名成功，拜為宗人府宗正，封為御營中軍都督，儀同駙馬，自後中外稱成功為「國姓」。隆武二年即成功二十三歲那年的三月受封為忠孝伯，賜上方劍，便宜行事，掛招討大將軍印。[114]

芝龍引其子成功謁隆武帝，似乎一方面圖謀改善與隆武帝的關係，一方面想掩飾其陰謀不軌，而隆武帝對成功寵賜獨多，固然是賞識其才華，但不無想藉此籠絡芝龍，使之盡忠。但是隆武帝對成功的恩賜，並不能滿足芝龍的野心，加上芝龍向無理想與抱負；一切以個人的利益為第一優先，隨時都做見風轉舵的準備，因此與清朝方面早就有所來往，為其將來預留退步的餘地。先是清軍渡江南下以後，作戰不如在北方之順利，是時江南經略洪承疇與招撫福建御史黃熙胤皆

112　同註一一〇。
113　見前引《臺灣外記》，頁五九。
114　見前引《臺灣省通志》，第七卷人物志，第一冊，頁一；《臺灣外記》，頁六七。

福建晉江人，相當了解芝龍的為人，乃獻計以高官顯位引誘芝龍投降，清廷採之，即以閩粵總督為餌誘降，果然打動了芝龍的心。初芝龍採觀望態度，逗兵不前，於隆武二年六月藉詞到海上取餉，離開福州，終於在是年十一月向清廷投降。[115]

成功與其父大為不同，講春秋大義，隆武帝對他的隆恩，不敢一日或忘。有一天成功見隆武帝悶悶不樂，問其原因，並表示願拼死報效君國。黃宗羲《鄭成功傳》記說：

> 一日成功見隆武愁坐，跪奏曰：「陛下鬱鬱不樂，得毋以臣父有異志耶？臣受國厚恩，義無反顧，臣以死捍陛下矣」。[116]

足見成功的忠心耿耿。他這時已不再是個光紙上談兵的一介書生，而是一位劍及履及的積極行動者。據文獻記載，成功在隆武二年時，曾率軍戌守當時前線仙霞關，以保衛大明國土。「海紀輯要」就曾記載這段事情說：

> 芝龍聞清師將至，密遣親吏到清帥軍前送降款；且授意於成功，令引兵還。親吏先密到清帥納款，清帥詰之曰：「吾兵未臨境，而先獻降書，豈非詐耶？」命縛出斬之；親吏呼冤。乃遣之同。至仙霞，入見成功。將以此告；語未發，成功曰：「歸語太師，速發餉濟師吾妻妾簪珥，皆脫以供軍需。」因引入卧內，見夫人等皆布裙竹釵；不敢發一語。既出語所私曰：「向若道及納款事，吾頭已斷矣！」因疾回，見芝龍，備述前事；芝龍曰：「癡兒固執乃爾，吾不發糧，彼能枵腹出戰哉！」成功屢請，皆不報。關兵無糧，遂逃散；成功不得以引還。[117]

成功雖得不到其父親的支援。但並不因此而放棄其奮鬥的意志，且仍將繼續抗清下去。當芝龍準備投降，招成功議論時，成功乃分析當時

115 見前引《臺灣外記》，頁六九—七〇、七二；前引「明季南略」，頁三二二，鄭芝龍拜表即行條；另見註六三及六五。

116 黃宗羲，《鄭成功傳》，見臺文叢二五，頁十一—十二。

117 見前引《海紀輯要》，頁二—三；前引《臺灣省通志》，第七卷人物志，第一冊，頁二。

的局勢，力諫其父挽回頹局，以求貫徹其愛國忠君的理念，換言之，此乃成功愛國忠君思想的又一次行動表現。其時成功分析說：

> 吾父總握重權，以兒子度閩粵之地，不比北方得任意馳驅，若憑意（按高之誤）恃險，設伏以禦，雖有百萬，恐一旦亦難飛過。然後收拾人心，以固其本。大開海道，興販各港，以足其餉。選將練兵，號召天下，進取不難矣。[118]

又說：

> 吾父所見者大槩，未曾細料機宜，天時、地利，有不同耳。清朝兵馬雖盛，亦不能長驅而進。我朝委系無人，文臣弄權，一旦冰裂瓦解，釀成煤山之慘。故得其天時，排闥直入，剪除兇醜，以承大統。迨至南都，非長江失恃。細察其故，君實非戡亂之君，臣多庸祿之臣，遂使天下英雄飲恨，天塹難憑也。吾父若藉其崎嶇，扼其險要，則在利尚存，人心可收也！[119]

芝龍不聽，於是成功又哭諫說：

> 夫虎不可離山，魚不可脫淵；離山則失其威，脫淵則登時困殺。吾父當三思而行。[120]

接著芝龍弟鴻逵也力勸芝龍勿投降，在此之前鴻逵並鼓勵成功潛逃，以防被挾持，於是成功遂逃往金門，自行另謀復興之道，而芝龍向清投降之心已決，雖經其子成功、弟鴻逵之勸阻，但未改變其初衷，乃向清朝投降，並派人召成功同往投降。成功致書芝龍說：「從來父教子以忠，未聞教子以貳。今吾父不聽兒言，後倘有不測，兒只有縞素而已。」拒絕同往投降。[121]不久成功獲悉隆武帝及后遇難，旋令軍民掛

---

118 見前引《臺灣外記》，頁七二—七三；前引《臺灣省通志》，第七卷人物志，第一冊，頁二。

119 同前。

120 同前。

121 見前引《臺灣外記》，頁七三—七四；前引《臺灣省通志》，第七卷人物志，第一冊，頁二。

孝以示哀悼；繼又聽說其父芝龍被挾往北平，並猝聞母親翁氏被清軍淫辱殉難，成功大為憤怒，立揮軍回安平，先發母喪，之後往文廟，焚儒服，祭拜先師，以示決心抗清到底。他隨即以「忠孝伯招討大將軍罪臣國姓」的名義號召天下，於明永曆元年（清順治四年，西元一六四七年）即成功二十四歲那一年的年初，在南澳廣招兵馬，正式步入其抗清復明運動的生涯。[122]

（資料來源：《臺灣史研究》，臺北，華世出版社，民國七十年，四月。）

---

[122] 見前引《臺灣外記》，頁七八—七九；前引《臺灣省通志》，第七卷人物志，第一冊，頁二一三；前引《海紀輯要》，頁四。

臺灣清代地方志之研究
——以康熙年間所編之臺灣府志為例

一、前言

　　臺灣近二十多年來，編纂地方志成為一種風氣，然究竟如何編一部好的地方志，或編一本比前人編得更好的地方志，成為人們思索和探討的重要課題。換句話說，編一部好的地方志，已是當今從事編纂地方志書者所共同追求的目標。基於此，吾人似有必要先對臺灣清治時代地方志之編纂加以探討。本文擬先僅就清康熙年間所編纂的三部臺灣府志加以探究。

二、臺灣地方志之源起

　　「地方志」之「志」即「誌」。「誌」者「記」也，則「地方志」顧名思義即為一地方之紀錄。一地方所要紀錄者極多且廣，大體而言可歸為兩大類，一類是地理景觀和物產，一類是古今發生的人事。紀錄一地方之地理景觀和物產者屬地方地理書，紀錄一地之古今發生的人事者屬地方史書。

　　中國早就有記載一地的地理書和歷史書，即所謂「地方志」，此等「地方志」起源於何時，各家說法不一，然而最遲可說始于東漢。東漢及其以後的一段時間，中國之地方志大體可分別為兩大類；一類是記載當代地方風土的地方地理書，另一類是記載地方上古今人事的地方史書[1]。不過東晉的《華陽國志》，已將巴蜀的地理、歷史和人事彙集在一起，初具後世地方志書之規制。《華陽國志》雖已是地理和歷史彙集在一起而成的地方志書，但此編纂形式仍屬特例，蓋地方地理書和史書開始日趨合流的現象則要到唐末五代，這類書大多名為「圖經」。

---

[1] 張勝彥，〈編纂地方志之淺見〉，東吳大學歷史系編，《方志學與社區鄉土史學術研討會論文集》，臺北，東吳大學歷史系，1999年，頁70。

北宋以降，各地方編纂的所謂「圖經」之類的書籍大多具有地方史書和地理書性質[2]，圖在書中的地位也漸退居次要，而「圖經」這個名稱也漸被「志」所取代了。此外，北宋以後「圖經」或「志」之類的書籍，其體例漸趨於完備，舉凡輿圖、疆域、山川、名勝、建置、職官、賦稅、物產、人物、藝文和災異等無所不載。到了南宋，中國的地方誌書基本上已定型[3]。元、明、清的地方志即是在宋代的「圖經」或「志」的基礎上發展出來[4]。

截至十七世紀五十年代末，臺灣未曾出現過主權獨立的國家。西元一六六一年，鄭成功率軍攻臺，將荷蘭人驅逐，並在臺灣建立鄭氏王國，漢人之典章制度始移植到臺灣，雖然目前尚未見過鄭氏王國時期所編的臺灣志書，但可能在鄭氏王國時期就有臺灣志書的編纂[5]。清治臺以後，地方志之編纂成為臺灣學術活動中重要的一環，不論是清代、日治時期或二次大戰後，臺灣都編了不少的地方志，其中也有若干頗具水準[6]。

三、清康熙年間臺灣府志之編纂

目前所見臺灣最早的地方志，是清代首任臺灣府知府蔣毓英所纂修之《臺灣府志》（以下簡稱「蔣志」）。蔣志修纂的經過，根據季麟光《蓉洲文稿》代分巡臺灣廈門道周昌所寫的〈臺灣志書前序〉裡說：

> 癸亥六月，大將軍施公奉命專征……八月鄭克塽率其宗黨臣
> 僚，納款輸誠聖天子推柔遠之仁，郡縣其地。……越二年，我

---

2 同上。

3 陳捷先，《清代臺灣方志研究》，臺北，臺灣學生書局，1996 年，8 月，頁 4~8。周迅，《中國的地方志》，臺北，臺灣商務印書館，1994 年，頁 65、70。

4 同注 1。

5 謝浩認為在鄭氏王國時期，臺灣已有志書的編纂（參見謝浩，〈《高志》義例及其史料應用價值的評鑑〉，《漢學研究》，第 3 卷第 2 期，第 1 冊，頁 295）；鄭喜夫亦認為鄭氏王國時期，臺灣已有志書的編纂（參見鄭喜夫，〈論蔣毓英《臺灣府志》關於明鄭時代之記載〉，臺灣省文獻委員會，《海峽兩岸地方史志地方博物館學術研討會論文集》1999 年 6 月，頁 119）。

6 同注 1。

皇上以方輿之廣超越百王，特命史臣大修一統志書，詔天下各
進其郡縣之志，以資修葺。臺灣草昧初開，無文獻之徵，郡守
暨陽蔣君經始其事，鳳山楊令芳聲、諸羅季令麒光，廣為搜
討，閱三月而蔣君董其成。分條晰目，一如他郡之例，余為之
旁搜遠證，參之見聞，覆之耆老。書成上之方伯，貢之史館，
歟休哉！……此志之成，以事為質，以文為輔，……本史法而
為志，誠良志矣。[7]

另據季麟光的〈臺灣志序〉記說：

癸亥六月大將軍施公琅率師征討，……克壞納款輸誠。……越
二年皇上簡命史臣，弘開館局修一統之志，所以志無外之之盛
也。臺灣既入版圖，例得附載。但洪荒初闢，文獻無徵，太守
暨陽蔣公召耆老、集儒生，自沿革、分野以及草木飛潛，分條
晰目，就所見聞，詳加蒐輯。余小子亦得珥筆於其後，書成上
之太守，從而旁參博考，訂異較訛，歷兩月而竣事。[8]

可知臺灣納入大清帝國版圖時，適逢清廷命史臣纂修一統志，詔各郡
縣修志以供修一統志之用。準此，蔣毓英依清廷之旨，命鳳山知縣楊
芳聲、諸羅知縣季麒光，召耆老與儒生參與修志工作。在蔣毓英的動
員下，不到半年即完成臺灣府志初稿。蔣志是目前流傳於世，或說世
人所能見到的第一部臺灣府志。不過目前所流傳的版本顯然不是蔣志
的初稿，而是初稿完成後，再加增補後刊刻的。至於這一增補本係何
時定稿，根據陳捷先教授的研究認為不可能早在康熙二十四年（西元
一六八五年），也不可能晚到康熙三十四年[9]。

　　蔣志之後，在康熙年間所修纂的第一部《臺灣府志》為分巡臺灣
廈門道兼理學政高拱乾所纂輯，一般稱之為高志。高志修纂的經過，
根據臺灣府海防總補同知齊體物在高志所寫的序裡說：

7　引自陳碧笙校注，《臺灣府志校注》，廈門，廈門大學出版社，1985 年 11 月，頁
　　120~121。

8　同上，頁 123~124。

9　陳捷先，前引書，頁 19~20、24。

康熙三十一年秋，我上郡憲副高公，……特膺簡命，來巡海邦；立經久之章程，嘆載籍之莫考。爰于甲戌（三十三年）冬，出其兩年來蒐採志草一帙，會守令，開志局，攬師儒，得明之士四人、文學十人，共相校瑋；記日程功，優以俸餘。是時體物攝郡符，與聞是役。凡四閱月，而臺灣新乘遂煥乎其有文章矣！明年秋，太守靳公蒞任，公復出以相訂。既竣事，請鑒定於院司，咸謂得所未有。……康熙三十四年仲秋，臺灣府海防總捕同知齊體物謹序。[10]

另據高拱乾的自序裡說：

余自辛未（康熙三十年）春出守溫陵。越明年，……蒙聖恩特用，分巡茲土……。目擊一方之凋殘，……勤勤焉日進文寮案，求所以生遂安集之道；又何暇及於誌乘……即欲成書，而無徵不信，又孰從而誌之？於是者二年。幸托朝廷無外之勝德，兩臺漸被之深戢，風雨以時，番黎向化；文武和恰，庶吏協恭。政事之餘，亦得與父老子弟諮詢採攬；凡山川之險亦易、水土之美惡、物產之有無、風氣之同異、習俗之淳薄、……每聞見得有臻，心識國恩……今且秩滿，奉旨移補浙臬。……而斯誌適成。……康熙三十五年丙子孟春上浣，福建分巡臺灣廈門道兼理學政，今陞浙江等處提刑按察使司按察使高拱乾謹序。[11]

高氏在康熙三十一年奉命掌理臺灣廈門道時，起初一方面忙於振興地方政務，又一方面感於編志乘將有助於政務之推動，乃在理臺最初兩年間，在施政之餘，廣為蒐集山川、物產、政事和風俗等相關文獻資料。兩年後，即康熙三十三年開設修志局，參與校理者有知府知縣等官員和文學士等十數人，經過四個月完成初稿，並於次年請新任臺灣知府靳治揚參與校訂，校訂事竣已是康熙三十四年秋，其間送請福建

10　高拱乾，《臺灣府志》，臺北，臺灣銀行經濟研究室（下簡稱「臺銀經研室」），第65種，頁11~12。

11　同上，頁7~8。

巡撫和布政使鑑定，頗獲彼等之好評，而於康熙三十五、三十六年付梓[12]。高志除了康熙三十五年的原刻本外，尚有康熙四十年以後的補刻重印本，以及更晚到康熙四十九年至五十一年宋永清、周元文等的增修補輯本[13]。

高志之後，在康熙年間所修的臺灣府志為《重修臺灣府志》，由其重修府志姓氏的資料看來，此志係由福建分巡臺灣廈門道兼理學政陳璸和福建臺灣府知府周元文所纂輯[14]，一般稱之為周志。

根據宋永清在周志的序裡記說：

> 三十一年（按指康熙三十一年），憲副高公（按指高拱乾）堅司
> 茲土，……爰蒐舊聞、採風土，輯成郡邑志書，以彰道一風同
> 之治，甚盛舉也。四十三年甲申春，永清奉命自武豐調補鳳山
> 令。薄書之暇，索志（按指高志）披閱。……第歷年久遠，其
> 間利弊之興革、祿秩之陞遷、廟學之興建、多士之蔚起，與夫
> 土田之墾闢幾何？生齒之繁殖幾何？戒不虞而移營署、崇報功
> 而隆祀典，事不盡一端，治不必一轍。際此物阜民康之時，不
> 為蒐輯而增修之，……一切盛衰得失之故、興廢沿革之由，盡
> 湮沒而莫稽也，不大可憾哉？因請之郡憲，博採輿論、搜羅文
> 牘。自康熙三十五年至四十九年，延鳳山教諭施君士嶽董其
> 事，命副榜貢生陳聖彪、鳳山廩生李欽文、諸羅廩生鄭鳳廷等
> 分校序次，以增卷帙。事必徵實、言不溢美；匪云修也，補之
> 云爾。……康熙四十九年庚寅秋，鳳山縣知縣萊陽宋永清謹
> 譔。[15]

又據臺灣知府周元文在周志自序裡載說：

> 三十年（按指康熙三十一年）副憲高公（按指高拱乾）觀察是
> 邦，廣搜博採，著為成書。……迨四十六年，謬叨簡命移守斯

12　陳捷先，前引書，頁 46。

13　同上，頁 43~44；高志彬，〈（康熙）臺灣府志〉，國立中央圖書館臺灣分館（下簡稱央
　　圖臺分館）特藏資料編纂委員會編，《臺灣文獻書目解題》第 1 種方志類（一），臺
　　北，央圖臺分館，1987 年 11 月，頁 205。

14　周元文，《重修臺灣府志》，臺北，臺銀經研室，臺文叢，第 66 種，頁 7。

15　同上，頁 5~6。

土。……嘆高公搜採之精核、載筆之詳慎，其有裨於風教為不
淺也。自是以來，垂十七年矣，慨未有增而輯之者；余嘗有志
而未遠也。歲庚寅（按指康熙四十九年），鳳邑宋令曾肩其事。
而於政治之得失、生民之利病，闕焉未詳，恐不足以垂久遠而
備採擇。爰於壬辰（指按康熙五十一年）之春，公餘之頃，與
郡邑博士弟子員搜討舊帙、諮訪新聞。……其間之規制，或有
因草創而為巍煥，增廟祀以隆報功；煌煌鉅典，於今聿為明
備。是用忘其固陋，修而輯之。其中或因於昔、或創自今，有
者仍之、闕者補之。雖不敢自附於作者之後，庶幾異日有志之
士，採風問俗，有以據而考焉，未必非修明之一助云爾。是為
序。康熙五十一年歲壬辰春，知臺灣府事加一級遼左金州周元
文譔。[16]

　　宋永清於康熙四十三年奉命調補鳳山縣令，發現高志自纂輯以
來，已許久未增修，其間不論政治、社會、經濟、文教等各層面已有
所變遷，如不增修志書，則其各層面之興衰、變遷無一可稽考。因請
臺灣府知府周元文博採輿論、搜集文牘，建議延請鳳山縣教諭士嶽負
責增補康熙三十五年至四十九年臺灣府的各層面興衰、變革情形。周
元文對宋氏延請施氏增補而成者，不甚滿意，認為宋氏對「政治之得
失、生民之利病，闕焉未詳，恐不足以垂久遠而備採擇。」於是周氏
在康熙五十一年春與地方上之文人學子搜集資料、採訪新的聞見，以
補宋氏所纂集之不足者，並於同季完成《重修臺灣府志》之纂輯工
作。從前述周氏的自序裡記說纂輯工作始於康熙五十一年春，序亦譔
於是年春，顯見其纂輯時間相當短促，僅兩三個月而已。不過周志也
有多種刊本，本文所據臺灣銀行之臺灣文獻叢刊本內，記有臺廈道梁
文科于康熙五十七年陞廣東按察使事，則臺灣銀行經濟研究室編印之
臺灣文獻叢刊本，非依初刻本所印，當然無庸置疑[17]。

16　同上，頁3~4。
17　有關周志的刊本，陳捷先和高志彬說之甚詳〔參見陳捷先，前引書，頁62；前引《臺灣
　　文獻書目解題》，第一種方志類（一），頁216~221。〕

四、參與編纂工作者之出身

　　目前學界大多公認蔣志是現今仍傳於世之臺灣第一部臺灣府志。根據季麟光《蓉洲文稿》的〈臺灣志書前序〉和〈臺灣志序〉，得知除直接參與負責纂輯蔣志者為臺灣知府蔣毓英、鳳山知縣楊芳聲、諸羅知縣季麟光外，尚有當地耆老及諸儒生。蔣毓英為奉天錦州人，官生出身，康熙二十三年清廷命蔣氏為首任臺灣知府，二十八年陞江西按察使[18]；楊芳聲為直隸萬全衛人，歲貢，康熙二十三年任鳳山知縣，二十八年陞戶部江南司主事；季麟光江南無錫縣人，丙辰進士，康熙二十三年任諸羅知縣，季氏博涉書史，所著詩文極為清麗，二十四年丁憂，去諸羅知縣職[19]。

　　在前述第三節中已介紹高志的纂輯經過，至於參與纂輯、校訂、分訂、和督梓官的人物，根據高志的「修志姓氏」所載的內容則知：纂輯為福建分巡臺灣廈門道兼理學政高拱乾（高志書成時，高氏已陞浙江按察使），陝西榆林人，廕生。校訂為臺灣知府靳治揚，遼東人，廕生；臺灣海防總捕同知齊體物，遼東人，丙辰進士；臺灣知縣李中素，湖廣麻城人，貢生；鳳山知縣朱繡，陝西鳳翔人，乙丑進士；諸羅知縣董之弼，遼東人，監生；臺灣府儒學教授張士昊，福州府人，拔貢；臺灣縣儒學教諭林宸書，莆田人，歲貢；鳳山縣儒學教諭黃式度，晉江縣人，舉人；諸羅縣學教諭謝汝霖，長樂縣人。分訂有舉人王璋（臺灣縣人）；貢生王弼（臺灣縣人）、陳逸（臺灣縣人）、黃巍（鳳山縣人）、馬廷對（諸羅縣人）；監生馮士銚（諸羅縣人）；生員張銓（臺灣縣人）、陳文達（臺灣縣人）、鄭夢達（臺灣縣人）、金繼美（臺灣縣人）、張紹茂（鳳山縣人）、柯廷樹（鳳山縣人）、張璨客（鳳山縣人）、盧賢（諸羅縣人）、洪成度（諸羅縣人）[20]。督梓官為典史嚴時泰。由上可見參與高志編纂工作者中，纂輯和校訂皆非臺灣人，而基層的工作者分訂十五名則全為臺灣人，其中臺灣縣人七名（佔

18　高拱乾，前引書，頁 56；蔣毓英籍隸漢軍鑲白旗，其祖籍為浙東諸暨人，由於其祖先投效滿清，乃被編入旗籍（參見陳捷先，前引書，頁 23。）

19　高拱乾，前引書，頁 60、62。

20　同上，頁 13。

46.67%）、鳳山縣人四名（佔 26.67%）、諸羅縣人四名（佔 26.67%）。

同樣是清康熙年間刊刻的《重修臺灣府志》，其參與纂輯、校訂和分訂的人物，根據其「重修府志姓氏」所載的內容則知：此周志之纂輯為福建分徐巡臺灣廈門兼理學政陳璸，廣東雷州海康人，甲戌進士；福建臺灣府知府周元文，遼左金州人，監生。校訂為臺灣海防總捕同知洪一棟，湖廣應山縣人，貢生；臺灣知縣張洪，江南上海縣人，貢生；鳳山縣知縣時惟豫，旗籍人，監生；諸羅知縣劉宗樞，正白旗人，監生；署臺灣府儒學教授事臺灣縣儒學教諭康卓然，龍溪縣人，貢生；鳳山縣儒學教諭郭濤，福州府人，貢生[21]；諸羅縣儒學教諭陳聲，長泰縣人，舉人[22]。分訂有貢生黃王崇緒（臺灣縣人）、郭必捷（臺灣縣人）、陳文達（臺灣縣人）、林中桂（諸羅縣人）、生員李欽文（鳳山縣人）、張雲抗（臺灣縣人）、盧芳型（臺灣縣人）、蔡夢弼（臺灣縣人）、金繼美（臺灣縣人）、劉榮琛（臺灣縣人）、石鍾英（臺灣縣人）、洪成度（諸羅縣人）[23]。由上列名單可見參與周志纂輯和校訂者一如高志皆為非臺灣人，而基層的工作者分訂十二名，則全為臺灣人，其中臺灣縣人佔絕大部分有九名（佔 75%）、鳳山縣人一名（佔 8.33%）、諸羅縣二名（佔 16.67%）。

五、內容與體例

蔣志全書共分十卷，於全書之首列目次，目次之前未列序，修志姓氏、凡例與輿圖於目次之後，是直接接續志書之正文。茲將其目次列如下：

　　卷一：沿革、分野、氣候、風信、封隅
　　卷二：敘山
　　卷三：敘川（附海道、潮汐）
　　卷四：物產

21　周元文，前引書，頁7。
22　同上，頁80、81。
23　同上，頁13。

卷五：風俗（附土著）

卷六：歲時、規制、學校、廟宇、市（附養濟院）、市廛

卷七：戶口、田土、賦稅（附存留經費）、祀典

卷八：官制、武衛

卷九：人物（開拓勳臣、勝國遺裔、勳封遇難、縉紳流寓、節烈女貞）

卷十：古蹟、災祥、扼塞、險隘[24]

由上可見，蔣志之內容包含自然地理、人文地理、典章制度和人物傳；雖分為十卷，但只列條目而未將之立標題以歸類為綱，也就是說每卷只有附卷數，各卷之下列單一或若干條目。蔣志之體裁，其外貌基本上是與宋、元、明以來的地方志一脈相承的，惟缺輿圖、文徵和藝文等方面的記述。

蔣志如僅從其目次的內容看，雖屬史地兼備的典型志書，然由閱讀其正文內容，大多是自然地理和人文地理景觀之描述、當代典章制度及人物記述，有關鄭氏王國的資料不多，關於荷、西佔領時期的記載更少，荷、西以前的資料更是難得一見。蔣志全書有關臺灣、荷、西時期及其以前的記載，不過是大約一千字而已，其中卷一的沿革條目中所記最多，約有六、七百字[25]。蔣志有關鄭氏王國的記載，陳捷先教授認為是普遍有被記載的。陳教授說：

> 蔣志中普遍記述明鄭舊事，也是蔣志的一大特色，如城郭、廟宇、坊里、學校等目都直書明鄭的建置源流；戶口、賦稅等節記寫明鄭舊額；人物一門記述明鄭遺裔、流寓、烈女多達十四人，並多立詳傳，確有保存明鄭史料的用心，也表現了傳統中國史家的風範，尤其是在清領初期，這種作法與精神就更令人敬佩了[26]。

蔣志關於臺灣鄭氏王國的記載，鄭喜夫曾將之分成人、事、地和物四

24　蔣毓英，《臺灣府志》，目次，（《臺灣府志三種》上冊，北京，中華書局影印，1985年，頁1~4）。正文內無險隘條目。

25　蔣毓英，《臺灣府志》，卷一，頁1~2。（見前引《臺灣府志三種》上冊，頁5~8。）

26　陳捷先，前引書，頁35。

大類來列舉並加論述[27]。由前列陳捷先教授的一段話和鄭喜夫此一論述看來，蔣志有關於鄭氏王國時期的記載，似乎不少，然而據本人估計蔣志全書共四萬五千字，其中有關鄭氏王國時期的記載僅約四千五百字。蔣志所記的時代約在明萬曆中葉到康熙二十七年（西元十六世紀末至一六八八年），其中絕大部分是記載康熙二十二年至二十四年內三年間之事蹟[28]。相對而言，蔣志有關鄭氏王國時期以及其以前的事項實可說太少了，約僅佔蔣志的 10%。由前述的探討，蔣志有關歷史的敘述不夠豐備，它只是一部紀錄清治臺灣最初三、五年間的當代文獻，欠缺地方志書應具史書性質的特質，徒具地方志的外貌而已。

高志全書共分十卷，於全書之首列序、修志姓氏、凡例十二條、輿圖、其後列目錄，目錄之後為正文，正文之後附跋。茲將其目錄列如下：

卷一：封域志

星野、沿革、建置、疆界、形勝、山川（附海道）

卷二：規制志

城池、衙署、學校、社學、書院、學田、倉廒、坊里、保甲、壇廟、橋樑、津渡、水利、坊表、市鎮、郵傳、扼塞、恤政

卷三：秩官志

官制、監司、郡守、郡丞、郡屬、縣令、縣屬、學官、名宦

卷四：武備志：水陸營制、道標營制、營障、歷宦、燉臺、教場

卷五：賦役志

戶口、土田、田賦、鹽餉、陸餉、水餉、雜稅、存留經費（附）

卷六：典秩志：文廟、壇、廟、祠

---

27 鄭喜夫，〈論蔣毓英《臺灣府志》關於明鄭時代之記載〉（前引《海峽兩岸地方史志地方博物館學術研討會論文集》，頁 120~135。）

28 陳捷先教授認為蔣志增補工作一直延續到清康熙二十七年（西元一六八八年）（見陳捷先，前引書，頁 27）；高志彬明確指出蔣志大抵以康熙二十四年為斷限（見高志彬，〈臺灣府志創修考〉，國立成功大學歷史學系暨臺南市政府，《臺灣史研究室暨史蹟維護研討會論文集》1990 年 6 月，頁 158）。

卷七：風土志

　　漢人風俗、土番風俗、氣候、歲時、風信、潮汐、土產

卷八：人物志

　　進士、舉人、貢生、例監、武進士、武舉、流寓、貞節

卷九：外志

　　災祥（附兵亂）、寺觀（附宮廟）、古蹟、墳墓、雜記

卷十：藝文志

　　辰翰、奏議、公移、序、傳、記、賦、詩

由上列目錄足見高志之內容包括自然地理、人文地理、典章制度、人物表傳和藝文等，就表面體裁而言，有蔣志所無之序、修志姓氏、凡例、輿圖、藝文和跋[29]；同時高志將各條目歸類為十綱，每綱為一卷，不若蔣志只以卷別分類，每類又不題綱名。因之高志就表面體裁看來是一部綱舉目張、史地兼備的典型地方志，當無庸置疑。

　　從上列之高志綱目看來，高志的內容似乎比蔣志豐富許多，高志有蔣志所沒有的藝文志，高志列了十八綱八十二小目（含附目），而蔣志未列大綱只列三十一項小目（含附目）而已[30]，然檢閱蔣志和高志內文，並加以比對之，則可見高志除多了藝文志之外，並非真的比蔣志多了許多內容。經本人將高志和蔣志之內文比對後，則可得知兩書綱目間在內容上的關連性。茲將其對稱關係表列如下：

高志			蔣志		
卷數	志名	小目標題	卷數	小目標題	備註
1	封域	星野	1	分野	
1	封域	沿革、建置	1	沿革	蔣志內文含建置
1	封域	疆界	1	封隅	
1	封域	形勝			蔣志無此內容
1	封域	山川（附海道）	2	敘山	
			3	敘川（附海道、潮汐）	

29　高拱乾，前引書，序、修志姓氏、凡例、輿圖、目錄（參見本書正文前各頁）、跋（參見本書頁301~302）。

30　前引《臺灣府志三種》上冊，頁數245。

2	規制	城池、衙署	6	規制	
2	規制	學校、社學、學田	6	學校	
2	規制	書院、倉廒、保甲			蔣志無此小目
2	規制	坊里	1	封隅	
2	規制	壇廟	6	廟宇（附養濟院）	蔣志內文未來記壇
2	規制	橋樑、津渡、市鎮、郵傳	6	市廛（附渡橋）	蔣志內文之舖舍即高志之郵傳
2	規制	水利	3	敘川（附海道、潮汐）	蔣志內文潮汐之後附水利
2	規制	坊表	6	廟宇（附附養濟院）	蔣志內文之坊亭即高志之坊表
2	規制	恤政	6	廟宇（附附養濟院）	蔣志內文之養濟院即高志恤政
2	規制	扼塞	10	扼塞	蔣志目次有險隘但內文未加記述
3	秩官	官制、監司、郡守、郡丞、郡屬、縣令、縣屬、學官	8	官制	蔣志未記官員之簡歷
3	秩官	名宦	9	人物	蔣志內文之開拓勳臣即高志之名宦
4	武備	水陸營制、道標營制、歷宦、燉臺	8	武衛	蔣志未記官員之簡歷
4	武備	營障			蔣志無此內容
4	武備	教場	6	廟宇（附附養濟院）	蔣志內文坊亭之後附教場
5	賦役	戶口、土田	7	戶口、土田	
5	賦役	田賦、鹽餉、陸餉、水餉、雜稅、存留經費（附）	7	賦稅（附存留經費）	
6	典秩	文廟、壇、廟、祠	7	祀典	蔣志記述頗簡略
7	風土	漢人風俗、土番風俗	5	風俗（附土番）	
7	風土	氣候、風信	1	氣候、風信	
7	風土	歲時	6	歲時	
7	風土	潮汐	3	敘川（附海道、潮汐）	
7	風土	土產	4	物產	
8	人物	進士、舉人、貢生、例監、武進士、武舉			蔣志無此內容
8	人物	流寓、貞節	9	人物	蔣志人物內之開拓勳臣即高志之名宦

9	外志	災祥（附兵亂）、雜記	10	災祥	蔣志內文災祥之後附兵亂和雜記
9	外志	寺觀（附宮廟）	6	廟宇（附養濟院）	
9	外志	古蹟	10	古蹟	
9	外志	墳墓	6	廟宇（附養濟院）	蔣志內文養濟院之後附義塚
10	藝文	辰翰、奏議、公移、序、傳、賦、詩			

資料來源：高拱乾《臺灣府志》，臺灣文獻叢刊第 65 種，臺北，臺灣銀行經濟研究室；蔣毓英，《臺灣府志》，《臺灣府志三種》上冊，北京，中華書局影印。

　　由上表清楚可見高志之內容除增加了形勝、書院、倉廒、保甲、營障和藝文相關內容外，大體而言，其餘的內容和義法大致仿自蔣志，只是若干歸類不同且條目列得較多些而已，不過體例上，高志於各志之首尾都附上一段前言和總論，這也是蔣志所欠缺的。

　　高志不論是字數和條目都比蔣志多，然有關鄭氏王國治臺時期的若干記述，不增反減。根據陳碧笙的說法：「在戶口、田土、賦稅方面，蔣志多載鄭氏遺制，男女有別，新舊分明，而高志僅載舊額；在勝國遺裔方面，蔣志對魯王後裔、明末遺臣盧若騰、沈光文事蹟有所記載，而高志則未載；在兵亂方面蔣志記鄭成功攻取臺灣時，對居民秋毫無犯，而高志刪略「居民秋毫無犯」一句；在養濟院方面蔣志謂「偽時所為今因之」，而高志作「康熙二十三年沈朝聘建」；在鄭克妻陳氏殉節和劉國軒、馮錫範陰謀僭竊方面蔣志有所記載，而高志刪略大半。以上是陳氏在其校注的《臺灣府志校注》一書的前言裡指出高志對鄭氏王國的記述較之蔣志不增反減的具體陳述[31]。陳碧笙的上述指陳屬實，不過據本人的估計高志有關鄭氏王國的記載在字數上實比蔣志多出約兩千多字，其主要原因在於沿革和有關寧靖王朱術桂的記述較詳，比蔣志各多出約一千字，以及多附一則五百六十五字的「鄭氏降表」所致[32]。高志有關鄭氏的記載約六七百字，有關荷、西及其以前

31　同上，前言，頁 4。

32　「鄭氏降表」如不將新注之標點符號記入，則只有四百八十四字（參見高拱乾，前引書，頁 4~5）。

的記載約一千三百字,則高志有關鄭氏及其以前的記載約八千字;雖則,高志有關鄭氏王國及其以前的記述,約僅佔高志全書近十萬零五千字的 7.6%。蔣志有關鄭氏王國及其以前的記載約僅佔 10%的比例,就地方志書而言已屬太少,則高志有關鄭氏王國及以前的記述約僅佔 7.6%,更是少之又少。就此而言,高志可說是記載當時臺灣府的地理、人文、政經和社會現況的類百科全書,而非具史書性質的地理、人文、政經和社會之百科全書。

接著來探討周志的內容和體例。就臺灣銀行經濟研究室編印之臺灣文獻叢刊第六十六種的版本而言,周志全書共分十卷,於全書之首列序、重修府志姓氏、凡例十二條、輿圖,其後列目錄,目錄之後為正文[33]。茲將其目錄列如下:

卷一:封域志
　　　星野、沿革、建置、疆界、形勝、山川(附海道)

卷二:規制志
　　　城池、衙署(附公館)、學校、社學、書院、學田、倉廒、坊里、保甲、壇廟、祠宇、橋樑、津渡、水利、坊表、市鎮、郵傳、扼塞、恤政

卷三:秩官志
　　　官制、監司、郡守、郡丞、郡屬、縣令、縣屬、學官、名宦

卷四:武備志
　　　水陸營制、道標營制、營障、歷宦、燉臺、教場

卷五:賦役志
　　　戶口、土田、田賦、鹽餉、陸餉、水餉、雜稅、存留經費(附)

卷六:典秩志
　　　文廟、壇、廟、祠、鄉飲大賓(附)

卷七:風土志

33　周志原附有高志之修志姓氏和跋,但臺銀精研室編印之周志刪之(參見周元文,前引書,弁言)。

　　　　漢人風俗、土番風俗、氣候、歲時、風信、潮汐、土產
　　卷八：人物志
　　　　選舉、流寓、貞節
　　卷九：外志
　　　　災祥（附兵亂）、寺觀（附宮廟）、古蹟、墳墓、雜記
　　卷十：藝文志
　　　　辰翰、奏議、公移、序、傳、記、賦、詩

由上列目錄可見周志的內容，同樣是包括自然地理、人文地理、典章
制度、人物表傳和藝文等，如僅就綱目與高志相較則略有不同。即大
綱下的小目，高志未列公館、祠宇和鄉飲大賓等小目，而高志卷八人
物志下的進士、舉人、貢生、例監、武進士和武舉等條目，在周志則
合併為選舉一小目。周志就表面體裁看來也是一部綱舉目張、史地兼
備的典型地方志。上述是就周志之綱目與高志之綱目相對照所得的了
解。於茲再就周志與高志之凡例、輿圖和正文之體例、義法做一番對
照，俾更深入了解周志之性質。就凡例和輿圖而言，周志與高志完全
相同，可以說是周志照高志的原文和原圖抄繪。就正文而言，周志完
全是依高志原有綱目順序做增補，其情形如下：

　　1.卷一封域志：周志由前言至總論其內容和文字皆與高志相同，
只在總論之後增「（附）形勢總論」一小目而已[34]。

　　2.卷二規制志：周志除了多了「義學田」、「社倉」、「祠宇」等小
目外其餘各小目之標題和順序皆與高志相同。各小目中的學校、書
院、學田、壇廟、橋樑和市鎮等小目之內容文字，高志有的周志絕大
部分全文照抄，之外再增補一些新的資料：城池、衙署（附公館）、社
學、倉廒、坊里、保甲、津渡、水利、坊表、郵傳、扼塞、恤政等小
目以及本規制志之前言和總論，其內容，周志皆全文抄自高志[35]。

　　3.卷三秩官志：周志由前言至總論其間各小目之標題和順序皆與
高志相同：前言、官制、開拓勳臣、定謀戡、守土文臣和總論等小目

────────────

34　高拱乾，前引書，頁1~26；周元文，前引書，頁1~28。
35　高拱乾，前引書，頁27~52；周元文，前引書，頁29~60。

之順序和內容、文字與高志相同：監司、郡守、郡丞、郡屬、縣令、縣屬、學官和名宦等各小目之內容文字高志有的，周志絕大部分全文照抄，之外再增補新的資料。增補的情形為：監司增錄三名；郡守、郡丞、郡屬合計增錄十名；縣令、縣屬合計增錄三十八名；學官增錄十二名；名宦增錄一名[36]。

　　4.卷四武備志：周志之前言、水陸營制、道標營制、營障、弓兵（附於歷官目下）、舖遞（附於歷官目下）、墩臺（按綱目為燉臺）、教場和總論其順序、內容和文句，除「北路營障」條下附註「四十三年奉文移歸諸羅」外，皆與高志相同。周志歷官之內容文字高志有的，周志幾乎照抄，之外再增補新的資料。增補的情形為：總兵增錄七名、副總兵增錄十一名、把總增錄八十五名[37]。

　　5.卷五賦役志：周志賦役志自前言至總論之各小目與標題和順序都與高至相同。戶口、土田、田賦，其內容、文字高志有的，周志幾乎全文照抄，之外再增補新的資料；戶口方面增康熙三十五年至五十年的資料；土田方面，臺灣府增康熙三十三年至四十九年的資料，臺灣縣增康熙三十三年至四十八年的資料，鳳山縣增康熙三十三年至四十三年的資料，諸羅縣增康熙三十三年至四十九年的資料；田賦方面，臺灣府增康熙三十三年至四十八年的資料，臺灣縣增增康熙三十五年至四十九年的資料，鳳山縣增康熙三十三年至四十四年的資料，諸羅縣增康熙三十三年至五十年的資料。周志賦役志之前言、鹽餉、陸餉、水餉、雜稅、存留經費和總論，不論其編排順序、文字內容都是全部抄自高志[38]。

　　6.卷六典秩志：周志在本典秩志中，除增一鄉飲大賓小目和祠目之下增八蜡祠外，其餘之前言、文廟、壇、廟和總論都是全部抄自高志[39]。

36　高拱乾，前引書，頁53~68；周元文，前引書，頁61~84。
37　高拱乾，前引書，頁69~112；周元文，前引書，頁85~152。
38　高拱乾，前引書，頁113~162；周元文，前引書，頁153~210。
39　高拱乾，前引書，頁163~184；周元文，前引書，頁211~236。

　　7.卷七風土志：周志之風土志不論是各小目之標題或是文字內容全部抄自高志[40]。

　　8.卷八人物志：周志雖將高志人物志之進士、舉人、貢生、例監、武進士、武舉等小目合併為選舉一小目，但其內容除做極小幅的調整外，不論其編排、順序和文字內容，高志有的，周志全部原文照抄。至於周志所增補的部分為：選舉人物志內，進士增錄五名，貢生增錄六十六名，例監增錄九名，武進士增錄二名，武舉人增錄三十三名；貞節目下增趙氏、鄭氏月娘和紀氏三名節婦[41]。

　　9.卷九外志：周志本外志除災祥目下增四十四年冬、四十六年冬、四十七年至五十年夏和五十五年等數條資料，寺廟附目下增火神廟資料外，其餘前言、總論和各小目不論是標題、編排順序和文字內容都與高志相同[42]。

　　10.卷十藝文志：周志本藝文志之前言、總論及各小目之標題、編排順序和文字內容，高志有的，周志都全部照抄。至於周志所增補的部分為：奏議增錄一篇、公移增錄高拱乾之治臺議一篇和周元文之文稿十一篇，傳增錄七篇，記增錄二十一篇，詩增錄婁廣、張宏、張琮、宋永清和陳聖彪等人的作品[43]。

　　以上是周志抄錄高志及其所增補的詳情。據本人的估計，周志比高志增加了約六萬字，全書共約十六萬五千字。有關鄭氏王國及其以前的記載，周志仍僅約八千字，佔周志全書的 4.8%左右；周志所記載的絕大部分是康熙二十二年以後計三十多年間臺灣的地理、人文、政經和社會等相關內容。質言之，周志是一部具斷代史性質的地理、人文、政經和社會的百科全書，所以較蔣志和高志更具地方志書之特質。

40　高拱乾，前引書，頁 185~206；周元文，前引書，頁 237~258。
41　高拱乾，前引書，頁 207~216；周元文，前引書，頁 259~276。
42　高拱乾，前引書，頁 217~225；周元文，前引書，頁 277~286。
43　高拱乾，前引書，頁 227~296；周元文，前引書，頁 287~421。

六、結語

　　經前述的探討，對臺灣在清康熙年間所編之三部臺灣府志，吾人可得如下幾點認識：在體例和義法上，三部府志幾乎相同；在內容上前者有的內容，後者幾乎全文照抄，甚少加以考定、補充或改寫，有關鄭氏王國及其以前的記載都極為有限；蔣志和高志在體例上雖具傳統典型志書的外貌，但缺乏應具史書性質的特質，直至周志才具備斷代史性質，而成為一部具有史書性質的臺灣地理、人文、政經和社會百科全書內容的志書。

　　（本文作者為國立中央大學歷史研究所教授，資料來源：人文及社會學科教學通訊，第 10 卷第 5 期，2000 年，2 月。）

清代臺灣知縣制度之研究

一、前言

　　臺灣有州縣之設置，始於鄭氏王國時期。清康熙二十二年（西元一六八三年）鄭氏王國為滿清所消滅，臺灣成為清朝版圖的一部分。翌年，清廷在臺灣設置一臺灣府，府下統轄臺灣、鳳山、和諸羅三縣，此為臺灣在清代設郡縣之始。

　　滿清共統治臺灣二百一十二年，曾在臺灣設置府州廳縣以統治之。臺灣廳縣之建置與調整情形，諸如調整時，滿清政府所持的態度、立場和動機，所考量的內涵，所依據的標準等層面的問題，本人曾在「清代臺灣廳縣之建置與調整」一文中研究分析過（參見「史聯雜誌」第二十二期）。本文所要探討的是清代臺灣各知縣衙門及其附屬官署的組織、職掌、經費分配、官員和差役之待遇等諸問題，藉此以求更了解清代臺灣知縣制度的內涵。

二、縣及其附屬官署之組織與職掌

（一）康熙年間縣之組織與職掌

　　如前所述，滿清領有臺灣之次年，將臺灣置於福建省管轄之下，於全臺除設一臺灣府外，尚在府下設臺灣、鳳山和諸羅三個縣。依清代之制度，縣皆設知縣一名，其官秩為正七品，乃各縣之最高文職長官[1]。「欽定大清會典則例」卷三載說：

> 國初定每縣設知縣一人，縣丞、主簿因事增革無定員，典史一人，儒學教諭一人、訓導一人，倉庫大使、副使、巡檢、驛丞、所官因事設立無定員。康熙三年定大縣儒學裁訓導一人，

1　允祹「欽定大清會典」，臺灣商務印書館影印「景印文淵閣肆庫全書」（下簡稱「文淵全書」）（臺北市，民國七十五年）第六一九種，卷四，頁一五，總頁六一九之六一。

　　小縣儒學裁教諭一人。十五年大縣復設訓導，小縣復設教諭。[2]

則知康熙時代一縣除設知縣一名外，可能尚設有縣丞、主簿、典史、教諭、訓導、倉庫大使、副使、巡檢、驛丞、所官等輔助官。

　　據蔣毓英《臺灣府志》載說：

　　臺灣縣：知縣一員、縣丞一員、典史一員、新港巡檢司巡檢一員、澎湖巡檢司巡檢一員。鳳山縣：知縣一員、典史一員、下淡水巡檢司巡檢一員。諸羅縣：知縣一員、典史一員、佳里興巡檢司巡檢一員。……臺灣縣儒學教諭一員，鳳山縣儒學教諭一員，諸羅縣儒學教諭一員。[3]

可見清領臺灣之初於臺灣、鳳山和諸羅各縣除皆設知縣一名外，並皆設有教諭、巡檢和典史，臺灣縣尚設有縣丞。由此顯見臺灣當時之官治組織比中國大陸其他地方來得簡單，除未設主簿、倉庫大使等官外，亦未設訓導。

　　知縣為一縣之最高文職官員，臺灣亦是如此。根據「臺灣史料」一書的記載，在康熙時代舉凡臺、鳳、諸各該縣之司法裁判、租稅征收、科舉試務、禮教祀典、公共工程、地方治安、社會福祉等事項皆為各該知縣之職責。詳細的說知縣之職掌包括下列諸事項：一、司法裁判：負責管內之民事與刑事裁判。一、財政事務：負責管內租之徵收與管理。一、行政事務：接受上級指揮監督，執行上級交辦事項。並向上級反映民情。一、禮教祀典事務：負責科舉榜務、書院設置與管理、春秋祭典等事項。一、人事管理：負責管內簽首、總理、保甲和差役之舉充、任命與監督。一、地方治安：協助知府道臺辦理保甲團練冬防以維護地方治安。一、公共事務：協助知府道臺辦理有關救恤事項[4]。上述這些繁雜的事務，勢非知縣一人所能獨立完成，因此一

2　「欽定大清會典則例」，「文淵全書」，第六二〇種，卷三，頁四一，總頁六二〇種，卷三，頁四一，總頁六二〇之九五。

3　蔣毓英《臺灣府志》（下簡稱《蔣志》），中華書局影印《臺灣府志三種》（下簡稱《府志三種》），（北京，一九八五年），上冊，頁一九三~一九四。

4　臺灣守備混成第一旅團司令部編《臺灣史料》，成文出版社影印《中國方志叢書·臺灣地

方面需設如前述所提及的縣丞、教諭、巡檢、典史等佐貳雜職官員協助辦理，一方面在知縣衙門內設幕友、書吏和差役以協助知縣處理縣務。

現先就知縣衙門內的組織和個別的職掌加以說明。依據《新竹廳志》的記載，推測康熙時代臺、鳳、諸三知縣衙門內，各設幕友若干人，分別擔任錢糧、刑名、徵比、書記等工作，此等幕友係知縣私聘為知縣之顧問幕僚人員，非官制內之官員。

書吏是知縣衙門內實際執行縣務之人員，係知縣私僱者，一般通稱之胥史。彼等分別於知縣衙門內之各房中執行其業務。康熙時代臺、鳳、諸三知縣衙門分為吏、戶、禮、兵、刑、工六房，各房皆設總書一名，幫書若干人，其職掌為：

一、吏房：負責辦理官吏之任免黜陟、丁憂起服、公文收發等事項。

一、戶房：負責辦理租稅之徵收減免及會計等事務。

一、禮房：負責辦理有關考試、祭祀及鄉賢節孝之旌表等事務。

一、兵房：承辦兵差、武舉、驛傳、兵站和海防等事務。

一、刑房：負責辦理刑事及監獄等相關事務。

一、工房：負責官舍及道路、橋樑、港灣、河堤等之修築事項。[5]

至於知縣衙門內差役的配置情形，據蔣毓英《臺灣府志》載說：

> 臺灣縣：本縣知縣一員，……門子、皂隸、馬快、燈夫、轎傘扇夫、禁卒、庫子、倉斗級、民壯等役共一百零三名。……鋪司兵十二名。……鳳山縣：本縣知縣一員，……門子、皂隸、馬快、燈夫、禁卒、轎傘扇夫、庫子、斗級、民壯共一百零三

區》（下簡稱《方志臺灣》）臺北市，民國七十四年，第一二〇號，第一冊，頁七三~七五。

5　波越重之《新竹廳志》，《方志臺灣》，第二二七號，第一冊，頁七三~七四。康熙時代臺灣、鳳山、諸羅二知縣衙門所配置之差役人數相同（參見《蔣志》，《府志三種》，上冊，頁數一七二~一七八；周元文《重修臺灣府志》）（下簡稱《周志》），《臺灣文獻叢刊》（下簡稱《臺文叢》），第六六種，頁一九二）因此推測該三知縣衙門之組織和職掌理應相同。

名。……舖司兵二十八名。……諸羅縣：本縣知縣一員，……
門子、皂隸、馬快、燈夫、轎傘扇夫、禁卒、庫子、斗級、民
壯等役共一百零三名。……舖司兵六十七名。[6]

由此則知滿清領有臺灣之初，臺灣、鳳山、諸羅各知縣衙門內皆設有
門子、皂隸、馬快、燈夫、轎傘扇夫、禁卒、庫子、斗級、民壯等役
共一百零三名。各縣皆設舖司兵，臺灣縣為十二名，鳳山縣為二十八
名，諸羅縣為六十七名。在高拱乾《臺灣府志》中更詳載了各知縣衙
門各種差役之編制名額，視此則知臺灣、鳳山、諸羅各縣自設縣以
來，各知縣衙門內皆設門子兩名、皂隸十六名、馬快八名、燈夫四
名、禁卒八名、轎傘扇夫七名、庫子四名、斗級四名和民壯五十名，
共各設差役一百零三名[7]。

康熙時代臺灣之臺、鳳、諸三縣僅臺灣縣設有縣丞一員，縣丞署
在縣治內。縣丞官秩為正八品，係該縣之佐貳官[8]，負責掌理糧馬、征
稅、戶籍和緝捕等事項[9]。該縣丞署內設門子一名、皂隸四名、馬夫一
名供縣丞差遣[10]。前面曾提過，臺、鳳、諸三縣之下皆設有教諭、典史
各一員。教諭為正八品負責各該縣之學務[11]，同時各縣儒學內皆設齋夫
三名、門斗三名、膳夫二名供教諭差遣[12]。典史官秩未入流，受知縣指
揮監督，負責掌理捕務和獄務。鳳山和諸羅縣未設縣丞、主簿，因此
該兩縣之典史兼理原屬於縣丞和主簿之業務[13]。同樣的，各縣典史署亦
設有門子一名、皂隸四名、馬夫一名供典史差遣[14]。前面也曾提過，

6 前引《蔣志》，《府志三種》，上冊，頁一七二~一七八。
7 高拱乾《臺灣府志》（下簡稱《高志》，《臺文叢》），第六五，頁一四三~一四五、一
   四七。
8 同前，頁二九；前引《周志》，頁六二；縣丞不一定設在縣治裡，也有設在一縣之衝難地
   點以鎮攝其他的。臨時臺灣舊慣調查會《清國行政法》，南天書局，臺北市，民國七十九
   年複刻版，第一卷下，頁五四、一八九。
9 清史編纂委員會《清史》，國防研究院，臺北市，民國五十年，第二冊，頁一三九四。
10 前述《高志》，頁一四五；陳文達《臺灣縣志》，《臺文叢》，第一〇三種，頁一九〇。
11 同註九，頁一三九五。
12 前引《高志》，頁一四五、一五〇、一五五、一五九。
13 同註九。
14 同註十二，頁一五一、一五四~一五五、一五九。

臺、鳳、諸三縣之下皆設有巡檢司，即臺灣縣下設新港巡檢司和澎湖巡檢司，鳳山縣下設淡水巡檢司，諸羅縣下設佳里興巡檢司，上述各巡檢司皆設巡檢一員，官秩為從九品[15]。巡檢負責稽察地方，即捕拏盜賊，盤詰奸宄，皆其職責所在[16]。然新港巡檢和彭湖巡檢尚需分別負責稽察鹿耳門和澎湖地方來往之船隻[17]。為便於巡檢執行其職務，於上述各該巡檢司皆設有皂隸二名、弓兵十八名供巡檢差遣[18]。上述各知縣、縣丞、教諭、巡檢和典史署內所設門子、皂隸、馬快、禁卒、弓兵、民壯、斗級、庫子、轎傘扇夫、燈夫、馬夫、齋夫、門斗、膳夫和舖司兵等差役，以從事與治安工作相關之皂隸、馬快、禁卒、弓兵、民壯等類差役人數居多，即此類差役佔各該縣全部差役（舖司兵未列入計算）之百分比：臺灣縣為百分之七九點七五，鳳山縣為百分之七七點三七，諸羅縣為百分之七七點三七（參見後列表2-1）。

　　自康熙二十三年設置臺灣、鳳山、諸羅三縣以來，截至康熙末年為止，臺灣未見多增設一縣，而於上述諸縣內外亦未見增減任何機關，連各該機關之編列員額亦未見變動[19]。茲將康熙時代臺、鳳、諸三縣官員及其差役之編制情形列如後表 2-1 和表 2-2 以供讀者參考。

（二）雍正乾隆年間縣之組織與職掌

　　雍正元年（西元一七二三年）滿清在諸羅縣虎尾溪以北大甲溪以南增設彰化縣，大甲溪以北設淡水捕盜同知。雍正五年裁撤澎湖巡檢，將之改設糧捕通判（詳見《史聯雜誌》第二十二期，拙著〈清代臺灣廳縣之建置與調整〉）。

15　前引《清國行政法》，第一卷下，頁一八九。

16　前引《清史》，第二冊，頁一三九五。

17　前引陳文達《臺灣縣志》，頁七一~七二。

18　前引《蔣志》，《府志三種》，上冊，頁一七四~一七五、一七六、一七八；《高志》，頁一四五。

19　此一事可從《蔣志》，《府志三種》，上冊，頁一九三~一九四；《高志》，頁五四、一四九~一六○；《周志》，頁六二、一九七~二○九；之《諸羅縣志》，頁四七~一○五~一○七；陳文達之《鳳山縣志》，頁七五、七六、七八；陳文達之《臺灣縣志》，頁九七、一八九~一九一等處的記載加以比對而得知。

彰化縣設縣後，設知縣、教諭和典史各一員。根據《新竹廳志》的記載，知縣官秩正七品，受臺灣知府知監督，負責掌理該縣之刑名和錢糧事務，並在淡水同知的監督下負責該縣之捕務。教諭官秩正八品，負責該縣之學務，典史官秩未入流，負責分掌該縣之捕務或於知縣公出時，代理知縣處理縣務。此時之彰化縣與其他各縣一樣，於知縣衙門內設有幕友、書吏和差役，藉以協助知縣處理縣務。幕友係知縣私自聘請知顧問幕僚人員，分別擔任刑席、錢席、書啟席和徵比席等之業務。書吏則分別於吏、戶、禮、兵、刑、工六房中掌理人事、稅務、文教、軍政、治安和營建等業務（詳見前一節）[20]。至於供知縣、教諭、典史等官員差遣之差役其配置情形，彰化縣與臺灣、鳳山、諸羅三縣皆相同，即彰化知縣衙門內，除未設燈夫外，設門子二名、皂隸十六名、轎傘扇夫七名馬快八名、禁卒八名、庫子四名、斗級四名、民壯五十名，典史署設門子一名、皂隸四名、馬夫一名，儒學內設齋夫三名、膳夫二名、門斗三名[21]。

---

20 前引《清史》，第二冊，頁一三九五；劉良璧《重修福建臺灣府志》（下簡稱《劉志》）《臺文叢》，等七四種，頁三四八~三四九；前引《新竹廳志》，頁七八、七九。彰化知縣教諭和典史之職掌，幾乎與臺灣、鳳山、諸羅三縣相同（參見本章第一節）。

21 前引《劉志》，頁二三七~二四〇。按當時典史署不設民壯。

表 2-1　康熙年間臺鳳諸三縣各文官衙門及其差役之編制員額表

縣別 人差役別 署數別	臺灣縣 知縣署	典史署	縣丞署	儒學署	新港巡檢	澎湖巡檢	鳳山縣 知縣署	典史署	儒學署	下淡水巡檢	諸羅縣 知縣署	典史署	儒學署	佳里興巡檢	差役別合計
門子	2	1	1				2	1			2	1			10
皂隸	16	4	4		2	2	16	4		2	16	4		2	72
馬快	8						8				8				24
禁卒	8						8				8				24
弓兵					18	18				18				18	72
民壯	50						50				50				150
斗級	4						4				4				12
庫子	4						4				4				12
轎傘扇夫	7						7				7				21
燈夫	4						4				4				12
馬夫		1	1						1			1			4
舖司兵	12						28				67				107
齋夫				3					3				3		9
門斗				3					3				3		9
膳夫				2					2				2		6
小計	115	6	6	8	20	20	131	6	8	20	170	6	8	20	544
總計	175						165				204				544
皂隸、馬快、禁卒、弓兵、民壯所佔百分比	80	67	67	0	100	100	80	67	0	100	80	67	0	100	七八·二六（舖兵未計）
	79.75（舖司兵未計）						77.37（舖司兵未計）				77.37（舖司兵未計）				

資料來源：高拱乾《臺灣府志》，頁 149-160；周元文《重修臺灣府志》，頁 197-209。

表 2-2　康熙年間臺灣鳳山諸羅三縣官員編制表

縣別	臺灣 知縣	典史	縣丞	教諭	巡檢	鳳山 知縣	典史	教諭	巡檢	諸羅 知縣	典史	教諭	巡檢
官秩	正七品	未入流	正八品	正八品	從九品	正七品	未入流	正八品	從九品	正七品	未入流	正八品	從九品
員額	1	1	1	1	2	1	1	1	1	1	1	1	1
合計	6					4				4			

資料來源：蔣毓英《臺灣府志》，頁 193-194；高拱乾《臺灣府志》，頁 54；周元文《重修臺灣府志》，頁 62。

從前述可得知彰化縣的組織規模比臺、鳳、諸三縣來得稍微小些且有所不同，即既無縣丞，又無巡檢之設置。雖然如此，可是其他官治組織職掌以及差役之編制員額（不含舖司兵）都與乾隆時代的臺、鳳、諸三縣無異。其實即使至雍正九年左右，雖距康熙二十三年已相隔將近半個世紀，然而滿清領臺以來所設之臺、鳳、諸三縣之官治組織職掌和差役編制員額（惟諸羅縣舖司兵由六十七名減為四十二名）也一直幾乎無所變動[22]。

根據《清世宗實錄》雍正九年二月庚子條載說：

> 吏部議覆：「福建總督劉世明等條奏臺灣事宜：一、臺灣府南面向隸鳳山、北面向隸諸羅管轄者，俱應改歸臺灣縣管轄。一、臺灣縣羅漢門地方緊要，請以臺灣縣縣丞移駐，與汛弁互相防查。一、鳳山縣萬丹地方，請添設縣丞一員，管轄淡水、枋寮口等處；其原設淡水巡檢，移駐大崑麓。一、諸羅縣笨港地方煙戶繁多，姦良莫辨；請添設縣丞一員，令其查拏巡緝；其原設佳里興巡檢，移駐鹽水港。……應如所請」。從之。[23]

同書同年二月甲辰條載說：

> 移福建臺灣淡水同知駐竹塹，添設臺灣貓霧捒、鹿仔港、竹塹、八里坌大社四處巡檢各一員；從福建總督劉世明請也[24]。可

見雍正九年滿清對臺灣各知縣知輔助機關做了相當的調整，即將原與臺灣知縣同城辦公的臺灣縣縣丞移駐該縣緊要地方的羅漢門，負責稽查該地；鳳山縣在萬丹增設縣丞一員，負責管轄

---

22 其實以乾隆六年劉良璧纂《重修福建臺灣府志》內所載有關臺灣、鳳山、諸羅和彰化四知縣衙門和儒學署的差役配置數目和康熙三十五年高拱乾纂《臺灣府志》及康熙五十七年周元文纂《重修臺灣府志》內所載者相同，則亦能藉以推測不僅雍正元年所設之彰化縣和康熙時代所設臺、鳳、諸三縣之組織，職掌相同，而且臺、鳳、諸三縣從設縣至雍正十年，其組織和職掌也是沒有變動（見《劉志》，頁二一六~二二六、二二九~三四二、三四八~三四九；《高志》，頁五四、一四九~一六○；《周志》，頁六二、一九七~二○九）。

23 《大清世宗憲（雍正）皇帝實錄》（下簡稱《世宗實錄》華文書局影印（臺北市，民國五十三年），卷一○三，二月庚子條。

24 同前。

> 淡水、枋寮口一代地方，原設在淡水之巡檢司移駐大崑麓；以
> 笨港一帶人煙漸稠，良莠難辨，於此增設縣丞一員，負責稽查
> 該地方並兼查出入船隻；將原設在諸羅縣佳里興之巡檢司移駐
> 鹽水港，負責稽查該地，並查其出入船隻；彰化縣增設貓霧捒
> 和鹿仔港巡檢司，負責稽查各該地方，鹿仔港巡檢司尚兼查船
> 隻。[25]

胡建偉《澎湖紀略》載說：

> 自雍正十年，「為特飭嚴查以除民害事」案內，通飭閩省各衙門
> 民壯，凡係催徵、勾捕一應事務，概不准差遣。又於一件「遵
> 旨議要」事內，雍正十一年前督憲郝以臺灣地方孤懸海外，此
> 項人役俱係無賴流寓應充，每多滋事；奏准改撥營兵給道府廳
> 縣衙門聽候護衛，各衙門民壯悉行裁汰。澎湖額設民壯二十
> 名，不在奏汰之內，是以仍舊存留。[26]

由上可見由於臺灣各廳衙門（澎湖廳除外）之民壯都係所謂「無賴流
寓」之流充當，雍正十一年滿清乃准裁汰之，改撥營兵取代民壯負責
護衛廳縣衙門之安全。同年清廷於臺灣、鳳山、諸羅和彰化四縣儒學
各增訓導一員，其官秩為從八品[27]。

　　清廷在雍正九年和十一年對臺灣廳縣之輔助機關所做的調整，就
個別的廳縣而言，看來似無多大改變，但就總體而言，其變動可說也
不小；就知縣這一部分而言全臺共增設了萬丹、笨港兩名縣丞，臺、
鳳、諸、彰四縣儒學訓導，貓霧捒、鹿仔港兩名巡檢。新增兩縣丞署
內共設門子二名、皂隸八名、馬夫二名；新增兩巡檢司共設皂隸四
名、弓兵三十六名，而共裁汰民壯二百名。如再進一步的統計，則雍
正八年時臺、鳳、諸、彰四縣知縣有四名、縣丞一名、教諭四名、巡
檢三名、典史四名，合計有官員十六名，雍正十二年時，增加縣丞二

25　前引《劉志》，頁三四八。
26　胡建偉《澎湖紀略》，《臺文叢》，第一〇九種，頁六一。
27　前引《劉志》，頁三四九；前引《世宗實錄》，卷一三五，九月壬午條；前引《欽定大
　　清會典》，卷四，頁十九，總頁六一九之六三。

名、巡檢二名、訓導四名，合計官員增加八名，即增加了百分之五十。雍正八年時臺、鳳、諸、彰四縣共有差役六三四名（臺灣縣一五五名、鳳山縣一六五名、諸羅縣一七九名、彰化縣一三五名），雍正十二年時差役減為四九〇名（臺灣縣一〇九名、鳳山縣一二一名、諸羅縣一三五名、彰化縣一二五名），裁減百分之二二點七一。如將官員和差役人數合併計算，則雍正八年時臺、鳳、諸、彰四縣共有官役六五〇名，雍正十二年時減為五一四名，共減少了百分之二〇點九二。從以上的數據看來雍正年間這兩次的官員和差役的調整幅度真可說不小，不過此般調整乃屬數目的調整，並非制度性或結構性的調整。從此之後截至乾隆二十三年（西元一七五八年），臺灣之知縣及其以下之各級文職機關之組織職掌和差役之編制員額，幾乎未調整，只是約在乾隆十年左右裁各縣衙門之燈夫而已[28]。

　　清乾隆二十四年彰化縣增設縣丞一員，縣丞署設在南投，署內與其他已設之縣丞署一樣設門子一名，皂隸四名，馬夫一名、民壯八名，供縣丞差遣[29]。《清高宗實錄》乾隆二十六年五月庚戌條載說：

> 吏部議覆：「閩浙總督楊廷璋等奏臺灣府屬鳳山縣之阿里港在縣治東北五十里，南距萬丹二十餘里、北通臺邑之羅漢門、東接傀儡山，逼近生番；且該地流民聚處，搶竊頻聞。又、諸羅縣之斗六門與彰化縣虎尾溪接壤，毗連石龜溪等四十三莊，向多游匪出沒，離縣窵遠，均需設立專員。查鳳山縣縣丞駐紮萬丹，民淳事簡，請移阿里港。又、臺灣縣所屬之新港巡檢司駐紮郡城，盤查海口小船出入，並無巡防地方之實，請移駐諸羅縣之斗六門，管轄石龜溪等四十三莊。其查驗船隻事，責成臺灣府經營兼管。……均應如所謂」。從之。[30]

28　前引《劉志》，頁二一七尚見各縣衙門設有燈夫，而范咸《重修臺灣府志》（下簡稱《范志》）《臺文叢》，第一〇五種，頁二二二、二二六、二三〇皆載燈夫已裁。《劉志》纂於乾隆六年，《范志》纂於乾隆十年，因此做如是之推測。

29　周璽《彰化縣志》，《臺文叢》，第一五六種，頁六八、余文儀《續修臺灣府志》（下簡稱《余志》，《臺文叢》），第一二一種，頁二九九。

30　《大清高宗純（乾隆）皇帝實錄》（下簡稱《高宗實錄》）華文書局影印本，卷六三六，五月庚戌條。

由此則知乾隆二十六年，清廷曾對鳳山縣縣丞、臺灣縣新港巡檢司的駐紮地做過調整。即清廷以阿里港距鳳山縣治深遠，逼近「生番」，治安不良，流民聚處，搶竊頻聞，而原縣丞駐紮地之萬丹，民淳事簡，乃將鳳山縣縣丞移紮阿里港；以石龜溪等四十三莊地方，向多游匪出沒，乃將新港巡檢司移駐毗連石龜溪等四十三莊之斗六門，將新港巡檢司盤查海口出入船隻事，責成臺灣府經歷兼管。至於該等衙門之組織編制，以及其他衙門之組織職掌和差役員額編制，則未見調整[31]。不過到了乾隆三十一年臺、鳳、諸、彰四縣知縣衙門又恢復設置民壯，即各縣設民壯四十名[32]，此次差役調整之幅度幾乎將近雍正十一年所調整之幅度。茲將乾隆三十一年時，臺、鳳、諸、彰四縣之文官衙門和差役編制員額列如後列表 2-3。

　　從前面各章節的討論，吾等似已可看出，除教諭、訓導外，不論知縣、縣丞、巡檢或典史，其主要職責在於維持地方社會治安，但只是抽象的了解並看不出究竟治安工作佔縣務中多大比重。不過從表 2-1 和 2-3 中皂隸、馬快、禁卒、弓兵和民壯在各衙門佔各該門差役的百分之六七以上乃至百分之百，尤其是表 2-3 都佔各衙門的百分之八十以上乃至百分之百，則藉此數據可確定維持地方治安乃是縣務中極為重要的工作，蓋皂隸、馬快、禁卒、弓兵和民壯的工作是與治安相關的偵查、緝捕、刑杖、獄務等事項的緣故。如再將表 2-1 與表 2-3 加以對照，則又將發現縣務中的治安工作所佔的比重，自康熙時代截至乾隆中葉，有日漸昇高的趨勢。

31　以乾隆六年劉良璧纂《重修福建臺灣府志》內所載有關臺灣、鳳山、諸羅和彰化四知縣衙門，諸縣丞、教諭、巡檢、典史署的差役數目（參見註二十一）和乾隆二十九，《余志》內所載者相同（《余志》，頁二八三~三○一）而做如此之推測。

32　胡建偉《澎湖紀略》，頁六一和謝金鑾《續修臺灣縣志》《臺文叢》，第一四○種，頁八三都提到乾隆三十一年恢復設民壯事，做如此之推測。

表 2-3　乾隆三十一年臺鳳諸彰四縣衙門及其差役之編制員額表

人差役別 ＼ 署別	臺灣縣 知縣署	典史署	縣丞署	儒學署	鳳山縣 知縣署	典史署	縣丞署	儒學署	巡檢署	諸羅縣 知縣署	典史署	縣丞署	儒學署	巡檢署	彰化縣 知縣署	典史署	縣丞署	儒學署	巡檢署	差役別合計
門子	2	1	1		2	1	1			2	1	1			2	1	1			16
皂隸	16	4	4		16	4	4		2	16	4	4		4	16	4	4		4	106
馬快	8				8					8					8					32
禁卒	8				8					8					8					32
弓兵									18					36					36	90
民壯	40	4	8		40	4	8			40	4	8			40	4	8			208
斗級	4				4					4					4					16
庫子	4				4					4					4					16
轎傘扇夫	7				7					7					7					28
馬夫		1	1			1	1				1	1				1	1			8
舖司兵	16				28					42					18					104
齋夫				3				3					3					3		12
門斗				3				3					3					3		12
膳夫				2				2					2					2		8
小計	105	10	14	8	117	10	14	8	20	131	10	14	8	40	107	10	14	8	40	688
總計	137				169					203					179					688
皂隸、馬快、禁卒、弓兵、民壯所佔百分比	81	80	86	0	81	80	86	0	100	81	80	86	0	100	81	80	86	0	100	(舖兵未計) 八〇·一四
	76.03 (舖司兵未計)				79.43 (同左)					81.99 (同左)					81.99 (同左)					
備註	1. 諸羅縣巡檢有兩處，一在鹽水港，一在斗六門。 2. 彰化縣巡檢也有兩處，一在貓霧捒，一在鹿仔港。																			

資料來源：余文儀《續修臺灣府志》，《臺文叢》第 121 種，頁 286-288，290-292，295-297，298-300；參見註 32。

迨乾隆五十一年冬，臺灣發生林爽文率眾反清事變[33]，其時諸羅縣城內有些百姓曾協助滿清官兵守城，乾隆帝認為該地人民此舉為急公

33　前引《彰化縣志》，頁三六三～三七六。

嚮義之舉，乃於翌年諭令改諸羅縣為嘉義縣，以示嘉勉[34]。乾隆五十三
年二月，清廷平定該事變。同年五月，清廷依欽差協辦大學士福康安
和福建巡撫徐嗣曾之建議，除在臺增加軍隊數量外；並將鳳山縣之下
淡水巡檢司由大崑麓移駐鳳山縣舊城興隆里；將鳳山縣之阿里港縣丞
移駐下淡水；在斗六門添設縣丞一員，隸嘉義縣管轄；將斗六門巡檢移
駐大武壠[35]。根據《高宗實錄》乾隆五十四年，九月庚寅條載說：

> 吏部等部議覆：「閩浙總督覺羅伍拉納等奏稱……臺灣縣所轄之
> 羅漢門縣丞，該處民戶無多，祇須設一巡檢，足以彈壓。……
> 羅漢門縣丞改為羅漢門巡檢，仍歸臺灣縣管轄。……應如所
> 請」。從之[36]。

足見清廷在乾隆五十四年九月又接受閩浙總督覺羅伍拉納等人的建
議，認為羅漢門地方民戶不多，只需一巡檢就足以彈壓該地，乃准將
該地之縣丞改為巡檢。

　　經過乾隆年間的幾次職官調整後，臺、鳳、諸、彰四縣的官治組
織情形如後列表2-4。

34　前引《高宗實錄》，卷一二九二，十一月丙寅條載說：諭：「臺灣逆匪林爽文糾眾倡亂
　　以來，提督柴大紀統兵剿捕，收復諸羅後，賊匪屢經攻擾，城內義民幫同官兵奮力守
　　禦，保護無虞。該處人民急功嚮義，眾志成城，應錫嘉名，以旌斯邑。著將諸羅縣改為
　　嘉義縣，俾闔縣良民倍加奮勵，以昭獎勵」。
35　同前，卷一三○五，五月丁丑條；《福建通志臺灣府》，《臺文叢》，第八四種，上
　　冊，頁一○一。
36　前引《高宗實錄》，卷一三三八，九月庚寅條。

表 2-4　乾隆末年臺鳳嘉彰四縣職官配置表

縣別	職官	官秩	員額	駐在地
臺灣縣	知縣	正七品	1	縣治
	縣丞	正八品		已載撤
	教諭	正八品	1	縣治
	訓導	從八品	1	縣治
	巡檢	從九品	1	羅漢門
	典史	未入流	1	縣治
	小計		5	
鳳山縣	知縣	正七品	1	縣治
	縣丞	正八品	1	下淡水
	教諭	正八品	1	縣治
	訓導	從八品	1	縣治
	巡檢	從九品	1	舊城興隆里
	典史	未入流	1	縣治
	小計		6	
嘉義縣	知縣	正七品	1	縣治
	縣丞	正八品	2	笨港、斗六門
	教諭	正八品	1	縣治
	訓導	從八品	1	縣治
	巡檢	從九品	2	佳里興、大武壠
	典史	未入流	1	縣治
	小計		8	
彰化縣	知縣	正七品	1	縣治
	縣丞	正八品	1	南投
	教諭	正八品	1	縣治
	訓導	從八品	1	縣治
	巡檢	從九品	2	貓霧捒、鹿仔港
	典史	未入流	1	縣治
	小計		7	
四縣合計			26名	

附註：上列四職官名、知縣四名、縣丞四名、教諭四名、訓導四名、巡檢六名、典史四名。

表 2-5　嘉慶二十年臺鳳嘉彰四縣文職官吏員額編制表

縣別	官別	員額	小計	吏別	員額	小計
彰化縣	知縣	1		典吏	12	
	縣丞	1		攢典	1	
	儒學教諭	1		攢典	1	
	訓導	1		攢典	1	
	巡檢	2		攢典	2	
	典史	1	7			17
嘉義縣	知縣	1		典吏	12	
	縣丞	2		攢典	2	
	儒學教諭	1		攢典	1	
	訓導	1		攢典	2	
	巡檢	2		攢典	1	
	典史	1	8			18
鳳山縣	知縣	1		典吏	12	
	縣丞	1		攢典	1	
	儒學教諭	1		攢典	1	
	訓導	1		攢典	1	
	興隆里巡檢	1		攢典	1	
	典史	1	6			16
臺灣縣	知縣	1		典吏	12	
	儒學教諭	1		攢典	1	
	訓導	1		攢典	1	
	羅漢門巡檢	1		攢典	1	
	典史	1	5			15
合計			26			66
總計			92			

備註：
- 彰化縣：巡檢有二處，一在鹿仔港，一在大甲。大甲巡檢移嘉慶21年。貓霧捒巡檢在彰化。
- 嘉義縣：縣丞一在斗六門，一在笨港；巡檢一在鹽水港，一在大武壠。
- 臺灣縣：嘉慶15年移羅漢門巡檢，令駐番薯藔，因兩地相鄰，雖能舉此可稱羅漢門巡檢，但仍稱羅漢門巡檢。

資料來源：托津等纂「欽定大清會典事例」，卷125，頁17-18。

表2-6　嘉慶二十四年臺鳳嘉彰四縣文官衙門及其差役之編制員額表

差役別＼署別人數	臺灣縣 知縣署	典史署	儒學署	巡檢署	鳳山縣 知縣署	典史署	縣丞署	儒學署	巡檢署	嘉義縣 知縣署	典史署	縣丞署	儒學署	巡檢署	彰化縣 知縣署	典史署	縣丞署	儒學署	巡檢署	差役別合計
門子	2	1			2	1	1			2	1	2			2	1	1			16
皂隸	16	4		2	16	4	4		2	16	4	8		4	16	4	4		2	106
馬快	8				8					8					8					32
禁卒	8				8					8					8					32
弓兵				18					18					36					18	90
民壯	44			4	44		8			44		16			44		8			212
斗級	4				4					4					4					16
庫子	4				4					4					4					16
轎傘扇夫	7				7					7					7					28
馬夫		1				1	1				1	2				1	1			8
舖司兵	12				28					46					15					101
齋夫			3					3					3					3		12
門斗			3					3					3					3		12
膳夫			2					2					2					2		8
小計	105	6	8	24	121	6	14	8	20	139	6	28	8	40	108	6	14	8	20	689
總計	143				169					221					156					689
皂隸、馬快、禁卒、弓兵、民壯所佔百分比	81	67	0	100	82	67	86	0	100	82	67	86	0	100	82	67	86	0	100	八〇·二七（同左）
	79.39（舖司兵未計）				79.43（同左）					82.29（同左）					79.43（同左）					

備註：
1. 嘉義縣縣丞和巡檢都有兩處：縣丞一在笨港，一在斗六門；巡檢一在鹽水港，一在大武壠。
2. 本表之資料引自「臺灣府賦役冊」一書，該書所記資料截至嘉慶24年為止（參見該書弁言）。

資料來源：《臺灣府賦役冊》，《臺文叢》第 139 種，頁 28-29，42-44，55-57，71-73。

（三）嘉慶至同治年間縣之組織與職掌

　　滿清政府在嘉慶年間，對臺灣官治組織的調整有：嘉慶十五年
（西元一八一〇年）臺灣縣羅漢門巡檢之移駐番薯寮[37]，嘉慶十六年噶
瑪蘭廳之設置，嘉慶二十一年鹿港巡檢之移駐大甲，次年彰化縣學訓
導之分駐竹塹等諸項調整措施。羅漢門巡檢之移駐，只是地點的稍稍
移動，因此有關各知縣衙門及其附屬官署之組織職掌和員額編制等事
項，於此不加贅述。現僅將嘉慶二十四年時，臺灣、鳳山、嘉義和彰
化四縣之文職機關官吏和其差役之員額編制情形列如表 2-5、2-6，以
供讀者參考。

　　嘉慶之後進入了道光時代，《宣宗實錄》道光六年（西元一八二六
年），五月壬午條載說：

> 閩浙總督孫爾準奏：「臺灣海口，今昔情形不同。請將彰化縣所
> 轄海豐港開設正口，就近改歸嘉義笨港縣丞管轄；一切分配兵
> 額事宜，仍歸鹿港同知經理」。[38]

同書，道光十七年，八月己巳條載說；

> 前任閩浙總督程祖絡奏臺灣、嘉義二縣劃勻疆界及改撥戶口錢
> 糧章程：「一、徵收正供，配運兵米、春穀，分別勻撥，以專責
> 成。……一、大武壠巡檢歸兩縣管轄，更換印信。……」下部
> 議，從之。[39]

另據《欽天大清會典事例》，卷三十一載說：

> 二十七年（按指道光二十七年），改福建嘉義縣斗六門縣丞，歸
> 嘉義、彰化二縣管轄；又改臺灣縣羅漢門巡檢，歸臺灣、鳳山
> 二縣管轄。[40]

37　《大清仁宗睿（嘉慶）皇帝實錄》，華文書局影印本，卷二二九，五月壬午條；前引
　　《福建通志臺灣府》，上冊，頁九九。
38　《大清宣宗成（道光）皇帝實錄》，華文書局影印本，卷九八，道光六年，五月壬午朔
　　條。
39　同前，卷三〇〇，八月己巳條。
40　崑岡《欽定大清會典事例》新文豐出版公司影印（臺北市，民國六十九年），卷三一，

從上述諸資料的記載，則知道光時代臺灣地方文職機關在制度上有若干改變，其一是某縣縣丞可管轄鄰近縣之港口，彰化縣所轄海豐港於道光六年起歸嘉義縣笨港縣丞管轄即是如此，其二是同一縣丞或同一巡檢由兩縣共同管轄，道光十七年將嘉義縣的大武壠巡檢劃歸臺灣和嘉義兩縣管轄，道光二十七年將嘉義縣斗六門縣丞劃歸嘉義和彰化兩縣管轄，同時將臺灣縣羅漢門巡檢劃歸臺灣和鳳山兩縣管轄，即為實例。此次之變革與過去變革顯然在性質上有所不同，蓋此次之變革，可視為制度性之若干變革。雖則，除此之外，幾乎無所變革。

道光朝之後，歷經咸豐及同治上半葉，臺灣廳縣未見增減。不謹如此，連各縣之輔助官署亦未見增減或調整。《穆宗實錄》同治八年（西元一八六九年）九月戊子條裡有一條記載說：

> 移福建鳳山縣興隆里巡檢於枋寮，並撥臺灣道標千總一員，兵一百名，同往駐紮。從閩浙總督英桂請也。[41]

由此則知同治八年滿清將鳳山縣興隆里巡檢移到枋寮，並撥千總一員兵一百，駐紮該地，以維護該地之安全。此後截至同治十三年止，臺灣知縣未見增減，其輔助官署亦未增減或變動。

（四）光緒年間縣之組織與職掌

清同治十三年（西元一八七四年）三月，日本以臺灣牡丹社土著曾於同治十年殺害琉球人為由，出兵侵占臺灣南瑯部琅地方，於是清廷除任命沈葆楨為欽差辦理臺灣等處海防兼理各國事務大臣外，並積極與日本從事外交交涉。滿清與日本終於在同治十三年九月二十二日簽訂北京專約，日軍乃於是年十月中旬撤離臺灣。

清廷經歷日軍犯臺事件後，更加重視臺灣，其具體措施之一為立即接受沈葆楨之建議，對臺灣縣廳做大幅度的調整。即光緒元年（西元一八七五年）清廷依沈氏之建議，將臺灣廳調整為：臺灣府統轄臺

頁二五，總頁五四六七。

41 《大清穆宗毅（同治）皇帝實錄》，華文書局影印本，卷二六七，同治八年，九月戊子條；前引崑岡《欽定大清會典事例》，卷三一，頁二七，總頁五四六八。

灣、鳳山、嘉義、彰化、恆春五縣和澎湖、埔裡社、卑南三廳；臺北府管轄淡水、新竹、宜蘭三縣和臺北府分防通判（即雞籠廳）。

　　清光緒九年中、法戰爭起，臺灣成為戰略要地。果然於此年法軍曾攻打雞籠、滬尾，並攻陷澎湖。中、法戰爭結束後，臺灣雖免於被法國佔領，但清廷勢不得不積極於臺灣之善後事宜，其中之一即是臺灣建為一省，並再度大幅調整臺灣廳縣。光緒十三年臺灣廳縣調整為臺北、臺灣、臺南三府和臺東直隸州一州。臺北府統轄淡水縣、新竹縣、宜蘭縣和基隆廳；臺灣府管轄臺灣縣、苗栗縣、彰化縣、雲林縣和埔裡社廳；臺南府下轄安平縣、嘉義縣、鳳山縣、恆春縣和澎湖廳。

　　有關光緒元年和十三年臺灣廳縣調整之原委，請參見「史聯雜誌」第二十二期，拙著〔清代臺灣廳縣之建置與調整〕，而本節主要是就光緒年間知縣衙門和其輔助官署之組織職掌和其差役之編制員額加以探討而已。

　　清同治十三年十二月二十三日沈葆楨在〈請瑯璚築城設官摺〉中說：

> 奏 為 履 勘 瑯 璚 形 勢，擬 即 築 城 設 官，以 鎮 民 番 而 消 窺 伺；供 摺 馳 陳，仰 祈 聖 鑒 事……十 八 日（按 指 同 治 十 三 年 十 二 月 八 瑯 日）抵 璚，宿 車 城，……接 見 夏 獻 綸、劉 璈，知 已 戡 定 車 城 南 十 五 里 之 猴 洞，可 為 縣 治。臣 沈 葆 楨 親 往 履 勘，所 見 相 同。……縣 名 謹 擬 曰：恆 春，可 否 之 處，伏 候 欽 定。如 蒙 允 准，擬 先 設 知 縣 一 員，審 理 詞 訟，俾 民、番 有 所 憑 依。界 之 親 勇 一 旗，以 資 號 召。其 餘 武 營 學 官 佐 貳，且 置 為 緩 圖，以 一 事 權，而 節 靡 費。[42]

《德宗實錄》光緒元年正月庚戌條載說：

> 沈 葆 楨 等 奏「履 勘 瑯 璚 形 勢，擬 建 城 設 官」一 摺，沈 葆 楨 於 上 年 十 二 月 親 往 瑯 璚 詳 加 履 勘，擬 於 車 城 南 猴 洞 地 方 建 設 縣 治，名 曰「恆 春」，先 設 知 縣 一 員，以 資 治 理，係 因 地 制 宜 起 見，即

42　吳元炳輯《沈文肅公「葆楨」政書》。《近代史料》，第六輯，第五四種，第二冊，頁九三七~九三九。

著照所議行。[43]

　　由上述兩段文字記載，則知在瑯琊地方，清廷基於為了便於治理當地，准予因地制瑯宜，於琅設恆春縣時，僅先設知縣一員，其餘諸如武營、學官、佐貳等職官，則容許暫緩設置。換言之，光緒元年恆春設縣時，縣文職官僅設一知縣。

　　清廷雖然已在光緒元年接受沈葆楨的建議，將北部臺灣調整為：宜蘭縣、淡水縣和新竹縣，但根據「新竹縣採訪冊」載說：

> 光緒四年，臺北新設府治，淡水同知裁缺；……至五年閏三月，淡、新分治，知府陳星聚始移治臺北，舊淡水廳署始改為新竹縣署。析舊廳之地為兩縣。[44]

另據《臺灣地輿全圖》載說：

> 宜蘭縣距府治一百九十里。迤東而南，僻處山後。本噶瑪蘭舊地，初名蛤仔難；光緒四年，改設為縣。[45]

由是足見宜蘭、淡水和新竹此三縣之實質成立是在光緒四、五年間[46]。

　　前述光緒初年，由噶瑪蘭廳改設之宜蘭廳，由淡水廳分設之淡水縣和新竹縣，皆各設知縣一員、典史一員。此外，宜蘭縣尚設縣丞一員（駐頭圍）、儒學訓導一員；淡水縣尚設儒學教諭一員；新竹縣尚設儒學訓導一員、大甲巡檢一員[47]。至於此刻其他各縣之文官官治組織，幾乎無所改變。

43　《大清德宗景（光緒）皇帝實錄》，華文書局影印本，卷三，光緒元年，正月庚戌條。
44　《新竹縣採訪冊》，《臺文叢》，第一四五種，頁一○、二八○。
45　《臺灣地輿全圖》，《臺文叢》，第一八五種，頁二二。
46　此外根據《臺灣通志》（《臺文叢》，第一三○種）頁三四一，《新竹縣制度考》（《臺文叢》，第一○一種）頁一，《新竹縣志初稿》（《臺文叢》，第六一種）頁一三○、一三九等的記載，均可看出臺北府轄下之宜蘭縣、淡水縣和新竹縣之實際上的成立是在光緒四、五年間。
47　前引《臺灣通志》，頁三四一；前引《新竹縣志初稿》，頁一三九、一四五、一五一；又、苗栗縣實質成立於光緒十五年，而沈茂蔭在光緒十九年左右所編的《苗栗縣志》裡均有大甲巡檢一職的記載，則推測苗栗未成立前的新竹縣設有大甲巡檢一職的記載，則推測苗栗未成立前的新竹縣設有大甲巡檢一職（見沈茂蔭《苗栗縣志》，《臺文叢》，第一五九種，頁一七、六四、一八七~一九○）。

　　光緒十一年，清廷頒令臺灣建為福建臺灣省。光緒十三年首任福建臺灣巡撫劉銘傳對臺灣文職官治組織所做的調整方案為清廷所採納。雖然如此，可是根據《新竹縣輿圖說略》載說：

> 新竹縣，舊為淡水廳轄地。自光緒四年析土設官，以大甲溪以北、至塗牛溝以南劃歸管轄，……嗣十四年分省，又劃中港溪以南至大甲溪設苗栗縣，隸臺灣府。[48]

另據《臺灣府輿圖說略》載說：

> 臺灣府為光緒十四年分省時移設之首府……並設首縣曰臺灣縣。……劃嘉義之東、彰化之南兩邑地界，於林圯埔地方添設一縣曰雲林；又割新竹縣中港以南三堡之地，於維祥莊地方增設一縣曰苗栗。[49]

又據倪贊元《雲林縣采訪冊》載說：

> 沙連堡，舊生番水沙連社。乾隆五十三年，生番獻地歸化，屬彰化縣。光緒十四年，設雲林縣，建署於堡內之林圯埔。[50]

由此則知在光緒十三年為清廷所核准新添設之苗栗縣、臺灣縣和雲林縣之實質成立，則要到光緒十四年了。

　　據光緒二十年左右所編成的《臺灣通志》及其他相關文獻資料的記載加以整理，則知臺灣建省後陸續新增或改設之知縣及其以下之文職職官為：新增臺灣縣知縣、教諭、訓導、典史各一員；彰化縣縣丞由南投移駐鹿港；新增雲林縣知縣、縣丞、訓導、典史各一員；新增苗栗縣知縣、訓導、典史各一員，新竹縣大甲巡檢改歸苗栗縣管轄；新增恆春縣典史一員[51]。茲將臺灣建省後宜蘭、淡水、新竹、苗栗、臺

48　前引《臺灣地輿全圖》，頁一八。

49　同前，頁三〇。

50　倪贊元《雲林縣採訪冊》，《臺文叢》，第三七種，頁一四六。

51　前引《臺灣通志》，頁三四〇、三四一；前引「雲林縣採訪冊」，頁七、九、三六、一四六；《舊雲林縣採訪冊》，《方志臺灣》，第二六〇號內第〇2分號，頁七；前引《苗栗縣志》，頁一八七、一九〇；屠繼善《恆春縣志》，《臺文叢》，第七五種，頁七七。

灣、彰化、雲林、嘉義、安平、鳳山和恆春等十一縣之文職官吏編制員額列如表 2-7，則便能對臺灣建省後各知縣及其以下之文職職官的組織一目瞭然。

表 2-7　臺灣建省後宜淡新苗臺彰雲嘉安鳳恆十一縣文職官吏編制員額表

縣別	宜蘭	淡水	新竹	苗栗	臺灣	彰化	雲林	嘉義	安平	鳳山	恆春	合計
官 員別	知縣、縣丞、儒學訓導、典史	知縣、儒學教諭、典史	知縣、儒學訓導、典史	知縣、儒學訓導、典史、巡檢	知縣、儒學教諭、儒學訓導、典史、巡檢	知縣、儒學教諭、典史、巡檢	知縣、儒學教諭、典史、巡檢	知縣、儒學教諭、儒學訓導、典史、巡檢	知縣、儒學教諭、典史、巡檢	知縣、儒學教諭、儒學訓導、典史、巡檢	知縣、典史	
官 員額	各 1	各 1	各 1	各 1	各 1	各 1	各 1	各 1	各 1	各 1	各 1	
官 小計	4	3	3	4	5	4	4	5	4	5	2	43
吏 員別	攢典、典吏	攢典、典吏	攢典、典吏	攢典、典吏	攢典、典吏	攢典、典吏	攢典、典吏	攢典、典吏	攢典、典吏	攢典、典吏	攢典、典吏	
吏 員額	典吏 12	典吏 12	典吏 12	典吏 12	典吏 12	典吏 12	典吏 12	典吏 12	典吏 12	典吏 12	典吏 12	
吏 小計	15	14	14	15	15	15	15	16	15	16	13	163
總計												206

資料來源：《臺灣通志》，頁 340-344；倪贊元《雲林縣采訪冊》，頁 7、9、36、146；沈茂陰《苗栗縣志》，頁 187、190；屠繼善《恆春縣志》，頁 77；昆岡《欽定大清會典事例》，卷 149，頁 18；《舊雲林縣制度考》《方志臺灣》，第 260-2 號，頁 7。

由表 2-7 則知臺灣建省後，共設有十一縣，各縣皆設知縣、典史，除恆春縣外，皆設儒學（或僅設教諭或僅設訓導，或教諭、訓導皆設），至於縣丞及巡檢則或同時皆設，或僅設其一。上述這些官員皆設有衙署以處理各自負責之業務。知縣衙門皆編有典吏十二名，各知縣之附屬衙門皆配置一攢典分別協助各該官員處理相關業務。現再詳細探討上述各該衙門之內部組織和職掌。

根據《新竹縣制度考》載說：

> 新竹（按原文無「竹」字）設一縣官長，辦理百姓民事。遇有軍情事件，則照會新竹武營遊府辦理。[52]

由是則知，臺灣在福建臺灣省時代，縣仍然設有官長（按即知縣），負責掌理民刑事案件，軍情事件交武營處理。《安平縣雜記》載說：

> 安平縣知縣（前為臺灣縣，光緒十四年改）秩正七品，職任刑名、錢穀、城工、捕務、倉庫、配運福建倉穀，兼發兵米；轄內命、盜案件即大小詞訟，均歸審訊，有開參處分之責。府道新任及上憲按臨，均須辦差。又府考、院考，亦歸辦差；然後就府屬各縣分缺次之優平攤用。本管各上司若遇公出，亦須辦差。……轄內保甲、團練、育嬰、卹嫠、義倉、義塚、養濟、救火、勘災、祈雨及大小諸事，無所不知、無所不辦。科、歲所屬童生，必先由縣考試，錄名送府，定例設有縣學，以培育入泮諸生。奉秋丁祭，由其主政。又、自己設有蓬壺書院，延請山長，俾闔邑生童肄業其中。[53]

《安平縣雜記》的這段記載，更令人清楚的了解，當時知縣的官品和職責，即知知縣為正七品官，握有管轄地內的司法裁判、取締違法、維護治安、民事調解、公共建設、行政處分、款待上級、徵收錢穀、發放兵餉、配運倉穀、辦理科考、推廣文教、宗教祭祀、社會救濟、人事任命等職責，其時知縣之職責繁重，其扮演之角色，真可用上段文字中的「無所不知，無所不辦」八個字來形容。知縣的縣務如此之

52 　前引《新竹縣制度考》，頁一。
53 　《安平縣雜記》，《臺文叢》，第五二種，頁九○。

繁，責任如斯之重，勢非其個人獨力所能達成，因此知縣必須靠其輔助官吏協助，而其知縣衙門亦必須有所分工，方能克盡全功。

是時各知縣衙門可能都設有家丁約三十人，幕友五人，係知縣私自僱用者，其所辦理之業務包括徵收錢糧、官莊，處理命盜案件，管理出入款項、來往文書，校閱書院課文等事項[54]。除幕友家丁外，知縣衙門內尚設有書吏和差役分別配置於各房中辦理縣務[55]。即吏、戶、禮三房設一左典吏，兵、刑、工三房設一右典吏為各該三房之首長；各房中各設首書一人、各房合計設幫書一百五十餘人（其中內卯五十人，外卯百餘人）、各房合計設清書約三十人[56]。差役方面其設置情形，以往如不將舖司兵計算在內，則各知縣衙門內所設之差役，不論是差役別或是差役數都相同（參見表 2-1，2-3，2-6），但此時則不然。現在就資料可循的幾個縣，分別述如下：新竹知縣衙門設門子二人、皂隸十六人、馬快八人、禁卒八人、民壯四十四人、庫子四人、斗級四人、轎傘扇夫七人，合計共九十三人，另外設舖司兵十二名[57]；苗栗知縣衙門設門子二名、皂隸十六名、禁卒八名、民壯三十六名、轎傘扇夫七名、仵作一名、庫子二名、斗級二名，合計七十四名，另外設舖司兵九名[58]；雲林縣知縣衙門內設皂隸十二名、快班十二名（或

54　同前，頁九一；前引《新竹縣制度考》，頁三；臺南縣誌編纂委員編《臺南縣誌第二編》，成文出版社影印《方志臺灣》，第二六一號，第一冊，頁十一、十六、六三、六四、六七。

55　臺灣建省後，各知縣衙門內依經制皆設典吏十二名，知縣之附屬衙門如縣丞、典史、儒學、巡檢皆各設攢典一名（參見表三一七）。

56　前引《臺南縣誌第二編》，頁十、十一、六三、六七。目前有關清代臺灣建省後各知縣衙門內所設書吏的員額，以此書的記載最為具體，且此書完成於明治三十一年一月，距臺灣清領末期最近，因此藉此書所載情形，以概觀其他各知縣的情形。又，有關左典吏、右典吏的的設置，在其文獻資料如前引《安平縣雜記》，頁九三和「淡新檔案」第一一二〇一之一號檔均出現過，因此推測臺灣各知縣衙門內，可能都設有左典吏、右典吏。清代各地知縣衙門內之書吏正式編制名稱為典吏。清代臺灣各知縣衙門典吏之編制只有十二名（嘉慶朝《欽定大清會典事例》，卷一二五，頁一七～一八；光緒朝《欽定大清會典事例》，卷一四九，頁一八）分別擔任縣衙內之首書幫書。然而此處記幫書有一百五十餘人，顯然其中極大部分人是屬編制外書吏。

57　前引《新竹縣志初稿》，頁七八。原文記差役「九十三人，每名工食銀六兩二錢，計銀五百七十六兩六錢」文中人數與銀數相符，但如將原文所記各種差役加以統計，則差役全數應為八十九名，可能漏列庫子四名所致，因此論者補列上「庫子四名」。

58　前引《苗栗縣志》，頁六四。

為馬快或為步快，或為馬步快皆設，未詳）；安平知縣衙門設門子二名、皂隸十六名、馬快八名、禁卒八名、民壯四十名、轎傘扇夫七名、庫子四名、斗級四名，合計八九名，另設舖司兵十二名[59]。恆春知縣衙門設門子二名、轎傘扇夫七名、仵作一名、庫子一名、斗級一名，合計五四名，另設舖司兵九名[60]。由此看來，此時各知縣衙門內之差役設置不僅在人數上有差別，就是在差役的類別上也略有差異。如過去未曾出現的仵作（協助知縣驗屍）[61]，在苗栗和恆春縣都有所設置。

其時之縣務，係分配到知縣衙門內之各個單位，交由書吏和差役去辦理的。當時之各縣衙門，一般都設有吏房、戶房、禮房、兵房、刑房、工房、承發房和值堂房等八個單位，通稱之為八房科[62]。但也有於戶房中別設庫房，或將戶房分設為糧房和稅房，或在值堂房中另設招房的。換言之，有些知縣衙門內不僅設八房而已，有的設九房，也有設十房的[63]。茲將各房的職掌分述如下：

一、吏房：負責承辦官吏之任免黜陟，縣屬文武紳士捐班人員之出任、丁憂、起服、死亡之報告，胥史之擬充入卯，典史之送考選官，幕友、家丁名冊之編製與保管，官吏成績之造報等相關事項。

一、戶糧房：負責承辦田賦契稅之徵收，奏銷支給各款之造報，與田園相關之詞訟，減免田賦之申請，荒地之請墾，陞科納賦之申報，私鑄銀錢之嚴禁，收成、晴雨，穀價之

59　前引《安平縣雜記》，頁九六；前引《舊雲林縣制度考》，頁十五。

60　前引《恆春縣志》，頁一一九、一二〇。

61　前引崑岡《欽定大清會典事例》，卷一二五，頁一，總頁六七五七。傅宗懋謂清代仵作大縣三名，中縣二名，小縣一名（傅宗懋〔清代知縣司法權之研究〕，「中國行政」，第二三期，民國六三年，頁一四）實非全然，臺灣即非如傅氏所說。

62　有的知縣衙門內的各房稱之為科或房科皆設，例如恆春縣即是如此。《恆春縣志》裡有：「所有命案人犯均權在大堂左側科房內羈押……」，又有「今該縣以命案重犯權禁科房以內……」（該書，頁六五、六六），又如《舊雲林縣制度考》裡載：「別二房科ヲ設……」，又載說：「一八堂科四人……」（該書，頁一四、一五）可為佐證。

63　前引《新竹縣制度考》，頁二~三；前引《安平縣雜記》，頁九三~九六；前引《臺南縣誌第二編》，頁六八；「臺灣總督府公文類纂」（明治二十八年，甲種永久保存）第三卷第二門官歸官職地二號，臺北地方舊清國各衙門名稱及組織，知縣衙門（淡水縣廳）。

造報等事項。

一、禮房：負責承辦科學考及會試及書院之相關事宜，鄉賢之舉
　　　　報，節孝之建坊旌表，國家慶典之例行，賢良名宦之
　　　　入祠配祀，神佛及春秋之祭祀，朔望之行香，志書之修
　　　　纂，晴雨之祈禱，卹嫠、育嬰相關事宜等事項。

一、兵房：負責承辦武科考相關事宜，縣屬驛站、海防開山、「撫
　　　　番」相關事務，海口船隻出入之管理與檢查，罌粟之禁
　　　　種，與額設班役、班館相關事宜等事項。

一、刑房：負責承辦縣轄內總簽首、簽首、總理、地保之任命，
　　　　代書之考試，命盜、搶劫、戶婚、田土、錢債等各種大
　　　　小民刑訴訟案，重罪犯罪刑之執行，土惡訴棍之嚴拏，
　　　　會盟結黨、賭博、宰牛之嚴禁，滅倫、奸拐及相驗案件
　　　　之報部，民人之械鬥，土匪之豎旗反政府、戕官陷城等
　　　　事件，罪犯之造報，監獄、班館、自新館之相關事務，
　　　　官員開參、處分造報等事務。

一、工房：負責承辦城池、衙署、廟宇、營房、軍壘、砲臺、倉
　　　　庫、道路、橋樑、港潭、海岸、池塘等之建設與修護，鑄
　　　　戶牌照之發給，供修理城垣所設田園租息之管理等事項。

一、庫房：負責承辦官莊、魚塭、當餉、爐餉、廊餉之徵收，新
　　　　舊任知縣交接之際庫款之接管，外國人旅遊之保護，與
　　　　外人相關之訴訟案件之造報，縣庫出納之造報，兵糧之
　　　　支給與配運等事項。

一、承發房：負責承辦衙門間文書往來之收發，人民呈詞之收
　　　　件，公告之揭示等事項。

一、值堂房：從事知縣或發審視員坐堂時之翻譯工作。

一、招房：從事口供之記錄[64]。

64　前引《安平縣雜記》，頁九一、九四~九六；前引《臺南縣誌第二編》，頁六八~七三；
　　前引《臺灣總督府公文類纂》（明治二十八年，甲種永久保存）第三卷第二門官規職第
　　二號，臺北地方舊清國各衙門名稱及組織，知縣衙門（淡水縣廳）；前引舊雲林縣制度

　　如前述表 2-7 可見臺灣建省後，各知縣之下皆設有若干輔助官，以協助各知縣處理各該縣之縣務，其中宜蘭、彰化、雲林、嘉義和鳳山五縣分別在頭圍、南投（光緒十八年移駐鹿港）、林圯埔（光緒十九年設）、笨港和下淡水地方各設有縣丞一員[65]。縣丞官秩為正八品，係各該縣之佐貳官[66]，蓋縣丞之職務與知縣相當接近，縣丞負責掌理糧馬、征稅、戶籍和緝捕等事項[67]，如知縣公出時，縣丞可代理知縣負責驗屍或驗傷，足見其地位僅次於知縣[68]。縣丞署內依編制皆攢典一人和差役若干人（雲林縣林圯埔縣丞署裡設皂隸三人、馬快三人、門子一人、書記三人）協助縣丞處理事務。[69]

　　由前列表 2-7 可知，其時全臺除恆春外，各縣均設有縣儒學，其間歷史較長的縣即嘉義、安平、鳳山、彰化和淡水縣，其縣儒學設一名教諭主持，新近設縣或設縣時間不比前述各縣早的宜蘭、新竹、苗栗和雲林縣，其縣儒學設一名訓導主持，而新設之臺灣縣則比較特別，其縣儒學裡設教諭、訓導各一名。儒學署皆設在縣治，教諭之官秩為正八品，訓導之官秩為從八品。各縣學官之職掌：在歲、科考時，負責編造學生名冊表報，擔任考場監試工作；平時應為生員每月

考」，頁一四~一五；前引《新竹縣制度考》，頁一~二。有關臺灣建省後，知縣衙門各房職掌之記載，以上述五種資料比較詳細，而以《安平縣雜記》所記的最為詳細，雖則就內容而言大同小異。所謂小異，例如關於代書之考試事項《安平縣雜記》記為由刑房經辦（該書，頁九一），而《臺南縣誌第二編》記為由承發房辦理。又、有關知縣衙門八房之職掌，前引《新竹縣制度考》和《舊雲林縣制度考》記載得頗為簡明扼要。《新竹縣制度考》在〈新竹縣衙門組織〉裡載說：「一、另設八房，幫辦衙門中各事。一吏房，管理鄉紳丁憂、起服、在外省做官各事。一、戶房，管理糧、戶等稅各事。一、禮房，管理歷代皇上喜慶辰期並考試、烈女、節婦、祭神等事。一、兵房，管理兵差並考試各事情。一、刑房，管理枷殺賊盜刑獄等事。一、工房，管理起蓋衙門，修理倉庫各事。一、承發房，應辦所有公文信札，皆由此房掛號分發各房轉辦。一、堂事房，應辦傳錄口供堂諭等事。」

65　前引《臺灣通志》，頁三四〇、三四一。前引《舊雲林縣制度考》，頁七。

66　前引《清國行政法》，第一卷下，頁五四、一八九。

67　前引《清史》，第二冊，頁一三九四。

68　崑岡《欽定大清會典》新文豐出版公司影印（臺北市，民國六十九年），卷五五，頁七，總頁五八二。

69　前引《欽定大清會典事例》，卷一四九，頁一八；前引《舊雲林縣制度考》，頁十六。又、當時各該縣丞署內，究竟設有哪些差役和多少差役，除雲林縣外，目前尚無資料可查。

考課一次，講學一次；學政來時，將試題抄呈學政；此外尚須參與文
廟祀典。質言之，各縣學官須負責掌理各該縣之學務[70]。學署內皆設攢
典一人（見表 2-7），此外尚設置若干名差役供學官差遣。即新竹縣設
齋夫、門斗、膳夫各一名；苗栗僅設齋夫一名；安平縣設齋夫三名、
門斗三名、膳夫二名[71]。其餘各縣究設哪些和多少差役，尚無文獻可
據，不過以新竹、苗栗、安平三縣的情形看來，則或可推測嘉義、鳳
山、彰化三縣所設之差役類和差役數可能和安平相同，蓋自乾隆嘉慶
以來，這四縣儒學所設差役皆相同之故（見表 2-1、表 2-3、表 2-6），
而所剩的其他各縣係較新近才設的縣，該等縣學之差役或許另有新的
編制，以致可能與歷史較久的各縣學差役有所不同的。

　　典史在清代和縣制度裡是相當重要的職官，因此通常知縣之下都
設有典史，當然也有例外的時候，例如光緒元年恆春設知縣時，就沒
設典史，一直到臺灣建省之後才添設典史，已如前述，茲不贅言。臺
灣建省之後，各知縣下皆設有典史（見表 2-7）。典史官秩為未入流[72]，
其職掌，一般為「典守獄囚，緝捕盜賊」，但知縣下如未設縣丞或主簿
者，由典史兼理縣丞和主簿之業務[73]。根據《新竹縣制度考》載說：

> 新竹設一捕廳長，管理監獄等事；如有逃獄，係捕廳責任。遇
> 大事，則縣官下鄉辦斷。若遇小事，則委捕廳代行下鄉辦事並
> 收呈。其餘田產各事，係縣官當堂訊問。[74]

另據《安平縣雜記》載說：

> 安平縣典史，秩未入流；職任緝捕盜賊，兼管縣獄。凡獄犯越

70　前引《清史》，第二冊，頁一三九五；前引《安平縣雜記》，頁九七，劉兆璸《清代科
　　舉》，臺北市，東大圖書有限公司，民國六十六年，頁二四；劉德美〈清代地方學官制
　　度〉，國立臺灣師範大學歷史研究所碩士論文，民國六十四年，頁十四~二四。

71　前引《新竹縣志初稿》頁七九；前引《苗栗縣志》，頁六四；前引《安平縣雜記》，頁
　　九八。

72　前引《清國行政法》，第一卷下，頁一八九；前引《安平縣雜記》，頁九八；前引《恆
　　春縣志》，頁六七、七七。

73　前引《恆春縣志》，頁六七，文孚「欽定六部處分則例」，「近代史料」，第三四輯，
　　第三三二種，第二冊，頁八八六、九一三。前引《清史》，頁一三九四。

74　前引《新竹縣制度考》，頁二。

　　　　獄脫逃，有參革之責。除大武壠巡檢所轄地方外，應轄地方遇
　　　　命、盜重案，亦有開參處分之責。大目降莊牛墟，亦歸管理；
　　　　後裁。本縣屬糖廊，稽查土匪，遇縣憲忙之時，或委令相驗命
　　　　盜，代收呈詞、審訊案件及辦差事務。[75]

則知典史平常之要務為辦理獄務和緝捕盜匪，不過也兼管其他雜務，
如管理牛墟等事。由於無縣丞、主簿時典史可兼理丞簿之職，因此知
縣不僅會委派典史，負責辦差，下鄉辦理小案，受理呈詞；甚會令典
史代為相驗命盜，審訊案件。由此顯見典史雖為未入流之微員，但其
權責卻相當的重。典史署雖與知縣衙門同在縣治，但在知縣衙門之
外，捕盜又為其要務，因此稱之為捕廳或捕盜廳[76]。捕廳亦皆設攢典一
名（參見前表 2-7）差役若干名，以協助典史處理業務。依目前所知；
新竹縣、苗栗縣和安平縣之典史署皆各設門子一名、皂隸四名、馬夫
一名，惟安平縣典史署除上列諸差役外，尚設有四名民壯[77]。上列三縣
典史署所設差役，除安平縣多設民壯外，其餘皆相同，因此其他各縣
之典史署，所設之差役種類和數目，很可能與新竹、苗栗縣典史署相
同或與安平縣典史署相同[78]。

　　福建臺灣省成立後，各知縣之下或設有巡檢，或未設巡檢，其中苗
栗、臺灣、嘉義、安平和鳳山縣，分別於大甲、葫蘆墩、鹽水港、大
武壠和枋寮地方皆各設巡檢一員（參見表 2-7）。巡檢官秩為從九品[79]，
負責稽查地方，即捕拏盜賊，盤詰奸宄皆其職責所在[80]。又、《安平縣
雜記》載說：

　　　　安嘉大武壠巡檢（道光年間新設）秩從九品；職任緝捕盜賊。
　　　　轄下民間細故，將案申訊奪。灣裡街義塾及牛墟，亦由管理

75　前引《安平縣雜記》，頁九八。
76　前引《臺南縣誌第二編》頁六四。
77　同註七十一。
78　依本人所探討得知，傳統上臺灣典史署內差役不是設門子一名、皂隸四名、馬夫一名，
　　就是除此之外增加設民壯四名（參見表二—一、表二—三、表二—六），因此做如是之
　　推測。
79　前引《清國行政法》，第一卷下，頁一八九；前引《安平縣雜記》，頁九九。
80　前引《清史》，第二冊，頁一三九五。

（又轄下地方命、盜重案，有開參處分之責）。[81]

則知巡檢之主要職責在於維護地方治安，其工作內容雷同現代的警察業務。同時由此段記載，一方面令人了解巡檢也兼管一些如義塾、牛墟等雜務；另一方面說明道光年間所建立的兩知縣共管同一巡檢的制度，在臺灣建省後還存在。其時各巡檢署與典史署一樣皆設一名攢典（如表 2-7）和若干名差役協助巡檢處理業務。依目前所知：苗栗縣大甲巡檢署內設皂隸二名、民壯四名、弓兵十八名[82]。至於臺灣縣之葫蘆墩、嘉義縣之佳里興、鳳山之枋寮三巡檢署，可能各都至少設皂隸二名、弓兵十八名，而很可能除此之外尚各都有民壯四名[83]。

　　前述各節已將清代臺灣各個時代縣的組織體系及該體系各衙門的組織職掌和正式編制員額等分別予以探討。經此一探討，吾等認識到以下若干現象。就全臺縣這個文職機關整個體系而言，從康熙二十三年（西元一六八四年）起至光緒二十一年（西元一八九五年）臺灣割讓給日本為止，其間有的時代幾乎沒有變動。例如康熙二十三年至康熙末年（西元一七二一年），將近半個世紀，全臺縣及其以下之文職機關組織職掌和正式編制員額幾乎無所變動，又如雍正末年（西元一七三五年）至乾隆二十三年（西元一七五七年）的二十二年間、乾隆三十二年至五十二年的二十年間、乾隆五十五年至嘉慶十四年（西元一八〇九年）的十九年間、道光二十八年（西元一八四八年）至同治七年（西元一八六八年）的二十年間的這幾個時代，全臺之縣及其以下之文職機關執掌和編制也皆幾乎無所變動。上述以外的時代，在知縣及其以下的文職機關數、組織管轄區、衙門地點、差役編制員額等，或多或少有所變動，尤其是以雍正九年至十二年，乾隆二十六年、嘉慶年間、道光年間、光緒元年和光緒十三年的變動為大。以上所指出

81　前引《安平縣雜記》，頁九九。

82　前引《苗栗縣志》，頁六四；前引《安平縣雜記》，頁九九。

83　依本人的探討則知臺灣巡檢署傳統上差役皂隸一名、弓兵十八名，或加設民壯四名（參見本論文表二─一、表二─三、表二─六），然而目前有資料可循的大甲和大武壠巡檢署皆有民壯之設置，因此做如是之推論。

的「不變」與「變」是就知縣及其附屬機關之增減或改設，編制員額
的增減等的角度而言的。

　　如果將個別的縣或其附屬機關抽離出來檢視，也就是說將上述各
個「不變」與「變」的時代的縣抽離出來做同一時代或不同時代的縣
之間或知縣輔助機關之間（即指縣丞與縣丞、儒學與儒學、典史與典
史、巡檢與巡檢之間）的比較，則發現各個時代之間無多大差異或沒
什麼改變。換言之，將個別的縣或其附屬機關抽離出來相較時，發現
同一時代與不同時代或同時代的不同地點的知縣和其附屬機關，各自
的組織和職掌雷同。質言之，清代臺灣知縣及其附屬機關，如果說在
不同的時代有所演變的話，那僅止於數量的改變，頂多可以說是視統
治上或管理上的需要而做一些調整（如增減或改設知縣、縣丞、教
官、巡檢等）顯然屬於技術層面的運用而已，並非制度性或結構性的
改變，當然也有極少部分屬於制度性的變革的，例如道光年間所出現
的嘉義縣丞可管轄彰化縣的海豐港，同一縣丞或同一巡檢受兩個知縣
共同管轄的此等變革，可視為制度性的變革。如此吾等或許可以說清
代臺灣知縣制度的演變是機關數量的變而非性質的變，因此清代臺灣
各知縣間與其說有時間差異性，不如說是有空間差異性：如雍正元年
（西元一七二三年）彰化縣設縣時，其組織為設知縣、教諭、典史各
一員，與當時的臺灣、鳳山、諸羅三縣的組織不同，而一百五十餘年
後，即光緒四年（西元一八七八年）淡水縣成立時，其組織與彰化縣
成立時相同，卻與光緒初年成立的宜蘭縣、恆春縣及當時既已成立的
嘉義、鳳山等縣不同的此一現象足資說明。

　　再者，清代臺灣知縣制度經過兩百多年的發展，其出現過的知縣
佐貳和屬官只有縣丞、教諭、訓導、巡檢和典史，至於中國大陸有些
縣的佐貳和屬官，如主簿、驛丞、閘官、稅課大使、醫學、陰陽學、
僧會和道會等官員，在臺灣都未曾出現過[84]。

84　前引《清國行政法》，第一卷下，頁五四；劉子揚《清代地方關制考》，北京，紫禁城
　　出版社，一九八八年，頁一一○～一一四；張德澤《清代國家機關考略》，北京，中國人

三、縣之經費分配與官役待遇

（一）康熙年間縣之經費分配與官役待遇

滿清消滅延平郡王國後，即在臺設一臺灣府，府下轄臺灣、鳳山和諸羅三縣。為推行各縣之業務，必須存留經費於各縣以供各項措施之用。據蔣毓英《臺灣府志》載說：

> 臺灣縣：本縣知縣一員俸銀二十七兩四錢九分……薪銀三十六兩（照例歲扣充餉銀一十八兩四錢九分）實給湊薪銀一十七兩五錢一分，……門子、皂隸、馬快、燈夫、轎傘扇夫、禁卒、庫子、倉斗級、民壯等役共一百零三名，總計實給工食銀六百三十四兩六錢；縣丞一員俸銀二十四兩三錢一厘……薪銀二十四兩（奉歲扣充餉銀八兩三錢二厘）實給湊俸銀一十五兩六錢九分八厘，……門子、皂隸、馬夫等役共六名，總計實給工食銀三十七兩二錢；典史一員俸銀一十九兩五錢二分……薪銀一十二兩，……門子、皂隸、馬夫等役共六名，總計實給工食銀三十七兩二錢；新港巡檢司巡檢一員俸銀一十九兩五錢二分……薪銀一十二兩……，澎湖巡檢司巡檢一員俸銀一十九兩五錢二分……薪銀一十二兩……，皂隸、弓兵四十名總計實給工食銀九十兩五錢二分；舖司兵十二名，共計實給工食銀一百零八兩三錢二分三厘三毫二絲四忽八微。[85]

則知滿清領臺之初，臺灣縣存留經費中官員俸薪銀為一百七十九兩五錢六分，差役工食銀為九百一十一兩八錢五分三厘二毫四絲，合計為一千零九十一兩四錢一分三厘二毫。此外臺灣縣存留經費尚有：進表紙張銀三兩，新官到任祭品銀一兩九錢二分，府學聖廟香燈銀二兩五錢二分，縣學聖廟香燈銀二兩五錢二分，府縣二學、各廟壇春秋二祭銀二百三十二兩，拜賀救護香燭銀六錢，修理兩學（臺灣府學和臺灣縣學）文廟及各廟壇銀四十兩，修理倉監銀二十兩，迎春禮銀九兩，

鄉飲銀十五兩三分,祈禱晴雨銀三兩,恤孤老衣布銀一百兩,濟孤貧糧銀一百七十四兩五錢八分一厘九毫七絲二忽,囚犯口糧銀三十兩,以上合計為六百三十四兩一錢七分一厘九毫七絲三忽[86]。質言之,臺灣縣設縣之初,存留經費共有一千七百二十五兩五錢八分五厘一毫,其間人事費佔六三‧二五%,其餘各項共佔三六‧七五%。當時臺灣縣官役之待遇為:每年知縣俸薪銀四十五兩、縣丞俸薪銀四十兩、典史、巡檢俸薪銀皆為三十一兩五錢二分。差役之門子、皂隸、馬快、燈夫、轎傘扇夫、禁卒、庫子、倉斗級、民壯皆每名每年支給工食銀六兩二錢,弓兵每名每年支給工食銀一兩八錢二分五厘五毫五絲[87],舖司兵每名每年支給工食銀九兩零二分七厘七毫七絲。

　　清康熙年間,鳳山縣設縣之初,存留經費中,官員俸薪銀為一百零八兩零四分,差役工食銀為九百一十八兩九錢六分二厘九毫,合計一千零二十七兩零二厘九毫,其餘各項存留經費合計為四百七十七兩四錢三分二厘零八絲六忽[88],全縣各項存留經費總共為一千五百零四兩四錢三分四厘九毫,其中人事費佔存留經費總額的六八‧二七%,其餘各項存留經費共佔三一‧七三%。此時鳳山縣官役之待遇,除舖司兵每名每年支給工食銀七兩零六錢七厘九毫六絲,低於臺灣縣外,其餘皆與臺灣縣相同。

　　諸羅縣設縣之初,存留經費中,官員俸祿薪銀為一百零八兩零四分,差役工食銀為一千一百九十四兩六錢一分三厘三毫,合計為一千三百零二兩六錢五分三厘三毫,其餘各項存留經費合計為三百九十七兩六錢一分四厘零三絲[89],共計全縣各項存留經費總額為一千七百兩二錢六分七厘二毫,其中官員俸薪和差役工食銀之類的人事費,合佔存

86　同前,頁一八一~一八三。該書,頁一八一載「聖廟香燈銀一兩五錢二分」中「一兩」乃「二兩」之誤,此比對同書,第一七九頁第八、九行即可查知。

87　前引《蔣志》,《府志三種》,上冊,頁一七四~一七五與康熙三十五年《高志》《府志三種》,上冊,頁七五六~七五八、七六〇~七六一相比對,推算出弓兵每名每年支給之工食銀額。

88　同前《蔣志》,《府志三種》,上冊,頁一七五~一七七、一八三~一八五。

89　同前,頁一七七~一七九、一八六~一八八。

留經費總額的七六‧六一％，其餘各項存留經費共佔二三‧三九％。至於諸羅縣此時官役之待遇，則與鳳山縣相同。

　　由前述的探討，可知滿清在臺所設之臺灣、鳳山、諸羅三縣，在其設縣之初，各縣之人事費佔各該縣存留經費總額中的比率，顯然比前一章任何一廳都來得低。上述三縣在滿清初領臺時的存留經費，其分配情形，詳如下表 3-1、3-2。

　　由表 3-1、3-2，看得出滿清領臺之初，臺灣雖為尚未充分開發的新領地，但清廷並未存留大筆建設經費給各縣，各縣存留經費，均是官員俸薪和差役工食之類的人事費佔最高比率，其次為社會救濟費，再次為文教祀典費，末為建設費。其實當時所存留的建設費是屬消極的維修既有的公共建築，如府學、縣學、廟壇、倉監等的修理，並非存留做為積極的公共建設之用。

表 3-1　滿清初領臺時臺鳳諸三縣存留經費各項分配情形表

經費別	經費額／百分比	諸羅縣			鳳山縣			臺灣縣		
官員薪俸	知縣俸薪銀	45	2.65%		45	2.99%		45	2.61%	
	縣丞俸薪銀							40	2.32%	
	典史俸薪銀	31.52	1.85%		31.52	2.1%		31.52	1.83%	
	新港巡檢俸薪							31.52	1.83%	
	下淡水巡檢俸薪				31.52	2.1%				
	佳里興巡檢俸薪	31.52	1.85%							
	澎湖巡檢俸薪			6.35%			7.18%	31.52	1.83%	10.41%
差役工食銀	知縣署差役工食銀	638.6	37.56%		638.6	42.45%		638.6	37.01%	
	縣丞署差役工食銀							37.2	2.16%	
	典史署差役工食銀	37.2	2.19%		37.2	2.47%		37.2	2.16%	
	巡檢司差役工食銀	45.26	2.66%		45.26	3.01%		90.52	5.25%	
	舖司兵	473.55332	27.85%	70.26%	197.9029	13.15%	61.08%	108.33324	6.28%	52.84%
行政庶務	進表紙張銀	2.5289821	0.15%		2.5289821	0.17%		3	0.17%	
	新官到任祭品銀	1.92	0.11%		1.92	0.13%		1.92	0.11%	
	囚犯口糧	20	1.18%	1.44%	20	1.33%	1.63%	30	1.74%	2.02%
文教祀典銀	府學聖廟香燈銀							2.52	0.15%	
	縣學聖廟香燈銀	2.52	0.15%		2.52	0.17%		2.52	0.15%	
	府縣學廟壇春秋祭	148	8.7%		148	9.84%		232	13.44%	
	拜賀救護香燭銀	0.6	0.04%		0.6	0.04%		0.6	0.03%	
	迎春禮銀	2	0.12%		2	0.13%		9	0.52%	
	祈禱晴雨銀	1.2	0.07%		1	0.07%		3	0.17%	
	鄉飲銀	6	0.35%	9.43%	6	0.4%	10.64%	15.03	0.87%	15.34%
建設	修理府縣學廟壇	12.357	0.73%		11.357	0.75%		40	2.32%	
	修理倉監銀	20	1.18%	1.9%	20	1.33%	2.08%	20	1.16%	3.48%
救濟	恤孤貧衣布銀	73.0158	4.29%		95.238	6.33%		100	5.8%	
	濟孤貧月糧銀	127.472256	7.5%	11.79%	166.268106	11.05%	17.38%	174.581973	10.12%	15.91%
合計		1700.2672	100%	100%	1504.4349	100%	100%	1725.5851	100%	100%

備註：1. 經費額單位為兩。2. 每名差役之年俸遇為：舖司兵臺灣縣為9.0278兩，鳳山諸羅縣皆為7.068兩，三縣弓兵皆為1.825兩，其餘各種差役三縣皆為6.2兩。

資料來源：蔣毓英《臺灣府志》，中華書局影印《臺灣府志三種》，上冊，頁172-188。

表 3-2　滿清初領臺時臺鳳諸三縣存留經費分類分配情形表

經費額 百分比 縣別 經費別	諸　羅　縣		鳳　山　縣		臺　灣　縣	
官　員　俸　薪　銀	108.04	6.35%	108.04	7.18%	179.56	10.41%
差　役　工　食　銀	1194.6133	70.26%	918.9629	61.08%	911.85324	52.84%
行　政　庶　務　費	24.44898	1.44%	24.44898	1.63%	34.92	2.02%
文　教　祀　典　費	160.32	9.43%	160.12	10.64%	264.67	15.34%
公　共　建　設　費	32.357	1.9%	31.357	2.08%	60	3.48%
社　會　救　濟　費	200.48805	11.79%	261.5061	17.38%	274.58197	15.91%
合　　　　　計	1700.2672	100%	1504.4349	100%	1725.5851	100%
備　　　　　註	1. 經費額單位為兩 2. 資料來源：同表3—1					

　　康熙二十六年（西元一六八七年），臺灣各縣教諭到任[90]，此後臺灣、鳳山、諸羅三縣將會增加存留經費，乃自然之事。根據高拱乾《臺灣府志》的記載，不僅可知臺鳳諸三縣有儒學之存留經費，且知，截至康熙三十五年，臺鳳諸三縣每年存留經費的分配情形和官役的待遇狀況。即在這期間臺灣縣知縣、縣丞、典史、巡檢的俸薪與以前相同，教諭一員每年之俸薪為三十一兩五錢二分，合計全縣每年需存留官員俸薪銀二百一十一兩零八分；差役之門子、皂隸、馬快、燈夫、轎傘扇夫、禁卒、庫子、斗級、馬夫、民壯每名每年支給之工食銀與以前相同，皆為六兩二錢，弓兵與以前相同皆為一兩八錢二分五厘五毫五絲，舖司兵每名每年支給工食銀，也與以前幾乎完全相同為九兩零二分七厘八毫（最初為九兩零二分七厘七毫七絲），儒學齋夫、門斗每名每年支給工食銀六兩二錢、膳夫六兩六錢六分六厘六毫六絲五忽，合計全縣每年存留差役工食銀九百六十二兩三錢八分六厘九毫

90　前引《高志》，《府志三種》，上冊，頁五四一。在康熙二十六年以前可能尚未存留儒　　學教諭及其差役和廩生等所需費用，否則首任臺灣知府蔣毓英所編之《臺灣府志》內理　　應會記載儒學等各項相關存留經費。

八絲；廩生一十名，每名每年支給廩糧銀二兩八錢九分三厘三毫三絲，共支二十八兩九錢三分三厘三毫；進表用紙張銀三兩，臺灣府聖廟香燈銀二兩五錢二分，臺灣縣聖廟香燈銀二兩五錢二分，府縣學各廟壇祠春秋二祭銀二百三十二兩，鄉飲酒銀一十五兩零三分，慶賀救護銀香燭銀六錢，祈禱晴雨香燭銀三兩，修理府縣學文廟壇祠銀四十兩，恤孤貧衣布銀一百兩，支給孤民月糧銀一百七十四銀五錢八分一厘九毫七絲三忽，囚犯銀三十兩，新中進士、舉人、貢生旗匾銀四兩五錢八分三厘三毫三絲，會試舉人盤費三十兩，上列各費自進表用紙張銀以下共計存留經費六百三十七兩八錢三分五厘三毫[91]。於此總計康熙二十六年以後截至三十五年止，臺灣縣每年存留經費為一千八百四十兩二錢三分五厘四毫，比設縣之初時增加一百一十四兩六錢五分零三毫，即增加了六・六四％。在此存留經費中，官員俸薪和差役工食銀佔存留經費總額的六三・七七％，廩糧銀佔一・五七％，其餘各項存留經費佔三四・六六％。如將官員俸薪差役工食銀歸為人事費，進表用紙張費、囚犯銀歸為行政庶務費；府縣學聖廟香燭銀、各廟壇春秋二祭銀、進士舉人貢生旗匾銀、會試舉人盤費、廩生凜糧銀、鄉飲酒銀、祈禱晴雨香燭銀、慶賀救護香燭銀、歸為文教祀點費；修理府縣學文廟壇祠銀歸為建設費；恤孤貧衣布月糧銀歸為社會救濟類，則其各類所佔之百分比分別為：人事費六三・二七％、行政庶務一・七九％、文教祀典一七・三四％、建設二・一七％、社會救濟一四・九二％。

　　鳳山縣在康熙二十六年起截至康熙三十五年時，其知縣、典史、巡檢之俸薪與設縣之初時相同，即知縣年支給四十五兩，典史、巡檢皆年各支給三十一兩五錢二分，於康熙二十六年到任之教諭每年俸薪銀三十一兩五錢二分，合計全縣每年需存留官員俸薪銀一百三十九兩五錢六分；差役之工食銀，弓兵每名每年之工食銀為一兩八錢二分五厘五毫五絲，舖司兵每名每年支給之金額與設縣之初時幾乎相同，每

91　同前，頁七五〇～七六二。原文教諭俸銀三十一兩二錢五分乃誤，將同書頁七三八、七四九加以比對即可查出應為三十一兩五錢二分才對。

名為七兩零六錢八厘，儒學膳夫每名每年支給六兩六錢六分六厘六毫六絲，其餘各種差役每名每年支給工食銀也與以前同為六兩二錢，合計全縣每年存留差役工食銀九百六十九兩四錢九分七厘三毫三絲[92]；其餘各項存留經費合計為五百一十七兩二錢二分八厘七毫一絲[93]。鳳山縣總計全年存留經費有一千六百二十六兩二錢八分六厘，比設縣之初增加一百二十一兩八錢五分一厘一毫，增加了八‧一％。在此存留經費中，人事費、行政庶務費、文教祀典費、建設費、救濟費所佔百分比，分別為六八‧二％、一‧三九％、一三‧六四％、○‧七％、一六‧○八％。

諸羅縣在康熙二十六年以後，也增加了儒學方面的存留經費，對整個存留經費的分配比例也起了變化。根據高拱乾《臺灣府志》的記載，截至康熙三十五年，知縣、典史、巡檢之年俸與設縣之初時相同，即知縣每年支給四十五兩，典史、巡檢皆每年各支給三十一兩五錢二分，於康熙二十六年到任之教諭，其俸薪銀為每年三十一兩五錢二分，合計全縣每年需存留官員俸薪銀一百三十九兩五錢六分；差役之工食銀每名支給金額皆與鳳山縣同，合計全縣每年存留差役工食銀一千二百四十五兩一錢四分九厘三毫[94]；其餘各項存留經費為四百五十六兩二錢一分零六毫六絲[95]。諸羅縣全年總共存留經費一千八百四十兩

92　同前，頁七六二~七七○、七七三~七七四。

93　官員俸薪銀和差役工食銀以外的存留經費包括：進表用紙張銀二兩五錢二分八厘九毫米八絲二忽一微、聖廟香燭銀二兩五錢二分、各廟壇祠春秋二祭銀一百四十八兩、鄉飲酒銀六兩、慶賀救護銀六錢、祈晴禱雨銀一兩二錢、修理文廟及各廟壇祠銀一十兩三錢五分七厘、進士舉人貢生旗匾銀四兩五錢八分三厘三毫三絲、會試舉人盤費銀三十兩、廩糧銀二十八兩九錢三分三厘三毫、恤孤貧衣布銀九十五兩二錢三分八厘、孤貧月糧銀一百六十六兩二錢六分八厘一毫零六忽、囚犯月糧銀二十兩等項（前引《高志》，《府志三種》，上冊，頁七七○~七七三）。上文中，「廟壇祠銀一十兩三錢五分七厘」乃誤，如將同書頁七四一、七五九、七八四之修理廟壇銀條相比對就可查出應是十一兩三錢五分七厘才對。

94　同前，頁七七四~七八三、七八六~七八七。

95　諸羅縣之官員俸薪銀和差役工食銀以外的存留經費，除恤孤貧衣布銀七十三兩零一分五厘八毫和孤貧月糧一百二十七兩四錢七分二厘二毫五絲六忽二者與鳳山縣不同外，其餘各項不論是內容或是金額，皆與鳳山縣的相同（前引《高志》，《府志三種》，上冊，頁七八三~七八五）。又《高志》諸羅縣存留經費中漏列「鄉飲酒銀六兩」，此從其原書

九錢一分九厘九毫，比設縣之初增加一百四十兩六錢五分二厘七毫，增加了八・二七％。在此存留經費中，人事費、行政庶務費、文教祀典費、建設費、救濟費所佔百分比，分別為七五・二二％、一・二二％、一二・○五％、○・六二％、一○・八九％。

　　以上所述臺灣、鳳山、諸羅三縣之官役待遇和存留經費使用分配之項目和金額，一直持續到康熙末年都幾乎完全無所改變96。於茲將康熙二十六年至康熙末年臺灣、鳳山、諸羅三縣之存留經費分配情形列如表 3-3。

　　總額和各分項統計恰好差六兩，及與其他文獻相比對即可查知。

96　將前引《高志》，《府志三種》，上冊，頁七四四~七八七，與康熙五十一年周元文纂之《周志》（按此書內容記載志康熙五十七年），《臺文叢》，第六六種，頁一九五~二○九，康熙五十九年陳文達纂《臺灣縣志》，《臺文叢》，第一○三種，頁一八九~一九二，康熙五十九年刊，陳文達纂《鳳山縣志》，《臺文叢》，第一二四種，頁七五~七八，康熙五十六年完稿，周鍾瑄主修、陳夢林纂《諸羅縣志》，《臺文叢》，第一四一種，頁一○五~一○八，相比對，其間內容幾乎完全一致，唯一不同的是《高志》記：「鳳山縣……修理文廟城隍社稷無祀等壇祠，銀一十兩三錢五分七厘」（該書，頁七七一~七七二）與《周志》（該書，二○四），陳文達《鳳山縣志》（該書，七七）皆記：「鳳山縣……修理文廟壇祠，銀一十一兩三錢五分七釐」，其間「有一兩」之異。然而以《高志》為誤刻，參見註九十三。

表 3-3　康熙二十六年至康熙末年臺灣鳳山諸羅縣存留經費之分配情形表

經費別	經費別	臺灣縣 經費額	臺灣縣 百分比	臺灣縣別	鳳山縣 經費額	鳳山縣 百分比	鳳山縣別	諸羅縣 經費額	諸羅縣 百分比	諸羅縣別
官員俸薪銀	知縣俸薪	45	2.45%		45	2.77%		45	2.44%	
	縣丞俸薪	40	2.17%							
	教諭俸薪	31.52	1.71%		31.52	1.94		31.52	1.71%	
	新港巡檢俸薪	31.52	1.71%							
	下淡水巡檢俸薪				31.52	1.94				
	佳里興巡檢俸薪							31.52	1.71%	
	澎湖巡檢俸薪	31.52	1.71%							
	典史俸薪	31.52	1.71%	11.47%	31.52	1.94%	8.58%	31.52	1.71%	7.58%
差役工食銀	知縣署差役工食	638.6	34.7%		638.6	39.27%		638.6	34.69%	
	縣丞署差役工食	37.2	2.02%							
	儒學差役工食	50.53333	2.75%		50.53333	3.11%		50.53333	2.75%	
	巡檢司差役工食	90.52	4.92%		45.26	2.78%		45.26	2.46%	
	典史署差役工食	37.2	2.02%		37.2	2.29%		37.2	2.02%	
	舖司兵工食	108.3336589	5.89%	52.3%	197.904	12.17%	59.61%	473.556	25.72%	67.64%
行政庶務	進表紙張銀	3	0.16%		2.5289821	0.16%		2.5289821	0.14%	
	囚犯月糧銀	30	1.63%	1.79%	20	1.23%	1.39%	20	1.09%	1.22%
文教祀典銀	府學聖廟香燈銀	2.52	0.14%							
	縣學聖廟香燈銀	2.52	0.14%		2.52	0.15%		2.52	0.14%	
	府縣學廟壇春秋祭	232	12.61%		148	9.1%		148	8.04%	
	鄉飲銀	15.03	0.82%		6	0.37%		6	0.33%	
	慶賀救護銀	0.6	0.03%		0.6	0.04%		0.6	0.03%	
	祈晴禱雨銀	3	0.16%		1.2	0.07%		1.2	0.07%	
	廩糧銀	28.9333	1.57%		28.9333	1.78%		28.9333	1.57%	
	進士舉人貢生旗匾	4.58333	0.25%		4.58333	0.28%		4.58333	0.25%	
	會試舉人盤費	30	1.63%	17.34%	30	1.84%	13.64%	30	1.63%	12.05%
建設	修理府縣學廟壇祠	40	2.17%	2.17	11.357	0.7%	0.7%	11.357	0.62%	0.62%
救濟	恤孤貧衣布銀	100	5.43%		95.238	5.86%		73.0158	3.97%	
	濟孤貧月糧銀	174.581973	9.49%	14.92%	166.268106	10.22%	16.08%	127.472256	6.93%	10.89%
合計		1840.2354	100%	100%	1626.286	100%	100%	1840.9199	100%	100%

備註：1.經費額單位為兩。2.每名差役之年待遇為：舖司兵臺灣縣為9.0278兩，鳳山諸羅縣為7.068兩，三縣弓兵皆為1.825兩，膳夫三縣皆為6.66666兩，其餘各種差役三縣皆為6.2兩。

資料來源：高拱乾《臺灣府志》，中華書局影印《臺灣府志三種》，上冊，頁 744-787；周元文《重修臺灣府志》，頁 195-209；陳文達《臺灣縣志》，頁 189-193，陳文達《鳳山縣志》，頁 75-78；周鍾瑄《諸羅縣志》，頁 105。

（二）雍正乾隆年間縣之經費分配與官役待遇

雍正元年（西元一七二三年）滿清在諸羅縣虎尾溪以北，大甲溪

以南增設彰化縣。彰化設縣後，設知縣、教諭和典史各一員。根據劉良璧《重修福建臺灣府志》載說：

> 彰化縣……知縣俸銀二十七兩四錢九分……，薪湊俸銀十七兩五錢一分……。門子二名……實給銀一十二兩四錢；皂隸一十六名……實給銀九十九兩二錢；轎傘扇夫七名……實給銀四十三兩四錢；馬快八名……實給銀四十九兩六錢；禁卒八名……實給銀四十九兩六錢；庫子四名……實給銀二十四兩八錢；斗級四名……實給銀二十四兩八錢；民壯五十名……實給銀三百一十兩（奉文裁）。[97]

同書接著載說：

> 本縣儒學教諭俸銀四十兩（按乾隆元年以前俸銀三十一兩五錢二分）、訓導四十兩，共銀八十兩。齋夫三名……實給銀一十八兩六錢；廩生一十名……，共銀二十八兩九錢三分三釐三毫；膳夫二名……，共給銀一十三兩三錢三分三釐三毫三絲；門斗三名……，實給銀一十八兩六錢。[98]

同書又載說：

> 本縣典史俸銀一十九兩五錢二分……，薪湊俸銀一十二兩……。門子一名，……實給銀二十四兩八錢；馬夫一名，……實給六兩二錢；民壯四名，……實給二十四兩八錢……。本縣鋪司兵一十八名，實給銀一百二十七兩二錢二分四釐。[99]

由上則知雍正元年彰化設縣時，知縣、教諭、典史之俸薪與康熙末年時臺灣、鳳山、諸羅三縣的相同，分別為年支給四十五兩、三十一兩五錢二分、三十一兩五錢二分。差役之工食銀：鋪司兵與鳳山、諸羅

---

97 前引《劉志》，《臺文叢》，頁二三七～二三八。彰化縣與其他各縣同於雍正十一年裁撤民壯（參見本文貳之二）。

98 前引《劉志》，頁二三八。彰化訓導設於雍正十一年（同書，頁三四九）。乾隆元年教諭俸銀調為年給四十兩（同書，頁二三〇、二三五）。

99 同前，頁二三八～二三九、二四〇。

二縣的相同，每名每年支給之金額為七兩零六分八厘，其他各種差役每名每年支給之金額與臺灣、鳳山、諸羅三縣的相同，均為六兩二錢，不過膳夫為六兩六錢六分六厘六毫六絲五忽，也與臺、鳳、諸三縣的相同。同時由上可知彰化縣每年需存留官員俸薪銀一百零八兩零四分，差役工食銀八百五十三兩五錢五分七厘三毫三絲。此外尚需存留進表用紙張銀二兩五錢二分八厘九毫八絲二忽一微、縣學聖廟香燈銀二兩五錢二分、各廟壇祠春秋二祭銀一百四十八兩、鄉飲酒銀六兩、慶賀救護香燭銀六錢、祈禱晴雨香燭銀一兩二錢、修理縣各廟壇祠銀一十一兩三錢五分七厘、廩生廩糧銀二十八兩九錢三分三厘三毫、進士舉人貢生旗匾銀四兩五錢八分三厘三毫三絲、會試舉人盤費銀三十兩、存恤孤貧衣布銀七十三兩零一分五厘八毫、孤貧月糧銀一百二十七兩四錢七分二厘二毫五絲六忽、囚犯口糧銀二十兩，上述自進表用紙張銀以下各項存留經費共計四百五十六兩二錢一分零六毫六絲（此數與康熙時代之諸羅縣一樣，參見前例表三—三）[100]。彰化縣當時每年需存留經費總共一千四百一十七兩八錢零七厘九毫，其中官員俸薪佔七‧六二％，差役工食銀佔六〇‧二％，行政庶務費（進表紙張銀、囚犯口糧銀）佔一‧五九％，文教祀典費（縣學香燈、春秋二祭、鄉飲、慶賀救護、祈禱晴雨、廩糧、旗匾、盤費等銀）佔一五‧六五％、建設費（修理各廟壇祠銀）佔〇‧八％、救濟費（恤孤貧布衣月糧銀）佔一四‧一四％。彰化縣設縣之初，人事費（官俸和工食銀）與其他各縣同為比率最高的存留經費，佔該縣的存留經費的六七‧八二％，而既有之廟壇祠修理費，事屬消極性之建設費，也不過不及一％，因此其建設經費嚴格的說，可以視為零。彰化縣如上之存留經費分配情形和官役待遇，可能一直持續到雍正朝中葉。

　　雍正中葉以前，臺灣、鳳山、諸羅三縣之存留經費使用分配項目

100　同前頁二三九~二四〇。同書頁二三九內之「一年三次致祭關帝廟祭品銀一十八兩」未列入計算，蓋同書，頁二二五中提到「關帝廟祭品銀」之存留，係始於乾隆三年之故。又、此書有關彰化縣之存留經費中不論是知縣內、儒學署或典史署之官役存留經費，或其他存留經費，除多一項關帝廟祭品銀外，其他都與康熙末年的諸羅縣同，因之將《劉志》所記彰化情形視為雍正元年之彰化。

和金額，以及官役之待遇，與康熙二十六年以來一直幾乎相同[101]。但自雍正七年以後，臺、鳳、諸、彰四縣的存留經費，尤其是官員之待遇，有相當大的變動，首先要提的是雍正中葉以後，各知縣、縣丞、巡檢和典史除支給俸薪銀，還加發養廉銀[102]，其實情為：臺灣縣知縣每年加發養廉銀一千兩（相當於原俸薪的二十二倍有餘），鳳山、諸羅、彰化三縣知縣每年各加發養廉銀八百兩（約相當於原俸薪的十七・八倍），縣丞每名每年加發養廉銀二十兩（等於原俸薪的○・五倍），巡檢、典史每名每年皆各加發養廉銀二十兩（相當於原俸薪的○・六三倍）[103]。其次是雍正九年和十一年，清廷對臺灣廳縣之輔助機關和差役做了相當的調整，即雍正九年時，鳳山縣和諸羅縣各增設一縣丞、彰化縣增設兩巡檢，雍正十一年臺、鳳、諸、彰四縣之儒學各添設一名訓導（皆與教諭共食一俸），並裁汰各縣民壯五十名，共裁二百名〔參見本文二之（二）〕[104]。

乾隆元年（西元一七三六年）起取消縣學教諭、訓導共食一俸的制度，均照各員的品級給與全俸，即教諭、訓導每年均支給俸薪銀四十兩[105]。乾隆三年時臺、鳳、諸、彰四縣皆奉命，將支給孤貧口糧每名每月銀二錢三分零九毫二絲八忽，改為支給三錢[106]。

迨至乾隆八年時臺、鳳、諸、彰四縣之存留經費分配情形和官役待遇狀況，已與雍正中葉及其以前有相當大的差異。即臺灣縣知縣年給俸薪銀四十五兩、養廉銀一千兩，縣丞年給俸薪銀四十兩、養廉銀

101 乾隆六年完稿，劉良璧纂《劉志》，卷八戶役志，存留經費門，頁二二一~二四○，與乾隆三十五年高拱乾《高志》，卷五賦役志，存留經費門，《府志三種》，上冊，頁七四四~七八七，康熙五十年周元文纂《周志》，頁一九五~二○九，康熙五十九年陳文達纂《臺灣縣志》，頁一八九~一九二，康熙五十年陳文達纂《鳳山縣志》，頁七五~七八，康熙五十六完稿，周鍾瑄《諸羅縣志》，頁一○五~一○八，相比對，發現劉氏著府志中，有關雍正中葉以前之內容與其他各志之內容幾乎完全一致，因之做如是之推測。

102 澎湖通判自雍正七年開始支領養廉銀（前引，胡建偉《澎湖紀略》，頁五四），因此推測其他廳縣也是如此。

103 前引《范志》，《臺文叢》，頁二三九~二四○。

104 雍正十一年，雖臺、鳳、諸、彰四縣皆添設一訓導，但皆與各該縣之教諭同食一俸，因此各縣儒學之存留經費並未增加。前引《劉志》，頁二二四、二三○、二三五。

105 同前。

106 同前，頁二二七、二三一、二三七、二四○。

四十兩，教諭、訓導年各給俸薪銀四十兩，巡檢、典史年各給俸薪銀三十一兩五錢二分、養廉銀四十兩[107]，合計全縣年需存留官員俸薪養廉銀一千三百四十八兩零四分；差役每名每年支給工食銀之金額，門子、皂隸、轎傘扇夫、馬快、燈夫、禁卒、庫子、斗級、齋夫、門斗、馬夫、民壯與以前相同，皆為六兩二錢，膳夫與以前一樣為六兩六錢六分六厘六毫六絲五忽，弓兵與以前相同為一兩八錢二分五厘五毫五絲五忽，舖司兵舊轄十二名每名每年支給金額也與以前一樣為九兩零二分七厘八毫零四忽，新管新港舖司兵四名，每名每年支給七兩零六分八厘，縣丞署之民壯每名每年支給一十二兩，合計全縣需存留差役工食銀七百五十六兩一錢九分八厘九毫八絲；其他存留經費有進表用紙張銀三兩，囚犯口糧銀三十兩，府學聖廟香燈銀二兩五錢二分，縣學聖廟香燈銀二兩五錢二分，各廟壇祠春秋二祭銀二百三十二兩，一年三次祭關帝祭品銀二十四兩，鄉飲酒銀一十五兩零三分，慶賀救護銀六錢、祈禱晴雨銀三兩，修理府縣各廟壇祠銀四十兩、廩糧銀二十八兩九錢三分三厘三毫、進士舉人貢生旗匾銀八兩零八分三厘三毫三絲，會試舉人盤費三十兩，恤孤貧衣布銀一百兩，孤貧月糧銀二百六十兩八錢[108]，自進表紙張銀以下各項合計存留經費七百八十兩四錢八分六厘六毫三絲。乾隆八年以後，臺灣縣每年存留經費共計二千八百八十四兩七錢二分五厘五毫，比康熙末年增加一千零四十四兩四錢九分零一毫，增加了五六・七六％。存留經費總額中，官員俸薪養廉銀佔四六・七三％、差役工食銀佔二六・二一％、行政庶務費（進表紙張銀、囚犯口糧）佔一・一四％、文教祀典費（府縣聖廟香燈、春秋二祭、鄉飲、慶賀救護、祈禱晴雨、廩糧、旗匾、盤費等）佔一二・○二％、公共建設費佔一・三九％、救濟費佔一二・五一％。此時臺灣縣存留經費仍然以人事費（官員俸薪養廉銀與差役工食銀）所佔比率最高，達七二・九四％，以建設費為最低，佔一・三九％。

　　鳳山縣知縣年支給俸薪銀四十五兩、養廉銀八百兩，縣丞年支給俸薪銀四十兩、養廉銀四十兩，教諭、訓導年各給俸薪銀四十兩，巡

107　前引《范志》，頁一○○、二三九；前引《劉志》，頁二二三、二二四、二二五。
108　同前，頁二二三～二三七。

檢、典史年各給俸薪銀三十一兩五錢二分、養廉銀四十兩[109]，合計全縣年需存留官員俸薪養廉銀一千一百四十八零四分；差役每名每年支給工食銀之金額，膳夫與以前一樣為六兩六錢六分六厘六毫六絲五忽，弓兵與以前相同為一兩八錢二分五厘五毫五絲五忽，舖司兵與以前一樣為七兩零六分八厘，其餘如門子、皂隸等各種差役，皆與以前相同為六兩二錢，合計全縣需存留差役工食銀七百七十一兩零九分七厘三毫三絲；其他存留經費有進表用紙張銀二兩五錢二分八厘九毫八絲二忽一微，囚犯口糧銀二十兩，縣學聖廟香燈二兩五錢二分，各廟壇祠春秋二祭銀一百四十八兩，一年三次致祭關帝廟祭品銀一十八兩，鄉飲酒銀六兩，慶賀救護銀六錢，祈禱晴雨銀一兩二錢，修理各廟壇祠理一十一兩三錢五分七厘，廩糧銀二十八兩九錢三分三厘三毫，進士舉人貢生旗匾銀四兩五錢八分三厘三毫三絲，會試舉人盤費三十兩，恤孤貧衣布銀九十五兩二錢三分八厘，孤貧月糧銀二百一十六兩[110]，自進表紙張銀以下各項合計存留經費五百八十四兩九錢六分零六毫一絲。現將前述官員俸薪養廉銀、差役工食銀及其他各項銀兩合計，則知乾隆八年以後，鳳山縣存留經費總共有二千五百零四兩零九分七厘九毫，比康熙末年增加八百七十七兩八錢一分一厘九毫，增加了五三‧九八％。存留經費總額中官員俸薪養廉銀佔四五‧八五％、差役工食銀佔三〇‧七九％、行政庶務費（本項及下列各項之歸類依據與臺灣縣同）、文教祀典費、建設費及救濟費，分別各佔〇‧九％、九‧五八％、〇‧四五％、一二‧四三％。由是足見鳳山縣存留經費也是以人事費（官員俸薪養廉銀和差役工食銀）佔最高比率，達七六‧六四％，比臺灣縣的還要高，以建設費所佔之比率為最低，僅僅佔〇‧四五％而已。

　　由文獻資料加以統計發現，諸羅縣之官役待遇水準和官役編制員額（除舖司兵諸羅縣四十二名、鳳山縣二十八名，員額不同外）都與鳳山縣一樣，其存留經費方面，在項目內容上也與鳳山縣幾乎完全相同，金額方面因舖司兵人數不同，救恤孤貧口數不同而有所差異。即

109　前引《范志》，頁二三九、二四〇；前引《劉志》，頁二二九、二三〇、二三一。
110　前引《劉志》，頁二三一～二三二。

諸羅縣在乾隆八年以後，每年需存留官員俸薪養廉銀一千一百四十八
兩零四分、差役工食銀八百七十兩零四分九厘三毫三絲、行政庶務費
（本項及下列各項之歸類依據與臺灣縣相同）二十二兩五錢二分八厘
九毫八絲二忽一微、文教祀典費二百三十九兩八錢三分六厘六毫三
絲、建設費一十一兩三錢五分七厘、救濟費二百三十八兩六錢一分五
厘八毫[111]，合計全年存留經費總額為二千五百三十一兩四錢二分七厘
六毫。此時諸羅縣存留經費總額比康熙末年時增加了六百八十九兩五
錢零七厘七毫，增加三七‧四五％，而前列官員俸薪養廉銀、差役工
食銀、行政庶務費、文教祀典費、建設費、救濟費，各分別佔存留經
費總額的四五‧三七％、三四‧三八％、〇‧八九％、九‧四八％、
〇‧四五％、九‧四三％。諸羅縣存留經費中也和以往及其他縣一樣是
人事費（支給官役之費用）佔最高比率，佔七九‧七五％，建設費也
是最低，僅佔〇‧四五％而已。

　　建縣不久的彰化縣，在乾隆八年時，官役之待遇（彰化縣舖司兵
工食銀每名每年支給七兩零六分八錢，與鳳山縣和諸羅縣相同）和各
衙門之官役編制員額（除舖司兵彰化縣十八名、臺灣縣十六名、鳳山
縣二十八名、諸羅縣四十二名和彰化縣知縣衙門未設燈夫等員額不同
外）都與臺、鳳、諸三縣相同，只是彰化未設縣丞而多一巡檢司而
已。至於存留經費分配情形，在項目內容和金額上都與諸羅縣相同，
但由於彰化舖司兵的人數和諸羅縣不同，加上又比諸羅縣少一縣丞，
而多一巡檢司，因此在存留經費之分配和總額等方面就呈現出與諸羅
縣有所不同了。彰化縣每年需存留官員俸薪銀一千一百三十九兩五錢
六分，差役工食銀六百三十四兩零七分七厘三毫三絲[112]、行政庶務費
（本項及下列各項歸類依據與臺灣縣相同）二十二兩五錢二分八厘九
毫八絲二忽一微、文教祀典費二百三十九兩八錢三分六厘六毫三絲、
建設費一十一兩三錢五分七厘、救濟費二百三十八兩六錢一分五厘八
毫[113]，合計全年存留經費總額為二千二百八十五兩九錢七分五厘六

111 前引《范志》，頁二三九、二四〇；前引《劉志》，頁二三三~二三七。
112 前引《范志》，頁二三九、二四〇；前引《劉志》，頁二三七~二三九。
113 鳳山、諸羅、彰化三縣有關文教祀典等方面之存留經費，不論是項目內容或其金額都相
　　同，只是貧孤救恤費鳳山縣與諸羅、彰化縣不同而已（《劉志》，頁二三一~二三二、二

毫。此時彰化縣之存留經費總額，較其雍正元年設縣時增加八百六十八兩一錢六分七厘七毫，增加了六一‧二三％，而前列官員俸薪養廉銀、差役工食銀、行政庶務費、文教祀典費、建設費及救濟費，各分別佔存留經費總額的四九‧八五％、二七‧七四％、〇‧九九％、一〇‧四九％、〇‧五％、一〇‧四四％。彰化縣存留經費中也與以往及其他三縣一樣，以人事費所佔比率最高，即佔七七‧五九％，同樣的其建設費也最低，僅佔〇‧五％。

　　於茲將乾隆八年時，前述四縣各項存留將經費分類分配情形列如下表 3-4。

表 3-4　乾隆八年臺鳳諸彰四縣存留經費分類分配情形

經費額 百分比 縣別 ＼ 經費別	彰化縣		諸羅縣		鳳山縣		臺灣縣	
官員俸薪銀	1139.56	49.85%	1148.04	45.37%	1148.04	45.85%	1348.04	46.73%
差役工食銀	634.07733	27.74%	870.04933	34.38%	771.09733	30.79%	756.19898	26.21%
行政庶務費	22.528982	0.99%	22.528962	0.89%	22.528962	0.9%	33	1.14%
文教祀典費	239.83663	10.49%	239.83663	9.48%	239.83663	9.58%	346.68663	12.02%
公共建設費	11.357	0.5%	11.357	0.45%	11.357	0.45%	40	1.39%
社會救濟費	238.6158	10.44%	238.6158	9.43%	311.238	12.43%	360.8	12.51%
合計	2285.9756	100%	2530.4276	100%	2504.0979	100%	2884.7255	100%
備註	1. 經費銀單位為兩。 2. 資料來源：「范志」，頁239-240；「劉志」，頁223-240。							

　　乾隆初年之後，截至乾隆二十三年，臺灣在知縣及其以下之各級文職機關的官員和差役之待遇及其編制員額，幾乎未曾調整，只是大約在乾隆十年左右，裁汰各知縣衙門之燈夫而已。乾隆二十四年，於彰化縣南投地方增設一縣丞，縣丞署內設門子一名、皂隸四名、馬夫一名、民壯八名，供縣丞差遣。乾隆二十六年臺灣縣裁新港巡檢，諸羅縣增設斗六門巡檢一員。乾隆三十一年，於各知縣衙門恢復設民壯，各設四十名〔以上參見本文二之（二）〕。因此至乾隆三十一年

三六~二三七、二三九~二四〇）。

時，雖然各官役之待遇及各種衙門之官役編制員額（除增設民壯外）
無所調整，但因衙門的增與添，致使各縣存留經費之分配呈現變動的
現象。不過需要一提的是，各縣非屬人事經費之其他存留經費，除乾
隆十一年臺灣縣各廟壇祠春秋二祭銀裁減三十五兩八錢，及乾隆十九
年裁減臺灣縣孤貧衣布銀六十六兩一錢七分二厘八毫、孤貧月糧三兩
六錢、鳳山縣孤貧衣布銀裁減六十二兩五錢零二厘、彰化縣裁減口
糧，衣布銀四十七兩九錢一分八厘，乾隆二十妮年廢進表紙張銀外，
仍然沒有變動[114]。茲將乾隆三十二年時，各縣存留經費之分配情形列
如表 3-5、3-6、3-7，以便了解當時各縣存留經費分配的實際狀況。

---

114 前引《余志》，《臺文叢》，第一二一種，頁二八八、二八九、二九三、二九七、三〇
一。

表 3-5　乾隆三十二年臺灣鳳山二縣存留經費分配情形表

經費別	項目	鳳山縣 經費額	百分比	縣別百分比	臺灣縣 經費額	百分比	縣別百分比
官員俸薪養廉銀	知縣俸薪養廉銀	845	31.74%		1045	37.31%	
	縣丞俸薪養廉銀	80	3		80	2.86	
	儒學教諭俸薪銀	40	1.5		40	1.43	
	儒學訓導俸薪銀	40	1.5		40	1.43	
	典史俸薪養廉銀	71.52	2.69		71.52	2.55	
	巡檢俸薪養廉銀	71.52	2.69	43.12%			45.57%
差役工食銀	知縣署差役工食銀	551.8	20.73		551.8	19.7	
	縣丞署差役工食銀	86.8	3.26		86.8	3.1	
	儒學差役工食銀	50.533	1.9		50.533	1.8	
	典史署差役工食銀	62	2.33		62	2.21	
	巡檢司差役工食銀	45.26	1.7				
	鋪司兵工食銀	197.904	7.43	37.35	136.605	4.88	31.69
行政	囚犯口糧	20	0.75	0.75	30	1.07	1.07
文教祀典銀	府學聖廟香燈銀				2.52	0.09	
	縣學聖廟香燈銀	2.52	0.09		2.52	0.09	
	各廟壇祠春秋祭銀	148	5.56		196.2	7	
	關帝廟祭品銀	18	0.68		24	0.86	
	鄉飲酒銀	6	0.23		15.03	0.54	
	慶賀救護香燭銀	0.6	0.02		0.6	0.02	
	祈晴禱雨銀	1.2	0.05		3	0.11	
	廩糧銀	28.933	1.09		28.933	1.03	
	進士舉人貢生旗匾	4.583	0.17		7.08	0.25	
	會試舉人盤費	30	1.13	9.01	30	1.07	11.06
救濟	恤孤貧衣布銀	32.736	1.23		33.827	1.21	
	濟孤貧月糧銀	216	8.11	9.34	223.2	7.97	9.18
建設	修理府縣學廟壇祠	11.357	0.43	0.43	40	1.43	1.43
合計		2662.266	100%	100%	2801.168	100%	100%

備註：1. 經費額之單位為兩。　2. 各縣新設民壯40名之工食銀計算在內。
3. 資料來源：「余志」，頁290-306。

表 3-6　乾隆三十二年諸羅彰化二縣存留經費分配情形表

經費別	經費類別	彰	化	縣	諸	羅	縣
官員俸薪養廉銀	知縣俸薪養廉銀	845	31.88%		845	29.46%	
	縣丞俸薪養廉銀	80	3.02		80	2.79	
	儒學教諭俸薪銀	40	1.51		40	1.4	
	儒學訓導俸薪銀	40	1.51		40	1.4	
	典史俸薪養廉銀	71.52	2.7		71.52	2.49	
	巡檢俸薪養廉銀	71.52*2	5.4	46.02%	71.52*2	4.99	42.52%
差役工食銀	知縣署差役工食銀	551.8	20.82		551.8	19.24	
	縣丞署差役工食銀	86.8	3.28		86.8	3.03	
	儒學差役工食銀	50.533	1.91		50.533	1.76	
	典史署差役工食銀	62	2.34		62	2.16	
	巡檢司差役工食銀	90.52	3.42		90.52	3.16	
	舖司兵工食銀	127.224	4.8	36.56	296.356	10.35	39.7
行政	囚犯口糧	20	0.75	0.75	20	0.7	0.7
文教祀典銀	縣學聖廟香燈銀	2.52	0.1		2.52	0.09	
	各廟壇祠春秋祭銀	148	5.58		148	5.16	
	關帝廟祭品銀	18	0.68		18	0.63	
	鄉飲酒銀	6	0.23		6	0.21	
	慶賀救護香燭銀	0.6	0.02		0.6	0.02	
	祈晴禱雨銀	1.2	0.05		1.2	0.04	
	廩糧銀	28.933	1.09		28.933	1.01	
	進士舉人貢生旗匾	4.583	0.17		4.583	0.16	
	會試舉人盤費	30	1.13	9.05	30	1.05	8.36
救濟	恤孤貧衣布銀	73.015	2.75		73.015	2.55	
	濟孤貧月糧銀	117.682	4.44	7.2	165.6	5.77	8.32
建設	修理府縣學廟壇祠	11.357	0.43	0.43	11.357	0.4	0.4
合　計		2650.327	100%	100%	2867.877	100%	100%

備註：
1. 經費額之單位為兩。　2. 各縣新設民壯40名之工食銀計算在內。
2. 資料來源：同表三一五。

表 3-7　乾隆三十二年臺鳳諸彰四縣存留經費分類分配情形表

經費額百分比縣別 經費別	彰　化　縣		諸　羅　縣		鳳　山　縣		臺　灣　縣	
官　員　俸　薪　銀	1219.56	46.02%	1219.56	42.52%	1148.04	43.12%	1276.52	45.57%
差　役　工　食　銀	968.877	36.56%	1138.509	39.7%	994.297	37.35%	887.738	31.69%
行　政　庶　務　費	20	0.75%	20	0.7%	20	0.75%	30	1.07%
文　教　祀　典　費	239.836	9.05%	239.836	8.36%	239.836	9.01%	309.883	11.06%
公　共　建　設　費	11.357	0.43%	11.357	0.4%	11.357	0.43%	40	1.43%
社　會　救　濟　費	190.697	7.2%	238.615	8.32%	248.736	9.34%	257.027	9.18%
合　　　　　　計	2650.327	100%	2867.877	100%	2662.266	100%	2801.168	100%
備　　　　　　註	1. 經費額單位為兩。2. 各縣新設民壯40名之工食銀計算在內。 3. 資料來源：同表三一五。							

　　乾隆三十一年以後，二十餘年，臺灣知縣及其以下之文職機關，無任何調整。乾隆五十一年臺灣發生林爽文事件，翌年清廷以諸羅城內百姓助滿清官軍守城，事屬急公好義，乃將諸羅縣改稱嘉義縣。乾隆五十三年和五十四年清廷將知縣下之縣丞和巡檢等文職機關做了局部性的調整，其結果是嘉義縣增設一斗六門縣丞，原斗六門巡檢司移駐嘉義縣之大武壠，臺灣縣裁撤羅漢門縣丞，將之改設為巡檢，而鳳山縣和彰化縣沒有增加或裁撤機關〔參見本文二之（二）〕。如此一來，臺灣縣和嘉義縣的存留經費就呈變動的現象。臺灣縣存留之官員俸薪養廉銀由一千二百七十六兩五錢二分減為一千二百六十八兩零四分，存留之差役工食銀由八百八十七兩七錢三分八厘減為八百七十一兩零六厘，而其他非人事費之各項存留經費則無所調整，因此臺灣縣此時存留經費總額為二千七百七十五兩九錢五分六厘，僅比以前少了二十五兩二錢一分二厘[115]。嘉義縣存留之官員俸薪養廉銀由一千二百

115 縣丞之俸薪養廉銀一年為銀八十兩，巡檢之俸薪養廉銀一年為七十一兩五錢二分，縣丞署之差役工食銀每年需支給八十六兩八錢，改為巡檢後年需支給差役工食銀七十兩零六分八錢。參見謝金鑾《續修臺灣縣志》，頁八三~八五。

一十九兩五錢六分增為一千二百二十五兩三錢零九厘，因此嘉義縣此時之存留經費總額為三千零三十四兩六錢七分七厘，比以前增加了一百六十六兩八錢[116]。茲將乾隆五十四年以後，臺灣、鳳山、嘉義、彰化四縣之存留經費分配情形，依類統計列如表 3-8。

表 3-8　乾隆五十五年臺鳳嘉彰四縣存留經費分類分配情形表

經費額 百分比 縣別 / 經費別	彰　化　縣		嘉　義　縣		鳳　山　縣		臺　灣　縣	
官　員　俸　薪　銀	1219.56	46.02%	1299.56	42.82%	1148.04	43.12%	1268.04	45.68%
差　役　工　食　銀	968.877	36.56%	1125.309	40.38%	994.297	37.35%	871.006	31.38%
行　政　庶　務　費	20	0.75%	20	0.66%	20	0.75%	30	1.08%
文　教　祀　典　費	239.836	9.05%	239.836	7.9%	239.836	9.01%	309.883	11.16%
公　共　建　設　費	11.357	0.43%	11.357	0.37%	11.357	0.43%	40	1.44%
社　會　救　濟　費	190.697	7.2%	238.615	7.86%	248.736	9.34%	257.027	9.26%
合　　　　　計	2650.327	100%	3034.677	100%	2662.266	100%	2775.956	100%
備　　　　　註	1. 經費額單位為兩。 2. 本表係依據表三一七及參考謝金鑾「續修臺灣縣志」，頁83-85之資料製成。另參見本章附註115、116。							

（三）嘉慶至同治年間縣之經費分配與官役待遇

乾隆五十年（西元一七九〇年）代中葉，滿清在臺灣之官治組織未曾變動，因此臺灣各縣官役之待遇和存留經費，理應無所變動[117]。但在嘉慶十五年、二十一年和二十二年，清廷對臺灣臺灣官治組織略

116　由嘉慶十二年完稿之謝金鑾《續修臺灣縣志》可知臺灣縣不論是知縣或縣丞等官員和差役之待遇或其員額之編制，自乾隆三十二年至嘉慶十二年均未見改變（該書，頁八三〜八四），因此推測嘉義縣縣丞乾隆五十四年時之官役待遇和員額與乾隆三十二年以來相同。用此估算出其存留經費，再推測出嘉義縣存留經費之總額。

117　乾隆五十五年至嘉慶十五年，臺灣官治組織沒有變動（詳見「史聯雜誌」第二十二期，拙著「清代臺灣廳縣之建置與調整」），另外據前引謝金鑾《續修臺灣縣志》第八三〜八四頁，發現自乾隆五十五年至嘉慶十二年間，臺灣之官役待遇和存留經費（除於嘉慶七年增列文昌祠祭品銀十六兩外）亦未變動，因此做如是之推測。

做調整，分別將羅漢門巡檢移到番薯寮，在噶瑪蘭設通判，將鹿港巡
檢移駐大甲，將彰化縣學訓導分駐竹塹〔參見本文二之（三）〕。另外
在嘉慶十六年，各縣廩生員額都增加五名。再者，在這段期間，各知
縣衙門民壯增設四名，即每縣民壯由四十名增為四十四名，但裁各縣
典史署內四名民壯，因此各縣民壯無增減，只有臺灣縣在巡檢司多設
了四名民壯。舖司兵方面，此段期間也有些變化。即臺灣縣減為十二
名，嘉義縣增為四十六名[118]。由於上述些微的調整，雖然各級官員和各
種差役之待遇仍然沒有調整[119]，可是各縣存留經費各項之比重，因之
引些微的變動現象。

　　由於嘉慶十五年至二十二年間，臺灣官治組織的調整幅度不大，
官役待遇又沒有調整，加上根據《臺灣府賦役冊》載說：

　　臺灣縣……應支存留各項款下……一、應支經費項下……一、
　　應支發項下……本府聖廟香燈銀二兩五錢二分；本縣聖廟香燭
　　銀二兩五錢二分；春秋二祭府縣學、啟聖公文廟、山川社稷邑
　　屬等壇祠一百九十六兩二錢；又加關帝廟祭品二十四兩；嘉慶
　　七年，奉文添給文昌祠祭品銀一十六兩；鄉飲二次銀一十五兩
　　三分；習儀、拜賀、救護香燭銀六錢；祈晴禱雨謝神香燭銀三
　　兩；修理府、縣學、文廟、城隍、社稷等壇祠銀四十兩；存恤
　　孤貧布衣、月糧銀……實給銀二百八兩四錢九厘，又加給孤貧
　　口糧……實加給銀六十三兩四錢九分八厘；囚犯月糧銀三十
　　兩……新中舉人花紅旗匾銀一兩三錢三分三厘；會試舉人盤費
　　銀三十兩；進士花幣旗匾銀二兩；府學歲貢生員旗匾銀二兩五

---

118 《臺灣府賦役冊》《臺文叢》，第一三九種，頁二八、二九、三○、四三、四四、五六、五
　　七、七一、七三。又前引嘉慶十二年完稿之謝金鑾《續修臺灣縣志》載：「知縣……門子二
　　名、皂隸十六名……。民壯十四名，……」（該書，頁八三），道光二年刊《臺灣府賦役
　　冊》載各縣設民壯四十四名（該書，頁二八雖載民壯十四，係漏刻「四」字所致。其餘頁四
　　三、五五、七一皆載民壯四十四名）由是可知在嘉慶十五年至二十四年（《臺灣府賦役冊》
　　所載年限至嘉慶二十四年）間，清廷將臺灣各縣民壯調為四十四名。

119 截至嘉慶二十四年，各級官員俸薪銀和各種差役工食銀依然沒有調整。即每年俸薪知縣
　　四十五兩，縣丞、教諭、訓導四十兩，巡檢、典史三十一兩五錢二分；每名每年差役工
　　食銀，舖司兵臺灣縣九兩零二分七厘八毫、鳳山、嘉義、彰化三縣的皆為七兩零六分八
　　厘，膳夫皆為六兩六錢六分六厘五毫，其餘各種差役，四縣皆一樣為六兩二錢（《臺灣
　　府賦役冊》，頁二八、二九、四二~四三、四四、五五~五六、五七、七一、七三；前引
　　《彰化縣志》，頁一八二~一八三）。

錢；縣學歲貢生員旗匾銀一兩二錢五分；……臺灣縣學廩生一十名，廩糧銀二十八兩九錢三分三厘；……嘉慶十六年，奉文添設臺灣縣學廩生五名，應支廩糧銀一十四兩六分七厘（按漏印「四錢」）。[120]

及據童書內鳳山、嘉義、彰化三縣之「應支支發項下」所載各項存留經費之內容，則知臺灣、鳳山、嘉義和彰化四縣之存留經費中，各項非人事費，在嘉慶二十四年時，除各增加文昌祠祭品銀十六兩，廩糧銀十四兩四錢六分七厘，鳳山、嘉義和彰化縣修理各廟壇祠銀各減二十四兩八錢，孤貧口糧銀臺灣縣多給十四兩八錢八分、鳳山縣多給十四兩三錢九分八厘、彰化縣多給十一兩零四分一厘、嘉義縣少給三十六兩八錢七分七厘外，皆與乾隆三十二年以來相同[121]，因此於茲不再將各縣各項存留經費明細列表，而僅將嘉慶二十四年時，各縣存留經費分類分配情形列如表 3-9，以供參考。

表 3-9　嘉慶二十四年臺鳳嘉彰四縣存留經費分類分配情形表

經費別 ＼ 縣別	彰化縣 經費額	百分比	嘉義縣 經費額	百分比	鳳山縣 經費額	百分比	臺灣縣 經費額	百分比
官員俸薪銀	1108.04	44.42%	1299.56	42.92%	1148.04	42.86%	1268.04	45.4%
差役工食銀	911.713	36.55%	1253.581	41.4%	994.297	37.12%	842.727	30.17%
行政庶務費	20	0.8%	20	0.66%	20	0.75%	30	1.07%
文教祀典費	241.503	9.68%	241.503	7.98%	241.503	9.02%	340.353	12.19%
公共建設費	11.357	0.46%	11.357	0.38%	11.357	0.42%	40	1.43%
社會救濟費	201.738	8.09%	201.738	6.66%	263.134	9.82%	271.907	9.74%
合計	2494.351	100%	3027.739	100%	2678.331	100%	2793.027	100%
備註	1.經費額單位為兩。 2.資料來源：「臺灣府賦役冊」，頁28-30、42-44、55-57、71-73；周璽「彰化縣志」，頁182-183。							

120　前引《臺灣府賦役冊》，頁一七、二七、二八~三〇。又、同書第三〇頁中，「廩糧銀十四兩六分七厘」漏印「四錢」二字，因其他三縣廩生五名既然皆支給廩糧銀十四兩四錢六分七厘，（同書，頁四四、五七、七三），不會獨臺灣縣少支給四錢才是。

121　同前，頁四三~四四、五六~五七、七二~七三。

　　嘉慶朝之後進入道光朝時代，目前有關此一時代，臺灣各縣官員、差役之待遇，以及各縣之各項存留經費的完整資料，以周璽《彰化縣志》所記載內容最為完整，不過也僅記載到道光十四年（西元一八三四年）。

　　根據周璽《彰化縣志》的記載，截至道光十四年，彰化縣官役之待遇與嘉慶時代及其以前並無兩樣：官員每年俸薪養廉銀，知縣為八百四十五兩、縣丞為八十兩、教諭為四十兩、典史和巡檢皆為七十一兩五錢二分；差役每名每年支給工食銀，舖司兵為七兩零六分八厘、弓兵為一兩八錢二分五厘五毫五絲五忽五微、膳夫為六兩六錢六分六厘五毫，其餘如門子、皂隸等各種差役皆為六兩二錢[122]。顯然此時彰化縣官役所需之存留經費，也與嘉慶末年時相近，僅多出三名舖司兵之工食銀二十一兩二錢四厘而已，即此時該縣官役存留經費為九百三十二兩九錢一分七厘。因此似可藉此推測其他各縣之官役待遇及其人事經費所需之存留經費，也與嘉慶末年時相同或相近。根據同書，吾等也認識到，此時彰化縣非人事費之各項存留經費，在內容項目上與嘉慶末年時相同，只是金額上略有不同而已，即此時除有關各廟壇祠春秋二祭銀（包括致祭關帝廟文昌祠祭品銀）比嘉慶末年多出十一兩二錢二分，恤孤貧衣布口糧銀比嘉慶末年少了兩錢外，其餘各項存留經費金額也都與嘉慶末年時相同[123]，因此藉此也推測道光十年左右，其他各縣之人事費之各項存留經費，不論是項目內容或是金額可能與嘉慶末年時極為相近。

　　臺灣在道光前半葉，在文職機關無所增減，官役待遇未經調整的前提下，各縣各項存留經費也沒有什麼變動的假設，似乎藉由《彰化縣志》裡的記載，可以得到證實。基於此，雖然自道光後半葉到同治末年，有關臺灣、鳳山、嘉義和彰化四縣之官役待遇和存留經費的資料及少，但是同樣的藉由從道光前半葉以後經歷咸豐、同治等朝，臺灣之官治組織，如知縣及其輔助機關縣丞、巡減等機關，都未見增減

122 前引《彰化縣志》，頁一八一～一八三。
123 同前，頁一八四。

〔參見本文二之（三）〕，官役待遇也沒有調整的前提下，吾等似也可推測截至同治末年為止，臺鳳諸彰四縣非人事費之各項存留經費之內容和金額可能與道光前半葉，甚至嘉慶末年時的極為接近[124]。

（四）光緒年間縣之經費分配與官役待遇

清同治十三年（西元一八七四年）日犯臺，此事件後清廷對臺灣廳縣做大幅度之調整〔參見本文二之（四）〕。此次調整的結果，北部新設宜蘭、淡水和新竹三縣，南部新設恆春一縣。光緒十一年（西元一八八五年）清廷頒令臺灣建為福建臺灣省，臺灣之文職官治組織也做了一次大幅度的調整〔參見本文二之（四）〕。此次調整的結果，就縣而言，全臺設有宜蘭、淡水、新竹、苗栗、臺灣、彰化、雲林、嘉義、安平、鳳山和恆春等十一縣（參見表 2-7）。就時間而言，光緒時期比雍乾嘉道時代來得接近我們的時代，但有關光緒時代各縣官役之待遇，存留經費之項目內容與金額方面的資料，反而不如雍乾嘉道時代的多。因此關於這一方面的探討，吾等只能先就能把握到資料的若干縣加以探討，藉以幫助吾等了解其他各縣在此一方面的若干面貌。

根據《新竹縣志初稿》載說：

> 光緒四年，改廳為縣，俸薪銀四十五兩。門子二名、皂隸一十六名、馬快八名、轎傘扇夫七名、禁卒八名、民壯四十四名，計九十三名，每名工食銀六兩二錢，計銀五百七十六兩六錢。……舖司兵十二名，計工食、火炬銀八十四兩八錢一分六厘。訓導一員，俸薪四十兩。齋夫一名半，工食銀九兩三錢；門斗一名半，工食銀九兩三錢。……膳夫一名，工食銀六兩六錢六分七厘。典史一員，俸銀三十一兩五錢二分，養廉銀二十兩。門子一名，皂隸四名、馬夫一名，計六名，每名工食銀六

---

124 從道光經歷咸豐乃至同治中葉淡水、澎湖；噶瑪蘭廳之官役待遇和存留經費之分配情形未見調整〔參見《臺灣風物》第四十三卷第二、三期拙著〈清代臺灣廳制史之研究〉〕，到了光緒四年時新竹縣官役之待遇也與以前相同，因此更有理由推測道光末葉至同治末葉，臺灣、鳳山、諸羅、彰化四縣之存留經費項目內容和金額可能與道光前半葉，甚至嘉慶末年時的極相接近。

　　兩二錢，計銀三十七兩二錢。……本縣養廉銀五百兩。[125]

可知光緒四年新成立之新竹縣，在臺灣建省之後，其官員之俸薪與以前其他各知縣的相同，即每年支俸薪額為知縣四十五兩、訓導四十兩、典史三十一兩五錢二分。但知縣和典史之養廉銀，分別降為五百兩和二十兩，該知縣養廉銀比臺灣縣知縣少五百兩，比道咸同時代的鳳山、嘉義、彰化知縣少三百兩，該縣典史養廉銀，比道咸同時代的臺、鳳、嘉、彰四縣之典史少了二十兩。依此統計是時新竹縣年需存留官員俸薪養廉銀為六百三十六兩五錢二分。由上引文同時可知新竹縣此時差役之待遇與以往道咸同時代之臺、鳳、彰等各縣的並無兩樣，即每名每年差役支給工食銀金額為，舖司兵七兩零六分八厘、膳夫六兩六錢六分，其餘各種差役皆為六兩二錢，合計年需存留差役工食銀七百二十三兩八錢八分三厘。此外當時新竹縣非人事費，除新增列誕辰祭品銀、天后宮祭品銀、考棚工料銀三項存留經費外，其餘各項內容都與道咸同時代之其他各縣一樣，其各項存留經費包括：囚糧銀二十兩、縣學聖廟香燈銀二兩五錢二分、各廟壇祠春秋二祭銀一百二十三兩二錢、關帝廟祭品銀十八兩、文昌祠祭品銀十二兩、誕辰祭品銀六兩、天后宮祭品銀十六兩、祈禱晴雨銀一兩二錢、鄉飲銀六兩、習儀慶賀銀六兩、進士舉人貢生旗匾銀三兩九錢五分八厘、會試舉人盤費三十兩、廩糧銀一十一兩五錢七分三厘，歲科考棚工料銀二十二兩二錢二分二厘、各廟壇祠修理銀十一兩三錢五分七厘、孤貧衣布銀二十五兩零九分七厘六毫、恤孤貧口糧銀一百七十六兩六錢四分，合計共四百八十六兩三錢六分七厘六毫[126]。如是則新竹縣建縣以來，每年共需存留經費總額為一千八百四十六兩七錢七分零六毫，其中人事費佔七三・六六％（官員俸薪養廉銀佔三四・四七％、差役工食銀佔三九・二％）、行政庶務費佔一・〇八％、文教祀典費佔一三・七

125　前引《新竹縣志初稿》，頁七八、七九。

126　同前。又、同書，頁七八、七九經費門由知縣俸薪銀至囚糧合計應為一千四百四十六兩七錢七分零六毫，而該書七九頁載為一千三百四十六兩七錢七分零六毫，據《恆春縣志》，第一一九頁載各廟壇祠春秋二祭銀為一百二十三兩二錢，因此《新竹縣志初稿》第七八頁載各廟壇祠春秋二祭銀「二百二十三兩二錢」係「一百二十三兩」之誤。

一％、公共建設費○‧六一％、社會救濟費佔一○‧九二％。由上顯見光緒年間新竹縣之存留經費分配情形，依然極具傳統性，其人事費，仍是各類存留經費中比重最高者，公共建設費仍是比重最低，其金額與雍正年間一直持續下來的十一兩三錢五分七厘相同，而文教祀典費之比重卻破例提昇到超越雍正以來各縣的比率。

　　光緒元年成立之恆春縣，在臺灣建省之後，其官員之俸薪銀與以前其他各縣也相同，即每年官員俸薪額，知縣為四十五兩、典史為三十一兩五錢二分；養廉銀知縣為六百兩典史為二十兩，該知縣養廉銀，比臺灣縣知縣少四百兩，比道咸同時代的鳳山、嘉義、彰化知縣少二百兩，典史養廉銀，比道咸同時代的臺灣、鳳山、嘉義、彰化四縣的點史少了二十兩[127]。依此統計是時恆春縣年需存留官員俸薪養廉銀為六百九十六兩五錢二分。該縣差役待遇，每名每年支給工食銀，舖司兵為七兩零六分八厘，仵作為三兩一錢，其他各種差役皆為六兩二錢[128]，由此可見其差役之待遇除仵作外，與光緒時代以前之鳳、嘉、彰各縣的以及同時代之新竹縣的完全相同。依統計得知，是時恆春縣年需存留差役工食銀共計四百九十兩五錢一分二厘。此外非人事費之各項存留經費，包括文教祀典費一百七十七兩四錢七分八厘（少了康熙以來即有的鄉飲銀，又未列天后宮祭品銀，裁了囚犯的口糧）、公共建設十一兩三錢五分七厘、社會救濟費八十二兩九錢一分二厘，合計為二百七十一兩七錢四分七厘[129]。將前述官員俸薪養廉銀、差役工食銀及其他非人事費合併統計，是時恆春縣每年需存留經費總額為一千四百六十二兩七錢七分九厘，其中人事費佔八一‧四二％（官員俸薪養廉銀佔四七‧六二％、差役工食銀佔三三‧八一％）、文教祀典費佔一二、一三％、公共建設費佔○‧七八％，社會救濟費佔五‧六

---

127 前引《恆春縣志》，頁一一九、一二○。

128 同前。

129 前引《恆春縣志》，頁一一九~一二○內關於文教祀典費、公共建設費和社會救濟費之詳細分項內容為：聖廟香燭銀二兩五錢二分，各廟壇祠春秋二祭銀一百二十三兩二錢，關帝廟祭品銀十八兩，文昌祠祭品銀十二兩，誕辰祭品銀六兩，祈禱晴雨銀一兩二錢，慶賀銀六錢，進士舉人貢生旗匾銀三兩九錢五分八厘，修理各廟壇祠銀十一兩三錢五分七厘，孤貧衣布銀十兩九錢一分二厘。

七％。上述這些數據顯示恆春縣與以往的各縣及同時代的新竹縣一樣，人事費所佔比重為最高，公共建設費也是比重最低。

臺灣建省後，新成立的苗栗縣，其官員每年俸薪銀，知縣為四十五兩、訓導為四十兩、典史和巡檢官為三十一兩五錢二分，與光緒以前的及同時代的各縣相同。官員養廉銀知縣為六百兩（比臺灣知縣少四百兩，比鳳、嘉、彰知縣少二百兩，比同時代的新竹知縣多一百兩，而與同時代的恆春知縣相同），典史和巡檢皆為二十兩，比光緒以前的少二十兩，與同時代之新竹恆春縣相同，計此時苗栗需存留官員俸薪養廉銀共七百八十八兩零四分。差役每名每年支給工食銀，舖司兵為七兩零六分八錢、弓兵為一兩八錢二分五厘五毫五絲、其他各種差役為六兩二錢[130]，可見苗栗縣差役之待遇與道咸同時代之鳳、嘉、彰各縣的相同，和同時代的新竹恆春縣的（不過恆春縣仵作待遇較差，年支給工食銀三兩一錢）皆相同，計是時苗栗年需存留差役工食銀共六百二十九兩六錢七分二厘。至於非人事費之存留經費，苗栗縣僅存留廩糧銀五兩七錢八分六厘和孤貧衣布口糧銀一百九十兩七錢四分三厘六毫[131]。由前述各項合計苗栗縣每年存留經費總額為一千六百一十四兩二錢四分一厘六毫，其中人事費佔八七‧八三％（官員俸薪養廉銀佔四八‧八二％、差役工食銀佔三九‧○一％）、文教祀典費○‧三六％、社會救濟費佔一一‧八二％。依此看來，苗栗縣存留經費分配的情形，雖然仍與光緒以前的各縣及同時代的新竹、恆春縣一樣，以人事費比重為最高。但苗栗存留經費分配情形，尚具有兩大特色，其一是人事費比率之高為自康熙時代以來，各縣之冠，其二是非人事費之存留經費，只存留社會救濟費，此為自康熙以來所僅見。

臺灣建省後，原臺灣縣改稱安平縣。根據《安平縣雜記》所載，可知安平縣每年每名官員俸薪銀和養廉銀的金額。俸薪銀方面，知縣為四十五兩、教諭為四十兩、巡檢和典史皆為三十一兩五錢二分，其俸薪與以前各縣及是時之新竹、恆春、苗栗各縣的相同，養廉銀方

---

130 前引《苗栗縣志》，頁六四。
131 同前。

面，知縣為一千兩，（比光緒時代以前其他各知縣多二百兩，比同時代的新竹知縣多五百兩，比同時代的恆春、苗栗知縣皆多四百兩），巡檢和典史皆為二十兩，比光緒時代以前各縣典史的少二十兩，與同時代之新竹、恆春縣典史的相同[132]，合計安平縣年需存留官員俸薪養廉銀一千一百八十八兩零四分。依該雜記的記載，當時安平縣差役每名每年支給工食銀，舖司兵為九兩零二分七厘八毫、膳夫為六兩六錢六分六厘六毫五絲、弓兵為一兩八錢二分六厘、其他各種差役皆為六兩二錢[133]，上列臺灣縣各種差役之待遇，除舖司兵較以往及同時代各縣的高外，其餘都與以往同時代各縣相同。依該雜記的資料加以統計，則知臺灣縣每年差役存留經費為八百四十二兩七錢三分四厘九毫[134]。至於臺灣縣非人事費之存留經費，實際有多少，礙於資料的限制，無法知道其確切數字。但《安平縣雜記》內「安平縣撥款」門所列項目，只比道咸同乃至嘉慶末年的存留項目少了「修理府縣學文廟城隍社稷等壇祠銀」和「孤貧衣布月糧銀」這兩項」因此是時安平縣非人事費之存留經費可能有三百七十兩三錢五分三厘，其中行政庶務費（囚犯口糧銀）三十兩、文教祀典費三百四十兩三錢五分三厘[135]。如將上述非人事費和官員俸薪養廉銀及差役工食銀，合併計算，則臺灣縣全年存留經費總額為二千四百零一兩一錢二分七厘九毫，其中人事費佔八四‧五八％（官員俸薪養廉銀佔四九‧四八％、差役工食銀佔三五‧一％）、行政庶務費佔一‧二五％、文教祀典費佔一四‧一七％。由此等數據看來，此時安平縣存留經費分配情形，其特色之一是人事費與以往各縣及同時代各縣一樣，是各類經費中比重最高者，其次是文教祀典費所佔比重，雖仍低於康熙時代，但已提昇到超越雍正以來的比率。為便於將光緒時代各縣存留經費分配情形。與以前各時代的各縣存留經費分配情形做比較，茲將臺灣建省後，新竹、苗栗、安平和恆春縣之存留經費分類分配情形列如表 3-10。

---

132 前引《安平縣雜記》頁九一、九七、九八、九九。
133 同前，頁九六、九八、九九。
134 同前。
135 同前，頁七二、七三~七四、九八，前引《臺灣府賦役冊》，頁二八~二九、三〇。

表 3-10 臺灣建省後新竹苗栗安平恆春縣存留經費分類分配情形表

縣別 經費額 百分比 經費別	安 平 縣		恒 春 縣		苗 栗 縣		新 竹 縣	
官 員 俸 薪 銀	1188.04	49.48%	696.52	47.62%	788.04	48.82%	636.52	34.47%
差 役 工 食 銀	842.7349	35.1%	494.512	33.81%	629.672	39.01%	723.883	39.2%
行 政 庶 務 費	30	1.25%					20	1.08%
文 教 祀 典 費	340.353	14.17%	177.478	12.13%	5.786	0.36%	253.273	13.71%
公 共 建 設 費			11.357	0.78%			11.357	0.61%
社 會 救 濟 費			82.912	5.67%	190.7436	11.82%	201.7376	10.92%
合 計	2401.1279	100%	1462.779	100%	1614.2416	100%	1846.7706	100%
備 註	1.經費額單位為兩。2.資料來源：「新竹縣志初稿」，頁78-79；「苗栗縣志」，頁64；「恒春縣志」，頁119-120；「安平縣雜記」，頁73-74、91、96-99；「臺灣府賦役冊」，頁28-29、30。							

　　綜觀前述的討論，則知臺灣在清朝統治的兩百一十二年裡，各縣存留經費中，以人事費所佔的比重最高，其比率都維持在百分之六十三以上。以康熙二十三年（西元一六八四年）至同治十三年（西元一八七四年）的一百九十年為例，對臺灣各縣存留經費分配情形，做整體長時間的觀察分析，吾等將有如下若干現象的發現：即發現人事費在各縣存留經費中所佔的比重，有日漸昇高的趨勢，其間當然也有下降的現象出現；行政庶務費、文教祀典費、公共建設費和社會救濟費，在各縣存留經費中，所佔的比重，有逐漸下降的現象，其間當然也有回昇的現象出現。另外，臺灣在清治的漫長歲月裡，約從乾隆三十年代（西元十八世紀六十年代中葉）至同治末年（西元一八七四年）的一百一十年間，尤其是乾隆三十年代至嘉慶十五年的將近半個世紀裡，各縣的存留經費之分配比重，幾乎呈現停滯不變的局面，此種停滯不變的局面，實令人感到訝異。到了光緒年間因受資料的限制，無法對該時期之各縣存留經費分配情形做分析，不過就現有的資料加以探討，則令人覺得各縣存留經費之分配，仍然跳不出過去的傳統。換言之，光緒時期存留經費之比重仍以人事費為最高，且有跡象

顯示，人事費之比重有比光緒以前更加重的傾向，甚且有些項目已無存留經費，如安平縣的公共建設費、恆春縣的行政庶務費等項目都未列存留經費以供使用，只有新竹縣各類尚有存留經費而已。以上這些現象，請參閱表 3-11。

表 3-11　臺灣清代各縣存留經費分類分配情形表

縣別	年代別	人事費	行政庶務費	文教祀典費	公共建設費	社會教濟費	合計
臺灣縣	康熙 23 年 —25 年	63.25	2.02	15.34	3.48	15.91	100
	康熙 26 年至末年	63.77	1.79	17.34	2.17	14.92	100
	乾隆 8—31 年	72.94	1.14	12.02	1.39	12.51	100
	乾隆 32 年 —54 年	77.26	1.07	11.06	1.43	9.18	100
	乾隆55年至嘉慶15年	77.06	1.08	11.16	1.44	9.26	100
	嘉慶24年至同治13年	75.57	1.07	12.19	1.43	9.74	100
	臺灣建省至清治末年	84.58	1.25	14.17	0	0	100
鳳山縣	康熙 23 年 —25 年	68.26	1.63	10.64	2.08	17.38	100
	康熙 26 年至末年	68.19	1.39	13.64	0.7	16.08	100
	乾隆 8—31 年	76.64	0.9	9.58	0.45	12.43	100
	乾隆 32 年 —54 年	80.47	0.75	9.01	0.43	9.34	100
	乾隆55年至嘉慶15年	80.47	0.75	9.01	0.43	9.34	100
	嘉慶24年至同治末年	79.98	0.75	9.02	0.42	9.82	100
諸羅（嘉義）縣	康熙 23 年 —25 年	76.61	1.44	9.43	1.9	11.79	100
	康熙 26 年至末年	75.22	1.22	12.05	0.62	10.89	100
	乾隆 8—31 年	79.75	0.89	9.48	0.45	9.43	100
	乾隆 32 年 —54 年	82.22	0.7	8.36	0.4	8.32	100
	乾隆55年至嘉慶15年	83.2	0.66	7.9	0.37	7.86	100
	嘉慶24年至同治末年	84.32	0.66	7.98	0.38	6.66	100
彰化縣	乾隆 8—31 年	77.59	0.99	10.49	0.5	10.44	100
	乾隆 32 年 —54 年	82.58	0.75	9.05	0.43	7.2	100
	乾隆55年至嘉慶15年	82.58	0.75	9.05	0.43	7.2	100
	嘉慶24年至同治末年	80.97	0.8	9.68	0.46	8.09	100
新竹	臺灣建省至清治末年	73.67	1.08	13.71	0.61	10.92	100
苗栗	臺灣建省至清治末年	87.83	0	0.36	0	11.82	100
恆春	臺灣建省至清治末年	81.43	0	12.13	0.78	5.67	100

備註：1.乾隆五十二年諸羅縣改稱嘉義縣。2.臺灣縣於臺灣建省後改稱安平縣。　3.本表係依前列表 3-1 至 3-10 所製作而成。

　　現在再就存留經費的項目內容來看，清朝初領臺時所編的各項存
留經費，在康熙二十六年就做了一切調整，裁掉新官到任祭品銀，增
列廩糧銀、會試舉人盤費和進士舉人貢生旗匾銀，此後數十年各縣存
留經費項目無所更動。雍正後半葉各縣官員加給養廉銀，乾隆三年各
縣奉令增關帝廟祭品銀，乾隆二十年裁進表紙張銀。從乾隆二十一年
（西元一七五六年）至同治十三年（西元一八七四年）將近一百二十
年間各縣存留經費項目，除了嘉慶七年增添一項文昌祠祭品銀外，無
所更動，此種近一百二十年不變的現象更是令人驚訝。到了光緒年
間，以臺灣建省以後為例，新竹、苗栗、恆春和安平縣的存留經費項
目已呈現紛歧的現象，這似乎顯示光緒時代臺灣政治制度變動的跡
象，這也許是當時的執事者已在思慮存留經費項目這個問題的一個訊
息。為便於讀者了解臺灣清代各縣存留經費項目變動的情形，於茲將
其列如表 3-12。

表 3-12　臺灣清代各縣存留經費項目變動情形表

存留類別	經費項目存廢	康熙二三|二五年	康熙二六年至末年	乾隆八|三一年	乾隆三二年|五四年	乾隆五五年至嘉慶一五	嘉慶二四年至同治末年	臺灣建省至清治末年 新竹	苗栗	恆春	安平
人事費	官員俸薪銀	✓	✓	✓	✓	✓	✓	✓	✓	✓	✓
	官員養廉銀	×	×	✓	✓	✓	✓	✓	✓	✓	✓
	差役工食銀	✓	✓	✓	✓	✓	✓	✓	✓	✓	✓
行政庶務費	進表紙張銀	✓	✓	✓	✓	×	×	×	×	×	×
	新官到任祭品銀	✓	×	×	×	×	×	×	×	×	×
	囚犯口糧銀	✓	✓	✓	✓	✓	✓	✓	✓	✓	✓
文教祀典費	儒學聖廟香燈銀	✓	✓	✓	✓	✓	✓	✓	✓	✓	✓
	各廟壇祠春秋二祭銀	✓	✓	✓	✓	✓	✓	✓	✓	✓	✓
	關帝廟祭品銀	×	×	✓	✓	✓	✓	✓	✓	✓	✓
	文昌祠祭品銀	×	×	×	✓	✓	✓	✓	✓	✓	✓
	考棚工料銀	×	×	×	×	×	✓	✓	✓	×	×
	誕辰祭品銀	×	×	×	✓	✓	✓	✓	✓	×	×
	天后宮祭品銀	×	×	×	×	✓	✓	✓	×	×	×
	迎春禮銀	✓	✓	✓	✓	✓	✓	×	✓	✓	✓
	習儀慶賀救護香燭銀	✓	✓	✓	✓	✓	✓	✓	✓	✓	✓
	鄉飲酒銀	✓	✓	✓	✓	✓	✓	×	×	✓	✓
	祈禱晴雨香燭銀	✓	✓	✓	✓	✓	✓	✓	✓	✓	✓
	進士舉人貢生旗匾銀	×	×	✓	✓	✓	✓	✓	✓	✓	✓
	廩糧銀	×	✓	✓	✓	✓	✓	✓	✓	×	✓
	會試舉人盤費	×	✓	✓	✓	✓	✓	✓	✓	×	✓
建設費	修理儒學各廟壇祠銀	✓	✓	✓	✓	✓	✓	✓	✓	✓	✓
救濟費	救濟孤貧衣布銀	✓	✓	✓	✓	✓	✓	✓	✓	✓	×
	救濟孤貧月糧銀	✓	✓	✓	✓	✓	✓	✓	✓	✓	×
備註	1.乾隆二十年裁進表紙張銀。　2.文昌祠祭品銀係嘉慶七年增派者。										

　　從前表所列各項存留經費內容看來，明顯可看出臺灣清治時代各縣存留經費中，人事費雖仍佔最大比重，但已比各廳下降許多，同時

看得出各縣已存留一些行政庶務、文教祀典、公共建設和社會救濟所需費用，此為各廳所不及或沒有的現象。雖然如此，可是所存留的經費實在太少，這也就難怪臺灣在整個清代，各縣不論是城池、衙署、校舍、橋樑、津渡設備、灌溉設施、倉庫等的工程建設，墳場、濟弱救貧等的社會福利和社會救濟工作，照樣如同各廳一樣，有賴民間人士官員的捐輸才能推動[136]。另外有一點需在此一提的是，整個清代，臺灣縣在文教祀典類的囚犯口糧銀、春秋二祭銀、關帝廟祭品銀、鄉飲銀、祈禱晴雨銀等存留經費金額，都比其他各縣來得多（參考表 3-1，3-3，3-5，3-6）。

　　清代臺灣各縣官員和差役之待遇也是本章所要研究的課題之一。根據前述各節的研究，則知臺灣清治時代，在康熙年間至雍正中葉以前，知縣及其以下之各級官員每年俸薪銀，知縣為四十五兩、縣丞為四十兩、教諭、巡檢、典史皆為三十一兩五錢二分。雍正中葉以後，各官員除教諭外，皆每年加給養廉銀，臺灣縣知縣為一千兩，鳳山、諸羅和彰化知縣為八百兩，縣丞、巡檢和典史皆為二十兩。乾隆元年（西元一七三六年），教諭和訓導每名每年俸薪銀調高為四十兩，乾隆八年佐雜各員之養廉調為四十兩。自是而後至同治十三年的將近一百三十年間，各縣官員每年支領的俸薪和養廉銀之金額都為曾調整。到了光緒年間各縣官員之俸薪銀，仍然沒調整，養廉銀方面就不同，即有的呈現下降的現象，但是否全面調降，則待考。如果單從各縣官員俸薪銀的角度來看的話，知縣、縣丞、巡檢、典史的俸薪額，打從康熙二十三年（西元一六八四年）至光緒二十一年（西元一八九五年）的兩百一十一年間未曾調整過。由是可知臺灣清代各縣同級官員（除

---

136 臺灣在清代由官民捐錢，用以從事城池、衙署、校舍、倉庫、橋樑、灌溉設施等公共工程之建設的例子，在地方志書裡都有所記載。茲節錄鳳山縣令宋永清所撰「新建鳳山縣署記」的一部分文字如下，以供參考。該記云：「……甲申夏，予奉移鳳山，過縣治，方將集父老子弟，與之諮地方因革之大、農桑風土之宜；而簷桷圮，幾無以為使者停車之地。……爰捐薄俸，命梓人亟裏其事。於頭門、於儀門、於大堂、於川堂，內而衙署，外而六房，皆次第經理，稍存規制，未敢增華。……署成，父老子弟來慶於此，請為文已記。余無以辭，爰書以述其概」（前引《周志》，頁三七八~三七九）。

教諭、訓導外）的俸薪金額，不因時間的不同或空間的差異，而有所改變。養廉銀略受時間和空間的影響，即以知縣為例，光緒時代以前和光緒時代的金額不同，同一時代不同地點的金額不同（如臺灣縣與諸羅縣，安平縣與新竹縣的養廉銀金額就不同）。

　　根據前面各節的探討，臺灣清代各縣差役之待遇，在康熙時代，每名每年支給工食銀，舖司兵臺灣縣的為九兩零二分七厘八毫、鳳山縣諸羅縣的為七兩零六錢八分，弓兵臺、鳳、諸三縣皆為一兩八錢二分五厘五毫五絲，膳夫臺、鳳、諸三縣皆為六兩六錢六分六厘，其餘各種差役三縣皆為六兩二錢。臺灣康熙時代各縣及後來新增各縣之各種差役待遇，皆如上述之金額，此一待遇標準，一直持續至清治末年（只有光緒年間恆春縣仵作例外，該仵作工食銀三兩一錢），其持續時間長達二百一十餘年，此種現象不僅令人極為驚訝，且令人極感不可思議。

四、結語

　　經過前述的一番探討，吾等不僅對清代臺灣知縣衙門及其附屬官署之組織、執掌、官署之經費分配、官員和差役之待遇等事項，有了更清楚的了解，且可說對清代臺灣知縣制度之內涵有了具體的認識；此外透過此番研究，令吾等發現清代臺灣知縣制度，不論從各衙門的組織、執掌、經費分配或官役待遇等角度來看，都具有一共通的特色，即「穩定不變」的特色。像如此一成不變的地方官制，究竟如何去對應於民間社會、經濟等各方面的改變，實有待吾等進一步的探討。

　　（資料來源：《臺灣文獻》，第四十四卷，第二、三期，一九九三年，九月。）

清代臺灣廳制史之研究（一）

前言

　　清代地方官分正印和佐貳雜職首領等職官。正印官即主任官之義，而佐貳雜職和首領皆為主任官之輔助官[1]。其時府設知府為其長官，其下因地方情況之不同，設有多寡不同的輔助官，例如同知、通判、府經歷、府知事、府照磨、府司獄、府宣課司大使、府稅課大使、府倉大使、府檢校和府庫大使等，皆為知府之輔助官；同知和通判負有特殊職掌者，其上都冠以職務名，而稱之為某同或某通判，例如糧捕同知、理番同知、海防通判；有些同知通判留駐在府城，也有不少分駐在知府管轄的要衝地方[2]，因此同知、通判俗稱之為「二府」、「三府」[3]，而其對外行文則以分府自稱[4]。由是則知有些設在府城外的同知、通判衙門即為知府衙門之分支機關，負責專管某種職務。不過清代有些地方官的長官也稱之為同知、通判；同知、通判為該地方官之正印官，以經歷、照磨、知事、司獄、巡檢等為其輔助官，像這類設有輔助官之同知、通判有的也冠上撫民或海防等職務名[5]，本論文所要研究之同知、通判（皆稱廳）即屬此類能獨當一面的地方官，至於屬於知府之分支機關的同知、通判，則未列入探討之範圍。

1　臨時臺灣舊慣調查會《清國行政法》，南天書局，臺北市，民國七十九年複刻板，第一卷下，頁二七。
2　同前，頁五〇—五一。
3　劉兆璸《清代科舉》，東大圖書公司，臺北市，民國六十六年，頁一六一、一六二。
4　邱秀堂《臺灣北部碑文集成》，臺北市，臺北市文獻委員會，民國七十五年，頁一、一五。
5　同註一，頁五八。

第一章　廳及其附屬官署之組織與職掌

第一節　雍正乾隆年間廳之組織與職掌

清康熙二十二年（西元一六八三年）取得臺灣之後，翌年設臺灣府，其下設臺灣、鳳山和諸羅三縣，最初並無廳之設置。雍正元年（西元一七二三年）在半縣地方分別增設彰化和淡水同知，此時之淡水同知仍屬臺灣府之分支機關。其後不久，即雍正五年二月，清廷依福建總督之議，裁撤澎湖巡檢，改派糧捕通判駐澎湖，臺灣始有能獨當一面的廳之設置。雍正九年清廷將雍正元年所設之淡水同知之職權擴大。淡水同知原僅負責稽查臺灣北路，監督彰化捕務，其廳治設在彰化，雍正九年乃將大甲溪以北地方之一切錢糧、命盜事務合併劃淡水同知處理，淡水同知自此成為獨當一面的地方官廳。

第一項　組織

澎湖設廳後，設通判一員，官秩為六品。通判之外，初未設其他輔助官，在胡建偉《澎湖紀略》卷之二〈地理紀〉裡記說：

> 署之中則為大堂，三間六柱；廣三丈五尺，深稱之。前有罩蓬、後有板障，獨無暖閣。大堂之前，東西科房各三間。……余捐廉修復[6]。

澎湖廳署有科房之設置，可見除通判外，尚設有若干書吏。用以協助通判處理公務才是。惟究竟有多少書吏，目前尚無文獻可考。此外為推動廳務。除書吏之外，必還有若干供奉差遣之差役。據劉良璧《重修臺灣府志》的記載，在乾隆初年澎湖廳署設有門子二名，皂隸十二名，轎傘扇夫七名，步快八名，民壯二十名，合計廳署內共設差役四十九名[7]。到了乾隆三十五年（西元一七七〇年）左右，澎湖廳署所設之差役已略有變動，即仍設門子，皂隸，轎傘扇夫，其編制員額仍不變

6　胡建偉《澎湖紀略》，《臺文叢》，第一〇九種，頁三一。
7　劉良璧《重修福建臺灣府志》，（下簡稱《劉志》），《臺文叢》，第七四種，頁二一五──二一六、二一七。

外，廢步快改設馬快，員額仍為八名[8]。從此以後，一直到乾隆末年，澎湖廳署之組織未見改變。

　　淡水海防同知於雍正元年成立時，其法理上和性質上屬於臺灣知府之分支機關。雍正九年時才實質上成為與知縣同級之獨當一面的文職機關（已如前述），雍正十一年奉文移駐竹塹辦理廳務[9]。雍正元年，淡水廳設海防同知一員，官秩正五品[10]，其下於竹塹、八里坌各設巡檢一員（皆設於雍正九年）官秩為從九品，為輔助官，用之協助同知處理該廳之事務[11]，除輔助官外，同知衙門內設有幕友和吏、戶、禮、兵、刑、工、承發和堂招等八房；幕友四人即刑席、錢席、書啟席、徵比席各一人；吏房設總書一名、繕書八名、清書若干名，其餘各房均設總書一名、幫書及清書各若干名[12]。在上述同知衙門，竹塹巡檢、八里坌巡檢衙門內尚設有差役供差遣或奉令執行廳務。即同知衙門內設有門子二名，皂隸十二名，轎傘扇夫七名，步快八名、燈夫二名，合計三十一名，此外各地尚設舖司兵共三十名；竹塹、八里坌巡檢衙門內都設皂隸各二名，弓兵各十八名，民壯各四名，合計各設差役二十四名[13]。由是可見淡水廳署及其附屬之巡檢署合計差役共有七十九名，如加上舖司兵則共有一〇九名。乾隆十五年左右時，上述各衙門的組織成員除已裁革同知衙內之燈夫兩名，另增設禁卒四名外，都

8　同註六，頁二一。

9　或謂淡水廳衙門於乾隆二十一年才遷至竹塹（今之新竹市）乃誤。其實早在雍正十一年就奉文移駐竹塹。同註七，頁三三八；范咸《重修臺灣府志》（下簡稱《范志》），《臺文叢》，第一〇五種，頁數六四。

10　清代各府同知皆為正五品，巡檢為從九品（前引《清國行政法》，第一卷下，頁一八八、一八九）。

11　前引《劉志》，頁三四七、三四八。

12　波越重之《新竹廳志》，成文出版社影印《中國方志叢書·臺灣地區》（下簡稱《方志臺灣》）臺北市，民國七十四年，第二二七號，第一冊，頁八〇—八三、二六二。幕友係由知縣自行聘請之幕僚人員，刑席協助處理刑事，錢席協助處理民事，書啟席為文稿秘書，徵比席協助徵收和會計事務。有關清代之幕友，請參見繆全吉〈清代幕府人事制度〉，《中國人事行政月刊》，臺北市，民國六十年；宮琦市定「清代の胥吏と幕友」（宮琦市定〈アジア史論考〉，朝日新聞社，東京，昭和五十一年，下卷，頁三二三—三五四）。

13　前引《劉志》，頁二一五、二一八、二四一—二四二。

沒改變[14]。此後二十餘年，即到了乾隆三十年前後，同知及巡檢衙門之組織和其成員數額沒有變動[15]。

　　不過乾隆十五年時，八里坌巡檢司署因受風災而圮，巡檢及其屬員乃暫移駐新莊公館辦公[16]。乾隆三十二年二月時，閩浙總督蘇昌建議說：

> 臺灣府淡水同知所屬八里坌，舊設巡檢一員，近來海口漲塞，無船隻往來。該員兼轄之新莊地方商賈輳轕，且北連艋舺、大加臘，民番雜處，南距霄裏汛、大溪乾一帶曠野平原，難免奸匪藏聚。應將八里坌巡檢移駐新莊，併請改給淡水廳新莊巡檢印信。[17]

蘇昌建議撤八里坌巡檢，改於新莊設巡檢，清廷准之[18]，至是新莊巡檢正式成立。其組織與組成員額，可能與以前八里坌巡檢署相同。但是同年尚有一項變動，即於淡水海防同知衙門內添設民壯四十名[19]，如此一來則淡水廳署及其附屬之巡檢署合計差役共有一五一名（包括舖司兵）。此後至乾隆五十三年，淡水同知衙門與竹塹、新莊巡檢署之組織和成員額，幾乎沒有變動[20]。

14　《范志》，第一〇五種，頁二三六—二三七。《范志》、《劉志》和余文儀《續修臺灣府志》（下簡稱《余志》，《臺文叢》第一二一種）都一方面記載淡水廳舖十一處，即大甲、貓盂、吞霄、後瓏、中港、竹塹、南嵌、淡水、鷄柔、鷄籠和金包里舖，各設舖兵三名，而另一方面，各該書卻又皆載淡水廳設舖兵三十名（《范志》，頁九三、二三六；《劉志》，頁二四二、三四二；《余志》，頁一一三、三〇二），究竟何者為對？待考。

15　前引《余志》，頁三〇二—三〇三。

16　同前，頁六七。

17　《大清高宗純（乾隆）皇帝實錄》（下簡稱《高宗實錄》）華文書局影印（臺北市，民國五十三年），卷七七九，二月丁亥條。

18　同前。

19　雍正十一年，臺灣廳縣除澎湖廳外，各廳縣衙門之民壯全部被裁汰（前引胡建偉《澎湖紀略》，頁六一載說：查澎湖原設民壯二十名，……雍正十一年，前督憲郝以臺屬地方孤懸海外，此項人役俱係無賴流寓應充，每多滋事；准奏改撥營兵給道府廳縣衙門聽候護衛，各衙門民壯悉行裁汰。澎湖額設民壯二十名，不在奏汰之內，是以仍舊存留。）乾隆三十二年淡水同知奉文添設民壯四十名（《臺灣府賦役冊》，《臺文叢》，第一三九種，頁八三）。

20　根據同治十年陳培桂纂輯之《淡水廳志》（《臺文叢》，第一七二種）所載淡水同知及

　　乾隆中期，臺北平原的開發已至相當程度，到處都是農田，農業發展已達成熟階段[21]，新莊地方已是地廣人稠之地。「清高宗實錄」乾隆五十四年九月庚寅條載說：

　　　吏部等部議覆：閩浙總督覺羅伍拉納等奏稱，臺灣淡水同知所轄之新莊巡檢，該處地廣人稠，巡檢難資佐理……請將新莊巡檢改為新莊縣丞，仍歸淡水同知管轄。……該縣丞……有原建衙署、額編養廉及書役俸工，祇須互為改駐支撥，無庸議增。應如所請。從之。[22]

閩浙總督覺羅伍拉納等，以新莊地方地廣人稠，巡檢微員不足以資佐理淡水同知，建議將之陞為縣丞，其議為清廷所准，至是淡水地方始有縣丞之設置。縣丞署之組織及其組成員額為：設縣丞一員，官秩正八品[23]，為同知之輔助官，協助同知處理廳務。縣丞衙門內設門子一名，皂隸四名，馬快四人，民壯四人，馬夫一人，合計共設差役十四名[24]。此時淡水同知衙門、竹塹巡檢署和新莊縣丞署，合計共有差役一百四十一人。

　　由前述則知自乾隆五十四年起，淡水廳除同知外，僅社竹塹巡檢、新莊縣丞各一員，負責處理淡水廳轄內事務，這樣的組織一直持續到嘉慶後半葉才有所改變（後述）。

　　第二項　職掌

　　如前所述，在雍正五年（西元一七二三年）澎湖設通判一員，雍正九年劃大甲溪以北，併刑名、錢糧悉歸淡水海防同知管理，通判衙門和同知衙門分別先後成為澎湖和大甲溪以北地方之最高文職機關。

　　其附屬之竹塹，大甲巡檢署組織與組成員（該書，頁一〇五、一〇七）大都與乾隆三十年左右的相同，因此推測自乾隆三十年左右至乾隆五十二年，淡水同知及竹塹巡檢和新莊巡檢之組織及其組成員額幾乎沒有變動。

21　尹章義〈臺北平原拓墾史研究（一六九七―一七七二）〉，《臺北文獻》直字第五三、五四期合刊，國七十四年四月，頁一―一九〇。

22　前引《高宗實錄》，卷一三三八，九月庚寅條。

23　前引《清國行政法》第一卷下，頁數一八八。

24　前引《新竹廳志》，頁八七―八八，《臺灣府賦役冊》。《臺文叢》，第一三九種，頁七一。

於茲先就澎湖廳而言，截至乾隆嘉慶之際，澎湖廳一直未設佐貳雜職等輔助官，其廳務全部委由通判掌理。根據《澎湖紀略》的記載，澎湖廳之職掌為：

一、審理詞訟：舉凡戶婚、田土、錢債之民事案件，鬥毆、鼠竊、狗偷、輕生短見命案等輕度刑事案件，皆由通判審理結案。至於重大刑案，則仍交由臺灣縣擬議，再行層轉。

一、徵收錢糧：澎湖錢糧僅六百零九兩，為數無多，每年分二月和九月兩次徵收。澎湖民多能自行赴櫃繳納，不需通判差役下鄉催繳。

一、宣講上諭：澎湖通判每月朔望需會同協營各官，在媽祖公所設香案，宣講雍正元年所頒欽定聖諭廣訓十六章，每次宣講兩章。

一、課農勸學：澎湖多島嶼，人民業農的不多，且向來讀書人也不多，獎勵業農勸民讀書，遂成為澎湖通判的重要工作。

一、處理警務：舉凡緝捕逃犯，編查保甲，查點門牌皆通判之業務。查點門牌係配合編查保甲所需的業務，即由廳署諭令各澳澳甲，將澳內居民分別男女查列職業（當時之業別分為儒、農、漁、吏、差、商、販）後送通判查核，製作門牌，然後再由廳署將門牌分給各家懸掛。

一、稽查船隻：通判負責稽查汛口之商漁船，有無搭載偷渡、逋逃，或載運違禁物品。無字號行跡可疑之船隻亦為通判取締之對象。不過這些工作，通常是交由書役和武汛辦理。

一、訓練民壯：澎湖設有民壯二十名，向係學習刀鎗、弓箭、鳥鎗、藤牌各種器械之武裝人員，其職在於緝捕盜匪，防護城池倉庫。為達民壯之任務，通判需定期督令民壯會同營員一起操練。

一、稽查鹽務：澎湖之鹽向由鹽販之販戶運賣，販戶需先向臺灣府請得執照始可在澎湖運賣。通判應照章，將該販戶運銷鹽觔數且按月造冊查報，並派員巡緝地方，取緝私販。至於每年鹽課奏銷，仍由臺灣府辦理，澎湖通判無督銷議敘參處之權責。

一、支放糧餉：澎湖廳向來預貯半年兵餉，做為澎湖協標兩營兵餉未到時支放之用。此預貯半年兵餉之支放，即由澎湖通判負責辦理。

一、查點班兵：向來所有調臺水陸兵，必須由澎湖廳署會同澎湖協營按名查點，是否與內地各該營造送澎湖廳署之名冊相符，不符者立即通報駁回本營更換，相符者始准放行臺灣。此法於乾隆二十三年廢除，即此後調往臺灣之水陸兵丁，不必經由澎湖廳署驗收。惟此後調到澎湖換防之兵丁，不僅需經澎湖廳署查點，且需由該廳查驗之器械是否精良，同時，該廳需將器械查驗結果會營申送備查。

一、修理墩臺營房：澎湖之墩臺營房，一有風雨刮壞，都係由協營移會澎湖廳署估計，再由該營造冊請修，修造費部分由該廳負擔。

一、執行與協營會辦交涉事項：砲之定期演放、戰船之應換篷索、戰船之燀洗、澎湖協營之參加水陸大會操等事，通判均需派員與軍方會辦。另外若有兵民間之交涉、口角、爭訟等事件，通判應即遵照例限，依期結斷。[25]

以上為澎湖通判之職掌，亦即澎湖廳衙門之權責和其應辦之業務。上述各項業務顯然非通判一人所能完成，必然需依業務之性質內容分門別類，委由若干屬員協助處理，始能辦好。根據研究，臺灣知縣衙門，早在康熙五十五年就有八房科之設置，用以分掌知縣之各項業務[26]。胡建偉《澎湖紀略》卷之二〈地理紀〉裡記說澎湖廳署「大堂之前，東西科房各三間」，同書卷之三〈官師紀〉職事門裡也有「書役」等詞之出現，可見澎湖廳署也有房科之設置，而配以書吏和差役，協助處理廳務，只是究竟有哪些房科，各房科有多少書吏和差役，目前尚不可考而已。

　淡水廳署之職掌，從其衙門內分成之吏、戶、禮、兵、刑、工、

25　前引《澎湖紀略》，頁五五—六七。

26　臨時臺灣舊慣調查會《臺灣私法》，南天書局，臺北市，民國七十二年，第一卷上，頁四五三。

承發和堂招等八房所掌之業務來看就可知曉。茲分述如下：

一、吏房：負責掌理官吏之任免，黜陟、丁憂起服、命令傳達、伺候和送迎等事項。

一、戶房：負責編查正供、徵收屯租和官租、發放官俸屯餉、報告晴雨氣象、安撫土著、拓墾荒地、丈量田地住屋，處理抗缺租谷諸案件和契尾等事項。

一、禮房：負責辦理祠廟之祭祀、學校之歲科、書院之月課、田畝和房屋之充公；並從事育嬰、養濟、義塚和義塾等社會福祉事項。

一、兵房：負責海口船舶之檢查、各班差役之造報、武童之歲考、漁船之給造、通商之保護取締交涉等事項。

一、刑房：辦理禁卒之批准、命案屍體之檢驗、法庭之警戒和行杖。此外姦淫、賭博、盜竊、毆打致死、充軍、流徒、擬絞等案件，以及總甲地保等之舉充批准等事項，皆由刑房負責。

一、工房：負責城垣衙署道路橋梁埤圳之修理、土木竹鐵皮灰等各工匠和油車等之管理、颱風水患和房屋控訴之處理等事項。

一、承發房：負責公文之收發、代書之管理、訟棍之告發等事項。

一、堂招堂：負責翻譯和堂諭事項。[27]

淡水同知之下，自雍正九年至乾隆五十三年均有兩巡檢，一為竹塹巡檢，一為新莊巡檢（乾隆三十二年由八里坌巡檢改設，詳如前述），巡檢為同知之輔助官。竹塹巡檢負責稽查竹塹附近及其以南地方，並管監獄事務，八里坌巡檢職司稽查地方，新莊巡檢之職司與八里坌巡檢相同[28]。乾隆五十四年新莊巡檢改為新莊縣丞，在淡水同知的監督下，負責新莊一帶之政務，因此新莊縣丞可說是淡水同知衙門之分支機關[29]。

27　前引《新竹廳志》，頁八一一八二。
28　前引《劉志》，頁三四八；前引《余志》，頁一二〇；前引《新竹廳志》，頁八三。
29　前引《新竹廳志》，頁八七。

　　前述同知、通判、縣丞、巡檢等各衙門內均設有差役，茲將各類差役工作內容分列如左：

　　一、門子：受理公文之收發登記編號，士紳晉謁官員之傳達等雜務。
　　一、皂隸：從事犯罪之捕拏，命令狀之遞送等事項。
　　一、步快：工作內容與皂隸同。
　　一、馬快：工作內容與皂隸同。
　　一、轎傘扇夫：從事抬轎、張傘、搧扇等工作。
　　一、禁卒：從事監獄之看守工作。
　　一、弓兵：工作內容與皂隸同。
　　一、馬夫：負責飼養官馬[30]。
　　一、民壯：從事盜匪之捕拏，城池倉庫之防衛等工作[31]。
　　一、燈夫：掌提燈。
　　一、舖司兵：負責遞送公文[32]。

從前述各衙門的職掌及各差役的工作內容看來，給吾等對雍正乾隆時代臺灣的認識是：該等衙門的工作內容雖然很廣，幾乎無所不包，而可歸為租稅徵收、司法裁判、治安維持、禮教傳播、公共工程和社會福祉等諸類，惟不免令人覺得該等衙門特別偏重治安之維持的工作，尤其從差役的工作內容和人員配置的數量來看，更令人們有如此的印象。茲將雍正乾隆年間臺灣各廳署之差役人數配置情形列如（表 1-1）。

30　同前，頁七七、八〇、八三、八七、八八。
31　同前，頁七九；前引《澎湖紀略》，頁六一。
32　Tung-Tsu Ch'u, "Local Governmentin China under the Ghing"（Cambridge, Massa chusetts: Harvard University Press, 1970）pp.40,57,154.

表 1-1　雍正乾隆年間臺灣廳署之差役人數配置表

差役別 ＼ 署別／人數別	澎湖廳	淡水廳			
		同知署	竹塹巡檢	八里坌(新莊)巡檢	新莊縣丞
門　子	2	2			1
皂　隸	12	12	2	2	4
步　快	8	8			
馬　快					4
弓　兵			18	18	
民　壯	20	40	4	4	4
禁　卒		4			
轎傘扇夫	7	7			
馬　快					1
燈　夫		2			
舖司兵		30			
小　計	49	61－63	24	24	14
總計	49	109－111（雍正11年至乾隆32年）　151（乾隆32年至53年後）　141（乾隆54年以後）			
備註	(1)雍正11年裁民壯，乾隆32年後設民壯　(2)乾隆10年左右裁燈夫增設禁卒　(3)乾隆32年改八里坌巡檢為新莊巡檢　(4)乾隆35年左右廢步快改設馬快　(5)乾隆54年新莊巡檢改設縣丞				

資料來源：1.劉良璧《重修福建臺灣府志》，頁 215、216、218、227、241、242、342。2.范咸《重修臺灣府志》，頁 93、236、237。3.余文儀《續修臺灣府志》，頁 113、302。4.胡建偉《澎湖紀略》，頁 211；《臺灣府賦役冊》，頁 83。波越重之《新竹廳志》，頁 87-88。

第二節　嘉慶至同治年間廳之組織與職掌

迨嘉慶初年，臺灣仍僅設澎湖和淡水兩廳，而澎湖廳之組織和職掌似無改變，從道光年間的文獻所記有關道光年間澎湖廳署之組織和職掌與雍正乾隆年間相較，幾乎沒有什麼差異（有則只是執行廳務時之行政手續略有差異而已）[33]的現象就可推知。淡水同知衙門及其附屬官署之組織和職掌截至嘉慶二十年（西元一八一五年）亦未變動，只是在嘉慶十四年曾呈請將新莊縣丞改為艋舺縣丞而已，但尚未獲准[34]。

嘉慶十六年九月由閩浙總督汪志伊與福建巡撫張師誠聯銜會奏，建議在噶瑪蘭廳設通判、並駐兵巡防，是年十一月清廷批准之。至是臺灣新增一噶瑪蘭廳，廳治設於五圍（今之宜蘭市），次年八月各級官員抵該廳就任。《噶瑪蘭廳志略》載：

> 噶瑪蘭，臺灣府志作蛤仔難，為三十六社土番散處之地。……
> 十七年八月，設民番糧捕通判一員，隸於臺灣府，所屬管領縣
> 丞一，駐頭圍，羅東巡檢一，駐城中。[35]

可見噶瑪蘭廳之文職官治組織為設正印官通判一名，輔助官之縣丞和巡檢各一名。《噶瑪蘭廳志》載說：

> 噶瑪蘭通判一員，嘉慶十七年設，仿照澎湖通判，管理命盜雜案及徵收銀穀等事，駐劄五圍。遇刑名案件，由臺灣府審轉。倉庫仍歸府稽查，以專責成。[36]

另據《東槎紀略》載說：

> 道光三年……福州府知府方傳穟署臺灣府，候補鹽運副呂志恆

33　道光十二年蔣鏞撰《澎湖續編》（《臺文叢》，第一一五種）內所載有關澎湖廳署之職掌幾乎與雍正乾隆年間者相同，該書也有「因屢遭風災，衙署科房坍塌」「卷存戶、禮二房」等記載（見該書頁一二─一三，六一），因之推測嘉慶年間澎湖廳署之職掌與雍正乾隆年間幾乎相同，且仍然分科房各司其事。

34　《淡水廳志》，頁二〇二。不過此後通稱「艋舺縣丞」（同書，頁一〇七；周璽《彰化縣志》，《臺文叢》，第一五六種，頁一八三；前引《臺灣府賦役冊》，頁七一）。

35　柯培元《噶瑪蘭志略》、《臺文叢》，第九二種，頁九─十。

36　陳淑均《噶瑪蘭廳志》，《臺文叢》，第一六〇種，頁五三。

借補噶瑪蘭通判，志恆條列應造冊者十事，議行及停罷者二十事，傳檄覆覈上之。院司悉如所議奏咨。……蘭制始定。傳檄與志恆所論頗詳，今備載之，俾後來者考鏡焉。一、田園賦則，應請覆奏核定也。……一、建造城垣衙署，取用民人田園，換給埔地，應另款徵收也。……一、奏銷限期，請照部議奏定也。……一、倉穀儲備二萬石，實貯在倉，餘穀應撥補淡防兵糧也。……一、加留餘埔番租，應官為經理也。……一、設隘防守生番隘丁口糧，應分給隘地自行耕收也。……一、東勢未墾頂二結、鹿埔等埔地八百一十餘甲，應請暫免報陞以紓民困也。……一、民人承種田園，毋庸換給司照，以甦民困也。……一、加禮遠港砲臺並南關圍墻、外委公所，應請暫緩建造也。……一、城垣莿竹俱已茂密，如有缺壞，應隨時修補也。……一、入山備道，應照前署廳姚瑩原議緩修也。……一、壇廟城垣，俱已創建成規，應請修造城隍神廟，以符職守而順輿情也。……一、羅東巡檢兼管司獄，毋庸移駐也。……一、烏石港及加禮遠港口，小船出入，應請由廳督同縣丞會營稽查掛驗，免其配載官差也。……一、仰山書院，因乏經費未建，延請山長于文昌宮作課，以端士習而振文風也。……一、阿里史等社埔地，每年徵租不能如數，請撥充書院膏火也。……一、蘭屬保甲，應分為七保，遴舉公正之人為保甲牌頭，按戶編查也。……一、蘭境食鹽，年配臺場七千石，能否加銷，應俟編查戶口，定有確數，以昭覆實也。……一、蘭地五方雜處，人煙日眾，其間隻身遊蕩不安本分者，應請照例刺字逐水也。[37]

則知噶瑪蘭廳仿照澎湖廳設通判一名，廳治設於五圍，負責徵收錢糧，裁判審結輕罪之刑事案件和戶婚田土民事案件，至於重大刑案則交臺灣府審轉，而倉庫仍歸臺灣府稽查。如依前引《東槎紀略》所述之內容則知該通判之職責非僅征租和裁判民刑案件，舉凡官鹽之銷售、神廟之興建祭祀、士習之端正、文風之振興、公共工程之營建、

37　姚瑩《東槎紀略》，《臺文叢》，第七種，頁四二—六七。

海口船隻之稽察、保甲之編查、遊民之取締、治安之維持等皆為其職責之所在。

　　為便於更了解噶瑪蘭通判之職掌的運作情形，於茲再該通判衙門之分房職掌分述如下：

　　一、吏房：負責辦理有關官吏之身份事務。
　　一、戶房：掌理戶籍事務。
　　一、禮房：辦理祭典事項。
　　一、兵房：掌理兵事。
　　一、刑房：辦理刑事相關事務。
　　一、工房：掌管土木工程。
　　一、糧房：掌理財務。
　　一、社房：負責處理土著相關事務[38]。

由上可見通判衙門之業務相當繁重，除於廳署設典吏三名[39]，為執行廳務自需有差役供官吏差遣。當時該廳即設有供差遣之差役，即依編制設門子二名、皂隸十二名、馬快八名、轎傘扇夫七名、禁卒二名、民壯二十名、斗級四名、庫子四名、舖司五名、舖兵（遞夫）三十二名[40]，合計差役連同舖司兵共九十六名。上列各種差役，在澎湖廳署或是在淡水廳署內都有，其工作內容亦與該兩廳者相同。惟斗級和庫子係該兩廳所未設者；斗級之工作為收發糧穀，庫子之工作為看守金庫[41]。

　　噶瑪蘭廳另設有頭圍縣丞和羅東巡檢為輔助官，用以協助通判處理廳務。《噶瑪蘭廳志》載說：

　　　分駐頭圍縣丞一員，嘉慶十七年設，仿淡水艋舺縣丞，為專管捕官。[42]

38　臺灣守備混成第一旅團司令部編《臺灣史料》、《方志臺灣》，第一二○號，第二冊，頁四五一。
39　托津等纂《欽定大清會典事例》，武英殿本，北京，嘉慶二十三年，卷一二五，頁一五。
40　前引《噶瑪蘭廳志》，頁七九。
41　Local Government in China under the Ching, pp.57,143.
42　前引《噶瑪蘭志》，頁五三。

則知該廳於頭圍有縣丞一名，仿淡水廳之艋舺縣丞，負責專管司法及警察事務。同書另一段記載說：

> 羅東司巡檢兼司獄事一員，嘉慶十七年設，為專管捕官。因該處墾荒為透，政務亦簡，援照竹塹巡檢之例，與印官同城兼管司獄事務，時往羅東等處稽察。俟戶口日眾，應否移駐，隨時酌辦。[43]

可見噶瑪蘭廳設羅東巡檢司一名，仿淡水廳之竹塹巡檢與正印官同城辦公，專管捕盜，兼管司獄事務。由於羅東尚未完全開墾，政務亦簡，因此令巡檢暫駐廳治，俟日後該地人口日眾，再隨時商酌是否應移駐該地，但仍需時常前往稽察之。

　　為縣丞和巡檢能完成其任務，除在其衙門各設一名攢典外[44]亦設有各種差役，供其差遣。即縣丞署內依編制設門子一名、皂隸四名、馬快一名、民壯八名，合計差役十四；巡檢署內依編制設皂隸二名、弓役十八名、民壯四名[45]，計差役二十四名。此等差役之工作內容與前述各衙門所設者相同，惟值得注意的是頭圍縣丞署和前述新莊縣丞署在差役的總員額雖相同，但設置職別和各職別的員額皆有不同。至於羅東巡檢署和竹塹巡檢署之差役設置，不論其總額、職別或各職別的員額則都相同。就噶瑪蘭全廳（包括通判、職丞和巡檢署）差役共有一百三十四名而言，比澎湖廳多出八十五名，比淡水廳少七名（參見表1-1）。根據陳培桂《淡水廳志》載說：

> 鋪遞……原設塹南七站，鋪兵二十一名；今仍歸彰化縣支給工食。原設淡北之淡水、鷄柔山、金包里、鷄籠四站鋪兵九名，由彰化縣支給工食。嘉慶二十年裁汰改設，仍存四站，添鋪司四名。其鋪兵原設九名，又添七名，共十六名，統歸淡廳支給工食。柑仔瀨鋪……燦光寮鋪……三貂嶺鋪……以上嘉慶二十年添設三舖，共添鋪司三名、鋪兵十二名，歸淡廳支給工食。

43　同前，頁五三—五四。

44　前引托津《欽定大清會典事例》，卷一二五，頁十五。

45　同前，頁七九。

> 淡屬無驛遞，原設鋪遞自大甲至雞籠一十一處。後經裁汰改
> 設，復添三處，計共十四處；鋪司七名、舖兵四十九名。[46]

可見淡水廳在官治組織已有所調整，原來在雍正乾隆以至嘉慶年間舖
司兵都維持在三十名，而在嘉慶二十年調整之後，其結果共設舖遞十
四處，舖司七名，舖兵四十九名，增加將近一半的員額。《淡水廳志》
又載說：

> 嘉慶二十一年，鹿港巡檢移駐大甲，已為大甲巡檢。嘉慶二十
> 二年，彰化縣學訓導分駐竹塹，為淡水學訓導，兼管噶瑪蘭學
> 務。[47]

足見淡水廳之官治組織起了變化，即嘉慶二十一年和二十二年，該廳
增添一大甲巡檢署和一訓導署。大甲巡檢負責大甲一帶，即後瓏及其
以南之塹南地方之稽查工作，而訓導則負責專管淡水廳及兼管噶瑪蘭
之教務[48]。

淡水廳增設大甲之巡檢署內設巡檢一名，從九品，署內設差役二
十四名，分別為皂隸二名、民壯、弓兵十八名[49]，其工作內容與前述竹
塹巡檢署之同職稱者相同[50]。至於新增之訓導者，其組織為設訓導一
名，從八品，齋夫一名，門斗一名，膳夫一名[51]。齋夫供訓導之使役，
從事聖廟之祭祀工作，門斗負責出納、修繕工作及充訓導與廩增附生
間之連絡者[52]，膳夫司學官之膳食。根據托津《欽定大清會典事例》的
記載，則知淡水同知署尚設有典吏三人，廳學訓導、巡檢、縣丞各設
攢典一人[53]。

---

46 前引《淡水廳志》，頁五六—五七。
47 同前，頁五二、一二二、二〇三—二〇四。
48 前引《新竹廳志》，頁八九、九〇。
49 前引《彰化縣志》，頁一八三。
50 同註四八，頁八九。
51 同註四六，頁一〇五—一〇六。
52 同註四八，頁九〇—九一。
53 前引托津《欽定大清會典事例》，卷一二五，頁十五，按大甲巡檢和儒學訓導係分別設
   於嘉慶二十一、二十二年，上述會典係嘉慶二十三年完成，故不及載之。雖則藉該會典
   所載其他州縣的組織，似可推知大甲巡檢和儒學訓導下各設有攢典一人。

　　嘉慶朝之後，歷經道光和咸豐至同治中葉，臺灣並未增設同知或通判為地方文職最高長官的廳級機關，已設之澎湖廳、淡水廳和噶瑪蘭廳之附屬機關也沒增加，該等衙門之組織和職掌與往昔一般，幾乎無所變動，茲將嘉慶至同治中葉各廳官吏、差役之員額編制列如表 1-2，1-3。

表 1-2　嘉慶至同治中葉各廳官員吏員表

廳別								官別
噶瑪蘭			淡水				澎湖	
巡檢	縣丞	通判	巡檢	訓導	縣丞	同知	通判	官員 人數
1	1	1	2	1	1	1	1	
攢典	攢典	典吏	攢典	攢典	攢典	典吏	典吏	吏員 吏別
1	1	1	2	1	1	3	1	人數
6			12				2	官吏 合計

資料來源：林豪《澎湖廳志》，頁 173、174；陳培桂《淡水廳志》，頁 105、106、107；陳淑均《噶瑪蘭廳志》，頁 79；托津《欽定大清會典事例》（武英殿本，北京，嘉慶二十三年），卷 125，頁 15、18。

表 1-3　嘉慶至同治中葉各廳差役人數配置表

差役別 ＼ 署別 人數	澎湖廳	淡水廳					噶瑪蘭廳		
		同知署	新莊縣丞	應學訓導	竹塹巡檢	大甲巡檢	通判署	頭圍縣丞	羅東巡檢
門　子	2	2	1				2	1	
皂　隸	12	12	4		2	2	12	4	2
步　快		8							
馬　快	8		4				8	1	
弓　兵					18	18			18
民　壯	20	40	4			4	20	8	4
禁　卒		4					2		
轎傘扇夫	7	7					7		
馬　夫			1						
舖　司		7							
舖　兵		49				5			
齊　夫				1	32				
門　斗				1					
譜　夫				1					
斗　級							4		
庫　子							4		
小　計	49	129	14	3	24	24	96	14	24
總　計	49	194					134		

資料來源：林豪《澎湖廳志》，頁 102；陳培桂《淡水廳志》，頁 56-57、105-106、107-108；陳淑均《噶瑪蘭廳志》，頁 79。

第三節　同治光緒年間廳之組織與職掌

同治八年（西元一八六九年）淡水同知衙門內增設積案局，局內

設清積書一人、繕書二人、堂口書一人，其職掌為人民控訴案件之造報[54]。《清穆宗實錄》於同治十一年七月己酉條載說：

> 改福建淡水廳儒學訓導為教諭，……增設噶瑪蘭廳儒學訓導一缺，……從兼署總督文煜等請也。[55]

由此可見同治十一年，淡水廳和噶瑪蘭廳之官治組織又有所變動，即此時清廷將淡水廳儒學之訓導改為教諭，噶瑪蘭之教務自嘉慶二十二年以來的五十五年間向由淡水廳訓導兼管，於今則改由新增設之噶瑪蘭廳儒學訓導執掌。不過到了同治時代，淡水廳署之組織和職掌大體而言和往昔無多大改變，此從該廳於同治九年四月所訂之《淡水廳八房辦案章程》可以看出。該章程所訂各房之職掌為：

> 一、吏房負責辦理官員之陞授，貢監之報捐，各書印冊之登掛等事項。
> 一、戶房負責理蔗廍、牛磨之開設，當餉、地丁、錢糧、耗羨之徵收，小錢之示禁，並設秤等事項。
> 一、糧稅房負責辦理田園之報墾，陞科賦稅、倉務、正供、採買、屯餉、官穀之配運等事項。
> 一、田土宅第之控爭，田戶契稅之課，佃、社、業戶各租之抗欠，保長、總董、莊正、莊副之檢舉，門牌之編造，良莠之分別等事務，歸戶房和糧稅房共同掌理。
> 一、禮房負責辦理學校、考試，義節，名分、慶謝、婚姻、祀產、祭祀、祀典、學租、行香、唱禮、祈禱雨晴、寺祝、廟僧、道士、團頭、屠戶，及尋常姦情，控爭墳山，示禁賣買鴉片、栽種英菽等事項。
> 一、兵房負責辦理海洋港汊，開挖粵口，發給商漁牌照，拏獲海洋盜匪、船上禁物，船隻遭風擱淺、被搶，到衙門喊冤呈控，營兵報欠錢債，遞解革兵回籍，在粵居民滋事，登記各班

---

54 前引《新竹廳志》，頁九五、九七。
55 《大清穆宗毅（同治）皇帝實錄》（下簡稱《穆宗實錄》）華文書局影印本（臺北，民國五十三年），卷三三七，七月乙酉條。

役卯等事項。

一、刑房負責辦理賭博、私宰、結會、打架、姦拐、捲逃、強
姦、輪姦、剪辮，首告子弟賭蕩，「生番」殺人，人有急事，奔
轅喊冤呈控，赴案控驗傷痕，告發劫塚、毀墳、滅骸、戕傷墳
穴等案，指明傷痕呈請辜醫，二比滋事，鄉保稟請諭止，已保
辜死者等事項。

一、工房負責辦理營建工程，軍工木科，管理油車、鐵舖、鑄
戶、及一切工匠、皮寮、飯店、開濠、鑿池、埤塘、溝圳，拏
獲私載鐵鍋、硝磺、鉛藥等事項。

一、承發房負責辦理兵民控欠錢債，及公文之批發、仰訊等事
項。[56]

此時淡水同知衙門在組織上，與以往之淡水同知所不同者是少了堂招
堂，卻增加了積案局、糧稅房兩個單位，而比噶瑪蘭通判衙門少設一
社房，而多設一承發房。

迨光緒年間，清廷對臺灣文職機關做了大幅度之調整，首先於光
緒元年調整的結果：噶瑪蘭廳改設為宜蘭縣，淡水廳分割為淡水縣和
新竹縣。截至光緒十一年前，全臺屬獨當一面，相當於縣級文職機關
的廳，只剩澎湖廳而已。《澎湖廳志》載說：

光緒十一年，奉文復設澎湖巡檢一員，由羅漢門巡檢移駐八
罩、網按澳，配弓兵十八名。凡遇遭風商擱淺、鄉民搶掠者，
可隨時救護彈壓，每年津貼六百兩。[57]

澎湖廳在光緒十一年（西元一八八五年）增設八罩巡檢，巡檢署配弓兵
十八名，負責救護船難和治安之彈壓工作，巡檢署內且設攢典一人[58]。

56　「新淡檔案」，一一二〇二一之一號檔。

57　林豪《澎湖廳志》，《臺文叢》，第一六四種，頁一七四。據《臺灣通志》載八罩巡檢
　　設於光緒十年（《臺文叢》，第一三〇種，頁數三四三），不過首任八罩巡檢是於光
　　緒十一年九月抵任（《澎湖廳志》，頁一九五）。

58　崑岡《欽定大清會典事例》新文豐出版公司影印（臺北市，民國六十九年），卷一四
　　九，頁十八。

澎湖廳除增設巡檢外，通判署之組織和職掌幾乎無所變動[59]。在此之前一年（即光緒十年）閩浙總督何璟和福建巡撫張朝棟奏准於埔裡社地方設通判一員，歸臺灣府管轄[60]該通判負責埔裡社地方錢穀之徵收，輕罪刑案之審結，至於重罪刑案，則歸彰化知縣擬議。通判衙門內設典吏一名[61]，並設吏、戶、禮、兵、刑、工、承發、招、糧和徑管等房。茲將各房之職掌分別列如下：

　　一、吏房：掌管人事、公文及忌服等事宜。
　　一、戶房：掌管錢糧賦稅及戶籍等事務。
　　一、禮房：掌管考試、旌表節孝及祭祀等事。
　　一、兵房：掌管兵丁糧械及有關兵房事宜。
　　一、刑房：掌理刑事案件。
　　一、工房：辦理城工衙署道路橋樑之營建與修理等營建工程。
　　一、承發房：負責收發文書，受理人民稟申，分送文書給各房等事項。
　　一、招房：負責訊問口供，兼任通譯。
　　一、糧房：掌管租賦、民人繳稅之督促、田園典賣及收入銀兩之看管事項。
　　一、徑管房：掌管人民產業之轉移，調查契券及督促徵稅等事項。

由是足見埔裡社通判之職掌與前述澎湖通判淡水同知及噶瑪蘭通判無甚差異，但該廳之組織與光緒十年以前之澎湖廳最為接近，即通判之外，並未設有縣丞和巡檢等輔助官，其組織可說比淡水廳和噶瑪蘭廳來得簡單些[62]。

　　經前述之探討，有關清代臺灣各廳之組織與職掌，我們可以得到

59　前引《臺灣通志》，頁三四三。
60　前引《臺灣通志》，頁三二。
61　同註五八。
62　光緒十一年清廷宣佈將臺灣別建一省，光緒十二年臺灣完成改制，基隆設撫民理番同知，自是基隆成為獨當一面，相當於縣級的文職機關。但由於目前有關基隆廳的文獻有限，該廳署之組織與職掌究竟如何，容後再考。

下列幾點認識，先就縱剖面的角度來檢視，則發現雍正時代和光緒十年以前的澎湖廳不論在組織上和職掌上幾乎無所變動，而僅在光緒十一年增設一巡檢而已。同樣的淡水廳同知之職掌，從雍正九年成立以來至同治十一年為止，除了因嘉慶二十二年增設淡水廳訓導而需監督廳學訓導外，殆無所變動，不過在全廳的組織上則有日漸蛻變的現象，即該同知的輔佐官由兩巡檢變為一縣丞一巡檢，再變為一縣丞一訓導兩巡檢，至於該廳之同知縣丞訓導巡檢等各署之組織和組成員額及其職掌無甚改變。另就雍正年間成立的澎湖廳和在一百六十餘年後的光緒年間所成立的埔裡社廳相較，其間之組織和職掌大體相雷同，均僅設通判一員，別無巡檢、縣丞等輔助官之設置。另外再就橫切面的角度來察看，即若將同處於雍正乾隆間的澎湖廳和淡水廳，或同處於嘉道同年間的澎湖、淡水和噶瑪蘭廳，或同處於光緒年間的澎湖和埔裡社廳來做水平面的比較，則發現同知與通判之職掌相似，只是組織繁簡不同而已。質言之，清代臺灣各廳的組織與職掌若說有所差異，則與其說因時之不同而有所差異，不如說是因空間之不同而有所差異。雖然如此，然而有的廳署之組織也有因時間的不同而有所不同，如淡水廳即是如此。

　　（資料來源：《臺灣風物》，第四十三卷，第二期，一九九三年，六月。）

清代臺灣廳制史之研究（二）

第二章　廳之經費分配與官役待遇

目前有關臺灣廳縣之財政和地方職官書吏和差役的待遇等諸方面之資料不是不完整，就是有限，尤其有關臺灣書吏之待遇這一方面之具體資料更是有限。然而此等問題是研究廳制度的重要課題。目前較能掌握到的資料是有關廳縣之經費和其官職差役之待遇等方面的資料，因此本章擬先就廳之經費分配和職官等問題加以探討，如此或許多少能有效的了解清代臺灣之廳制。

第一節　雍正乾隆年間之經費分配與官役待遇

滿清於康熙二十二年（西元一六八三年）消滅明鄭後，翌年在臺設置一臺灣府，府下設臺灣、鳳山和諸羅三縣，尚無廳之設置。雍正元年（西元一七二三年）在半線和淡水地方分別增設彰化知縣和淡水同知。此時淡水同知仍屬臺灣府之分支機關，並非獨當一面的地方文職機關。其後不久，滿清於雍正五年二月，依福建總督之議，裁撤澎湖巡檢，改派糧捕通判駐澎湖，於此臺灣開始有獨當一面處理政務的廳之出現。雍正九年滿清政府又將大甲溪以北所有刑名、錢糧事務劃歸淡水同知負責處理，自是淡水同知亦成為獨當一面的地方文職機關。

澎湖建隆廳之後，直到乾隆元年（西元一七三六年）以前，每年經手徵收的稅款包括丁銀三百一十九兩八錢七分二釐[1]、地種銀（即田賦）一百零四兩四錢零一釐二毫、水餉和雜稅四百二十六兩一錢三分[2]，

1　《澎湖臺灣紀略》，《臺文叢》，第一〇四種，頁三四。

2　在劉良璧《重修福建臺灣府志》（《臺文叢》，第七四種）（此書下簡稱《劉志》），頁一九五所載地種銀合計為一百零四兩四錢零一釐二毫，以此與《澎湖臺灣紀略》所載水餉和雜稅合計為四百二十六兩一錢三分相加，之後再將乾隆二年之徵丁銀標準所算出的一百三十四兩四錢相加，其總和為六百六十四兩九錢三分一釐二毫，此數才能與《澎湖臺灣紀

合計該廳經收稅總額為八百五十兩四錢零三釐二毫。此款中，向來須將其中銀四百零七兩一錢六分一釐二毫六忽解充兵餉，存留二百五十七兩八錢在廳以供支應辦公費用，所剩稅款全解府庫[3]，及存留款佔總經收款的三○‧三一％，軍餉佔四七‧八八％，繳給府軍的佔二一‧八一％。

根據劉良璧《重修福建臺灣府志》載說：

> 各項正雜餉稅，共額銀六百六十四兩九錢六分一釐案二毫六忽。除解充兵餉銀四百零七兩一錢六分一釐二毫六忽，實存支應銀二百五十七兩八錢。[4]

則知乾隆出年澎湖廳經收的水款中六一‧二三％解充軍餉，存留在廳以供支應辦公費的只佔三八、七七％。又、同書皆著載說：

> 內支給款目：通判俸、薪共銀六十兩。門子二名……實給銀一十二兩四錢；皂隸一十二名……實給銀七十四兩四錢，轎傘扇夫七名……實給銀四十三兩四錢；步快八名……實給銀四十九兩。一年三次致關帝廟祭品一十八兩。[5]

可見此存留經費的二百五十七兩八錢中，絕大部分（九三‧○二％）充當人事費，一小部分先當祭祀費。但事實上澎湖在當時當時設有民壯二十名，實際發給他們工食銀一百二十四兩[6]，而是澎湖通判又支領養廉銀五百兩[7]，因此理應可將民壯工食銀和通判養廉銀視為澎湖廳存

略》第三五頁及《劉志》第二二七頁所載澎湖共徵各項正雜餉稅銀六百六十四兩九錢六分一釐二毫更接近。因此文中採劉氏府志所載之地種銀數目，蓋本人發現《澎湖臺灣紀略》，頁三四至三五之「戶口、錢糧」門所載各項數據合計，澎湖廳經收各項稅款共六百六十四兩五錢一分一釐，此與該書三五頁所計「徵銀六百六十四兩九錢六分一釐二毫」不相符。

3　前引《劉志》，頁二二七。關於澎湖廳經手徵收稅款除存留支應款外，需批解臺灣府庫一事，在胡建偉《澎湖紀略》（《臺文叢》，第一○九種）頁二一一裡有所記載。

4　前引《劉志》，頁二二七。自乾隆元年開始每丁徵銀四錢七分六釐，改為徵兩錢，因此稅收款由八百五十兩餘降為六百六十四兩餘（同書，頁一八五、一九四）。

5　同前，頁二二七—二二八。

6　同前，頁二一六。前引胡建偉《澎湖紀略》頁六一。

7　清代自雍正年間以後，各省陸續建立養廉銀制度，而福建施行養廉銀制，或說在雍正四年，或說在雍正七年，參見佐伯富〈清代雍正朝的養廉銀の研究—地方財政の成立をめぐ

留經費的一部分。如是則該廳存留經費為八百八十一兩八錢，其中人事費則高達九七‧九六％，祭祀費僅僅佔二‧○四％而已。同時可以知道，當時通判之待遇為每年五百六十兩（俸薪和養廉銀合計），門子、造隸、轎傘扇夫、步快等差役之待遇為每年每人均支給工食銀六兩二錢。

由巡視臺灣兼提督學政監察御史范咸纂輯，於乾隆十一年（西元一七四六年）冬刊刻的《重修臺灣府志》載說：

> 澎湖廳地種正雜餉稅，共額銀七百三十四兩八錢七分八釐零。除解充兵餉銀四百七十七兩零七分八釐零，實存支應銀二百五十七兩八錢。支給款目：通判：俸薪共銀六十兩。門子二名……實給銀一十二兩四錢；皂隸一十二名……實給銀七十四兩四錢；轎、傘、扇夫七名……實給銀四十三兩四錢；步快八名……實給銀四十九兩六錢。一年三次致祭關帝祭品：銀一十八兩。[8]

以此與由王必昌擔任總輯，於乾隆十七年輯成的《重修臺灣縣志》內所載有關澎湖廳之經收稅款（即地種正雜餉稅）解充兵餉和存留支應款等數據相較，則發現其間幾乎完全一致[9]。而乾隆二十九年完稿余文儀主修之《續修臺灣府志》內所載該廳之經收稅款總額和存留經費項目和數據也都與前述范志一致[10]。再據乾隆三十五年胡建偉纂《澎湖紀

つへ（一）〉，《東洋史研究》，第二九卷第一期，昭和四十五年六月，頁四五；鄧青平〈清雍正年間（一七二三──三五）的文官養廉制度〉，《新亞學報》，第十卷第一期下，一九七三年，七月，頁二九九──三○○。澎湖通判自雍正七年開始支領養廉銀五百兩（前引胡建偉《澎湖紀略》，頁五四）。乾隆初年領五百兩養廉銀，則更無庸置疑（范咸，《重修臺灣府志》，《臺文叢》，第一○五種，（此書下簡稱《范志》），頁二三八、二三九。

8 前引《范志》，頁二三七──二三八。

9 王必昌《重修臺灣府志》，《臺文叢》，第一一三種，頁一三五裡載說：「通計澎湖額徵正雜餉稅共銀七百三十四兩八錢七分四釐。內起運兵餉銀四百七十七兩七分四釐一毫零，存留下經費並之應共銀二百五十七兩八錢。內：澎湖廳……俸薪共銀六十兩。門子二名、皂隸一十二名、步快八名、轎傘扇夫七名……共給銀一百七十九兩八錢……關帝廟每年三次致祭，共銀一十八兩。」

10 余文儀《續修臺灣府志》，《臺文叢》（此書下簡稱《余志》），第一二一種，頁三○三。

略》所載：

> 澎湖廳員秩正六品，歲支俸銀六十兩。役則有額設：門子二
> 名，歲共支工食銀一十二兩四錢；馬快八名，歲共支工食銀四
> 十九兩六錢；皂隸十二名，歲共支工食銀七十四兩四錢；民壯
> 二十名，歲共支工食銀一百二十四兩；轎傘扇夫七名，歲共支
> 工食銀四十三兩四錢。至於祭祀關聖，每歲春、秋、誕辰三祭
> 共支銀一十八兩。通共應支正項銀三百八十一兩八錢。除支
> 外，實應起運銀二百二十七兩七錢二分七釐，每年批解臺灣府
> 庫。[11]

　　則知乾隆十年左右至二十年，甚至到乾隆三十年代初期，澎湖廳
經收支正雜餉稅款總額已比乾隆初年時多出將近七十兩，解充軍餉也
多出七十兩餘，但乾隆三十五年左右時該廳經收稅款總額降為六百衣
一十四兩五錢二分七釐[12]。雖則，唯存留支應款仍無改變。就存留經費
而言，如將雍正末葉以來通判支領的養廉銀五百兩和民壯二十名的工
食銀一百二十四兩合併算入存留支應款內，則從雍正末葉一直至乾隆
三十五年，前後四十年間，澎湖廳之實際存留支應經費為八百八十一
兩八錢，其間之人事費一直是高達九七・九六％，通判之待遇仍維持
每年五百六十兩，差役之待遇每名每年仍支給六兩二錢，而祭祀費仍
然一直僅僅佔二・〇四％而已。至於其他如文教、建設和救濟等所需
之經費一直未見編列。茲將雍正末葉至乾隆三十五年間澎湖廳存留經
費使用分配情形和官役之待遇列表如（表2-1）。

11　前引胡建偉《澎湖紀略》，頁二一一。
12　按六百一十四兩五錢一分七釐係包括乾隆三十二年起徵之當稅銀五兩在內的。前引胡建
　　偉《澎湖紀略》，頁二一一。

表 2-1　雍正末葉至乾隆三十五年澎湖廳經費分配和官役待遇表

每人年待遇	經費百分比		祀銀	工食銀	養廉銀	俸薪	人數	官役別
560	63.5	7.3				60	1	通判
		56.7			500			
6.2		1.4		12.4			2	門子
6.2		8.4		74.4			12	皂隸
6.2	34.5	4.9		43.4			7	轎傘扇夫
6.2		5.6		49.6			8	馬快
6.2		14.1		124			20	民壯
	2	2	18					關聖君
	100％	100％	18	303.8	500	60	50	合計
				881.8				

備註

1.人數單位為名，俸薪、養廉銀、工食銀和祀費之單位皆屬兩。
2.資料來源：
劉良璧《重修福建台灣府志》，頁215、216、227、228；范咸《重修台灣府志》，頁237、238、239；王必昌《重修台灣縣志》，頁315；余文儀《續修台灣府志》，頁303、304；胡建偉《澎湖紀略》，頁61、211。

以上為乾隆三十五年以前，澎湖廳之官役待遇和存留經費使用分配情形。雖則，從此之後，歷經乾隆中至乾隆末年，該廳存留經費分配情形和官役待遇與上述情形相同[13]。

13　清道光十二年（西元一八三二年）刊刻之蔣鏞纂《澎湖續編》所涉及的年代是上溯自乾隆三十五年，下至著書之年，而該書「度支」門裡又載說：「現在每年俸工（按指通判

　　於此暫時轉來探討成立於雍正九年（西元一七三一年）之淡水廳的存留經費分配和官役待遇狀況。在雍正即乾隆初年時，淡水廳之經費分配情形，根據劉良璧《重修福建臺灣府志》的記載說：

> 淡防廳各項正雜餉稅，額銀二百八十兩零四錢。不敷支應，經詳請撥補；奉文准就臺灣縣起運錢糧項下，移解銀三百九十四兩六錢協濟支給。二共支應銀六百七十五兩。[14]

可見雍乾時代，淡水廳所經收的稅款總額為二百八十兩零四錢，尚不足以支應該同知辦公經費之所需，而必需由臺灣縣之起運錢糧項下，撥出三百九十四兩六錢予以協濟。上述支應銀六百七十五兩，其分配使用情形，在劉良璧《重修福建臺灣府志》裡有：

> 淡防廳俸銀四十二兩五錢五分六釐，薪湊俸銀三十七兩四錢四分四釐。……門子二名……實給銀一十二兩四錢；皂隸十二名……實給銀七十四兩四錢；轎傘扇夫七名……實給銀四十三兩四錢；步快八名……實給銀四十九兩六錢。竹塹巡檢俸銀一十九兩五錢二分，薪湊俸銀一十二兩。皂隸二名……實給銀一十二兩四錢；弓兵一十八名……實給銀三十二兩八錢六分；民壯四名……實給銀二十四兩八錢。八里坌巡檢俸銀一十九兩五錢二分，薪湊俸銀一十二兩。皂隸二名……實給銀一十二兩四錢；弓兵一十八名……實給銀三十二兩八錢六分；民壯四名……實給銀二十四兩八錢。彰化縣截歸舖司兵三十名……實給銀二百一十二兩零四分。[15]

的記載。由是則知淡水廳存留的和臺灣縣起運錢糧項下所協濟的，合計共銀六百七十五兩，如再將雍正末葉以來，每年淡水同知支領五百

之俸薪和差役之工食銀）、祭祀共支銀三百八十一兩八錢，實起解銀二百一十一兩三錢四分八釐，又解未入額、不報部銀一十六銀六錢一分，共解銀二百二十七兩九錢五分八釐。」（見該書，頁六二），則知連道光十二年時，澎湖廳之存留經費分配情形都與乾隆三十五年時相同，因此可以推測自乾隆中葉至乾隆末年時，該廳存留經費分配情形與乾隆三十五年時相同。

14　前《劉志》，頁二四〇─二四一。

15　同前，頁二四一─二四二。

兩、竹塹巡檢八里坌巡檢各支領二十兩的養廉銀[16]，視之為該廳的存留款之一部分，則其存留款總額為一千二百一十五兩。同知、巡檢之待遇每年分別為五百八十兩和五十一兩五錢二分；差役之待遇每年每名支給工食銀門子、皂隸、轎傘扇夫、民壯均各六錢，弓兵一兩八錢二分五厘五毫五絲五忽五微，舖司兵七兩零六分八厘。由此亦顯現一現象，即此一千二百一十五兩全數做為支應人事經費之用，顯然廳內所需經辦的各項經費，如文教、經建、救濟等經費，就有賴同知自行去籌措了。茲將乾隆八年淡水廳經費使用分配情形列如（表2-2）。

表2-2　乾隆八年淡水廳經費使用分配和官役待遇情形表

備註	官役每人年待遇	經費百分比		工食銀小計	俸薪養廉小計	工食銀	養廉	俸薪	人數	官役別
人數單位為名，俸薪、工食銀之單位為兩。	580	57.6%	6.4%		580			80	1	同知
			37.8%				500			
	71.52		2.5%		71.52			31.52	1	竹塹巡檢
			3.2%				40			
	71.52		2.5%		71.52			31.52	1	八里坌巡檢
			3.2%				40			
	6.2					12.4			2	門子（同知署）
	6.2					74.4			12	皂隸
	6.2		14.3%	179.8		43.4			7	轎傘扇夫
	6.2					49.6			8	步快
	6.2					12.4			2	皂隸（竹塹巡檢司）
	1.825			70.06		32.86			18	弓兵
	6.2					24.8			4	民壯
	6.2					12.4			2	皂隸（八里坌巡檢司）
	1.825					32.86			18	弓兵
	6.2		11.2% 5.6%	70.06		24.8			4	民壯
	7.068	42.4%	16.9%	212.04		212.04			30	鋪司兵
		100%	100%	1255		531.96	580	143.04	110	

資料來源：劉良璧《重修福建臺灣府志》，頁 240-242；范咸《重修臺灣府志》，頁 239、240。

16　前引《范志》，頁一○○、二三九、二四○；前引〈清代雍正朝におる養廉銀の研究（一）〉，《東洋史研究》，第二九卷第一期，頁四五；鄧青平〈清雍正年間（一七二三—三五）的文官養廉制度〉，《新亞學報》，第十卷第一期下，頁二九。

　　根據乾隆十一年（西元一七四六年）刊刻范咸纂輯之《重修臺灣府志》載說：

> 淡水廳正雜餉稅，額銀二百九十一兩六錢，不敷支應；就臺灣縣起運錢糧項下，移解銀四百零八兩二錢協濟支給。二共支應銀六百九十兩八錢。[17]

可見此時淡水廳所經收之稅款已較雍乾之際時稍微多些（多出十一兩二錢），雖則由於增加太有限，因此仍需就臺灣縣起運錢糧項下協濟淡水廳四百零八兩二錢，以為支應，而此時淡水廳之存留經費也較雍乾之際時略增。此時的存留經費為六百九十九兩八錢，即增加四名禁卒實際發給之工食銀二十四兩八錢。至於其他存留項目和金額（除巡檢之養廉銀調高為四十兩外）均與雍乾之際時的完全相同，很顯然的，此時該廳官役之待遇也與雍乾之際時相同[18]，因此，此時淡水廳之實際存留經費為銀一千兩百七十九兩八錢，比以前略增二十四兩八錢。然而此一千兩百七十九兩八錢銀，仍然全數用於人事費用上。

　　乾隆十一年以後，淡水廳經手徵收之正雜餉稅額，每年有所增加，截至乾隆二十九年時，淡水廳經收之正雜餉稅款數已大幅增為四百五十七兩六錢七分，約為乾隆十一年左右時的一‧五七倍。淡水廳上述自行徵收各項稅款中的二百八十四兩六錢銀，存留做為同知之俸薪和同知衙門內差役之工食銀之用，所剩銀一百七十三兩零七分起解府庫。至於竹塹和八里坌巡檢之俸薪和該兩巡檢署內之差役和全廳之舖司兵之工食銀共四百一十五兩二錢由彰化縣撥給[19]。此時淡水廳經收稅款的數額和存留款之來源已與以前有明顯的差異，但是如從該廳經費分配使用項目和數額的角度來看的話，則可說乾隆二十九年前後，淡水廳實際存留經費及其分配使用之項目和數額，包括同知、竹塹、八里坌兩巡檢所支領之俸薪養廉銀和差役之工食銀[20]全與乾隆十一年時

17　前引《范志》，頁二三六。

18　同前，頁二三六一二三七、二三九、二四〇。

19　前引《余志》，頁三〇一一三〇三。

20　乾隆二十九年淡水同知、竹塹巡檢和八里坌巡檢所支領之養廉銀金額，及該等經費之來源，皆

相同。

　　乾隆三十二年淡水廳在組織上有所調整，其一是將八里坌巡檢改為新莊巡檢，其二是於同知衙門內增添四十名民壯（參見本文第一章第一節）。巡檢改設只是地點的調整，其編制員額不變，其經費支應也無所變，但增添民壯則需增撥銀二百四十八兩（由臺灣縣之徵存起運項下撥給），以供工食之用[21]。因此，此時淡水廳實際存留經費增為一千五百二十七兩八錢，增加了一九‧三八％，其經費分配使用項目除增加民壯項外，其餘不論是使用項目或各項金額都與以往相同。

　　乾隆五十四年，清廷又將新莊巡檢改設為縣丞，其組織編制為設縣丞一員，縣丞署內設門子一名，皂隸四名，馬快四人，民壯四人、馬夫一人，合計設差役十四人，比巡檢之差役減少了十人（參見第一章第一節），因之其經費分配也有所變動，即原來巡檢俸薪養廉銀及巡檢署差役之工食銀共需銀一百四十一兩五錢八分，現改為縣丞時，縣丞俸薪銀四十兩、養廉銀四十兩，縣丞署差役十四人實際給工食銀八十六兩八錢，合計新莊縣丞署共需俸新養廉銀及工食銀一百六十六兩八錢[22]。由此可見此時淡水廳之經費需增二十五兩二錢二分，除此而外，其他之經費分配使用項目和金額仍然與以前一樣。此時該廳實際存留經費增為一千五百五十三兩零二分，增加了一‧六五％。自此而後，淡水廳截至乾隆末年官治組織未見變動（參見第一章第二節），因之其存留經費或許亦未調整[23]。

　　與乾隆十一年時相同（前引《余志》，頁二三九、二四〇；前引《余志》，頁三〇四、三〇六）。另乾隆二十九年時該廳官員之俸薪銀和差役之工食銀亦皆與乾隆十一年時相同（前引《范志》，頁二三六─二三七，前引《余志》，頁三〇一─三〇三）。

21　《臺灣府賦役冊》，《臺文叢》，第一三九種，頁八三。

22　周璽《彰化縣志》，《臺文叢》，第一五六種，頁一八三。由雍正年間以來，各縣縣丞初都支領養廉銀二十兩或四十兩，自乾隆八年起皆各支領四十兩，其中二十兩由縣之耗羨銀內支給，另二十兩由府徵鹽價項下支給（參見前引《范志》，頁二三九、二四〇；《余志》，頁三〇五、三〇六），而道光十年周璽纂之《彰化縣志》（頁一八五）亦載彰化縣存留二十兩充南投縣丞之養廉銀，因此推測乾隆五十四年新設之新莊縣丞必也支領四十兩的養廉銀。

23　淡水廳之存留經費有許多是由彰化解運項下撥給的，而根據前引道光十周璽編《彰化縣志》之記載則知大甲、竹塹巡檢及其差役之俸薪工食銀都未變動（該書，頁一八三），因之推

第二節　嘉慶至同治年間廳之經費分配與官役待遇

第一項　淡水廳之經費分配與官役待遇

乾隆以前澎湖廳之官役待遇和存留經費之分配情形，已在前節探討過。其後歷經嘉慶、道光、乃至同治年中葉，將進百年，都未見變化[24]。

淡水廳之官治組織，自乾隆末年至嘉慶十九年（西元一八一四年）未見改動，其官員俸薪養廉銀和差役工食銀之金額也未經調整，因此淡水廳此一階段之存留經費或許亦未變動[25]。

嘉慶二十年淡水廳之舖司兵由以往的三十名調整為五十六名，翌年淡水廳增設大甲巡檢司，再過一年又增設一訓導。巡檢司設巡檢一名、差役二十四名、廳儒學設訓導一名、差役三名、廩生四名（參見第一章）。淡水廳之官治組織經此一調整後，其經費之分配也配合調整。即增設大甲巡檢署，需每年支給巡檢俸薪銀三十一兩五錢二分、二十四名差役工食銀共七十兩零六分、增設廳儒學，需每年支給訓導俸薪銀四十兩、三名差役工食銀共二十二兩一錢六分、廩生四名廩糧銀共一十一兩五錢七分二釐；設廳儒學之後，淡水廳似增加一些祀典業務，每年需支給銀六十二兩五錢二分，並需支給貢生旗匾銀六錢二分，鄉飲酒禮銀六兩[26]；舖司兵增為五十六名以後，每年也需增加支給其工食銀共一百六十九兩九錢零八釐（其中二十一名之工食銀仍維持

測乾隆五十四年至乾隆末年間，淡水廳存留經費之項目和數額也沒變動。

24　前引道光十二年刊刻之蔣鏞《澎湖續編》所載澎湖之官役待遇和存留經費（該書，頁六二）與乾版三十五年的相同；另據光緒十八年林豪纂《澎湖廳志》（《臺文叢》，第一六四種）度支門之記載內容則知即使至光緒十八年澎湖之官役待遇和存留經費之內容項目和金額也與道光十年左右時相同，因此可知同治時代也相同（該書頁一〇二—〇三）。

25　同註二三。

26　前引《彰化縣志》，頁一八二、一八三；陳培桂《淡水廳志》，《臺文叢》，第一七二種，頁一〇六、一〇七、一〇八。在《臺灣府賦役冊》之淡防廳應支存留各款項下（該書，頁八二—八三）尚無有關淡水廳之祀典、鄉飲酒銀等項存留經費之記載，而上列《淡水廳志》內則有，因此似可推測淡水廳設廳儒學後才開始支給祀典、鄉飲酒銀等經費（《淡水廳志》，頁一〇六）。

原來的每年每名七兩零六分八錢，另三十五名則調降為每年每名六兩六錢七分二厘）[27]；此外如加上巡檢每年支領的四十兩養廉銀，則嘉慶二十年以後，淡水廳每年實際需增加存留經費四百五十四兩三錢六分，比嘉慶十九年時增加了二九‧二六％，而實際存留經費總額為二千零七兩三錢八分。但存留經費中除巡檢署、廳儒學祀典、鄉飲和舖司兵等新增款項外，其餘之存留經費不論其分配項目或金額上仍然沒有調整。此後存留經費分配上，已顯現出與往昔不同的一個特點，即存留經費中已有文教經費的項目出現，即訓導俸薪銀、廩糧銀、祀典、貢生旗匾和鄉飲酒銀共一百二十兩七錢一分二釐，佔該廳實際存留經費總額的六‧○一％，將儒學訓導、廩生和其差役之經費視為教育費，教育經費也不過佔實際存留經費的三、六七％而已。茲將嘉慶末年時，淡水廳實際存留經費分配情形和官役待遇列如表 2-3。

27　淡水廳塹南舖司兵原設三十名，嘉慶二十年經裁剩二十一名，則每年省給工食銀六十三兩六錢一分二釐（前引陳培桂《淡水廳志》，頁五六、一○八），但同年另裁汰改設後所增之三十五名舖司兵每年共需支給工食銀二百三十三兩五錢二分（同書，頁五六—五七、一○五），以此數扣去每年省給者，則每年需增加支給舖司兵工食銀一百六十九兩九錢零八釐。

表2-3　嘉慶末年淡水廳實際存留經費分配及官役待遇情形表

差役每人年待遇	官員年待遇	經費百分比		各工食銀小計	各項小計	金額	人數	經費別
	580		3.99%			80	1	同知俸薪
			24.9%			500		同知養廉
	80		1.99%			40	1	新莊縣丞俸薪
			1.99%			40		新莊縣丞養廉
	40		1.99%			40	1	訓導俸薪
	71.52		1.57%			31.52	1	大甲巡檢俸薪
			1.99%			40		大甲巡檢養廉
	71.52		1.57%			31.52	1	竹塹巡檢俸薪
		42%	1.99%		843.04	40		竹塹巡檢養廉
			0.13%			2.52		聖廟香燭銀
			2.99%			60		祭品銀
			0.03%			0.62		貢生旗匾銀
		3.44%	0.3%		69.14	6		鄉飲酒禮銀
6.2			0.62%			12.4	2	門子工食銀
6.2			3.71%			74.4	12	皂隸工食銀
6.2			2.16%			43.4	7	轎傘扇夫
6.2			2.47%			49.6	8	步快工食銀
6.2			1.24%			24.8	4	禁卒工食銀
6.2		22.55%	12.35%	452.6	452.6	248	40	民壯工食銀
6.2			0.31%			6.2	1	門子工食銀
6.2			1.24%			24.8	4	皂隸工食銀
6.2			1.24%			24.8	4	馬快工食銀
6.2			1.24%			24.8	4	民壯工食銀
6.2		4.32%	0.31%	86.8	86.8	6.2	1	馬夫工食銀
6.2			0.46%			9.3	1.5	齋夫工食銀
2.893			0.58%			11.572	4	廩生工食銀
6.66			0.33%			6.66	1	膳夫工食銀
6.2		1.68%	0.31%	33.732	33.732	6.2	1	門斗工食銀
6.2			0.62%			12.4	2	皂隸工食銀
1.825			1.64%			32.86	18	弓兵工食銀
6.2		3.49%	1.24%	70.06	70.06	24.8	4	民壯工食銀
6.2			0.62%			12.4	2	皂隸工食銀
1.825			1.64%			32.86	18	弓兵工食銀
6.2		3.49%	1.24%	70.06	76.06	24.8	4	民壯工食銀
7.068			7.39%			148.428	21	舖司兵　工食銀
6.672		19.03%	11.63%	381.948	381.948	233.52	35	
		100%	100%	1095.2	2007.38		203.5	合計

備註：2 新莊縣丞於嘉慶十四年改為艋舺縣丞，雖未正式奉准，但諸多文獻皆用艋舺縣丞稱之。1 人數單位為名，俸薪、養廉、工食、祀典銀單位為兩。

資料來源：范咸《重修臺灣府志》，頁 236、239、240；余文儀《續修臺灣府志》，頁 304、305、306；《臺灣府賦役冊》，頁 71、82、83；周璽《彰化縣志》，頁 182、183；陳培桂《淡水廳志》，頁 56、57、105-108。

　　嘉慶末年之後至道光二十一年（西元一八四一年）的二十餘年間，淡水廳的官治組織未見調整，其存留經費分配和官役之待遇情形也一直與嘉慶末年時相同。但據陳淑均《噶瑪蘭廳志》所載之禮部奏摺裡說：

　　道光二十二年九月，奉憲准到部咨，抄錄行知，內開：「禮部為遵旨議奏事，本年正月二十三日，內閣抄出前任閩浙總督顏等奏請，加增噶瑪蘭廳學額，並由廳考錄及酌添廩增一摺；奉硃批：該部議奏。欽此。欽遵到部。……臣等公同酌議，擬如所請，准其於淡水廳額六名之外，酌加二名。以五名為淡水額，編為炎字號，以三名為噶瑪蘭額，稱東字號。……至噶瑪蘭廳學額，既增二名，其廩、增亦應如所請，各加二名。……其廩糧於噶瑪蘭正供內，照例分撥，以免淆混。……所有臣等核議緣由，是否有當，恭候命下臣部，行文該督等遵奉施行。」[28]

另據崑岡等《欽定大清會典事例》載說：

　　二十二年（按指道光二十二年）議准：噶瑪蘭廳向附淡水廳學取進，道路窵遠，跋涉維艱；現在人文漸盛，應試文童至三百餘名，於淡水廳額六名之外，酌加二名，以五名為淡水額，編炎字號，以三名為噶瑪蘭額，編東字號。……至噶瑪蘭廳學額既增二名，其廩、增亦各加二名。[29]

則知道光二十二年時因噶瑪蘭人文漸盛，滿清中央議准酌增二名學額給噶瑪蘭，同時於噶瑪蘭廳亦加廩、增生各兩名，如次則需增編兩名廩生之廩糧銀五兩七錢八分六釐[30]。由於當時噶瑪蘭廳之學務由淡水廳儒學管轄，所以增編之兩分廩糧銀，應視為淡水廳之實際存留經費的一部分，如是則道光二十二年以後，淡水廳之實際存留經費，由二千

28　陳淑均《噶瑪蘭廳志》，《臺文叢》，第一六〇種，頁一五八—五九。
29　崑岡《欽定大清會典事例》，新文豐出版公司影印（臺北市，民國六十九年），卷二七四，頁四，總頁一〇〇一〇。
30　由《彰化縣志》所載該縣廩生每名廩糧銀為二兩八錢九分三釐（前引周璽《彰化縣志》，頁一八二），則兩分廩糧銀為五兩七錢八分六釐。

零七兩三錢八分增加為二千零一十三兩一錢六分六釐，教育經費也由先前佔實際存留經費總額的三‧六七%提昇為三‧九六%，官員俸薪養廉銀和差役工食銀佔九五‧七%。至於官員、廩生和差役之待遇，則仍與道光二十一年及其以前相同。此一分配情況和官員廩生差役之待遇，都一直持續到同治中葉，仍然沒有改變。

第二項 噶瑪蘭廳之經費分配與官役待遇

嘉慶十六年（西元一八一一年）清廷批准增設噶瑪蘭通判，廳治設於五圍，此外另於頭圍設一縣丞，於羅東設一巡檢。不過羅東巡檢署設在五圍，與通判同城執事（參見一章第二節）。為執行廳務，除設有上述官員外，尚配置差役，供官員差遣，如是必需編列經費以為支應。據柯培元《噶瑪蘭志略》載說：

> 噶瑪蘭通判一員：歲得俸薪銀六十兩，歲得養廉銀五百兩。又通判衙門年給役食銀三百五十一兩八錢。內額設門子二名、皂隸十二名、馬快八名、轎傘扇夫七名，禁卒二名、民壯十二名，年給工食銀五兩九錢五分六釐八毫六絲二忽七微。添設斗級四名、庫子四名，每名年給工食銀六兩，逢閏各加五錢。額設舖司五名，添設舖兵（即遞夫）三十二名，每名年給工食銀六兩、火炬銀四錢八分，年供銀二百四十八兩八錢八分。社稷神祇壇年支祭品銀二十兩。頭圍縣丞一員，歲支俸薪銀四十兩。又縣丞衙門年支給役食銀八十六兩八錢。內額設門子……每名年支給工食銀六兩二錢。羅東巡檢一員，年支俸薪銀三十一兩五錢二分，年支養廉銀四十兩。又巡檢衙門年支給役食銀七十兩零六分。額設皂隸二名、弓兵十八名、民壯四名，每名年支給工食銀二兩九錢一分九錢厘一毫六絲六忽六微。以上俸廉、祭品、役食，年共一千四百八十九兩零六分。[31]

由此則知噶瑪蘭廳每年存留經費共一千四百八十九兩零六分，其中官員之俸薪養廉銀共支七百一十一兩五錢二分、差役和舖司之役食銀共

---

31 柯培元《噶瑪蘭志略》。《臺文叢》，第九二種，頁五一──五二。頁五一第十二行原文有「添設計斗及四名」乃應為「添設斗級四名」才是。

支七百五十七兩五錢四分、社稷神祇壇之祭品銀共支二十兩，分別各佔存留經費總額的四七‧七八％、五〇‧八七％、一‧三四％，而將官員之俸薪養廉銀、差役和舖司兵之役食銀合併計算，則發現其人事費高達九八‧六五％。由上面這段引文同時又可知噶瑪蘭之通判、縣丞和巡檢等官員之俸薪養廉銀和澎湖通判、淡水廳之新莊縣丞、竹塹巡檢的完全相同。在差役工食銀方面，噶瑪蘭廳呈現多樣化，即該廳衙門的差役待遇每名每年只得工食銀五兩九錢五分六厘八毫六絲二忽七微，比澎湖廳衙門和淡水廳的六兩二錢來得少；斗級、庫子各設四名，乃噶瑪蘭廳之特色之一，蓋澎湖、淡水兩廳皆未設之，其待遇為每名每年支給工食銀六兩，逢閏再加五錢；舖司兵之待遇為每名每年支給工食銀和火炬銀六兩七錢二分六厘四毫，比淡水廳部分之舖司兵之待遇稍差比另一部分稍好；縣丞署內之差役待遇與其他廳衙的相同，皆每名每年支給工食銀六兩二錢；羅東巡檢司內之皂隸待遇最差，每名年給工食銀僅近三兩，而該巡檢司內之弓兵待遇之好為各廳之冠，每名每年可得近三兩銀，而其他各廳之弓兵皆僅得一兩八錢二分五厘五毫五絲而已[32]。如欲對噶瑪蘭廳之存留經費分配情形和官役之待遇狀況與澎湖、淡水兩廳相較，則請再詳閱表 4-1、4-2、4-2。

　　又、關於噶瑪蘭存留經費的分配情形，在陳淑均撰，咸豐二年刊刻之《噶瑪蘭廳志》裡有：

> 以上文職俸廉、役食、祭品、舖司兵，年共支銀一千四百八十九兩零六分，在於徵存餘租項下動支。道光二十三年冬季分起，每兩奉文扣存六分減平。除祭品不扣減平外，年共應扣減平銀八十八兩一錢四分三釐六毫。逢閏加給斗級庫子工食銀四

---

32 柯培元《噶瑪蘭志略》謂巡檢衙門額設差役，每名每年支給工食銀近三兩，實屬特殊。該書載巡檢衙門年支給役食銀七十兩零六分，現在如將之治去兩名皂隸四名民壯工食銀三十七兩二錢（以皂隸、民壯一般年支給工食銀六兩二錢計算），再將所剩的三十二兩八錢六分去除以十八名弓兵，則每名弓兵每年工食銀恰與淡水弓兵之待遇一兩八錢二分五厘五毫五絲五忽五微完全相符，如是則難免令人懷疑柯氏所謂差役每名每年支給工食銀近三兩，可能是因柯氏只得到該衙門差役工食銀的總數和差役人數之後取其平均數所得的結果。

兩，亦扣減平。[33]

如此之記載。如是可知噶瑪蘭廳從道光二十三年（西元一八四三年）起，每年共應扣減平銀八十八兩一錢四分三厘六毫，因此其實際存留經費總額只有一千四百兩九錢一分六釐四毫，其各項目之實際存留金額為：官員之俸薪養廉銀六百六十八兩八錢二分八釐八毫、差役和舖司兵之役食銀七百十二兩零八分七釐六毫、社稷神祇壇之祭品銀二十兩。上述各項分別各佔實際存留經費總額的四七‧七四％、五○‧八三％、一‧四三％。經扣減平銀後，人事費在存留總額所佔百分比有些微降低，相反的祭品銀所佔百分比有些微提高。噶瑪蘭廳之存留經費如是之分配情形，一直維持到道光末年，該廳之官役待遇也一直未見改變[34]。

第三節　同治光緒年間廳之經費分配與官役待遇

經本論文前述之探討，則知嘉慶朝之後，歷經道光和咸豐等朝，乃至同治十年以前，臺灣並未增設同知或通判為地方文職最高長官的廳級機關，而已設之澎湖廳、淡水廳和噶瑪蘭廳之附屬機關也沒增加，該等機關之編制員額同樣沒有調整，因此到了同治十年（西元一八七一年）時，澎湖、淡水、噶瑪蘭三廳之存留經費之分配情形和官役之待遇金額也與道光末年時相同[35]。

同治十一年清廷將淡水廳儒學之訓導改為教諭，並於噶瑪蘭增設

---

33 《噶瑪蘭廳志》，頁七九—八○。

34 陳淑均《噶瑪蘭廳志》完成於道光末年，開刊刻於咸豐二年，因此依該書第七九頁的記載，可知道光二十三年時，該廳存留經費分配情形，一直維持至道光末年。

35 陳培桂纂，於同治十年刊印之《淡水廳志》未見淡水廳在道光咸豐年間，乃至同治十年以前，於存留經費分配和官役待遇上有所變動（該書，頁五六—五七、一○五—○六）。林豪《澎湖廳志》（《臺文叢》，第一六四種）內未見澎湖廳在道光咸豐年間，乃至同治十年以前，於存留經費分配和官役待遇上有所變動（該書，頁一○二—○三）。至於噶瑪蘭廳，目前尚未發現有關道光末年至同治十年間，調整其存留經費之分配和官役待遇之金額的文獻資料。

儒學，派一訓導主其事[36]。據崑岡《欽定大清會典事例》載說：

> 同治十一年議准：淡水廳、噶瑪蘭廳人文日盛，所有淡水廳學
> 額八名，除噶瑪蘭廳分進三名，實止五名。今以八名專為淡水
> 廳學額，毋庸分給噶瑪蘭廳取進；至噶瑪蘭廳另立專學，以五
> 名為該廳學額。其廩、增各缺，淡水廳仍舊額定為廩、增各六
> 名，噶瑪蘭廳定為廩、增各四名。[37]

可見在淡水廳儒學方面除將訓導改為教諭，定淡水廳學額為八名外，
其廩、增生仍照舊額定為各六名，如是由於教諭俸薪與訓導同，廩糧
仍與以前一樣編為六分，因此淡水廳存留經費之分配不受影響，仍與
以前相同；在噶瑪蘭廳方面，可見在增設儒學訓導的同時，學額增為
五名，廩、增生各四名，因此理論上該廳儒學尚需配置齋夫、門斗和
膳夫等差役若干名以供訓導差遣，如次一來，此時噶瑪蘭廳之存留經
費必有所變化。由於此時噶瑪蘭廳儒學究竟設幾名差役，尚待考，但
依淡水廳初設訓導時設齋夫、門斗、膳夫各一名為例，假設噶瑪蘭廳
設儒學時所設的差役亦如是，則此噶瑪蘭廳之存留經費將增為一千四
百六十七兩三錢一分零四毫[38]，其各項存留金額為：官員之俸薪養廉銀
六百六十八兩八錢二分八釐八毫（訓導之俸薪未計入）、差役和舖司兵
之役食銀七百十二兩零八分七釐六毫、社稷神祇壇之祭品銀二十兩、
儒學經費六十六兩三錢九分四釐（含訓導俸薪、廩生廩糧、差役工食
銀）。上述各項分別各佔存留經費總額的四五‧五八％、四八‧五三
％、一‧三六％、四‧五二％。如將儒學經費和社稷神祇壇之祭品經費

36　《大清穆宗毅（同治）皇帝實錄》，華文書局影印本（臺北市，民國五十三年），卷三三
　　七，七月己酉條。

37　前引崑岡等《欽定大清會典事例》，卷三七四，頁四—五，總頁一〇〇—〇—一〇〇—
　　一。

38　噶瑪蘭廳增設一訓導和四廩生，假設配置齋夫、門斗膳夫各一名，而訓導一名俸薪銀四
　　十兩、四廩生廩糧銀共十一兩五錢七分二釐、齋夫一名工食銀六兩二錢財、門斗一名工
　　食銀六兩二錢、膳夫一名六兩六錢六分（參見前引《彰化縣志》，頁一八二—八三；前
　　引《淡水廳志》，頁一〇五—〇六），如依噶瑪蘭廳自道光二十三年以來之慣例，將上
　　列各項每兩扣存六分減平，合計此時該廳需增存留經費六十六兩三錢九分四釐。以此數
　　加上先前實際存留經費銀一千四百兩九錢一分六釐四毫，則為此時之存留經費。

合計為文教經費,則同治末葉,噶瑪蘭廳存留經費中文教經費僅佔五·八八%而已,然而如將訓導和其差役與其他官役之俸薪養廉工食合併計算,則人事經費將高達九八·一四%。

迨光緒年間,清廷對臺灣文職機關做了大幅度之調整,首先於光緒元年做過一次調整,其結果,噶瑪蘭廳改為宜蘭縣,淡水廳分割為淡水縣和新竹縣。光緒十一年(西元一八八五年)清廷下令臺灣建省,之後於埔裡社地方設通判一員,歸臺灣府管轄。埔裡社廳存留經費分配情形,目前似尚無資料,容後待考。

光緒十一年澎湖廳增設八罩巡檢,巡檢司配置弓兵十八名[39]。澎湖廳道光末年以前,存留經費分配情形,已如本章第一節第一項所述。道光末年時澎湖廳實際存留經費總額為八百八十一兩八錢。道光朝之後歷經咸豐、同治乃至光緒十年以前,澎湖廳之官治組織一直未見改變,因此其存留經費和官役待遇也一如道光末年,無所變動[40]。此刻於該廳增設巡檢,改變了該廳一百五十餘年來未變的官治組織面貌和存留經費分配情形(按自雍正五年或雍正末葉至光緒十一年的一百五十餘年間,澎湖廳的官治組織和存留經費之項目和金額及官役之待遇皆未見改變)。澎湖廳此時之實際存留經費增為九百八十六兩一錢八分,其中增加了巡檢之俸薪養廉銀七十一兩五錢二分和弓兵十八名之工食銀三十二兩八錢六分,每名弓兵每年可得工食銀一兩八錢二分五厘五毫五絲[41]。此一存留經費分配情形和官役之待遇水準,可能一直持續到滿清統治臺灣的末年。茲將光緒十一年時,澎湖廳實際存留經費分配和官役待遇情形列如(表2-4)。

---

39 前引林豪《澎湖廳志》,頁一七四。

40 據光緒十九年刊刻林豪撰《澎湖廳志》之度支門所載有關通判之俸薪養廉銀,差役之工食銀,都與以前相同(該書,頁一○二—一○三),因此推測道光末年以來,歷經咸豐、同治乃至光緒十年以前,該廳存留經費之項目和金額及官役之待遇金額都一樣。

41 巡檢之俸薪養廉銀和弓兵之工食銀參見表2-3。

表 2-4　光緒十一年澎湖廳實際存留經費分配和官役待遇情形表

每人年待遇	經費百分比		祀銀	工食銀	養廉銀	俸薪	人數	官役別
560	56.78	6.08				60	1	通判
		50.7			500			
71.52	7.26	3.2				31.52	1	八罩巡檢
		4.06			40			
6.2		1.26		12.4			2	門子
6.2		7.54		74.4			12	皂隸
6.2	34.13	4.4		43.4			7	轎傘扇夫
6.2		5.03		49.6			8	馬快
6.2		12.57		124			20	民壯
1.825		3.33		32.86			18	弓兵
	1.83	1.83	18					關聖君
	100%	100%	18	336.66	540		69	合計
				986.18				

備註	1.人數單位爲名，俸薪、養廉、工食銀單位爲兩。 2.資料來源：參見表2-1、表2-2、表2-3，另參見林豪《澎湖廳志》，頁102、103、174。

　　經前述的研究得知，臺灣在清朝統治時代，各廳之存留經費中，人事費經常維持在九五％以上。澎湖廳自雍正五年（西元一七二七年）設廳以來至光緒十年（西元一八八四年）的一百五十餘年間，其存留經費中，官員俸薪養廉銀和差役工食銀之類的人事費之比重就一直維持在九七・九六％的比率。祭祀費持續停滯在二・○四％的水準；

光緒十一年，由於澎湖廳增設一巡檢，該廳人事費之比重更昇高到九八・一七％，祭祀費降為一・八三％，此一比率一直持續到臺灣割給日本為止。嘉慶十六年（西元一八一一年）噶瑪蘭建廳以後，一直到同治十一年（西元一八七二年）的六十年間，其存留經費中人事費（官員俸薪養廉銀和差役工食銀）始終維持在九八％以上，即建廳到道光二十二年（西元一八四二年）人事費佔九八・六五％、祀典費佔一・三五％，道光二十三年至同治十年人事費微幅下降為九八・一四％。淡水廳存留經費分配的情形，更是令人感到不可思議，蓋該廳自雍正九年成立為一廳以來到嘉慶二年的八十六年間，其存留經費竟然百分之百用於支給官員俸薪養廉銀和差役工食銀之類的人事費用上，到了嘉慶二十三年以後，才出現四・〇二％存留經費是屬於文教祀典的現象。道光二十二年，淡水廳文教祀典費佔存留經費之比重微昇為四・三％，此一比率一直持續到同治末年。就整體而言，臺灣在清朝統治時代，由各廳存留經費的分配的面貌看來，各廳全都沒有編列公共建設、社會救濟、社會福利、公共造產等項存留經費，如是，則自然沒有能力推動上述各項工作，所以臺灣在清朝時代，各廳之公共設施、社會福利、社會救濟，如城池、衙署、校舍、橋樑、津渡設備、灌溉設施、穀倉等的工程建設，墳場、濟弱救貧等的社會福利和救濟工作，就有賴民間人士和官員捐輸以為推動了。

　　同時從前述各節的探討，令人認識到臺灣在清朝時代，各廳官員和差役的待遇之若干面貌。即廳之最高文職官員，同知或通判，其每年俸薪銀分別為八十兩或六十兩，自雍正末年另皆各支給養廉銀五百兩；縣丞、巡檢每年俸薪銀分別為四十兩。差役之工食銀，每名每年支給之金額，就整體而言有空間的差異性，而無時間的差別性。即澎湖、淡水廳弓兵為一兩八錢二分五厘五毫五絲、膳夫為一兩六錢六分、舖司兵一部分為七兩零六分八厘另一部分為六兩六錢七分二厘、其他各種差役皆為六兩二錢；噶瑪蘭廳各種差役的待遇比較紛歧，即廳衙之差役待遇比澎湖淡水廳稍差，每名每年工食銀不及六兩，舖司兵待遇為六兩七錢二分六厘四毫，比淡水廳的一部分的稍好，比另一

部分的稍差，縣丞署之差役待遇與澎湖淡水廳的相同，而羅東巡檢司之差役待遇可能最為特別（詳見本章第二節）。於此需一提的是，上述各廳官員和差役之待遇，其每年每名支給金額，自各自設廳始至廢止皆相同，看來臺灣清代官役之法定待遇不受物價或官員差役生活品質的變化而有所影響。

（資料來源：《臺灣風物》，第四十三卷，第三期，一九九三年，九月。）

清代臺灣廳制史之研究（三）

第三章 廳首長之任用與出身

清代文官任用制度非常嚴謹，對擔任某職位者，有的不僅有種種資格的限制，且在任命方式上也有不同的規定。具體的說，有的職位規定擔任此職位的資格為非滿人或非漢人莫屬，有的職位不拘滿漢，但必需正途出身者方可擔任，有的職位規定必需迴避省籍，有的只要迴避府籍即可，這是從族別、出身和籍別的標準言來審定某人有無資格擔任某職位。從職位的任命方式言，有的職位必定是開列，有的則題補調皆可[1]。臺灣清代廳首長之任用與出身究竟如何，就是本章所要探討的課題，因此將就廳首長的任命方式、任期、族別、籍別、正雜途出身等方面做縱切面和橫剖面的探討，以了解其較完整的面貌。

第一節 雍正乾隆年間廳首長之任用與出身

清代地方官之首長，其任用時間任命之方式有請旨、揀補、題補、調補、留補和部選（即由吏部銓選）等方式，至於廳州縣首長出缺時，其任命方式除不適用請旨外，一般而言其他各種方式都與道府首長的任命方式相同[2]。雍乾年間臺灣各廳首長之任卸方式，究竟如何？茲探討如下。

臺灣在位設廳之前即已設有知縣，因此於茲有必要先了解一下康熙年間臺灣各知縣的任用情形。康熙二十三年（西元一六八四年），臺灣初設臺灣、鳳山、諸羅三縣，其知縣任命方式，據《署理閩浙總督宜兆熊殘題本》載說：

> 臺灣應設官兵，於閩省水陸經制官兵內抽調遣防；臺灣澎湖文職，聽吏部補授具題；文武官員到任三年後，該部陞轉內地等

---

1 臨時臺灣舊慣調查會，《清國行政法》，南大書局，臺北市，民國七十九年複習刻版，第一卷下，頁一九七─二〇二、二二五─二四二。

2 同前，頁數二三六。

因具題，奉旨依議，欽遵在案。[3]

另據周鍾瑄《諸羅縣志》載說：

諸羅縣，設自康熙二十三年。知縣一員、典史一員、佳里興巡檢一員、儒學教諭一員，初由部選。[4]

再據陳文達《臺灣縣志》載說：

知縣一員、縣丞一員、儒學教諭一員、巡檢司檢一員。康熙二十三年開闢以後，各官初由部選。[5]

則知康熙二十三年臺灣設縣之初，各縣知縣之任用係由吏部負責銓選，即當時知縣任命方式屬部選，知縣之任期為三年。

臺灣各知縣任命由吏部銓選的辦法施行不久，在康熙三十二年就有所改變。根據《諸羅縣志》載說：

康熙三十年奉旨：臺灣各官，自道員以下，教諭以上，俱照廣西南寧等府之例，將品級相當現任官員內揀選調補；三年滿即陞。如無品級相當堪調之員，仍歸部選。[6]

陳文達《臺灣縣志》也載說：

至康熙三十年，奉旨：臺灣各官，自道員以下，教職以上，俱照南寧等府之例，將品級相當現任官員內揀選調補，三年俸滿

3　李光濤編，《明清史料》，臺北市，中央研究院歷史語言研究所，民國四十三年，已編第七本，頁六三〇。

4　周鍾瑄《諸羅縣志》，《臺文叢》，第一四一種，頁四七。

5　陳文達《臺灣縣志》，《臺文叢》，第一〇三種，頁九七。

6　同註四。清朝文官分兩大類，一類為等內官，另一類為等外官。等內官分為九品，每品又分為正、從兩級，合計為九品十八級；等外官不分等級，通稱之為未入流官。此外清代文官，原則上同等地位的官職，必屬同一品級，因此除了有品級之分，也有缺分（即地位之意）之別。以地方官而言，例如廳、縣，依其所處地理位置是否衝要，其政務是否繁簡難易，來定其缺分，即分成簡缺、中缺、要缺和最要缺四種，而用衝繁疲難四字來表達。廳、縣凡衝繁疲難四字兼具者為最要缺，具三字者為要缺，具二字者為中缺，具一字者為簡缺（前引《清國行政法》，第一卷下，頁三〇、一八七）。文中所謂「品級相當」指的是官職之品級相同，缺分相當之意。

> 即座。如無品級相當堪補之員，仍歸部選。[7]

足見康熙三十年時，清廷允許臺灣各知縣之任命方式，由原先完全由吏部全權負責的部選方式[8]，改為比照廣西南寧等府的例子，由督府調補，有就是說臺灣各知縣出缺時，可以由閩浙總督和福建巡撫就福建省內品級相當之現任官員中調補，而任期仍為三年，任滿即陞。不過福建省內如無品級相當的現任官員可調補，就仍歸吏部負責銓選。但是根據康熙四十七年十月十三日，閩浙總督梁鼐的奏摺說：

> 所有臺灣一郡遠隔重洋，其大小各官概從內地調整，然非真知灼見之員，未敢輕以題補，而自同知、知縣等官，向係撫臣會疏保題。今現有……諸羅縣知縣李鏞降調一缺，例應遴員題調。……查有福州府閩清縣知縣李兆齡，才猷敏練，辦事勤慎，操守廉潔，汀州府武平縣知縣時惟豫，居官才守亦好，俱堪以調補諸羅縣員缺。但……有處分之案，保題復格於例。臣思臺灣重地，需才……如知縣李兆齡時惟豫，臣所真知灼見，……李兆齡時惟豫各有議處之案，巡撫未便保題，臣亦礙例，不敢擅便，謹具摺奏請。……李兆齡、時惟豫應否准以一員調補諸羅縣，出自皇上特恩，懇乞或應另賜揀補，統惟聖主天裁。[9]

則知臺灣知縣出缺時，其任命方式，雖然原則上是遴選內地未受過行政處分之官員以「調補」方式為之，但題補亦無不可，甚至有特殊情形時也可由督撫以專摺奏薦方式為之。綜觀康熙年間臺灣知縣之任命方式，起初是由吏部銓選，其後在康熙三十年清廷諭令以調補為原則，但並不因此而禁用銓選、題補或專摺奏薦等方式。如就實際運作狀況而言，康熙年間，臺灣知縣之任命方式，以調補最為普遍[10]。

7　同註五。

8　雖然康熙三十年以前，臺灣各縣知縣係由部選，但首任鳳山縣知縣楊芳聲例外，楊氏係由福建省同安縣知縣調補的（陳文達《鳳山縣志》，《臺文叢》，第一二四種，頁四七）。

9　故宮博物院編《宮中檔康熙朝奏摺》，臺北市，故宮博物院，民國六十五年，第一輯，頁九三三—九三六。

10　此一事實從前引《臺灣縣志》秩官志，頁九八；前引《鳳山縣志》秩官志，頁四七—四八；

　　康熙三十年清廷指令臺灣各知縣出缺時，可由督撫調補的同時，也將知縣任期定為三年，其後直至康熙末年未見對知縣任期做過調整。然而根據《大清聖祖實錄》康熙六十一年正月庚戌條載說：

> 吏部議覆：福建浙江總督覺羅滿保疏言：「嗣後臺灣道、府、廳、縣在任三年，果於地方有益，俱照陞銜再留三年陞轉。」應如所請。從之。[11]

可見康熙末年開始，臺灣知縣在任三年時，如真的對地方有所助益的，除照陞銜外，並續留任知縣三年之後再陞轉，也就是說對地方真有貢獻的知縣，其實際任期可達六年之久，展延知縣任期似乎一方面是在鼓勵有為知縣的作為，另一方面則表示清廷重視臺疆，慎重考慮知縣的才能的意象。

　　康熙年間除了前述銓選或條補的方式任命知縣外，有時由督撫派員兼攝或署理或護理。從康熙二十三年至康熙六十一年的三十八年間，臺灣縣知縣包括兼攝者四任在內，則有十六任，平均任期為二點三八年[12]，鳳山知縣包括兼攝和署理者五任在內，則有十三任，平均任期為二點九二年[13]，諸羅縣知縣包括兼攝和署理者五任在內，則有十八任，平均任期為二點一一年[14]，因此康熙年間臺灣之知縣平均任期為二點四三年。如將任期分成若干組來觀察的話，則發現只有臺灣縣知縣之任期現象比較接近清廷所定三年一任的理想，該縣知縣任期在滿二年至三年之間者，佔各該縣的七·六九％，和二七·七八％。知縣任期

　　前引《諸羅縣志》秩官志，頁四八—四九，即可看出。不過其中諸羅知縣劉作楫係銓選。

11　《大清聖祖人（康熙）皇帝實錄》（下簡稱《聖祖實錄》），華文書局影印，臺北，民國五十三年，卷二九六，正月庚戌條。

12　前引陳文達《臺灣縣志》，頁數九八；前引劉良璧《重修福建臺灣府志》（下簡稱《劉志》），《臺文叢》，第七四種，頁三六○—三六一；鄭喜夫纂《臺灣地理及歷史卷九官師志第一冊文職表》（下簡稱《臺灣史地文職表》），臺中市，臺灣省文獻委員會，民國六十九年，頁一二九—一三○。周鍾　任期四年，跨康熙雍正兩朝，因此以兩任計算。

13　前引陳文達《鳳山縣志》，頁四七—四八；前引《劉志》頁三六七；前引《臺灣史地文職表》，頁一三九。楊毓健調攝鳳山知縣兩年，跨康熙雍正兩朝，因此各以一任計算。

14　前引《諸羅縣志》，頁四八—四九；前引《劉志》，頁三七二—三七三；前引《臺灣史地文職表》，頁一四九—一五一。孫魯調任鳳山知縣四年，跨康熙雍正兩朝，因此以兩任計算。

一年以下至未滿三年，佔各縣（指臺、鳳、諸三縣）的六八・七五
％、四六・一五％、七七、七八％，由此等數據可知康熙年間各縣知縣
之實際任期有一大部分不符法定三年的任期[15]。

康熙帝去逝後，由雍正即位。雍正元年（西元一七二三年）福建
巡撫黃國材奏稱：

> 查得福建臺灣文職缺出，向例於本省內地官員內遴選無參罰之
> 員調補。但思臺灣系海外要區，必得在閩日久、熟悉風土、辦
> 事才能之員，方為人地相宜。若必欲無參罰之員，方准調補；
> 查無參罰人員，或因到任未久，或人地不甚相宜，俱未便調
> 補。　具調臺各員俱系對品調補並非陞轉；如遇陞轉，仍查該員
> 並無參罰，方得陞轉。以後臺灣文職缺出，可否不論有參罰之
> 員，俱准調補？伏乞主子指示，以便具題請旨。再查對品調
> 補，武官俱不引見。今調補臺灣文官仍行引見，不但文武之例
> 不一，而且臺灣地在海外，遠隔重洋，風信不利，難計時日。
> 如……缺出之日，內地聞報已遲，若再引見赴任，時日必
> 久。……以後凡對品調補臺灣文官，可否照武職免其引見，一
> 面具題請調，一面即令赴任，……伏乞主子批示。[16]

雍正帝對黃國材的建議，並未表示意見，可見雍正元年以後，不僅對
調補臺灣之知縣以上文官的品質要求仍然維持在未受過參罰的水準，
同時任命方式也無所改變，仍然維持以由閩浙總督和福建巡撫，就福
建省現任官員中，揀選對等品級者赴任為原則，赴任前也尚需經過引
見的程序。

雍正八年七月二十一日，福建按察使李玉鋐奏說：

> 臣愚以為凡賢員久任地方，實為地方之益。……臺灣員缺就臺
> 地之員，拔其尤者陞補臺缺，似於臺地更覺有益。查臺灣一
> 道、一府、二同知、四知縣，原屬選調才守兼優之員，可否仰
> 懇聖恩，嗣後臺灣道、府、廳縣缺出，先儘在臺賢員題陞，以

15　前引《清國行政法》，第一卷，頁一七五─一八七。
16　前引《明清史料》，戊編第一本，頁二二。

收駕輕就熟之效。……其各陞員內如係銜保題者,照例送部引見,恭候簡用。如係應陞員缺,可否仰懇皇仁,俯念重洋遠涉,暫免引見,俟再有陞任時送部引見。[17]

李氏向雍正帝建議,當臺灣道、府、廳、縣首長出缺時,就臺灣現任官員中,揀選賢員題陞之,並免予引見的程序,取消過去任命臺灣知縣的吏部銓選或就閩省現任官員中調補並予引見的方式。簡單的說,李氏建議,臺灣知縣以上文官出缺時,就臺灣現任官員中以題補的方式任命之,取消銓選和調補的任命方式。但雍正帝在李氏奏摺上硃批說:「人情不一,何可以一例而強之也,可以不必復為更張者。」雍正帝並未採納李玉鋐的建議。自是而後,終雍正朝,未見對臺灣知縣以上文官之任命方式有所變動,雍年五年和九年分別成立之澎湖和淡水廳,其首長的任命方式也就同樣依過去的運作方式進行,而沒有更易了。有關廳首長之任期方面,在康熙六十一年(西元一七二二年)清廷接受閩浙總督覺羅滿保的建議,允許在臺灣擔任知縣期間,對臺灣該地方真有貢獻者,可再留任三年(已如前節所述)。雍正帝即位後,對此一辦法並未加以更動之,因此澎湖通判之任期理應與其時之知縣相同。

雍正六年十一月二十二日,閩浙總督高其倬,向雍正帝密奏說:

臣三年以來,細察臺灣各員情形,正任前後報滿既係六年,而調任之時,渡海而往即須數月,任滿候有缺挨陞,又或一年二年,既陞之後,交盤、渡海又得半年,總計其前後日期,大約俱得九年十年方能陞用。又臺員例不帶家口,其父母妻子相隔重洋,託之親友,人情未免繫戀意念分馳,其辦理之處,不免有始勤終惰之情景。……臣既見有如此情形,不敢不預思籌度,臣謹密行奏聞。以臣愚昧之見,凡臺灣道府廳縣各員,嗣後請俱以四年為滿,加其交盤往返之期約計五年有餘,俾得陞調,庶為期適中,可收各員奮勵之效。臣未敢擅即具題,謹先

17　故宮博物院編《宮中檔雍正朝奏摺》,臺北市,故宮博物院,民國六十五年,第十六輯,頁七一六—七一七。

繕摺請旨，謹奏。[18]

高其倬以臺灣文官（包括知縣）任期三年，再展延三年，加上往返渡海耗時，交接費日，等候有缺陞用又需一、兩年，總計從赴任到回陸需經九年乃至十年，加上臺員不准攜眷赴任（按清廷於康熙六十年禁止臺灣文武各官攜眷赴任，知縣也在禁止之列），難免思念家眷，導致赴臺任職官員出現始勤終惰的現象，因此建議縮短臺灣道府廳縣各員之任期為四年。雍正於高氏奏摺上硃批「所奏是，已另有旨諭部議」[19]。雍正皇帝乃於雍正七年正月初五日諭吏部云：

> 朕思臺灣道府廳縣等官，自宜選用熟悉諳練者；然定期六年為滿，又加以候缺、交盤、渡海之期，實為太久。今再四思維，臺灣文員自到任之日為始，將滿一年之期，著該督撫於閩省內地官員內，揀選賢能之員，乘冬月北風之時，令其到臺。新、舊協同辦理，半年之內大約可以熟悉地方情形，則令舊員乘夏月南風之時，回至內地補用。將來接任之員，俱照此更換。該員到臺協辦之時，俱一體 算俸，並給與俸銀及養廉之項。如此，則該員在臺前後不過二年，為期甚近；而更換之員先往協辦，又可習練地方事宜，似有裨益。……同知以下等官作何銓選調補及量加議敘之處？該部詳悉妥議具奏。[20]

足見雍正非常同意閩浙總督所言臺灣文官任期六年實在過長的道理，因此不同意僅縮短其任期為四年，他主張縮得更短，將之改為一年半，俾使在臺文官連同協辦期間半年在內，在臺時間也不過兩年而已。雍正此一主張，諭令吏部照辦，並要吏部就同知以下等官作何銓選調補及量加議敘等事項，詳細妥議再具奏。同年二月初四日，吏部遵旨將臺灣知縣以上文官之任期改為一年半，政績卓著者准加二級，稱職者加一級，同時該部建議經歷、縣丞以下及教諭各官之任期仍維持三年，皆為雍正所

18　前引《宮中檔雍正朝奏摺》，第一輯，頁八二七—八二八。
19　同前。清廷於康熙六十年禁止臺灣文武大小官攜眷赴任。余文儀，《續修臺灣府志》（下簡稱《余志》），《臺文叢》，第一二一種，頁一二一。
20　《大清世宗憲（雍正）皇帝實錄》（下簡稱《世宗實錄》），華文書局影印，卷七七，正月庚戌條。

接受[21]，至是臺灣知縣以上各文官之任期大為縮短。

　　雍正八年八月二十五日署福建總督阿爾賽奏說：

> 竊查臺灣道、府、廳、縣等官，定限到任一年，著督撫揀選內
> 地之員赴臺協辦半年後，將舊員調回補用。……調臺各官統計
> 前後協辦之期，在臺不過半年，而獨當其任者，實止半年，為
> 期太近。若係賢員，自必仰體聖慈，奮力急公，苟屬庸員，未
> 必不以在任不久，草率塞責，諸事諉延，致生弊竇。臣愚昧之
> 見，請凡調臺各官，到任二年，督撫另選賢員赴臺協辦半年，
> 舊員調回內地補用，則各官在臺之期仍屬不久，而臺員任事亦
> 可免其草率諉延之弊矣。[22]

阿爾賽認為臺灣道、府、廳、縣各文官任期定為一年半太短，易造成
在臺文官推諉塞責的弊端，因此建議將臺灣知縣以上各官任期延長為
二年半，他認為如是，則該等文官之任期既屬不久，又可免該等諸官
草率塞責之情弊發生。雍正帝同意阿爾賽的看法，仍下旨大學士，令
其議奏。《世宗實錄》雍正八年十月壬寅條載說：

> 大學士等遵旨議覆：署福建總督阿爾賽疏言：「臺灣道、府、
> 廳、縣等官，舊例到任……統計不過半年……為期太近，該員
> 未必不以任事不久，草率塞責，諸務諉延。請嗣後調臺各員，
> 俟到任二年，該督撫選員赴臺協辦，仍照例於半年後調回舊
> 員，則在臺各員既得盡心辦事，又可免交盤頻疊及草率諉延之
> 弊」。應如所請。從之。[23]

由是可見臺灣知縣以上各文官任期一年半的新規定，施行一年半多之
後，於雍正八年十月又改為兩年半了。

　　迨雍正十年九月十八日，署福建總督郝玉麟又奏說：

> 臣查臺員定以二年之限，又加協辦半年，……統計已二年半

21　同前，卷七八，二月己卯條。
22　前引《宮中檔雍正朝奏摺》，第十六輯，頁八〇三。
23　前引《世宗實錄》，卷九九，十月壬寅條。

矣，再加交代、渡海，為期不下三年，而回至內地，止予加
級，似非仰體我皇上鼓勵海外臣工之意。……知府、同知、通
判、知縣各員，似應照武職參將、遊擊、守備等官之例，請以
二年俸滿屆期，一面具報題明，一面仍照現行協辦之例，揀選
內地賢能之員赴臺協辦半年之後，令其交代，回至內地候陞，
統計在任、交代、渡海，亦合三年之數。如此，庶文武陞遷畫
一，而臺地既得諳練熟悉風土之人，……各員自必益加鼓勵，
出力報效，於海疆似有裨益。[24]

郝玉麟建議臺灣知府、同知、通判、知縣各員文官任滿兩年，就視為
任期屆滿，期後仍與內地調來之人員共同處理政務半年之後，經交代
清楚，才可回內地，該等各員回至內地時不應止予加級，而應予陞
用。郝氏此一建議，亦為雍正帝所同意。《世宗實錄》雍正十年十二月
丙辰條載說：

吏部議覆：福建總督郝玉麟疏言：「……請嗣後臺灣……知府、
同知、通判、知縣各員參、遊、守例，二年報滿，題名候陞」。
應如所請。從之。[25]

則知雍正十年十二月以後，臺灣知府、同知、通判、知縣之法定任期
改為兩年，如此，則自到任至滿法定任期，期後經協辦、交接、渡
海、返回中國大陸的這一段過程，總計需三年的時間，因此奉調到臺
之府、廳、縣首長，經任滿法定任期到回到大陸，共費時三年，則其
實際任期仍將達三年之久。

雍正年間，除一再調整廳縣首長之任期外，據劉良璧《重修福建
臺灣府志》載說：

康熙六十以後文武大小各官，不許攜帶眷屬。雍正十二年，總督
郝玉麟陛見，奏請俞允，以年逾四十無子者，准其搬眷過臺。[26]

另據范咸《重修臺灣府志》載說：

24　前引《宮中檔雍正奏摺》，第二十輯，頁五四八—五四九。
25　前引《世宗實錄》，卷一二六，十二月丙辰條。
26　前引《劉志》，頁三五〇。

雍正十二年，總督郝玉麟奏准：調臺官員年逾四十無子者，准
其挈眷過臺。[27]

則知，雍正十二年清廷還將康熙六十年規定赴臺官員不得攜眷的
不合情規定，往稍符人情的方向做了調整。

由前述的探討可知自雍正元年至末年，臺灣之同知、通判等各文
官之法定任期有所調整，由六年改為一年半、二年半，再改為兩年，
禁止文官攜眷到臺的規定，也有所寬限。雍正五年、九年先後設立的
澎湖通判、淡水同知等官員之法定任期與可否攜眷到臺也均依前述標
準來辦理。

前面所論及的是雍正年間，臺灣同知、通判之法定任期，但法定
任期與實際任期始否相符也需要探討。雍正五年設立的澎湖通判，在
雍正年間有三任通判，平均任期為二·五三年[28]。雍正九年才設立的淡
水同知，至雍正末年的四年間歷經三任同知（包括一任署理），平均任
期為一·三三年[29]。因之，雍正年間同知通判合計，則其平均任期為
一·九三年。如將任期分成若干組來觀察的話，則發現此時期廳首長
任期的長短，有區域性的差異。則澎湖通判皆任滿兩年；淡水同知任
期在一至二年者，佔六六·六七%，二至三年者佔三三·三三%。如以
全臺灣為一整體來看，則廳之同知、通判之任期，以二至三年者所佔
比率相當高，達到六六·六七%，一至二年者佔三三·三三%，而無一
人任期在一年以內或滿三年以上的。上述諸現象，請參見表三——一。
由是可說雍正年間，臺灣地方文職機關之廳縣首長任期未超過三年
的，乃是當時普遍的現象。

雍正年間的臺灣各廳首長之出身，根據吾等之探討，澎湖和淡水
廳的六位首長中，僅一名澎湖通判為捐納，佔全數的一六·六七%，
其餘的八三·三三%皆為正途出身。上述現象，詳見表3-1。

---

27 范咸《重修臺灣府志》（下簡稱《范志》），《臺文叢》，第一〇五種，頁一〇〇。

28 澎湖首任通判王仁於雍正六年五月到任，自此至雍正十三年，前後共七年七個月，其間
歷經三任通判（周于仁、胡格〈澎湖志略〉，收入《澎湖臺灣紀略》，《臺文叢》第一
〇四種，頁三九—四〇）。

29 前引《劉志》，頁三五六—三五七。

表 3-1　臺灣雍正年間同知通判出身及任期分組統計表

廳別	出身別	一年以內 正	雜	捐	不詳	一至二年 正	雜	捐	不詳	二至三年 正	雜	捐	不詳	合計	備註
澎湖廳	人									2		1		3	三人全為實授
	百分比									66.67		33.33		100	
										100				100	
淡水廳	人					2				1				3	實授二人署理一人
	百分比					66.67				33.33				100	
						66.67				33.33				100	
全台灣	人					2				3		1		6	實授五人署理一人
	百分比					33.33				50		16.67		100	
						33.33				66.67				100	

備註：
1. 凡科甲（進士、舉人）出身者列為正途，其餘列為雜途，而曾以捐輸獲取功名者列為捐途。貢生（拔、優、副、恩、歲貢生）監生（優、恩、廩監生）出身者列為正途。
2. 以下各表之官員出身分類樣準，與此表同。

資料來源：同註 28、29。

　　雍正年間，臺灣各廳首長之族別和籍貫，根據探討所知：淡水同知和澎湖通判皆為漢人，其中澎湖通判華北人佔六六・六七％，華中人佔三三・三三％，淡水同知華北和華南人各佔五〇％。就整個臺灣而言，雍正年間各廳首長之族別、籍貫別的情形是：同知、通判均無一人為滿人或漢軍八旗人，即皆為漢人，其中華北和華中人各佔五〇％。以上諸現象，見表 3-2。

表 3-2　臺灣雍正年間同知通判族別籍貫別統計表

族籍 人數百分比地別	旗人				漢人																				總計
	滿旗	漢旗	不詳	小計	直隸	山東	河南	山西	陝西	甘肅	江蘇	浙江	安徽	江西	湖南	湖北	四川	福建	廣東	廣西	貴州	雲南	不詳	小計	
澎湖通判 人					1				1								1							3	3
澎湖通判 百分比					33.33				33.33								33.33							100	100
澎湖通判 百分比					66.67（華北）						33.33（華中）						（華南）							100	100
淡水同知 人						1					1	1												3	3
淡水同知 百分比						33.33					33.33	33.33												100	100
淡水同知 百分比						33.33					66.67													100	100
全台灣之同知通判 人					1	1			1		1	1					1							6	6
全台灣之同知通判 百分比					16.67	16.67			16.67		16.67	16.67					16.67							100	100
全台灣之同知通判 百分比					50						50													100	100

資料來源：同表 3-1。

　　乾隆年間臺灣廳縣首長的任用問題，首先於《高宗實錄》乾隆六年（西元一七四一年）正月辛酉條裡見到：

> 閩浙總督宗室德沛、署福建巡撫廣東布政使王恕奏⋯⋯。又奏：「臺灣最號難治，求勝任之員，必於繁缺知縣揀選，而繁缺多有處分，若不變通，合例者短於才，勝任者格於例。請調臺官員，任內雖有參展各案，但實係才幹，准予題調」。得旨：照此定例則不可，或隨本奏請則可耳。[30]

如是的記載。由是可知閩浙總督德沛和署福建巡撫王恕曾因就閩南省現任繁缺官員中，揀選未受行政處分者，用以調補臺灣，實在有其困難，而奏請改變臺灣文官任用規定。彼等要求往後只要是真實幹員，即使受過行政處分，亦請准予調補臺灣。乾隆帝對此未予同意，他認為如調補真有困難時，可用專摺奏薦的方式解決。另據范咸《重修臺灣府志》載說：

30　《大清高宗純（乾隆）皇帝實錄》（下簡稱《高宗實錄》），華文書局影印，卷一三五，正月辛酉條。

> 乾隆七年議准……臺灣知縣缺出，仍令該督撫將應行調補之員
> 調補；如實無可以調補之官，於應陞人員內揀選調補[31]。

因此可見臺灣各縣首長之任用，此時仍然照往例，由該管督撫就福建省現任官員中，揀選未受過行政處分，品級相當之練達人士調補之，否則可就閩省應陞人員中題補，再不然可由督撫以專摺奏薦的方式進行。

根據閩浙總督喀爾吉善和福建巡撫陳弘謀聯銜於乾隆十八年四月十七日，向乾隆會奏說：

> 查臺灣一縣，海外首邑，最為緊要，且臺郡遠隔重洋，遇有員
> 缺，止可就臺委員會兼署。臺灣縣知縣魯鼎梅，自上年十二月
> 內參革摘印後，就近委員兼署已歷五月。首邑事繁，難以兼
> 顧。臣等隨行令布按兩司，先行遴員調補。速令赴臺去後，茲
> 據布政使德舒，按察使來謙鳴詳請以興化府屬仙遊縣知縣章士
> 鳳調補前來。臣等查章士鳳……人甚明白，辦事勤幹，且年力
> 壯盛，以之調補臺灣首邑，實堪勝任。雖歷俸未滿三年，調臺
> 人員，經部議准，無論歷俸年限。揀選調補章士鳳，與調臺之
> 例相符，任內亦無降革停陞案件。相應仰請皇上天恩，俯准以
> 章士鳳調補臺灣縣知縣，俾海外首邑，早資整頓。[32]

由此奏摺之內容可知此時臺灣知縣出缺時，除仍由閩浙督撫就福建省現任知縣中（不論是否已任滿三年），揀選未受過降革停陞之行政處分，而能幹者，將彼調補臺灣知縣外，同時在未尋獲合例人員之際，督撫亦可先派在臺官員暫時代理出缺知縣。事實上此一派員署理的辦法，早在康熙、雍正時代就已行之於臺灣了。以上雖尚未見有關各廳首長的任卸方式，但由於過去不論在法理上或慣例上，各廳首長之任命方式都與知縣相同，因此可推測其時各廳首長之任命方式與當時知縣的任命方式相同。

31　前引《范志》，頁一〇〇。
32　故宮博物院編《宮中檔乾隆朝奏摺》，臺北市，故宮博物院，民國六十五年，第五輯，頁一二三。

據閩浙總督喀爾吉善乾隆十九年八月十八日的奏摺裡、有一段話說：

> 又、淡水同知王鶚已屆三年俸滿……題請以汀州府同知王錫縉調補，亦未奉准部覆。[33]

接著乾隆二十九年二月十三日，閩浙總督楊廷璋、福建巡撫定長聯銜會奏說：

> 淡水同知員缺，例應於內地遴員調補。臣等伏查淡水一缺，……在臺屬廳縣中為最要之缺，必得精明幹濟練達能事之員，方克勝任。臣等與藩臬兩司，於通省同知內，逐一詳加揀選，非係現居要缺，即屬人地位宜，難勝海疆之任，期求其合例堪調之員實難其選。伏查定例，應行調補之缺，一時無員可調，准於屬員內揀選題補。臣等……查有福州府閩縣知縣李浚原……該員精明幹練，辦事勤能，治劇理繁，不辭勞瘁，兼能發奸摘伏，奸匪聞風歛跡，洵屬知縣中傑出之才。任閩七年有餘，於海疆風土民情，無不熟諳。……若即以李浚原陞署淡水同知，必能整飭海疆。……惟該員現任閩縣，係沿海久於其任要缺。李浚原調補閩縣歷俸方滿三年，與陞補之例未符，但查臺灣員缺，俱由內地揀選題補，先經臣等奏明，准部議覆，臺灣各缺與內地不同，無論歷俸年限，准其揀選題補，先經臣等奏明，准部議覆，臺灣各缺與內地不同，無論歷俸年限，准其揀選題調在案。今淡水同知員缺，調補無人，臣等謹遵人地實在相之例，會摺恭懇聖恩，准以閩縣知縣李浚原，陞署臺灣府淡水同知，……仍照例察看二年，另請實授。[34]

另據乾隆三十三年十月二十二日，閩浙總督崔應階奏說：

> 臺灣府澎湖通判胡建偉……俸滿，所遺員缺，例應預行遴員調補。臣與撫臣鄂寧率同布政使錢琦、按察使余文儀，於內地通判內詳加揀選，或到任未久，或人地未甚相宜，一時並無可調

33　同前，第九輯，頁三七九。
34　同前，第二〇輯，頁五六〇—五六一。

之員。查有晉將縣知縣方鼎，年四十八，廣東海豐縣舉人，由
古田縣知縣調補今職，於乾隆二十八年十二月內實授，嗣於海
疆三年報滿案內奉旨加通判銜。該員勤明幹練，熟悉海疆，應
請以之陞補臺灣府澎湖通判，實於海外要缺有益。雖該員於海
疆仕內，尚未扣滿六年，但澎湖員缺緊要，必須熟練海疆之員
方克勝任。[35]

再據同年十二月二十七日，閩浙總督崔應階奏說：

> 臺灣府淡水同知假玠陞任遺缺，潛以裁缺之原任泉州府西倉同
> 知黃寬題請補授，准到部覆，該員與例未符，令另選合例之員
> 具題等因。遵於通省同知內細加揀擇，或現居要缺，或人地未
> 宜，求其合例可調之員，實難其選。查有閩縣知縣宋應
> 麟，……該員才具諳練，辦事勤幹，在閩不久，熟悉海疆、堪
> 以陞補臺灣府淡水同知。[36]

由前面所列舉的四分奏摺看來，可知截至乾隆三十三年，臺灣廳之首
長出缺時，其任命方式一如知縣，原則上仍照往例，由閩浙督撫就福
建省現任官員中，揀選品級相當，才具練達，熟悉海疆且人地相宜之
士，予以調補之。但如實在找不到可堪調補之員時，督撫可就福建省
應陞人員中，揀選題補之。再不然則可由督撫，以專摺奏薦的方式題
補之。上述李浚原就是受閩浙總督的高度賞識下，以該督撫聯銜專摺
大力撫薦的方式，而獲得陞署淡水同知的例子。乾隆五十四年正月二
十一日，閩浙總督福康安奏請准以袁秉義題補（陞補）淡水同知、王
慶奎調補澎湖通判；乾隆五十四年四月初八日，閩浙總督覺羅伍拉納
奏請准以單去非調補嘉義縣知縣；乾隆五十九年正月閩浙總督覺羅伍
拉納奏請將武平縣知縣周永保調補彰化縣知縣[37]。由上述幾位總督之
奏摺的記載，可見乾隆年間臺灣各廳首長之任命方式，仍然以調補為

35　同前，第三二輯，頁二四四。

36　同前，第三三輯，頁一三八—一三九。

37　前引《宮中檔乾隆朝奏摺》，第七一輯，頁六二三。前引《明清史料》，已編第九本，
　　頁八三九，八五九—八六○。

原則，題補或專摺奏薦亦可。於此需一提的，即乾隆五十六年，停止
臺灣文官任滿即調回中國大陸的辦法，同時允許臺灣廳、縣首長出缺
時，閩浙督撫可就臺灣官員中，按其品級酌量題請陞用[38]，不必如以往
慣例上要在大陸福建省現任官員中揀選。

　　乾隆初年臺灣各廳首長之法定任期，與雍正末葉時同為兩年。迨
乾隆八年，福建布政使嗣昌認為地方官如知府、同知、通判和知縣必
須專任時間長，而後才能深謀遠慮，於治理地方事務才有成效。且自
准許大陸移民攜眷來臺以後，臺灣人口已增加數萬，其間良莠不齊，
其繁雜已大非昔日可比。張氏認為在此情況下，如果臺灣府、廳、戲
首長之任期仍維持現行之例。每一任官員除去前後協辦各半年之期，
則實際獨自任事也不過一年多而已，如是為官者只要稍存諉延之念，
就未不會因循塞責，於地方將有所不利。基於上述理由，張氏向清廷
建議將臺灣廳、縣首長之任期改為三年。至於新舊任官員需協辦半年
的規定，張氏認為調臺員，依例是由福建省內地，揀選久任且對臺地
風土人情，及地方險要之處，向來有所熟聞洞悉者，況且新舊交接時
限為四個月，因此張氏也建議廢除新舊任官員協辦半年之植定[39]。張氏

38　蔣鏞《澎湖續編》，《臺文叢》，第一一五種，頁一一。

39　乾隆八年福建布政使張嗣昌向清廷建議將臺灣知府、同知、通判、知縣之任期改為三
年，並廢除舊任官員需協辦半年的規定。張氏曾向清廷奏說：「竊思郡守之董率，廳員
之協防，與縣令之地方事務，必須經久任專，而後能深謀遠慮，以奏成效，此不易之理
也。且臺地自搬眷之後，戶口已增數萬，其中奸良不一，大非昔比。若臺灣知府、同
知、通判、知縣照現行之例……各員專任仍止一年有餘，……稍存諉延之念者，未必不
因循塞責，於地方無益。……今臺灣官員，例係於本省內地久任人員內揀選題調，其臺
地風土人情，及地方險要之處，俱為素所熟聞洞悉，到任即可措施，況新舊交代，例限
四月，還事原可參酌。臣愚以為調臺知府、同知、通判、知縣……應仍遵原例，以三年
為滿，於屆期五月之前報明，督撫於一月內遴員具題調補，俟新員赴臺接理之後，交代
清楚，即回內地，免其協辦。是調臺之員不惟可以安心專辦，而於同之道員、佐雜、教
職三年報滿之例，亦歸於畫一。」（前引《明清史料》，戊編第一本，頁六三—六
四）。又、湯熙勇於其所著〈清代臺灣文官的任用方法及其相關問題〉（《專題選刊
（八十）》，臺北市，中央研究院三民主義研究所，民國七十七年）一文中將「郡守之
董率，廳員之協，與縣令之地方事務……戶口已增加數萬……應仍遵原例，以三年為
滿，於屆期五月之前……免其協辦。」等視為大學士張廷玉的原始見解，並於文中謂張
庭玉曾任臺灣道三年（湯氏文，頁二○）皆誤。其實張庭玉未曾擔任臺灣道，張嗣昌則
曾於雍正十年起擔任臺灣道三年，乾隆六年擔任福建布政使（前引《余志》，頁一二六
—一二七，《福建通臺灣府》，《臺文叢》，第八四種，頁五三三、五四八）。

此一建議為清廷所接受，因此乾隆八年以後，臺灣各廳首長之法定任期改為三年，並於屆滿五個月以前，由督撫自福建省遴員調補臺灣，正式廢掉新舊官員需協辦半年的規定[40]。

根據乾隆十九年三月二十六日福建巡撫陳弘謀的奏摺中載說：

> 臣查徐德峻由惠安縣知縣調臺灣補授諸羅縣，於乾隆十六年十月二十七日到任，連閏扣至乾隆十九年九月二十七日三年俸滿，例應調回內地候陞。定例調臺俸滿之缺，預於五個月以前，選員題請，奉到俞旨，先赴臺灣，俾前任臺員，於俸滿之日離任交代，撤回內地。今徐德峻俸滿調回之期已近，⋯⋯應俟督臣選員，題請調補，前赴諸羅任事後，再令徐德峻卸事交盤清楚，給咨部引見。⋯⋯伏乞皇上睿鑒，謹奏。[41]

乾隆帝於該奏摺上硃批「知道了」[42]。另據乾隆四十三年十二月十六日閩浙總督楊景素和福建巡撫黃檢聯會奏之奏摺中記說：

> 奏為臺灣俸滿人員，請照武職對缺調補之例，以勵勤勞，以省守候事。竊臺灣一府，遠隔重洋，一應大小人員，例准三年報滿，預期遴員調補。今俸滿人員，回至內地，到、府送部引見，候旨陞用；同知、通判、知縣、佐雜、教職，留於本省，遇有應陞之缺，題咨陞補，如一時無應陞之缺，准以原官借補。[43]

由是則知自乾隆八年，臺灣各廳首長之法定任期改為三年，並任期改為三年，並任期屆滿五個月以前，由督撫自福建遴員調補臺灣，俟新補人員到臺，新舊任人員交接清楚後，舊任人員始可離臺，回大陸等候題補或調補的辦法，歷經乾隆十年代、二十年代三十年代，乃至四十年代，都依例實行。

臺灣各廳首長任期改為三年，屆滿五個月前，閩浙督撫需要預選

40　前引《明清史料》，戊編第一本，頁六四、六五；前引《范志》，頁一○○。
41　前引《宮中檔乾隆朝奏摺》，第七輯，頁八二二。
42　同前。
43　同前引書，第四十六輯，頁一四三。

調補人員的此一辦法，到了乾隆五十年代以後有所改變，即在乾隆五十三年清廷將臺灣各廳、縣首長之任期調為五年[44]。根據蔣鏞《澎湖續編》的記載說：

> 乾隆五十六年十月二十二日，准吏部咨：嗣後臺灣同知、通判、知縣以及佐雜等官，俸滿調回內地之例，一併停止。其中如有辦事熟諳之員，計其到任已在五年以上者，毋論該省有無薦舉卓異，遇有臺灣應陞之缺，該督撫即按其品級隨時酌量題請陞用。其內地應陞之缺，仍照歷俸五年之例，一體分別題咨辦理。至該員等論俸推陞，應於內地人員通行較俸；其調補臺灣到任未屆五年者，雖底俸較深，亦不准其陞用，令扣滿五年後，再行按班陞選。[45]

足見乾隆五十六年以後，臺灣各廳首長在任滿後，不像以前需全數調回中國大陸，此時只要被閩浙督撫認為是熟諳之員，一旦臺灣有應陞之缺，就可在臺被題補陞用[46]，不過必須在臺滿五年者，才有資格，而臺灣各廳首長之法定任期已改為五年殆無疑問。

　　前面是從法定的角度，對臺灣各廳首長之任期所得的了解。然而，乾隆時代各廳首長的實際任期，究竟如何？分別加以探討如下。乾隆時代的六十年間，淡水同知共有四七任，其中包括一任兼攝、十七任署理和五任護理在內，平均任期為一‧二八年[47]。澎湖通判共有二

44　前引《高宗實錄》，卷一三〇五，五月丁丑條。按前引湯氏撰〈清代臺灣文官的任用方法及其相關問題〉一文，謂清廷於乾隆五十六年將臺灣廳、縣首長之任期改為五年（見湯氏該文頁二一）。湯氏之說乃誤。

45　前引蔣鏞《澎湖續編》，頁一一。

46　事實上早在乾隆五十六年之前，臺灣文官就有由臺灣官員調補和題補的例子，即康熙六十一年署臺灣海防同知縣魯調補諸羅縣知縣戴大晃題補淡水廳同知（前引《范志》，頁一〇四、一〇五、一二四），乾隆三四年鳳山知縣楊 樺題補淡水同知，乾隆三十五年彰化知縣未學源題補淡水同知（前引《明清史料》，已編第九本，頁八〇八、八〇五）。

47　前引《余志》，頁一三二—一三三；陳培桂《淡水廳志》，《臺文叢》，第一七二種，頁二〇七—二〇九；前引《臺灣史地文職表》七八頁的「李浚原」皆誤，應為「李浚源」才對（據前引《宮中檔乾隆朝奏摺》，第二十輯，頁五六〇—五六一所載內容，做如是之修正）。另，《淡水廳志》之二〇八頁、和《臺灣史地文職表》之七九頁，所列「黃寬」一員，雖經閩浙總督具題調補淡水同知，但因不符慣例，為吏部所議駁，所以黃寬應未任淡水同知才是。此一事實於乾隆三十三年十二月二十七日閩浙總督崔應皆的

九任，其中包括九任署理、一任護理在內，平均任期為二・〇七年[48]。如將同知通判合計，則乾隆年間其平均任期為一・五八年。現在將廳縣首長任期分成若干組來觀察的話，則發現淡水同知和澎湖通判有不同的現象：淡水同知任期一年以內、一至二年、二至三年、三至四年、四至五年的，分別佔淡水同知總數的四二・五五％、二三・四％、一九・一五％、一二・七七％、二・一三％，可見其任期大多很短，未滿一年至未滿兩年的，達全數的六五・九五％，比較符合法定任期（二至三年）的僅一九・一五％，未滿一年至未滿三年者佔八五・一％，而最長的，四七任中只有王右弼一任，也不過四至五而已[49]；澎湖通判任期一年以內、一至二年、二至三年、三至四年、四至五年的，分別佔澎湖通判總數的二七・五九％、一三・七九％、二四・一四％、三一・〇三％、三・四五％，如是則任期一年以內至二年的有四一・三八％、一年以內至未滿三年的有六五・五二％、二至四年的有五五・一七％、任期最長的四至五年，只有長庚一任而已[50]。淡水同知與澎湖通判相較之下，澎湖通判任期較長的顯得比淡水同知來得多。就全臺灣之同知通判合併觀之，則其任期在一年以下的為最多，佔三六・八四％，其次是比較符合法定任期之二至三年者，佔二一・〇五％，一至二年和三至四年，皆各佔一九・七四％，四至五年者佔二・六三％為最少，而任期未滿一年至未滿三年的佔七七・六三％。上述諸數據參見表 3-3。

　　奏摺中寫得很清楚（前引《宮中檔乾隆朝奏摺》第三三輯，頁一三八—一三九）。再、何茹連任淡水同知三年，跨乾隆、嘉慶兩朝，因此以兩任計算。

48　蔣曾任澎湖通判五年，其任內跨乾隆、嘉慶兩朝，因此各朝各算一任。胡建偉《澎湖紀略》，《臺文叢》，第一〇九種，頁六八—七一；前引《福建通志臺灣府》，頁五六二—五六三；前引《臺灣史志文職表》，頁八八—九一。

49　前引《淡水廳志》，頁二〇九。

50　前引《福建通志臺灣府》，頁五六二。

表 3-3　臺灣乾隆年間同知通判出身及任期分組統計表

廳別	人數百分比	一年以內				一至二年				二至三年				三至四年				四至五年				合計			
		正	雜	捐	不詳	正	雜	捐	不詳	正	雜	捐	不詳	正	雜	捐	不詳	正	雜	捐	不詳	正	雜	捐	不詳
淡水同知	人	15	3		2	10	1			9				1	1	2	2	1				35	5	2	5
	百分比	31.91	6.38		4.26	21.28	2.13			19.15				2.13	2.13	4.26	4.25	2.13				74.47	10.64	4.26	10.64
	百分比合計	42.55				23.4				19.15				12.77				2.13				100			
澎湖通判	人	4	2	2		4				2	1	3	1	2		6	1	1				13	3	11	2
	百分比	13.79	6.9	6.9		13.79				6.9	3.45	10.34	3.45	6.9		20.69	3.45	3.45				44.83	10.34	37.93	6.9
	百分比合計	27.59				13.79				24.14				31.03				3.45				100			
全台灣	人	19	5	2	2	14	1			11	1	3	1	3	1	8	3	1			1	48	8	13	7
	百分比	25	6.58	2.63	2.63	18.42	1.32			14.47	1.32	3.95	1.32	3.95	1.32	10.53	3.95	1.32			1.32	63.16	10.53	17.11	9.21
	百分比合計	36.84				19.74				21.05				19.74				2.63				100			

備註　資料來源：與註四七、四八同。

　　前面提及的淡水同知王右弼、澎湖通判長庚等之任期，都在五年左右。彼等都是在乾隆五十六年，清廷改臺灣廳縣首長之任期為五年以前，即已擔任同知、通判，如檢視表 3-3 所呈現各廳首長的任期現象，令吾等看到一個事實，即乾隆年間臺灣各廳首長之實際任期與法定任期不相符者佔一大部分。

　　乾隆年間臺灣各廳首長之仕途出身情形……淡水同知正途出身者，佔該同知總數的七四・四七％、雜途的佔一〇・六四％、捐納者佔四・二六％、不詳者佔一〇・六四％；澎湖通判正途出身者，佔該通判總數的四四・八三％、雜途者佔一〇・三四％、捐納者佔三七・九三％、不詳者佔六・九％；全臺同知、通判而言出身正途、雜途、捐納者，分別佔其時廳首長總數的六三・一六％、一〇・五三％、一七・一一％，其餘的九・二一％為出身不詳者。由此等數據看來，乾隆年間各廳首長之平均水準已比雍正年間的來得降低許多，蓋雍正年間同知、通判之中有八三・三三％是正途出身者。以上諸現象參見前列表 3-3 和表 3-1。

　　根據前述的探討尚未發現清廷在雍正年間曾對擔任臺灣各廳首長者之族別和籍貫做特別的限制。換言之，在雍正年間，臺灣各廳首長

之族別和籍貫之限制，仍依清朝文官制度之慣例運行，凡滿人、漢軍八旗籍人士、漢人之本籍和寄籍非福建省者，皆有資格擔任臺灣各廳首長。不過在雍正年間，尚未見有滿人擔任臺灣各廳首長之例子。滿人出任臺灣各廳首長是乾隆二十年才開始（參見表 3-4 及註 47）。

　　截至乾隆中葉，清廷才對調任臺灣文職各官之籍貫做進一步規定，即乾隆三十四年規定「嗣後臺灣文職各官，凡籍隸廣東人員，俱令迴避，不准升調」[51]。如此一來，閩粵兩省籍人士，必需迴避擔任臺灣各廳首長等職官。不過根據《高宗實錄》乾隆三十六年，四月癸未條載說：

> 諭軍機大臣等：前據崔應階奏：「臺灣地方半係粵莊，俱廣東民人居住。若地方官亦系粵人，恐不無瞻徇同鄉；即或遇事秉公，又易生嫌怨滋事，辦理頗為掣肘。請嗣後廣東人任臺灣文職者，概令回避」一摺，彼時以其為調劑官民起見，似亦防微杜漸之道，是以批交該部議覆准行。……崔應階前奏，乃不拘大小文員概令回避，未免因噎廢食；所謂知其一而不知其又有一也。著傳諭鐘音，將此例另行詳悉妥議具奏。尋奏……臺灣惟廣東惠、潮二府、嘉應一州三屬人居住為多，嗣後知縣惟惠、潮、嘉三屬人員不與選調，其餘文職均照武職不避閩人之例，通行選調。報聞。[52]

可見乾隆三十四年對臺灣廳、縣貌長的籍貫規定，不久即在乾隆三十六年被大幅修改，重新規定只有廣東省之惠、潮、嘉三屬人不可擔任臺灣之縣外，廣東省各籍人士皆可擔任臺灣各級文職官員，如是粵省各籍人士當然就可擔任臺灣各廳首長了。

　　根據吾等之探討，乾隆年間臺灣澎湖通判共有二十九人，其中滿漢旗人四人、華北人六人、華中人十六人、華南人三人，分別各佔該通判總數的一三・七九％、二〇・六九％、五五・一七％、六・九％、族籍為詳的一人佔三・四五％。由此可見華中人所佔比率最高，其次為華北人，再次為旗人，華南人最少。淡水同知共有四十七人，其中

51　崑岡《欽定大清會典事例》，新文豐出版公司影印，臺北市，民國六十九年，卷六五，頁一九，總頁五九二二。

52　前引《高宗實錄》，卷八八二，四月癸未條。

滿漢旗人四人、華北人十二人、華中人二十五人、華南人六人，分別各佔該同知總數的八・五一％、二五・五三％、五三・一九％、一二・七七％、其間也是華中人所佔比率最高，其次為華北人，再次為華南人，滿漢旗人最少。就全臺而言，廳之首長還是以華中人為最多，佔全數的五三・九五％，其次為華北人，佔二三・六八％，至於華南人和滿漢旗人各佔一○・五三％（滿人佔六・五八％、滿軍八旗人佔三・五九％）。上述諸現象，參見表 3-4。

表 3-4　臺灣乾隆年間同知通判族別籍貫別統計表

地別＼族籍	項	旗人 滿旗	漢旗	不詳	小計	漢人 直隸	山東	河南	山西	陝西	甘肅	江蘇	浙江	安徽	江西	湖南	湖北	四川	福建	廣東	廣西	貴州	雲南	不詳	小計	總計
澎湖通判	人	2	2		4	3	1	2				8	3	1	2	1	1		1				1	1	25	29
澎湖通判	百分比	6.9	6.9		13.79	10.34	3.45	6.9				27.59	10.34	3.45	6.9	3.45	3.45		3.45				3.45	3.45	86.21	100
澎湖通判	百分比(地區)				13.79	20.69（華北）						55.17（華中）							6.9（華南）					3.45		100
淡水同知	人	3	1		4	8	1		3			7	12	3	2		1		4		2				43	47
淡水同知	百分比	6.38	2.13		8.51	17.02	2.13		6.38			14.89	25.53	6.38	4.26		2.13		8.51		4.26				91.49	100
淡水同知	百分比(地區)				8.51	25.33						53.19							12.77							100
全台灣之同知通判	人	5	3		8	11	2	2	3			15	15	4	4	1	1	1	5	2		1		1	68	76
全台灣之同知通判	百分比	6.58	3.95		10.53	14.47	2.63	2.63	3.95			19.74	19.74	5.26	5.26	1.32	1.32	1.32	6.58	2.63		1.32		1.32	89.47	100
全台灣之同知通判	百分比(地區)				10.53	23.68						53.95							10.53					1.32		100

資料來源：同表 3-3

乾隆年間臺灣各廳首長舊族別和籍貫而言，其成分之比率已與雍正年間的，有顯著的差異。即乾隆年間廳之首長已有滿漢旗人，而雍正年間時無旗人；乾隆年間廳之首長漢人中以華中人為多，約多出華北人二・二三倍，而雍正年間以華北人稍多。

第二節　嘉慶至同治年間廳縣首長之任用與出身

嘉慶年間臺灣各廳首長之任用情形，根據嘉慶五年（西元一八○○年）十月，閩浙總督玉德的奏疏裡載說：

　　臺灣府屬嘉義知縣郭恭據報丁憂，經臣恭疏題報在案。所遺員

缺，係海疆要缺，例應於內地各員內揀選調補。查該縣遠隔重
洋，民番雜處，地方遼闊，政務殷繁，必需精明幹練之員，方
克勝任。臣公同藩、臬兩司，於內地各縣內逐加遴選，非到任
未滿三年，即有處分違礙，及於海疆要缺未甚合宜，一時實無
合例堪調之員。惟查有屏南縣知縣楊發和，……乾隆六十
年……九月到省題署今職，嘉慶二年十月十一日奉文到任。該
員年壯才明，辦事幹練，歷俸已滿三年，以之調補海疆要缺，
洵堪勝任。惟該縣任內有輕微地丁未完處分，及罰俸在十案以
外，與例稍有未符。伏讀本年三月內欽奉上諭，閩省漳、泉、
臺灣三府所屬，如有陞調缺出，倘實無合例之員堪以陞調，該
督原可專摺奏請，即部臣照例議駁，朕仍可酌量准行等因，欽
此，欽遵在案。今嘉義縣知縣一缺，閩省實無人地相宜合例堪
調之員，謹遵旨奏懇，可否即以楊發和調署之處，出自聖恩。
如蒙俞允，於海疆要缺，洵有裨益。[53]

楊發和果然於次年署理嘉義知縣[54]，因此可知嘉慶初年間於任用臺灣知
縣時，原則上仍遵循過去的慣例，由閩浙督撫於福建省在大陸之地方
官員中揀選精明才幹之士，來調補臺灣。但是如於福建省內地，實在
無一合例可堪調補之員，則該督撫可揀選其認為精明幹練，人地相
宜，可堪勝任臺灣知縣之官員，以專摺奏薦的方式，經皇帝批准後，
任命之。

　　嘉慶七年十一月二十日。閩浙總督玉德具題說：

福建臺灣澎湖通判王兆麟在任病故，……所遺澎湖通判員缺，
例應在外揀選調補。查澎湖孤懸海外，為臺灣船隻出入門戶，
兵民雜處，政務殷繁，兼有監放兵米、稽查船隻、緝捕奸匪之
責，必須精明幹練、熟悉海疆之員，方克勝任。遵於內地現任
通判內逐加遴選，非現居要缺，即人地未宜，一時實無合例堪
調之員。惟查有周同借補順昌縣仁壽縣丞茅琳，……乾隆六十
年十月到閩，歷署福清縣、平潭縣丞、海澄縣縣丞各印務，借

53　前引《明清史料》，已編第九本，頁八七○。
54　前引《福建通志臺灣府》，頁六一二；前引《臺灣史地文職表》，頁一五四。

補今職。嘉慶二十年七月七十日到任，旋因俸滿保薦，奉部覆准入於卓異班內候陞在案。該員年力富強，才具幹練，前經委署霞浦縣印務，辦理裕如，且在閩年久，於是海疆風土民情，素所熟悉，又係俸滿保薦之員，以之陞署臺灣府澎湖通判，實屬人地相宜。再澎湖通判王兆麟病故……據藩、臬兩司於十一月初八日以州同借補順昌縣仁壽縣丞茅琳詳請題補，臣即於十一月二十一日具題。[55]

另於嘉慶八年十一月署閩浙總督福建巡撫李殿圖之奏摺中曾奏說：

臺灣府淡水同知李明心，欽奉上諭，陞授汀州知府，所遺員缺，例應在外揀選調補。查該同知駐劄。臺灣北路地方，民番雜處，政務殷繁，必得精明幹練，熟悉該處情形之員，方足以資治理。臣與藩、臬兩司，於內地同知、通判、知縣內逐加遴選，非現居要缺，即人地未宜，一時實無合例勝任之員堪以陞調。惟查有彰化縣知縣胡應魁，年五十一歲，江蘇進士，乾隆六十年銓選德化縣知縣，嘉慶元年調補今職。……該員守潔才優，辦事勤練，任內無展參違礙處分，罰俸亦在十案以內，且久任彰化縣，於臺灣地方情形甚為熟悉。該員本係卓異應陞之員，以之陞署淡水同知，實堪勝任。[56]

由上述題疏和奏摺的內容，可知嘉慶初年澎湖通判和淡水同知出缺時，與知縣出缺時一樣，需遵照往例，由閩浙江督撫先於福建省內地官員中，揀選合例官員，來調補之。如一時無合例之員可堪調補時，再行於閩、臺官員中，揀選精明幹練、人地相宜之員題補之。再不然也可以專摺奏薦的方式，任命之[57]。

嘉慶十六年十月清廷採閩浙總督汪志伊和福建巡撫張師誠的建議，在噶瑪蘭地方設通判。噶瑪蘭通判的任用辦法，根據道光二十三年刊核之《欽定例部則例》中，有關噶瑪蘭通判之任用事預裡載說：

55　前引《明清史料》，已編第九本，頁八七九—八八〇。

56　同前，已編第九本，頁八八一。

57　同前，已編第九本，頁八七〇。

> 新設噶瑪蘭管理民番糧補通判、頭圍縣丞、羅東巡檢兼管司獄
> 事務，缺出，該督撫即於臺地現任人員內，酌量調補，五年俸
> 滿，亦照臺俸人員期滿之例，即行陞補（以上新設通判、縣
> 丞、巡檢各缺，例由臺缺人員揀調，應毋庸計扣臺俸年限，悉
> 准調補，如調任後，仍准其接算前後俸次報滿）。[58]

可見嘉慶十六年薪設之噶瑪蘭廳，當通判出缺時，即由閩浙督撫於臺
灣地方現任官員中揀選適任人員調補之，不像臺灣其他廳、縣首長出
缺時，原則上需先於福建內地官員中揀選，如無適當人員可供題調
時，再於臺灣官員中揀選，題調之。附帶一提的是，兼攝、署理和護
理也是嘉慶年間常見的廳首長之任命方式。

　　前述嘉慶年間臺灣各廳首長之任命方式，歷經道光、咸豐乃至同
治朝似乎未見改變。

　　於茲轉來研究一下各廳首長之任期。經前述各節之探討，我們已
知截至乾隆末葉，臺灣各廳首長之任期幾經調整，但於茲發現自乾隆
五十三年調整臺灣各廳首長任期為五年以後，截至同治末年都未見再
行調整其任期，換言之，自乾隆五十三年以後至同治末年，臺灣各廳
首長之法定任期一直為五年。雖然如此，可是實際上如何實需進一步
的研究。

　　根據分析，嘉慶朝的二十五年間淡水同知共有二十任，其中包括
兼攝一任，署理八任和護理二任在內，平均任期為一・二五年[59]。澎湖
通判共有二十八任，其中包括十六任署理、一任護理，平均任期為
〇・八九年[60]。嘉慶十六年成立之噶瑪蘭廳，截至嘉慶二十五年的九年
間共經歷七任通判，其中包括一任署理、兩任護理，平均任期為一・
二九年[61]。上述同知、通判之平均任期不僅與法定五年的任期出入甚

58　《欽定吏部則例（二）》，成文出版社影印，臺北市，民國五十八年，頁四二〇。

59　何茹連任任期跨乾隆、嘉慶兩朝，因此何氏在嘉慶朝也算一任。前引《淡水廳志》，頁
　　二一〇─二一一；前引《臺灣史地文職表》，頁八〇─八二。

60　蔣曾年任期跨進嘉慶朝，因此蔣氏在嘉慶朝列計一任。林豪《澎湖廳志》，《臺文
　　叢》，第一六四種，頁一八五─一九〇；前引《臺灣史地文職表》，頁九一─九三。

61　柯培元《噶瑪蘭志略》，《臺文叢》，第九二種，頁七〇；前引《臺灣史地文職表》，

大，而且淡水同知和澎湖通判的平均任期，皆比乾隆年間的短，尤其是澎湖通判縮短得更多。現在再將各廳首長之任期，以分組的方式做進一步之分析。先就淡水同知而言，其任期未滿一年、一年至未滿二年、二年至未滿三年、三年至未滿四年、四年至未滿五年所佔該同知總數的百分比，分別為四〇％、三五％、一五％、五％，其間未滿一年至未滿二年的佔該同知的七五％、未滿一年至未滿三年的佔該同知的九〇％，而接近法定任期五年的僅一名，佔該同知的五％而已。其次看澎湖通判之分組任期，其情形為任期未滿一年、一年至未滿二年、二年至未滿三年，所佔該通判總數的百分比，分別為六〇・七一％、二五％、一四・二九％，其間未滿一年至未滿二年的佔該通判的八五・七一％，所有通判任期再長也都未超過三年，即無一人符合法定任期。

　　接著來檢視噶瑪蘭通判之分組任期，根據統計所得，其任期未滿一年的佔該通判總數的五七・一四％，任期一年至未滿二年、二年至未滿三年、四年至未滿五年皆各佔該通判總數的一四・二九％，而未滿一年至未滿二年的佔七一・四三％，未滿一年至未滿三年的佔八五・七二％，符合法定任期的只一人，佔該通判的一四・二九％。就整個臺灣而言，嘉義年間各同知、通判任期在未滿一年者所佔比率最高，達全數的五二・七三％，其次為一年至未滿二年者佔二七・二七％，再次為二年至未滿三年者佔一四・五五％，而嘉慶朝全臺五十五位廳首長中，只有兩位任期較符合法定任期，佔全數的三・六四％，接近九成五的同知通判，其任期在三年以下，從上述分組任期的數據看來，同樣看出一個現象，即嘉慶年間各廳首長之法定任期與實際任期出入甚大，如是則彼時各廳首長之法定任期與實際任期甚為不符，乃屬事實殆無庸置疑。上述諸現象參見表 3-5。

頁九八。

表 3-5　臺灣嘉慶年間同知通判出身及任期分組統計表

廳別 / 出身別	一年以內				一至二年				二至三年				三至四年				四至五年				合　計			
	正	雜	捐	不詳	正	雜	捐	不詳	正	雜	捐	不詳	正	雜	捐	不詳	正	雜	捐	不詳	正	雜	捐	不詳
淡水同知　人	5		3		5		2		3				1				1				15		5	
淡水同知　百分比	25		15		25		10		15				5				5				75		25	
淡水同知（分組%）	40				35				15				5								100			
澎湖通判　人	9	4	4		3	1	3		4												16	5	7	
澎湖通判　百分比	32.14	14.29	14.29		10.71	3.57	10.71		14.29												57.14	17.86	25	
澎湖通判（分組%）	60.71				25				14.29												100			
噶瑪蘭通判　人		2	1	1	1				1								1				3	2	1	1
噶瑪蘭通判　百分比		28.57	14.29	14.29	14.29				14.29								14.29				42.86	28.57	14.29	14.29
噶瑪蘭通判（分組%）	57.14				14.29				14.29								14.29				100			
全台灣　人	14	6	8	1	9	1	5		8				1				2				34	7	13	1
全台灣　百分比	25.45	10.91	14.55	1.82	16.36	1.82	9.09		14.55				1.82				3.64				61.82	12.73	23.64	1.82
全台灣（分組%）	52.73				27.27				14.55				1.82				3.64				100			

備註　資料來源：同與註五九、六○、六一。

　　前面已提過，在嘉慶之後，臺灣各廳首長之法定任期，仍維持五年，即所謂「五年俸滿」的制度。但道光的三十年間，臺灣各廳首長之實際任期的情形實有必要探討。根據統計，淡水同知共有二十四任，其中包括十任署理、兩任護理，平均任期為一·二五年[62]。澎湖通判共有二十一任，其中包括署理十三任、護理一任，平均任期為一·四三年[63]。噶瑪蘭通判共有二十五任，其中包括十七任署理、一任護理，平均任期為一·二年[64]。以上可見道光年間各廳首長的平均任期，比嘉慶時代或稍長、或相同、或稍短，就全臺而言是稍長，但與法定任期五年仍然出入甚大。

　　道光年間各廳首長之任期，以分組方式來看的話，淡水同知之任期，未滿一年、一年至未滿二年、二年至未滿三年、三年至未滿四年者，分別各佔該同知總數的四一·六七％、三七·五％、一二·五％、

62　胡振遠任期跨入道光朝，因此胡氏在道光朝列計一任。前引《淡水廳志》頁二一一—二一二；前引《臺灣史地文職表》，頁八二—八四。

63　丁嘉植任期跨入道光朝，因此丁氏在道光朝列計算一任。前引林豪《澎湖廳志》，頁一九○—一九二；前引《臺灣史地文職表》，頁九三—九四。

64　陳淑均《噶瑪蘭廳志》，《臺文叢》，第一六○種，頁五七—五八；前引《臺灣史地文職表》，頁九八—一○○。

八‧三三％，未滿一年至未滿二年者，佔該同知的七九‧一七％，未滿一年至未滿三年者，佔九一‧六七％，而無一名同知任滿法定任期五年者。澎湖通判之任期，未滿一年、一年至未滿兩年、二年至未滿三年者，分別各佔該通判的六一‧九％、一九‧○五％和九‧五二％，任期未滿五年至未滿六年、七年至未滿八年，各有一位，皆各佔該通判的四‧七六％，而任期在未滿一年至未滿二年者，佔該通判的八○‧九五％，未滿一年至未滿三年者，佔九○‧四七。噶瑪蘭通判之任期，未滿一年、一年至未滿兩年者，分別各佔該通判總數的六○％、二四％，其任期二年至未滿三年、三至未滿四年，各僅一任，各佔該通判的四％、四至未滿五年的僅二任，佔該通判的八％，而任期未滿一年至未滿二年者，佔該通判的八四％，任期未滿一年至未滿三年者，佔該通判的八八％[65]。就全臺灣而言，道光年間廳首長之任期，接近符合、符合及超過法定任期者，不過四人而已，佔五‧七％，其餘任期在一年以內的超過一半，即佔五四‧二九％，任期未滿一年至未滿兩年的，佔八一‧四三％，任期未滿一年至未滿三年者，達九○％，以上諸現象再一次說明道光年間臺灣各廳首長之實際任期，普遍比法定任期來得短的事實。詳見表3-6。

65　前引《臺灣史地文職表》，第九四頁記楊承澤於道光二十九年四月二十日調任噶瑪蘭通判，同年八月任澎湖通判；同書第一○○頁又記楊氏於道光二十九年四月二十七日由澎湖通判調任噶瑪蘭通判，其間顯然相矛盾。前引《噶瑪蘭廳志》第五八頁記楊氏道光二十八年四月二十七日任噶瑪蘭通判，似較正確，如是則朱材哲任滿四年，楊氏任滿一年。

表 3-6　臺灣道光年間同知通判出身及任期分組統計表

廳別	項目	一年以內				一至二年				二至三年				三至四年				四至五年				五至六年				七至八年				合計			
		正	雜	捐	不詳	正	雜	捐	不詳	正	雜	捐	不詳	正	雜	捐	不詳	正	雜	捐	不詳	正	雜	捐	不詳	正	雜	捐	不詳	正	雜	捐	不詳
淡水同知	人	9		1		6	2	1		3				2																20	2	2	
	百分比	37.6		4.17		26	8.33	4.17		12.5				8.33																83.33	8.33	8.33	
	合計%	41.67				37.8				12.5				8.33																100			
澎湖通判	人	4	5	2	2	1	2	1		1			1									1				1				8	7	3	3
	百分比	19.05	23.81	9.52	9.52	4.76	9.52	4.76		4.76			4.76									4.76				4.76				38.1	33.33	14.29	14.29
	合計%	61.9				19.05				9.52												4.76				4.76				100			
噶瑪蘭通判	人	13		1	1	4	2			1				1				2												21	2	1	1
	百分比	52		4	4	16	8			4				4				8												84	8	4	4
	合計%	60				24				4				4				8												100			
全台灣	人	26	5	4	3	11	6	2		5			1	3				2				1				1				49	11	6	4
	百分比	37.14	7.14	5.71	4.29	15.71	8.57	2.86		7.14			1.43	4.29				2.86				1.43				1.43				70	15.71	8.57	5.71
	合計%	54.29				27.14				8.57				4.29				2.86				1.43				1.43				100			

備註：噶瑪蘭通判朱材哲和横承澤之任期分別以滿四年和滿一年列入二。

資料來源：同註 62、63、64。

　　咸豐的十一年間，臺灣各廳首長之實際任期情形為：一、淡水同知共有十二任，其中包括九任署理，平均任期為○‧九二年[66]。一、澎湖通判共有八任，其中包括六任署理，平均任期為一‧三八年[67]。一、噶瑪蘭通判共有八任，其中包括三任署理、兩任護理，平均任期為一‧三八年[68]。由此可見此時澎湖通判和淡水同知之平均任期都比道光年間的稍短，噶瑪蘭通判則稍長，惟全臺平均任期則比道光時代稍短些，此等實際任期照舊與法定任期出入甚大。為了更了解咸豐年間，臺灣各廳首長任期的實情，吾等仍需將各同知、通判之任期，以分組的方式予以分別統計，茲將統計的結果，列如表 3-7。

66　史密任期跨入咸豐朝，因此史氏在咸豐朝列計一任。前引《淡水廳志》，頁數二一二；前引《臺灣史地文職表》，頁八四—八五。

67　楊承澤任期跨入咸豐朝，因此楊氏在咸豐朝列計一任。前引林豪《澎湖廳志》，頁一九二；前引《臺灣史地文職表》，頁九四—九五。

68　董任官任期跨入咸豐朝，因此董氏在咸豐朝列計一任。前引《臺灣史地文職表》，頁一○○—一○一。

表 3-7　臺灣咸豐年間同知通判出身及任期分組統計表

廳別	人數百分比	一年以內 正	雜	捐	不詳	一至二年 正	雜	捐	不詳	二至三年 正	雜	捐	不詳	三至四年 正	雜	捐	不詳	合計 正	雜	捐	不詳
淡水同知	人	3		2		4	2									1		7	2	3	
	百分比	25		16.67		33.33	16.67									8.33		58.33	16.67	25	
		41.67				50								8.33				100			
澎湖通判	人	1				2	2		1		2							3	4		1
	百分比	12.5				25	25		12.5		25							37.5	50		12.5
		12.5				62.5				25								100			
噶瑪蘭通判	人	1	2	1	1					1	1				1			2	4	1	1
	百分比	12.5	25	12.5	12.5					12.5	12.5				12.5			25	50	12.5	12.5
		62.5								25				12.5				100			
全台灣	人	5	2	3	1	6	4		1	1	3					1	1	12	10	4	2
	百分比	17.86	7.14	10.71	3.57	21.43	14.29		3.57	3.57	10.71					3.57	3.57	42.86	35.71	14.29	7.14
		39.29				39.29				14.29				7.14				100			
備註	資料來源：同註六六、六七、六八。																				

　　依前表再進一部推算則知：一、淡水同知之任期未滿一年至未滿二年者，佔該同知總數的九一‧六七％。一、澎湖通判之任期未滿一年至未滿二年者，佔該通判總數的七五％，此時澎湖通判不僅無一人任滿法定任期的五年，且無一人任期超過三年。一、噶瑪蘭通判任期未滿一年者，佔該通判總數的六二‧五％，未滿一年至未滿三年者，佔該通判的八七‧五％，無一人任期超過四年。就全臺灣各廳首長之任期而言，咸豐年間其任期未滿一年至未滿兩年者，佔全臺同知通判總數的七八‧五八％，未滿一年至未滿三年者，佔全臺同知通判的九二‧八七％，而全臺無一人任期超過四年，當然也就無人任滿法定任期的五年了。

　　緊接著來檢視一下同治年間臺灣各廳首長之任期。根據統計，同治的十三年間，淡水同知共有十一任，其中包括七任署理、兩任護理，平均任期為一‧一八年[69]。澎湖通判共有十二任，其中包括八任署

<hr />

69　秋日覲任期跨入同治朝，因此董氏在同治朝列計一任。前引《淡水廳志》，頁數二一二—二一三；前引《臺灣史地文職表》，頁八五。

理、一任護理，平均任期為一·〇八年[70]。噶瑪蘭通判共有八任，其中包括兩任署理、兩任護理，平均任期為一·六三[71]。從上述數據顯示此時淡水同知和噶瑪蘭通判之平均任期比咸豐年間的稍短，就全臺而言，則比咸豐年間的稍長，但無論如何，此時各廳之實際任期，依然與法定任期的五年，出入甚大。

　　現在再將台灣當時各同知、通判之任期，用分組的方式加以分析統計，其結果如表 3-8。

表 3-8　臺灣同治年間同知通判出身及任期分組統計表

廳別 ＼ 任期年數 出身別 人數百分比		一年以內				一至二年				二至三年				三至四年				合　計			
		正	雜	捐	不詳	正	雜	捐	不詳	正	雜	捐	不詳	正	雜	捐	不詳	正	雜	捐	不詳
淡水同知	人	3				4	1	1				1				1		7	1	3	
	百分比	27.27				36.36	9.09	9.09				9.09				9.09		63.64	9.09	27.27	
	百分比	27.27				54.54				9.09				9.09				100			
澎湖通判	人	3		1	2	4	1		1									7	1	1	3
	百分比	25		8.33	16.67	33.33	8.33		8.33									58.33	8.33	5.33	25
	百分比	50				50												100			
噶瑪蘭通判	人	1		1		4				1				1				7		1	
	百分比	12.5		12.5		50				12.5				12.5				87.5		12.5	
	百分比	25				50				12.5				12.5				100			
全台灣	人	7		2	2	12	2	1	1	1		1		1		1		21	2	5	3
	百分比	22.58		6.54	6.54	38.71	8.45	3.23	3.23	3.23		3.23		3.23		3.23		67.74	6.45	16.13	9.68
	百分比	35.48				51.61				6.45				6.45				100			

備註：資料來源：同與註六九、七〇、七一。

　　依前表進一步推算出淡水同知之任期，未滿一年至未滿兩年者，佔該同知總數的八一·八一%，未滿一年至未滿三年者，佔該同知的九〇·九%。澎湖通判無一人任期超過兩年。噶瑪蘭通判之任期未滿一年至未滿兩年者，佔該通判總數的七五%，未滿一年至未滿三年者，佔該通判的八七·五%。以全臺來說，同治年間廳首長之任期，

70　韋濂任期跨入同治朝，因此韋氏在同治朝列計一任。前引林豪《澎湖廳志》，頁 一九二—一九三；前引《臺灣史地文職表》，頁九五—九六。

71　前引《臺灣通志》，頁三五六—三五七，其中將喻盛瀛之任期為同治元年，誤印為同治六年。前引《臺灣史地文職表》，頁一〇一。

未滿一年至未滿二年者，佔全臺同知通判總數的八七・○九％，未滿
一年至未滿三年者，佔全臺的九三・五四％，而全臺三十一任同知通
判無一人類任期符合法定任期。由此等數據，說明截至同治年間，臺
灣各廳首長之實際任期與法定任期不謹不符，且出入依舊甚大。

　　有關嘉慶年間至同治年間，各廳、縣首長之仕途出身情形，茲依
年代順序分述之。嘉慶年間淡水同知正途出身者，佔該同知總數的七
五％，其餘皆為捐納出身。澎湖通判正途出身者，佔該通判總數的五
七・一四％，雜途出身者佔該通判的一七・八六％，捐納出身者佔二五
％。噶瑪蘭通判正途出身者，佔該通判總數的四二・八六％，雜途出身
者佔二八・五七％，捐納出身者佔一四・二九％，出身不詳者也佔一
四・二九％。就全臺而言，同知通判正途出身者佔廳首長全數的六
一・八二％，雜途出身者佔一二・七三％，捐納出身者佔二三・六四
％，出身不詳者佔一・八二％（以上數據參見前列表 3-5）。上述諸現
象相較於乾隆時代，則發現就全臺灣而言，嘉慶年間，各廳首長之平
均素質似乎略低於乾隆時代，理由是乾隆年間全臺廳首長之正途出身
者佔六三・一六％，略高於嘉慶年間的六一・八二％（參見前列表 3-3
和表 3-5）。

　　道光年間各廳首長仕途出身別，在比率上與嘉慶年間有所不同。
一、淡水同知正途出身者，佔該同知總數的八三・三三％，雜途和捐
納出身者，皆各佔八・三三％。一、澎湖通判，正途、雜途出身者，
分別各佔該通判總數的三八・一％、三三・三三％，捐納出身及出身不
詳者皆各佔該通判的一四・二九％。一、噶瑪蘭通判，正途、雜途出
身者，佔該通判總數的八四％、八％，捐納出身和出身不詳者皆各佔四
％。此刻就全臺而言，同知、通％判正途出身者佔七○％，雜途出身者
佔一五・七一％，捐納出身者佔八・五七％，出身不詳者佔五・七一
％。以此與嘉慶年間之同知、通判的出身相較，則似乎可說道光年間
各廳首長之平均素質有所提昇，蓋單從道光年間全臺同知、通判正途
出身者佔七○％，嘉慶年間佔六一・八二％的兩項數據就可得到此一認
識。不過分區以正途出身多者為素質高的標準來看，道光年間淡水同

知和噶瑪蘭通判的素質，比嘉慶時代有顯著之提昇，而澎湖通判之素質，則有顯著的下降。上述諸仕途之比率數據詳見前列表 3-5 和表 3-6。

　　道光朝之後進入咸豐時代，其時同知、通判之仕途出身，據統計所得之情形為：一、淡水同知，正途、雜途、捐納出身者，分別各佔該同知總數的五八‧三三％、一六‧六七％、二五％。一、澎湖通判正途、雜途出身者，分別各佔該通判總數的三七‧五％、五○％，出身不詳者佔一二‧五％。噶瑪蘭通判正途、雜途出身者，各佔該通判總數的二五％、五○％，捐納出身和出身不詳者，各佔該通判的一二‧五％。就全臺同知、通判而言，正途、雜途、捐納出身者，各佔全臺同知、通判總數的四二‧八六％、三五‧七一％、一四‧二九％，出身不詳者佔七‧一四％。將上述數據與道光時代的相比，則發現咸豐年間臺灣同知、通判之平均素質，比道光時代有顯著的滑落，其實此從道光年間同知、通判出身正途者佔七○％，咸豐年間佔四二‧八六％的兩項數據就可看出。以上參見前列表 3-6 和表 3-7。

　　同治年間各廳首長之仕途出身情形：淡水同知正途出身者，佔該同知總數的六三‧六四％，雜途出身者佔九‧○九％，捐納出身者佔二七‧二七％。澎湖通判正途出身者佔該通判總數的五八‧三三％，雜途和捐納出身者都各佔該通判的八‧三三％，出身不詳者佔二五％。噶瑪蘭通判正途出身者佔該通判總數的八七‧五％，捐納出身者佔該通判的一二‧五％。將上述同知、通判合併統計，則同治年間全臺同知、通判，正途、雜途、捐納出身者，分別各佔六七‧七四％、六‧四五％、一六‧一三％，出身不詳者佔九‧六八％。從上述各同知、通判正途出身的數據，顯示同治年間各廳首長的平均素質，比咸豐年間提昇了許多，尤其是噶瑪蘭通判正途出身者在咸豐年間僅佔二五％，同治年間則高達八七‧五％。此等諸現象詳見前列表 3-7 和表 3-8。

　　前面已將嘉慶至同治年間各廳、縣首長之出身做過詳細的探討，於茲轉來揀視一下嘉慶以降至同治年間，各廳首長之族別和籍貫狀況。根據統計嘉慶年間臺灣各廳首長之族籍別詳如表 3-9。

表 3-9　臺灣嘉慶年間同知通判族別籍貫別統計表

注：欄位「滿旗・漢旗・不詳・小計」屬旗人；「直隸～小計」屬漢人。

廳別	項目	滿旗	漢旗	不詳	小計	直隸	山東	河南	山西	陝西	甘肅	江蘇	浙江	安徽	江西	湖南	湖北	四川	福建	廣東	廣西	貴州	雲南	不詳	小計	總計
淡水同知	人	1			1	3	1	1				6	4	2								1	1		19	20
淡水同知	百分比	5			5	15	5	5				30	20	10								5	5		95	100
澎湖通判	人		3		3	6	1	1	1			3	5		3	1	1					1	2		25	28
澎湖通判	百分比		10.71		10.71	21.43	3.57	3.57	3.57			10.71	17.86		10.71	3.57	3.57					3.57	7.14		89.29	100
噶瑪蘭通判	人						1						2			1			1				1	1	7	7
噶瑪蘭通判	百分比						14.29						28.57			14.29			14.29				14.29	14.29	100	100
全台灣	人	1	3		4	9	3	2	1			9	11	2	3	2	1		1			2	4	1	51	55
全台灣	百分比	1.82	5.45		7.27	16.36	5.45	3.64	1.82			16.36	20	3.64	5.45	3.64	1.82		1.82			3.64	7.27	1.82	92.73	100

地區別百分比：
- 淡水同知：旗人5、華北25、華中60、華南10、計100
- 澎湖通判：旗人10.71、華北32.14、華中46.43、華南10.71、計100
- 噶瑪蘭通判：華北14.19、華中42.86、華南28.57、不詳14.29、計100
- 全台灣：旗人7.27、華北27.27、華中50.91、華南12.72、不詳1.82、計100

資料來源：同表 3-5。

由前表可知嘉慶年間淡水同知有一名滿人，通判中三人為漢軍旗籍人士，皆任澎湖通判，其餘同知、通判共五十一人，其中以華中人為最多，佔五〇・九一％，華北人次之，佔二七・二七％，華南人最少，佔一二・七二％。

道光年間各廳首長之族別和籍貫別，依資料統計結果詳如表 3-10。

表 3-10　臺灣道光年間同知通判族別籍貫別統計表

注：欄位「滿旗・漢旗・不詳・小計」屬旗人；「直隸～小計」屬漢人。

廳別	項目	滿旗	漢旗	不詳	小計	直隸	山東	河南	山西	陝西	甘肅	江蘇	浙江	安徽	江西	湖南	湖北	四川	福建	廣東	廣西	貴州	雲南	不詳	小計	總計
淡水同知	人	1			1	1	1						4	1			2	1				1			11	12
淡水同知	百分比	8.33			8.33	8.33	8.33						33.33	8.33			16.67	8.33				8.33			91.67	100
澎湖通判	人					1						1		1				1		2				2	8	8
澎湖通判	百分比					12.5						12.5		12.5				12.5		25				25	100	100
噶瑪蘭通判	人	1			1						2		1					1		2				1	7	8
噶瑪蘭通判	百分比	12.5			12.5						25		12.5					12.5		25				12.5	87.5	100
全台灣	人	2			2	2	1				2	1	5	2			2	3		4		1		3	26	28
全台灣	百分比	7.14			7.14	7.14	3.57				7.14	3.57	17.86	7.14			7.14	10.71		14.29		3.57		10.71	92.86	100

地區別百分比：
- 淡水同知：旗人8.33、華北16.67、華中66.67、華南8.33、計100
- 澎湖通判：華北12.5、華中37.5、華南25、不詳25、計100
- 噶瑪蘭通判：旗人12.5、華北25、華中25、華南25、不詳12.5、計100
- 全台灣：旗人7.14、華北17.86、華中46.43、華南17.86、不詳10.71、計100

資料來源：同表 3-6。

　　依前表可知道光年間，全臺同知、通判共有七十人，其中淡水同知有一名為滿人，澎湖通判有兩名為漢軍旗籍人士，噶瑪蘭通判有兩名滿人，其餘的六十五名為漢人。漢人中不論是同知或是通判，都以華中人為最多，都在五成或五成多一點，其次是華北人，佔兩成或兩成多，再次為華南，平均約有一成五七。

　　接著來檢視一下咸豐年間臺灣各廳首長之族別和籍貫別所佔比率究竟如何？據統計，咸豐間同知通判之族別和籍貫別，詳如表 3-11。

表 3-11　臺灣咸豐年間同知通判族別籍貫別統計表

廳別	項目	旗人 滿旗	漢旗	不詳	小計	漢人 直隸	山東	河南	山西	陝西	甘肅	江蘇	浙江	安徽	江西	湖南	湖北	四川	福建	廣東	廣西	貴州	雲南	不詳	小計	總計
淡水同知	人	1			1	1	3	2				2	2		2	1	1	4				2	3		23	24
淡水同知	百分比	4.17			4.17	4.17	12.5	8.33				8.33	8.33		8.33	4.17	4.17	16.67				8.33	12.5		95.83	100
淡水同知	地區別百分比	4.17				25（華北）						50（華中）							20.83（華南）							100
澎湖通判	人		2		2	2	3					3	2			1	1	2	2			2	1		19	21
澎湖通判	百分比		9.52		9.52	9.52	14.29					14.29	9.52			4.76	4.76	9.52	9.52			9.52	4.76		90.48	100
澎湖通判	地區別百分比	9.52				23.81						52.38							9.52				4.76			100
噶瑪蘭通判	人	2			2	2	1	1	1			2	1	3	2	2	2	1		2		2	1		23	25
噶瑪蘭通判	百分比	8			8	8	4	4	4			8	4	12	8	8	8	4		8		8	4		92	100
噶瑪蘭通判	地區別百分比	8				20						52							16				4			100
全台灣	人	2	3		5	4	8	3	1			7	5	3	5	4	5	7	2			6	5		65	70
全台灣	百分比	2.86	4.29		7.14	5.71	11.43	4.29	1.43			10	7.14	4.29	7.14	5.71	7.14	10	2.86			8.57	7.14		92.86	100
全台灣	地區別百分比	7.14				22.86						51.43							15.71				2.86			100

資料來源：同表 3-7。

　　由表 3-11 中可知咸豐年間，全臺共二十八名同知通判中，有一名淡水同知和一名噶瑪蘭通判為滿人，其餘二十六名皆為漢人。漢人中以華中人十三人為最多，佔全臺同知、通判的四六‧四三％，華北、華南各五人，各佔一七‧八六％。

　　本節最後要探討的是同治年間，臺灣廳、縣首長的族別和籍貫別到底情形如何？根據統計得知在同治年間，全臺共有同知、通判三十一人，其中各一名淡水同知為滿人，其餘三十人皆為漢人。漢人同知、通判中，以華中人二十三人為最多，佔當時全臺同知、通判總數的七四‧一九％，

　　其次多為華北人，有三人，佔全臺的九‧六八％，再次為華南

人，僅有兩人，佔全臺的六‧四五％。上述情形詳見表 3-12。

表 3-12　臺灣同治年間同知通判族別籍貫別統計表

廳別	項	滿旗	漢旗	不詳	小計	直隸	山東	河南	山西	陝西	甘肅	江蘇	浙江	安徽	江西	湖南	湖北	四川	福建	廣東	廣西	貴州	雲南	不詳	小計	總計
淡水同知	人	1			1			2				1	3	1	1				1	1					10	11
	百分比	9.09			9.09			18.18				9.09	27.27	9.09	9.09				9.09	9.09					90.91	100
	百分比				9.09			18.18(華北)						63.64(華中)						9.09(華南)						100
澎湖通判	人											1	4		3			1		1				2	12	12
	百分比											8.33	33.33		25			8.33		8.33				16.67	100	100
	百分比													75						8.33				16.67		100
噶瑪蘭通判	人							1				1	3		1	1			1						8	8
	百分比							12.5				12.5	37.5		12.5	12.5			12.5						100	100
	百分比							12.5						87.5												100
全台灣	人	1			1	1		2				3	7	4	5	1		3		2				2	30	31
	百分比	3.23			3.23	3.23		6.45				9.68	22.58	12.9	16.13	3.23		9.68		6.45				6.45	96.78	100
	百分比				3.23			9.68						74.19						6.45				6.45		100

資料來源：同表 3-8。

第三節　光緒年間廳首長之任用與出身

　　在前述第二節裡，已將嘉慶以降至同治末年間臺灣各廳首長之任命方式加以探討，於此發現自嘉慶年間至同治末年，各廳首長之任命方式，幾乎沒有再改變過，迨光緒年間（光緒元年為西元一八七五年），各廳首長之任命方式如何？根據崑岡《欽定大清會典事例》載說：

> 光緒元年，福建臺灣府琅嶠猴洞地方建設縣治，名曰恆春，作為調缺；水福建臺北艋舺地方添設知府一缺，名曰臺北府，附府添設知縣一缺名曰淡水縣，又、裁汰淡水廳同知，於竹塹地方改設新竹縣知縣一缺，並於噶瑪蘭舊治，添設宜蘭縣知縣一缺，改噶瑪蘭通判為臺北府分防通判，移紮雞籠地方俱作調缺。[72]

同書又載說：

> 五年（按指光緒五年）議准，……淡水縣知縣，作為題調要

缺，新竹縣、宜蘭縣、並臺灣府屬之恆春縣，均作為中缺，於內地揀選調補，如無堪調之員，即以曾任實缺候補，並進士即用請補。……十年議准，臺灣埔裡社添設撫民通判，歸臺灣府考覈，於內地現在人員調補。[73]

由上述兩段有關臺灣在光緒元年至光緒十年以前，新設廳縣首長之任命方式的記載，加上同書中並無舊有廳縣首長任命方式的變動之記述，則知迨光緒年間臺灣建省以前，臺灣各廳首長出缺時，仍如光緒以前，先就中國大陸內地現任官員中，揀選適任人員以調補的方式任命之，如無堪調之員時，臺灣各廳首長出缺時，其任命方式幾乎與往昔相彷彿，只是遴選對象不限於福建省現任官而已。

光緒十一年九月初五日，清廷宣布臺灣改為行省，設福建臺灣巡撫常駐臺灣[74]，以劉銘傳為首任福建臺灣巡撫。次年二月劉氏和閩浙總督楊昌濬聯銜向清廷奏報臺灣廳、縣首長任命情形中說：

> 署新竹知縣彭達孫，患病請假，所遺新竹縣係酌委之缺。查有現代是缺之埔裡社通判方祖蔭，年壯才明，辦事勤奮，堪以委令一手署理，遞遺埔裡社一通判亦係酌委之缺，查有現代是缺之試用府經歷林桂芬，堪以委令一手代理。又、署淡水縣知縣徐錫祉調省，另有差委，所遺淡水縣酌委之缺，查有現代是缺之試用通判李嘉棠，堪以委令一手署理。……據福建藩臬兩司會詳前來，……臣等謹合詞附片具陳，伏起聖鑒，謹奏。光緒十二年二月二十一日，軍機大臣奉旨，吏部知道，欽此。[75]

由此一奉報內容，可知此時臺灣在實質上，尚未與福建完全隔離，臺灣廳、縣首長任命案，尚由福建藩臬兩司經辦，不過也看出臺、閩已具分省的新貌，因為臺灣在明令建省之前淡水縣知縣和新竹縣知縣為題調缺，埔裡社通判為調缺，而此時皆為酌委缺，即此時上述廳、縣

73　同前，卷六五，頁二六，總頁五九二五。

74　同前，卷六五，頁二六─二七，總頁五九二五─五九二六；《大清德宗（光緒）皇帝實錄》，華文書局影印，臺北市，民國五十三年，卷二一五，九月庚子條。

75　《月摺檔》，光緒十二年二月二十一日，楊昌濬、劉銘傳奏。

首長出缺時，由閩浙總督臺灣巡撫揀選適任人員酌委之。

　　又、據光緒十二年五月，劉銘傳與閩浙總督楊昌濬為題補恆春知縣事的聯銜會奏中載說：

> 竊查恆春縣知縣周志侃因案革職，……所遺恆春縣知縣係臺灣
> 海外疲難題調要缺，非精明雖（按「雖」為「能」之誤）幹熟
> 悉海疆風土民情之員，不足以資治理。臣等督飭藩臬兩司，在
> 於閩省內地應調應補人員內逐加以遴選，非現居要缺，即人地
> 未宜，一時實乏堪調補之員。復於應升各員內加以選擇，查有
> 嘉義縣笨港縣丞李時英年四十八歲，貴州貴筑縣人。……惟定
> 例佐式升補知縣，必須先儘卓異人員，如無卓異人員，實缺縣
> 丞始可升補。查閩省卓異候升人員與是缺，人地均未相宜。笨
> 港縣丞李時英，請升恆春縣知縣，與例稍有未符。惟臺灣分縣
> 伊始，恆春一缺新設不久，番多民少，事極繁重，必須精明雖
> （按「雖」為「能」之誤）幹熟悉情形之員，始能勝任。李時
> 英在臺日久廉勤，素著熟悉情形，以之升補恆春縣知縣，人地
> 實在相宜。合無仰懇天恩，俯念海疆員缺緊要，准以嘉義縣笨
> 港縣丞李時英升補恆春縣知縣，人地實在相宜。合無仰懇天
> 恩，俯念海疆員缺緊要，准以嘉義縣笨港縣丞李時英升補恆春
> 縣知縣，實於地方有裨。[76]

而李時英果於光緒十三年閏四月擔任恆春縣知縣[77]。由此可知，臺灣建省之初，知縣出缺時，除用前述酌委方式任命外，也有仍依往例由督撫先於福建省現任官員中，揀選精明幹練熟悉臺灣風土民情者，予以調補之，如無人地相宜可堪調補之員時，才就應升人員中，揀選合例適任人員予以題補之，如無可堪題補調補之員時，則可由督撫以「專摺奏薦」，經皇帝批准的方式任命之，而各廳首長之任命理應亦如此才是。

　　光緒十二年六月十三日，劉銘傳在〈遵議臺灣建省事宜摺〉中說：

> 臺灣生番歸化已多，日漸開闢，急須分治官，若照部章，廳、

76　《月摺檔》，光緒十二年五月二十六日，閩浙總督楊昌濬、臺灣巡撫劉銘傳奏。

77　屠繼善《恆春縣志》，《臺文叢》，第七五種，頁七六。

> 縣佐雜各員，均須循例補署。臺灣民番雜處，人地苟不相宜，
> 萬難遷就，恐釀事端，僅用合例人員又未必盡能得力。擬請旨
> 飭部聲明，臺灣新設省治，暫行不論資格，俾得人地相宜，俟
> 全臺生番歸化，一律分治設官，再請循照部章，以求實效。[78]

劉氏認為臺灣剛建省，雖急需人才，但由於臺灣地方漢人與土著雜
處，任用廳、縣首長乃至佐雜官員時，不可只問其資格是否合例，蓋
資格合例者未必能勝任臺灣的工作，恐怕會釀事端。因此劉氏建議清
廷在任用臺灣廳、縣首長及佐雜各員時，不如不論其資格，但求其人
地是否相宜。但是劉氏之建議未見吏部議覆，嗣後臺灣布政使邵友濂
向劉氏稟稱：光緒十四年春，臺灣知縣病歿數人，近兩年來，因土水
服而病歿之臺灣廳、縣首長有十餘員，致奉調來臺之官員，都裹足不
前，截至光緒十四年五月時，臺灣各縣懸缺未補的已至八、九缺。於
是劉氏乃於光緒十四年五月二十日再向清廷建議，於臺灣廳、縣首長
之任用資格上予以放寬[79]。

　　滿清中央政府對上述劉氏有關放寬臺灣廳、縣首長之任用資格的
建議，雖未完全接受，但對臺灣知縣之任用資格和任命方式准予有所
變通。即清廷准許臺灣巡撫在舊設知縣出缺，任用知縣時，可不論其
資格，酌量補署；而在任用新設知縣時，只先准其酌量補署一次。此
一變通辦法，清廷允准先行試辦三年，待查看情形如何之後，再定將來
如何辦理之法[80]，此一變通辦法，照慣例亦適用於各廳首長之任用。
又、此一變通辦法，在廳、縣首長的任命方式上所起的變化是，「署
理」方式成為正規的方式。事實上以「署理」來任命廳、縣首長的方
式，早在康熙年間就已經出現了，其後歷朝亦屢見不鮮，只是一直是
非正規方式，往往成為督撫為任用不合例人員所用的一種「權宜」或
「取巧」的任命方法。

　　光緒十五年六月初十日，劉銘傳再上奏說：

78　劉銘傳《劉壯肅公奏議》，沈雲龍主編，《近代中國史料叢刊》，臺北市，文海出版
　　社，民國五十七年，第二十輯，第二冊，頁四五八—四五九。

79　同前，頁六三一—六三二。

80　《月摺檔》，光緒十五年六月初十日，劉銘傳奏。

新設各缺，不特當此草創經營猝難辦理，而地居番地，既貴相
宜，變通之期，似不能不從寬展限，應請仍照前議，限以十
年，俾以十年。……是否有當，併請飭部核覆施行。謹奏。[81]

劉氏要求將經吏部議准之臺灣廳、縣首長任用變通章程，再展限十
年。光緒將之批交吏部議奏。據光緒十八年正月，福建臺灣巡撫邵友
濂的《察度地方情形酌擬數端請旨遵辦摺》裡載說：

查自臺灣分省，歷辦防海、撫番、清賦諸務，用人不拘成格，地
方新、舊各缺亦准變通補署，數年之後，原其規復舊章。詎地隔
重洋，水土惡劣，胃難裹足，今昔無殊。臣深知臺地人才缺乏，
不得已而奏調各省人員，以冀稍資臂助，乃現在來者，尚祉三
人。閩省人員雖多，其辦事得力，才具可用者，非現居要缺要
差，即藉詞歸諉。……臺地事務日增，不能因乏員不辦，若不量
為變通，必至冗雜充數，非徒於事無裨，此人才之難，應請飭下
吏部，准臣不拘成例，量才任使，以期為地得人者也。[82]

可見邵友濂任臺灣巡撫時，臺灣缺乏人才，邵氏要求仍依劉銘傳時的
變通補署的辦法來任用臺地官員，同時邵氏尚要求准其自大陸各省奏
調官員來臺任官，各廳首長之任用，自然也就能便通運用了。邵氏此
等要求，光緒帝批「著照所請該部知道欽此」，即得到光緒帝的批准。
另據《光緒朝東華續錄》，光緒二十一年，九月癸丑條載說：

吏部奏……查臺灣所屬道、府以至未入流，共計六十四缺；其後
前補缺章程本係變通辦理，情形與內地不同，得缺較內地實易。[83]

由前述邵友濂及吏部之奏摺，顯然可見劉銘傳在光緒十五年六月奏請
將廳、縣首長任用變通章程展限十年的要求為清廷所接受。這也就是
說，劉氏所建議的臺灣廳、縣首長任用變通章程，一直用到光緒二十
一年臺灣割給日本為止。

---

81 同前。
82 《月摺檔》，光緒十八年正月二十二日，邵友濂奏。
83 《光緒朝東華續錄選輯》，《臺文叢》，第二七七種，頁二三六─二三七。

　　臺灣各廳首長之法定任期自乾隆五十三年（西元一七八八年）調為五年之後，歷經嘉慶、道光、咸豐、同治，乃至光緒十一年清廷明令臺灣建省以前，都未見再行調整過。迨光緒十二年六月十三日，劉銘傳於「遵議臺灣建省事宜摺」中說：

> 臺灣煙瘴之地，內地官吏渡臺，咸視為畏途。向章曾補臺灣府廳縣佐雜等缺，如回內地即屬調簡放，稍有才智者，不肯渡臺。擬仿照新疆章程，凡到臺灣實任如逾三年，著有勞績，准回內地，不計繁簡，均須調補優缺，茇除調簡舊章，缺無當差，酌委優差一次。[84]

劉氏以臺灣為煙瘴之地，中國大陸官員都視渡臺為畏途，加上過去在臺官員，調回中國大陸時，皆調補簡缺，難以吸引人才。因此為吸引人才來臺，劉氏主張凡在臺佔實缺滿三年且成績卓著者，不論其在臺擔任之缺為繁為簡，一律調補優缺，以示鼓勵。換言之，劉氏建議把在臺官員成績卓異者之任期縮短為三年。但究竟光緒元年至二十年的二十年間，臺灣各廳首長之實際任期如何，則有待進一步探討如下。

　　根據統計，從光緒元年至光緒二十年間澎湖通判共有二十三任，其中包括十一任署理、六任代理，平均任期為〇‧八七年[85]。埔裡社通判自光緒十一年首任通判到任始，至光緒二十年間的十年間，共有十三任，其中包括六任署理、二任代理，平均任期為〇‧七七年[86]。光緒十一年清廷宣佈將臺灣別建一省，光緒十三年臺灣完成改制，基隆設撫民理番同知。次年林佳芬為首任基隆同知，自是而後至光緒二十年的七年間，該同知共有七任，其中包括兩任署理、兩任代理，平均任期為一年[87]。就全臺而言，光緒年間各廳首長之平均任期為〇‧八六年，比同治年間的來得短。

　　為了更完整的了解各廳首長任期的實際狀況，茲將各廳首長之任期，以分組的方式加以統計，所得之結果列如表 3-13

84　前引《劉壯肅公奏議》，第二冊，頁四五八。
85　程起鶚任期跨入光緒朝，因此程氏在光緒朝列計一任，汪興禕未到任，因之未列計。前
　　引林豪《澎湖廳志》，頁一九三—一九四；前引《臺灣史地文職表》，頁九六—九八。
86　管元善未到任，因此未列計。前引《臺灣史地文職表》，頁一〇二—一〇三。
87　同前，頁八七—八八。

表 3-13　臺灣光緒年間同知通判出身及任期分組統計表

廳別	出身別/百分比	一年以內				一至二年				二至三年				合　計			
		正	雜	捐	不詳	正	雜	捐	不詳	正	雜	捐	不詳	正	雜	捐	不詳
澎湖通判	人	4		9	2	2		2	3				1	6		12	5
	百分比	17.39		39.13	8.7	8.7		8.7	13.04				4.35	26.09		52.17	21.74
		65.22				30.43				4.35				100			
埔裡社通判	人	2		4	3	2		1	1					4		5	4
	百分比	15.38		30.77	23.08	15.38		7.69	7.69					30.77		38.46	30.77
		69.23				30.77								100			
基隆同知	人	3		2		1			1					4		2	1
	百分比	42.86		28.57		14.29			14.29					57.14		28.57	14.29
		71.43				28.57								100			
全台灣	人	9		15	5	5		3	9			1		14		19	10
	百分比	20.93		34.88	11.63	11.63		6.98	11.63			2.33		32.56		44.19	23.26
		67.44				30.23				2.33				100			

資料來源：同註 85、86、87。

　　由前表 3-13 做進一步的推算可知澎湖通判之任期，未滿一年者佔該通判總數的六五・二二％，未滿一年至未滿二年者佔該通判的九五・六五％，任期較長只有一名，但未任滿三年；埔裡社通判之任期，未滿一年的佔該通判總數的六九・二三％，無一人任期超過兩年；基隆同知之任期，未滿一年者佔該同知總數的七一・四三％，同樣無一人任期超過兩年：就全臺同知通判之任期而言，此時彼等未任滿一年者佔全臺的六七・四四％，未滿一年至未滿二年者佔全臺的九七・六七％。由此顯見光緒年間，臺灣各廳首長之任期普遍比同治年間的又來得更短了。

　　光緒年間各廳首長之仕途出身情形，根據統計所知，此時各同知、通判，捐納出身者之比重大幅提昇，不僅比同治年間的比重高，且為雍正年間以來之最高者；相反的，此時正途出身者所佔之比重為雍正以來之最低者。此時全臺同知、通判出身之比率正途為三二・五六％、捐納為四四・一九％、出身不詳者為二三・二六％，而無一人為雜途出身（或許出身不詳者中有雜途出身者，但需待考）。至於各廳同知、通判各類出身得分佈比率，詳見前列表 3-13。

　　各廳首長之族別和籍貫別，是本節亦需探究的課題之一。根據統計，光緒年間臺灣各廳首長之族籍別，詳如表 3-14。

表 3-14　臺灣光緒年間同知通判族別籍貫別統計表

人數 百分比 廳別	族籍	旗人				漢人																				總計
		滿旗	漢旗	不詳	小計	直隸	山東	河南	山西	陝西	甘肅	江蘇	浙江	安徽	江西	湖南	湖北	四川	福建	廣東	廣西	貴州	雲南	不詳	小計	
澎湖通判	人						1					8	3			3				7				1	23	23
	百分比						4.35					34.78	13.04			13.04				30.43				4.35	100	100
	百分比				4.35（華北）								60.87（華中）							30.43（華南）				4.35		100
埔裡社通判	人											2	4	1					1	2				3	13	13
	百分比											15.38	30.77	7.69					7.69	15.38				23.08	100	100
	百分比												53.85							23.08				23.08		100
基隆同知	人												3	1						2				1	7	7
	百分比												42.86	14.29						28.57				14.29	100	100
	百分比												57.14							28.57				14.29		100
全台灣	人					1						10	10	1	4				1	11				5	43	43
	百分比					2.33						23.26	23.26	2.33	9.3				2.33	25.58				11.63	100	100
	百分比					2.33							58.14							27.91				11.63		100

資料來源：同表 3-13。

　　由表 3-14 可發現光緒年間的四十三任同知、通判中，在族別和籍貫別方面所呈現的若干特色，即無一人為滿人或漢軍旗籍人士，此為一大特色，另一特色是各廳首長中，只有一名華北人，有十二名華南人，華南人驟然增加許多，就全臺而延，華南人所佔比率之最高為雍正間以來所僅見。不過華中人依然是同知通判中人數最多，比重最重者。

　　有關清代臺灣各廳首長之任用與出身等課題，已在前述各節中詳細探討過。經上述各節的探究，對該等課題已有相當之認識。為便於對該等課題之認識，有較具體的把握，於茲將之再做扼要的敘述如下。

　　就各廳首長之任命方式而言，首先需了解一下知縣的情形，據前述之研究，則知縣之任命在康熙三十年以前係由吏部銓選，其後以調補為原則，但仍可以銓選、題補或專摺奏薦等方式進行之。除此之外，康熙年間就出現由督撫派員兼攝或署理或護理知縣的現象，即康熙時代就已出現督撫一時找不到合例人員可題調知縣時，就遴選可堪勝任知縣者，以兼攝、署理或護理的名義去擔任知縣的任命方式。迨雍正年間，臺灣開始設廳，臺灣各廳首長之任命方式，除一如康熙三十年代以後的做法外，由吏部銓選的方式，已不復見。自此而後，各廳首長之任命方式殆無變動，一直到光緒年間臺灣建省後才有變化。即光緒年間，臺灣各廳首長之任命方式一如往昔，只因臺灣建省後，

首任臺灣巡撫劉銘傳以臺灣人才難覓，要求清廷對臺灣各廳首長之任命方式有所變通。此後以「署理」的方式來任命臺灣各廳首長，遂成為正規的方式之一。上述這一段廳首長任命方式的演變，在全臺都一致，並無區域性的差異。不過從閩浙督撫任命臺灣各廳首長之實際結果來看，運用題調的任命方式自雍正以降呈日漸減少的趨勢，相反的，用署理、護理等的任命方式反而有日漸加多的傾向（其間雖偶有起伏出現，然就整個清代以全臺灣而言，題調呈下降，署理呈上昇趨勢），此等起伏現象詳見表 3-15。

表 3-15　清代臺灣同知通判實授兼攝署理情形統計表

年代別	類別	澎湖通判			淡水同知			噶瑪蘭通判			埔裏社通判			基隆同知			全台灣		
		實授	兼攝	署理	實授	兼攝	署理	實授	兼攝	署理	實授	兼攝	署理	實授	兼攝	署理	實授	兼攝	署理
雍正年間	人	3			2		1										5		1
	百分比	100			66.67		33.33										83.33		16.67
			100			100												100	
乾隆年間	人	19		10	24	1	22										43	1	32
	百分比	65.52		34.48	51.06	2.13	46.81										56.58	1.32	42.11
			100			100												100	
嘉慶年間	人	11		17	9	1	10	4		3							24	1	30
	百分比	39.29		60.71	45	5	50	57.14		42.86							43.64	1.82	54.55
			100			100			100									100	
道光年間	人	7		14	12		12	7		18							26		44
	百分比	33.33		66.67	50		50	28		72							37.14		62.86
			100			100			100									100	
咸豐年間	人	2		6	3		9	3		5							8		20
	百分比	25		75	25		75	37.5		62.5							28.57		71.43
			100			100			100									100	
同治年間	人	3		9	2		9	4		4							9		22
	百分比	25		75	18.18		81.82	50		50							29.03		70.97
			100			100			100									100	
光緒年間	人	6		17							5		8	3		4	14		29
	百分比	26.07		73.91							38.46		61.54	42.86		57.14	32.56		67.44
			100									100			100			100	
備註		凡護理、代理皆列入署理內一併統計。																	

資料來源：同表 3-1、3-3、3-5、3-6、3-7、3-8、3-13。

其次關於各廳首長之任期，就法定任期而言，滿清初領臺時定為三年，康熙末年曾定為六年，雍正七年改定為一年，次年再改為兩年半，雍正十年復定為兩年，乾隆八年又將之定為三年，此後一直至乾隆五十三年才調為五年，自是而後歷經嘉慶、道光、咸豐、同治乃至光緒十年代以前，都維持五年，迨臺灣建省，劉銘傳建議任期調為三年。但是根據前述各節的研究得知，臺灣清代歷朝各廳首長之實際任期都普遍短於三年，因此符合法定任期之三年至或五年者，實在有限，此亦說明清代臺灣廳首長調動極為頻繁。就整個清代全臺灣而

言，不論是同知或通判，其平均任期之長短，雖歷代偶有起伏，但都呈逐漸縮短的趨勢，此亦顯示臺灣清代各廳首長之調動既已頻繁的前提下，又愈趨頻繁的趨勢。此一事實詳見表 3-16。

表 3-16　清代臺灣同知通判平均任期統計表

任期 廳別 年代別	澎湖通判		淡水同知		噶瑪蘭通判		埔裡社通判		基隆同知		全台灣	
雍正年間	3	2.53	3	1.33							6	1.93
乾隆年間	29	2.07	47	1.28							76	1.53
嘉慶年間	28	0.89	20	1.25	7	1.29					55	1.07
道光年間	21	1.43	24	1.25	25	1.2					70	1.29
咸豐年間	8	1.38	12	0.92	8	1.36					28	1.18
同治年間	12	1.08	11	1.18	8	1.63					31	1.26
光緒年間	23	0.87					13	0.77	7	1	43	0.86
備註	淡水同知與澎湖通判，在雍正朝分別歷經 4 年與 7.58 年，合計共 11.58 年（參見本章附註三五），因之其平均任期為 1.93 年，其他各朝同知通判所經歷的年數和平均任期的算法亦是如此。											

資料來源：同表 3-1、3-3、3-5、3-6、3-7、3-8、3-13。

　　接著是關於各廳首長之出身情形。根據前述各節的探討得知，就整個清代之臺灣而言，各廳首長之出身正途者有逐漸減少的跡象，而出身捐納者有日漸增多的傾向，如將雜途和捐納出身者合併為雜途來統計，則雜途出身者漸多的現象就略加顯著了。不過如以個別的廳來做縱部的比較，則上述的跡象不易看出，例如噶瑪蘭通判就是如此。上述諸現象，詳見表 3-17。

表 3-17　臺灣清代歷朝同知通判出身統計表

年代別	出身	淡水同知				澎湖通判				噶瑪蘭通判				埔裡社通判				基隆同知				全台灣			
		正	雜	捐	不詳	正	雜	捐	不詳	正	雜	捐	不詳	正	雜	捐	不詳	正	雜	捐	不詳	正	雜	捐	不詳
雍正年間	人	3				2		1														5		1	
	百分比	100				66.67		33.33														83.33		16.67	
		100				100																100			
乾隆年間	人	35	5	2	5	13	3	11	2													48	8	13	7
	百分比	74.47	10.64	4.26	10.64	44.83	10.34	37.93	6.9													63.16	10.53	17.11	9.21
		100				100																100			
嘉慶年間	人	15		5		16	5	7		3	2	1	1									34	7	13	1
	百分比	75		25		57.14	17.86	25		42.86	28.57	14.29	14.29									61.82	12.73	23.64	1.82
		100				100				100												100			
道光年間	人	20	2	2		8	7	3	3	21	2	1	1									49	11	6	4
	百分比	83.33	8.33	8.33		38.1	33.33	14.29	14.29	84	8	4	4									70	15.71	8.57	5.71
		100				100				100												100			
咸豐年間	人	7	2	3		3	4		1	2	4	1	1									12	10	4	2
	百分比	58.33	16.67	25		37.5	50		12.5	25	50	12.5	12.5									42.86	35.71	14.29	7.14
		100				100				100												100			
同治年間	人	7	1	3		7	1	1	3	7		1										21	2	5	3
	百分比	63.64	9.09	27.27		58.33	8.33	8.33	25	87.5		12.5										67.74	6.45	16.13	9.68
		100				100				100												100			
光緒年間	人					6		12	5					4		5	4	4		2	1	14		19	10
	百分比					26.09		52.17	21.74					30.77		38.46	30.77	57.14		28.57	14.29	32.56		44.19	23.26
						100								100				100				100			
備註		本表依表 3－1、3－3、3－5、3－6、3－7、3－8、3－13 製作而成。																							

最後來說明一下各廳首長之族別和籍貫別的情形。同知、通判在雍正年間，無一人為滿人或漢軍八旗人，自乾隆年間始有滿人和漢軍八旗人，自是而後又傾向滿人和漢軍八旗人日漸減少的趨勢，至光緒朝時又出現無一人為滿人或漢軍八旗人的現象，此現象與新疆截然不同，新疆州縣之長官以出自滿人者為最多（一三一）。至於出身漢人者，以華中人始終居最多，華北人次之，華南人為最少，不過光緒年間華南人卻突破向來少於華北人的傳統，且超過華北人極多，華南人約為華北人的十二倍。以上各廳首長之族別和籍貫別之詳情，參見表3-18。

表 3-18　臺灣清代歷朝同知通判族別籍貫別統計表

旗人：滿旗・漢旗・不詳・小計；漢人：直隸～不詳・小計；總計

年代別 / 族籍	滿旗	漢旗	不詳	小計	直隸	山東	河南	山西	陝西	甘肅	江蘇	浙江	安徽	江西	湖南	湖北	四川	福建	廣東	廣西	貴州	雲南	不詳	小計	總計
雍正年間 人					1	1			1		1	1					1							6	6
雍正年間 百分比					16.67	16.67			16.67		16.67	16.67					16.67							100	100
雍正年間 地域別					50（華北）						50（華中）								（華南）						100
乾隆年間 人	5	3		8	11	2	2	3			15	15	4	4	1	1	1		5		2	1	1	68	76
乾隆年間 百分比	6.58	3.95		10.53	14.47	2.63	2.63	3.95			19.74	19.74	5.26	5.26	1.32	1.32	1.32		6.58		2.63	1.32	1.32	89.47	100
乾隆年間 地域別				10.53	23.68						53.95								10.53				1.32		100
嘉慶年間 人	1	3		4	9	3	2			1	9	11	2	3	2	1			1	4	1	1	1	51	55
嘉慶年間 百分比	1.82	5.54		7.27	16.36	5.54	3.64			1.82	16.36	20	3.64	5.45	3.64	1.82			1.82	7.27	1.82	1.82	1.82	92.73	100
嘉慶年間 地域別				7.27	27.27						50.91								12.72				1.82		100
道光年間 人	2	3		5	4	8	3	1			7	5	3	5	4	5	7		6	5	2			65	70
道光年間 百分比	2.86	4.29		7.14	5.71	11.43	4.29	1.43			10	7.14	4.29	7.14	5.71	7.14	10		8.57	7.14	2.86			92.86	100
道光年間 地域別				7.14	22.86						51.43								15.71				2.86		100
咸豐年間 人	2			2	2	1				2	1	5	2			2	3		4	1			3	26	28
咸豐年間 百分比	7.14			7.14	7.14	3.57				7.14	3.57	17.86	7.14			7.14	10.71		14.29	3.57			10.71	92.86	100
咸豐年間 地域別				7.14	17.86						46.43								17.86				10.71		100
同治年間 人	1			1	1		2				3	7	4	5	1		3		2				2	30	31
同治年間 百分比	3.23			3.23	3.23		6.45				9.68	22.58	12.9	16.13	3.23		9.68		6.45				6.45	96.78	100
同治年間 地域別				3.23	9.68						74.19								6.45				6.45		100
光緒年間 人								1			10	10			1		4	1	11				5	43	43
光緒年間 百分比								2.33			23.26	23.26			2.33		9.3	2.33	25.58				11.63	100	100
光緒年間 地域別					2.33						58.14								27.91				11.63		100

備註：本表依表 3-2、3-4、3-9、3-10、3-11、3-12、3-14 製作而成。

　　前述諸現象，又令吾等進一步認識到臺灣：一、各廳首長之任命方式，不論哪一個時代，從橫截面來看，皆無地區性的差異，也就是說各廳首長之任命方式無空間上的差異，而以全臺從雍正年間往下至光緒年間，做縱部面的探討，其任命方式，則發現其任命方式有時間性的差異，即由題調、專摺奏薦並用，經過一百六十年左右，至臺灣建省時將過去署理等方式變為正規的任命方式。一、各廳首長之任期、出身、族別和籍貫別，就縱部來看，各代有所不同，故有時間之差異性，就橫截面來看，同一時代之不同廳間有差異性，因此有空間差異性，但並非其空間差異自雍正年間會持續到光緒年間，例如道光時代澎湖、淡水、噶瑪蘭三廳首長之平均任期皆不同，以澎湖通判平均任期為最長，但澎湖通判之平均任期並非在每一時代始終維持最長者。由是可見滿清中央和閩浙督撫對臺灣各廳首長之任命時，就任期、出身、族別和籍貫別等事項，以乎並未在空間上做過刻意的安排。

結語

　　前面已將清代臺灣廳制，就其組織職掌、經費分配、官員與差役之待遇、首長之任用與出身等各方面做過深入而詳細的分析研究。經過此番分析研究，吾等對清代臺灣廳制之內涵當有所認識。

　　由於透過前述各章節的分析探討，吾等除對清代臺灣廳制之內涵有所認識外，並了解到清代臺灣廳制具有若干特色。該等特色之一是持續不變性，即清朝自雍正五年在臺始設廳以來至光緒二十一年的一百六十八年間，各廳之組織和職掌、經費之分配、官員與差役之待遇等幾乎沒有改變或僅些微的變動；其次是功能不張性，即各廳官員和差役之待遇都極為微薄，各廳首長之任期普遍都很短，以署理身分擔任廳首長者眾，地方公共建設、社會福祉等費極為有限或未加編列等以致使廳之功能不張；再一特色為各廳首長之素質不甚高，即各廳首長出身雜途者（包括捐納出身）不少，以署理的身分擔任廳首長者多（除雍正年間外，其餘各朝都至少占四成以上，有時高達七成之多）。上述所列諸特色，清代臺灣之知縣制度也都具備（參見拙撰《清代臺灣知縣制度史之研究》專題研究計劃報告），因此經由對清代臺灣廳縣制度的此一番研究，吾等對此制度在臺灣歷史上所扮演的角色已有所掌握。

　　（資料來源：《臺灣風物》，第四十三卷，第四期，一九九三年，十二月。）

清代臺灣漢人土地所有型態之研究

一、前言

眾所周知，人類非利用外界物資無以維生，而物資絕大部分來自土地，因此人類欲求改善其生活，則非善於運用土地不可。然而地球上的土地有限，而人口之成長即使予以有效的控制，亦將繼續的膨脹。在如此狀況下，人類對土地的競爭，自然是愈發激烈。所謂土地的競爭，包括對土地佔有權的爭奪和土地利用權上的競爭。古今中外歷史上每有「爭地以戰，殺人盈野，爭城以戰，殺人盈城」的事件發生，就是為了競爭土地所引起之既具體且殘酷的行為。

如前所述在人類發展的漫長歲月裡，每因土地的競爭而不斷的發生糾紛和戰爭。但為了盡量避免這些紛爭的發生，任何人類社會都發展出各種土地制度來承認土地之所有和利用之權利，而使之互不侵犯，以保障土地之所有與利用之確實與安全，於是土地所有權制隨之應運而生，各個社會逐呈現各類土地所有型態。

臺灣雖為近世以來漢人所開闢出來的新天地，但土地之有限性，仍與其他各地相同。於是同樣會發展出一套土地制度，而有其獨特的所有型態存在。然而，由於土地制度所牽涉的範圍太廣，因此本文擬就清代臺灣漢人之土地所有型態的形成背景，土地所有權之取得及土地所有型態之蛻變予以探討，以期有助於了解清代臺灣土地制度之全般面貌。

二、荷蘭與明鄭時代之土地所有型態

現在先就荷蘭與明鄭時代，臺灣漢人之土地所有型態加以探討一下。首先我們從文獻的記載發現中華民族之漢人，早就到臺灣從事各種活動，甚至定居下來（參見拙著前文《臺灣古名考》）但人數實在有

限。到了明萬曆中期，即西元十六世紀末十七世紀初，由於中國人口已達一億五千萬人，人口壓力增高，謀生不易，無業遊民不能坐以待斃，自然會鋌而走險，致社會政治秩序不安，百姓或到海外謀生路。在此情況下，始有大批的漢人或為謀生，或為避難，紛紛移民來臺，只是為數仍屬不多而已。《臺灣省通志》記明朝大陸人口變遷時如是說：

> 永樂初年之六千五百萬人口，至二百年後之萬曆中期，遂增加一倍以上，而達一億五千萬人。……無可置疑，一億五千萬人口，在萬曆中期，（即公元一千六百年代）時間已超出飽和點。於靖年起，漸不安寧。[1]

同書又說：

> 明朝至永樂初年（即公元一千四百年代），天下太平，技術進步，因而人口著增。但至嘉靖年間（公元一五五〇年代），人口已超出飽和點，天下漸亂。此時華南人民之一部份，向海外冒險求生；有遷往菲律賓者，亦有遷往臺灣者。……荷據時期、明鄭時代及清代初期，在臺漢人逐漸增加，但為數尚不多。[2]

由此二段記載則知十七世紀初顯然漸有漢人來臺，但由於大陸人口過剩，政治腐敗，社會動亂不安，政府又未將人民組織起來，以開發海外島嶼，所以在明天啟四年（西元一六二四年）八月，南部臺灣反為荷蘭人所佔領。天啟六年北部臺灣又被西班牙所竊據。至是，臺灣淪為西洋人的殖民地[3]。

當時荷蘭為一重商主義國家，佔領臺灣之目的在於取得對中國及日本之貿易據點。但荷蘭據臺灣不久以後，發覺臺灣本地的產品亦有商品價值，於是就在臺灣做有計劃的墾殖[4]。此時漢人在荷蘭人的獎勵

---

1 《臺灣省通志》，臺灣省文獻委員會（下簡稱省文獻會）編，臺中，民國六十一年，卷二，人民志，人口篇，頁三。
2 同前，頁九。
3 前引《臺灣省通志》，卷四，經濟志，綜說篇，頁二〇。西班牙勢力於西元一六四二年為荷蘭逐出臺灣，其佔領北部臺灣有限地方僅十六年，對臺灣後來之土地制度影響不大，因此本文對西班牙佔領下之北臺灣的土地制度略而不談。
4 曹永和〈鄭氏時代之臺灣墾殖〉載臺灣銀行經濟研究室（下簡稱臺銀經研室）編，《臺灣

開墾下，紛紛來臺謀生[5]。據估計臺灣在荷據末期，漢人不滿五萬，土
著約十五萬至二十萬，而荷蘭人則不過將近三千人而已[6]。雖然如此可
是當時臺灣之政治、經濟大權操於荷蘭人手中，一切生產制度均悉由
荷蘭人制定策劃，因而此時臺灣形成的土地所有型態與中國大陸截然
不同，其制曰「結首制」。依《埔裏社紀略》記載說：

> 地方數十里，墾田數千甲，用佃多者，殆將萬人，紛紛烏合，
> 苟無頭人經理，不但無從約束，且工本何出。昔蘭人之法，合
> 數十佃為一結，通力合作。以曉事而貲多者為之首，名曰小結
> 首。合數十小結，中舉一富強有力公正服眾者為之首，名曰大
> 結首。有事官以問之大結首，大結首以問之小結首，然後有條
> 不紊。視其人多寡，授以地，墾成眾佃公分，人得地若干甲，
> 而結首倍之，或數倍之。[7]

另據《彰化縣志》卷六，田賦志載說：

> 臺灣田賦，與中土異者，自紅夷至臺，就中土遺民，令之耕田
> 輸租。以受種十畝之地，名為一甲，分別上、中、下則征粟。
> 其陂塘堤圳修築之費，耕牛農具籽種，皆紅夷資給，故名曰王
> 田；亦猶中土人，受田耕種，而納租於田主之義，非民自世其
> 業而畝輸稅也。[8]

則知「結首制」下開墾出來的田又稱「王田」，係一種結合漢人勞力；
在荷蘭當局提供土地和其他生產資本的前提下，開墾荒地的制度。荒
地一旦開墾成功，從事實際開墾者，必需向荷蘭當局繳高額的稅。其
稅額詳如下表（一）：

經濟史初集》，《臺灣研究叢刊》（下簡稱《臺研叢》）第二十五種（下以數碼表示），
　民國四十三年，頁七〇。
5　東嘉生《臺灣經濟史研究》，臺北，東都書籍株式會社臺北支店，昭和十九年，頁三一、三四。
6　同註一，頁四八。
7　姚瑩《東槎紀略》，臺銀經研室編，《臺灣文獻叢刊》（下簡稱《臺文叢》）七，民國四
　十六年，卷一，埔裏社紀略，頁三七。
8　周璽《彰化縣志》，臺灣經研室編，《臺文叢》一五六，民國五十一年，卷六，頁一六二。

表（一）荷據時代臺灣田園租賦負擔[9]

等則	上則	中則	下則
甲（每年每甲）	一八・〇〇石	一五・六〇石	一〇・二〇石
園（每年每甲）	一〇・二〇石	八・一〇石	五・四〇石

這種稅乃是賦稅、地稅和防禦土著來襲費等之綜合稅，因此稅額才特別高。於此我們可以說所謂「王田」者，土地所有權屬於荷蘭當局[10]，而漢人只擁有土地之使用收益權罷了。

前述荷蘭人在臺灣所建立之「王田」制，因明永曆十五年（西元一六六一年）鄭成功登陸臺灣而面臨崩潰的命運。即鄭成功驅逐荷蘭人後，乃積極開墾臺灣荒地，其後在其後繼人的繼續努力下，建立了一套與荷據時代不同的土地所有型態。其內容根據《諸羅雜識》載說：

> 及鄭成功取其地，向之王田皆為「官田」；耕田之人，皆為官佃。輸租之法，一如其舊；即「偽冊」所謂官佃田園也。鄭氏宗黨及文武偽官與士庶之有力者，招佃耕墾，自收其租而納課於官，名曰「私田」；即「偽冊」所謂文武官田也。其法亦分上、中、下則。所用官斗，較中土倉斛，每斗僅八升。且土性浮鬆，三年後即力薄收少，人多棄其舊業，另耕他地。故三年一丈量，躪其所棄而增其新墾，以為定法。其餘鎮營之兵，就所駐之地自耕自給，名曰「營盤」。[11]

則知明鄭時代之田園可分成三大類：「將荷據時代的「王田」列為官有田，其耕種佃人稱「官佃」，是為官田；一由鄭氏宗黨、文武官員及士庶有力人士等私人招佃所新闢之私有田稱之為「文武官田」，是為私田；由駐軍就地開墾之田稱之為「營盤」，是為屯田。於此我們可以發現明鄭時代的土地所有型態，不僅與荷據時代不同，且較複雜化了。

至於明鄭時代的租額，官田與荷蘭時代的「王田」相同，而文武官田係因自備開墾資本，所以租額甚輕，約為官田的五分之一。茲將

9　同註三，頁二四。

10　前引《臺灣經濟史研究》，頁三六。奧田彧、陳茂詩、三浦敦史〈荷領時代之臺灣農業〉，載前引《臺灣經濟史初集》，頁四四—四六。

11　引自余文儀《續修臺灣府志》，臺銀經研室編，《臺文叢》一二一，卷四，頁二四一。

文武官田所負擔之租額列表（二）如下：

表（二）明鄭時代文武官田之租額[12]

等則	上則	中則	下則
甲（每年每甲）	三・六〇石	三・一二石	二・〇四石
園（每年每甲）	二・二四石	一・六二石	一・〇八石

而營盤田的租額多少，向無確實之記載。據日人東嘉生的研究，他認為或許是免稅[13]。

三、土地所有權之取得

前節已將清代以前之土地所有型態做一探討。現在接着來考察清代漢人土地所有權之原始取得。眾所周知，臺灣雖在荷蘭佔領以來以至明鄭時代，已開墾為數可觀的田園。據《臺灣府志》卷五，賦役志載說：

> 康熙二十二年，地歸版圖，清查舊額：田園實在共一萬八千四百五十三甲八分六釐四毫零二忽三微；田七千五百三十四甲五分七釐七毫二絲九忽三微……園一萬零九百一十九甲二分八釐六毫七絲三忽。[14]

清領臺時田園甲數共一萬八千四百五十三甲以上。而其開墾範圍，除以現今臺南為一大中心外，其餘在鳳山、恆春、嘉義、斗六、竹山（舊稱林圯埔）、彰化、埔里、苗栗、新竹、淡水、基隆等地也有點狀的開發[15]。這些田園在滿清領有之初，就全改為民有田。《諸羅雜識》

12　同註五，頁五一—五三。

13　同前，頁五三；東嘉生如是說：「清賦一斑」によれば、無稅であつやうであゐが、それは各鎮をして自給足的經濟を營ましむゐに出でたものであゐ。《臺灣外記》によれば、開墾着手後三年以後に非ぎれば納稅の義務なく、若し三年以內で收成を見ゐに於ては、その十分の三を供して正田となすとあゐが、これは營盤田に對する稅と見做すことは出來ず、文武官田に適用すべきものの如くである。

14　高拱乾《臺灣府志》，臺銀經研室編，臺文叢六五，民國四十九年，卷五，頁一一五。

15　《臺灣私法》，臨時臺灣舊慣調查會（下簡稱臺舊調會）編，神戶，昭和四十三年，第一卷上，頁六八—七一。伊能嘉矩《臺灣文化志》，東京，刀江書院，昭和三年，下卷，頁二七五—二七八。

記說：

> 及歸命後，官私田園悉歸民業，酌減舊額，按則勻徵。既以偽產歸之於民而復減其額，以便輸將，誠聖朝寬大之恩也。[16]

這些明鄭以來之官私田園全改為民有田後，其賦額之負擔如下表（三）：

表（三）清代舊額田園之賦額[17]

等則	上則	中則	下則
甲（每年每甲）	八・八石	七・四石	五・五石
園（每年每甲）	五・〇石	四・〇石	二・四石

上述開墾面積，單從數字來看，其面積之大，當然可說相當可觀，然與整個臺灣相比，就顯得很小了。是時臺灣可以說仍屬偏地蠻荒之地。高拱乾《臺灣府志》載說：

> 臺自建置以來，設府一。其府治，東至保大里大腳山五十里為界，是曰中路，人皆漢人。西至澎湖大海洋為界，亦漢人居之；除澎湖水程四更（水程無里舖，舟人只以更數定遠近。一更大約旱程五十里）外，廣五十里。 南至沙馬磯頭六百三十里為界，是曰南路；磯以內諸社，漢番雜處，耕種是事。餘諸里莊多屬漢人。北至雞籠山二千三百一十五里為界，是曰北路，土番居多。惟近府治者，漢番參半。至於東方，山外青山，迤南亘北，皆不奉教。生番出沒其中，人跡不經之地，延表廣狹，莫可測識。[18]

足見康熙三十年代臺灣除府治全為漢人居住外，府治附近有土著雜住其間，而絕大部分為土著居住區。然而土著人口不過十多萬左右[19]。加上其文化水準低落，自然無法有效控制其周圍廣大無際的土地，頂多只能控制其部分地區而已。似此廣大之荒野，自然成為漢人競相爭占

---

16 同註一一。
17 「臺灣土地慣行一斑」，臨時臺灣土地調查局（下簡稱臨臺土調局）編，臺北，明治三十八年，第二編，頁四一。
18 前引《臺灣府志》，卷一，頁六。
19 同註一，頁五一。

之地了。

從前的環境來看來，「先占」遂成為漢人獲得土地所有權的有效辦法。滿清政府對此早就有所認識，但由於滿清對臺灣的重要性認識不夠，加上基於治安的考慮，因此治臺政策一開始就是消極的，並無積極開發臺灣之意。其消極性之具體表現，就是嚴禁大陸人民偷渡來臺和禁止漢人越界入土著區（當時稱之為「番界」）活動。當然這兩項措施隨時代而有弛、嚴之別[20]，然而儘管如此，可是大陸人口壓力大，尤其以閩為最[21]，而清代臺灣仍屬地廣人稀之地，於是不斷有閩粵之民湧入臺灣。這些移民又大多是農民，彼等視臺灣之荒野草地若無主之地，乃以「先占」的手段到處占有土地。

現在先舉幾段有關漢人侵占土著土地之文字記載如下：康熙五十二年，臺灣北路參將阮蔡文有一首詩，描述現今新竹一帶的情景說：

> 南崁之番附淡水，中港之番歸後壠；竹塹周環三十里，封疆不大介其中。聲音略與後壠異，土風習俗將無同。年年捕鹿邱陵比，今年得鹿實無幾。鹿場半被流民開，藝麻之餘兼藝黍。番丁自昔亦躬耕，鐵鋤掘土僅寸許；百鋤不及一犁深，那得盈寧畜妻子。鹿革為衣不貼身，尺布為裳露雙髀。是處差徭各有幫……鵲巢忽而為鳩居，鵲盡無巢鳩焉徙。[22]

諸羅知縣周鍾瑄上閩浙總督覺羅滿保書說：

> 自比年以來，流亡日集，以有定之疆土，處日益之流民，經月

20 莊金德《清初嚴禁沿海人民偷渡來太臺始末》上、下，《臺灣文獻》第十五卷，第三、四期，民國五十三年。郭廷以《臺灣史事概說》，臺北，民國四十三年，頁數九六──一○三。

21 根據何炳棣的研究，中國人口的演變大體如次：漢平帝元始二年，（西元二年）六千萬人，名永樂初年（一四○○年代）六千五百萬人，明萬曆三十年代（一六○○年代）一億五千萬人，清康熙四十年代（一七○○年代）一億五千萬人，清乾隆四四年（一七七九年）二億七千五百萬人，清乾隆五八年（一七九三年）三億一千三百萬人，清道光三○年（一八五○年）四億三千萬人，民國四二年（一九五三年）五億八千三百萬人，見陳紹馨《臺灣的人口變遷與社會變遷》，臺北，聯經出版事業公司，民國六十八年，頁一○。羅爾綱《太平天國革命前的人口壓迫》，載包遵彭等編《中國近代史論叢》，第二輯，第二冊，臺北，正中書局，民國四十七年，頁三二、四二。

22 黃叔璥《臺海使槎錄》，臺銀經研室編，臺文叢四，卷六，頁一三五。

累年，日事侵削。向為番民鹿場麻地，今為業戶請墾，或為流
寓佔耕，番民世守之業，竟不能存什一於千百。[23]

乾隆元年〈嚴禁侵佔番界審斷碑〉內載說：

尖山仔社番呵里莫等，蒙廉明鳳山縣主太老爺方審斷立案。讞
語：「審得尖山仔社番呵里莫等與ＸＸ中莊管事許葉等控爭牛埔
一案，緣許葉等因呵里莫Ｘ地與田Ｘ近相、ＸＸ侵佔，訐控多
年……於雍正七年間，許葉又行ＸＸ控，試縣魏勘詳立界各管
各業，取各尊依又在案。次年呵里莫將此地贌ＸＸ員吳輔Ｘ佃
Ｘ，許葉等復思侵佔，放牛牧草其地，以至莫等疊次呈控。[24]

乾隆三年閩浙總督郝玉麟奏疏中說：

熟番漢民所耕地界，飭令查明……仍照式彙造清冊，送司存
案。將來倘有轉售，劃一呈驗登填。庶田地有冊可考，不致侵
佔番業。倘有契外越墾並土棍強佔者，令地方官查出，全數歸
番，分晰呈報。[25]

乾隆二十三年春巡臺御史楊景素巡察北路地方時有這樣一段記載說：

自內地渡臺者，日益眾多，奸良雜處，于是南北兩路番地，多
被豪民智取勢佔，其尤黠者，夤緣為通事，科斂恣橫，課及雞
豚，幾不聊生[26]。

《東槎紀略》記乾隆末嘉慶初，吳沙開闢宜蘭的情形時說：

噶瑪蘭，本名蛤仔難，在淡水東北三貂，雞籠大山之後社番地
也。……康熙中，即有漢人與通市易。……乾隆三十三年，民
人林溪生始召眾入墾，為番所殺。後或再往，皆無成功。吳沙
者，漳埔人，久居三貂，好俠，通番市有信，番悅之。民窮蹙

23　同前，卷八，頁一六五。
24　《臺灣南部碑文集成》，臺銀經研室編，臺文叢二一八，頁二七六—二七七。
25　引自伊能嘉矩《臺灣蕃政志》，臺北，臺灣總督府民政部殖產局，明治三十七年，頁九
　　六。
26　前引余文儀《續修臺灣府志》，卷二二，頁八一三。

往投者……多歸附。……沙既通番久，嘗深入蛤仔難，……思入墾。與番割許天送、朱合、洪掌謀，招三籍流民入墾，並率鄉勇二百餘人、善番語者二十三人，以嘉慶元年九月十六日進至烏石港南，築土圍墾之，即頭圍也。沙雖首糾眾入山，而助之資糧者，實淡水人柯有成、何繪、趙隆盛也。……初入，與番日鬥，彼此殺傷甚重。[27]

同書卷一〈埔里社紀略〉記嘉慶十九年（西元一八一四年）漢人入侵埔裡的情形是說：

水裡、埔裡二社內有屯田一百餘甲，其番自耕田亦百餘甲，未墾荒埔無數。嘉慶十九年，有水沙連隘丁首黃林旺，結嘉、彰二邑民人陳大用、郭百年及臺府門丁黃里仁，貪其膏腴。……郭百年既得示照，遂擁眾入山，先於水沙連界外社仔墾番埔三百餘甲。由社仔侵入水裡社，再墾四百餘甲。復侵入沈鹿，築土圍，墾五百餘甲。三社番弱，莫敢敵。已乃偽為貴官，率民壯佃千餘人至埔裡社，囊土為城，黃旗大書開墾。社番不服，相持月餘。乃謀使番割詐稱罷墾，官兵即日撤回，使壯番進山取鹿茸為獻。乘其無備，大肆焚殺。[28]

光緒十二年，臺灣中路撫民理番鹿港海防總補分府出示曉諭說：

仰陸成安十六佃劉耀宗等，暨該處各庄佃戶人等，知悉。爾等凡有承耕墾種後壠新貓等社之獅仔潭、竹仔角、合歡坪、牛欄角四所埔地，務需照契管界，案甲配租，認向該屯番等完納。其船底窩、湖鴨潭、鄉壯寮窩等處，均係毗連契業之內，各佃戶發，務須遵照契據，案契各管各業，不得任意混行侵佔，亦不得藉端抗納。[29]

　　從以上諸段文字的記載則知，從康熙以來，歷經雍正、乾隆、嘉慶乃至光緒年間，漢人占有土著土地之行為，均極為盛行，而其手段

27　前引姚瑩《東槎紀略》，卷三，頁六九—七〇。

28　同前，卷一，頁三四。

29　前引《臺灣蕃政志》，頁一四七。

有以潛占、霸占以及公然占有，也有用集體暴力占有，例如吳沙在宜蘭，黃林旺、陳大用、郭百年之在埔裡，就是用暴力侵佔土著地的具體事例。像這樣不斷的侵佔土著地的結果，導致土著流離失所，民不聊生，有些土著只好舉族遷徙另謀生路，以求安身之處了。例如臺中烏牛欄社土著有一段傳說如下：

> 漢人至臺灣西部，侵佔我族之原居地，以致生計無着，會一番人入山打鹿，遇一山番告知此山中央有一廣潤而肥沃之平原，乃依其言入山，越一山又一山，果真有一平原。此時有埔眉二番占住該平原，於是將之驅逐，此地遂為我族之移殖地。此約六十七年前之事也。[30]

像前述漢人侵佔土著地的結果，每造成土著民不聊生，流離失所之慘局，滿清政府為此，雖曾一再出示嚴禁漢人侵佔土著地，並一再申令不准漢人越入土著區，以求達成保護番地的目的[31]，但行之無效。

　　或說來臺的漢人絕大多數係農民，尋覓耕地乃是現實上所必需，因此侵佔土著地乃勢所必然。然而，雖說爭取土地為現實上的需要，但取得之方式未必要以「先占」方能獲得土地，可是何以清代漢人頻頻採此「先占」手段者屢見不鮮。關於此問題，用黃富三所提三點理由：「一者，一八七四年以前滿清之封山劃界政策，使得土地交易不得不正常進行；二者，土著族仍停留於氏族社會，因此理論上說土地乃

---

30 同前，頁二九〇—二九一載說：漢人の西部臺灣に入り來るや，我が一族の先住地を侵占し、生計に餘裕なきに至りしが會ま一番人打鹿の為女內山に入りしに、一山番これに告ぐらく、此の山の中央に一平地あり、實に廣闊肥沃の野なりと、乃ち其言に從ひ、山又山に入りたりしに、果して一の平原あり、此時平原に埔眉二番占居せしが之を驅して、我が一族の移植地とせり、是れ凡そ六七十年前の事にし……。

31 雍正八年規定：「臺灣流寓之民……其越界生事之漢姦，如在生番地方謀占番田，並句串棍徒包攬偷渡及販賣鴉片烟者，亦分別治罪，逐令過水」，見《清會典臺灣事例》，臺銀經研室編，臺文叢二二六，民國五十五年，頁一六八；乾隆二年下令臺灣地方文武官元確實巡查臺灣民人偷越番地之情，並訂獎懲辦法，見同書，頁二四；同年另一條規定說，「凡民人偷越定界，私入臺灣番境者，杖一百；如近番處所，偷越深山抽藤、釣鹿、採櫻等項，杖一百、徒三年。其本管頭目鈴束不嚴杖八十，鄉保、社長各減一等。巡查不力之直日兵役，杖一百；如有賄縱，計贓從重論。見同書，頁一六九。其後在乾隆九年、十一年曾令不准臺地大小武官即民人侵占番地，類此封山令，一直到光緒元年才正式解除。見同書，頁四三、四四。

氏族共有，也是祖先遺產，個人不能隨意處置；三者，初來之移民很多是赤手空拳者，並無資金可購地。」[32]雖已充分可以解答此問題，但論者以為除了上述三點理由外，滿清政府對漢人占有土著地之事實，其結果總是承認其擁有該占有地之所有權，此亦為理由之一。例如「戶部則例」卷八田賦內載說：

> 臺灣東界已墾埔地一萬一千餘甲，內民人租贌之地，同番社田畝，一體免其陞科。如有賣斷與民者即照同安縣下沙科則，按甲計畝徵銀，免其納粟。至集集埔，虎仔坑、三貂、瑯嶠等處私墾田畝，俱令立石為界，照民買番地之例，一體陞科。巡視臺灣將軍督撫、提鎮、及該處地方官，不時巡查（五十三年議准）如清查後，再有越界私墾，即行從重治罪。失禁地方文武各官，一體嚴參議處。[33]

就是滿清政府因漢人對土地有事實的支配權能時，而承認其所有權的例證。如此一來才更給漢人富於有恃無恐的心理，大肆去占有土著地。

漢人在土著區取得土地的方式，除了前述「先占」之「原始取得」外，尚有透過買賣、詐欺、讓受、清償債務、偽造文書、交換等途徑而取得土地所有權的。茲再分述如下：

一、買賣：滿清政府向來不許漢、土人間買賣土地，但這與不准漢人侵佔土著土地一樣的無效，因此漢、土人間的土地買賣行為依舊頻頻發生。當時有的是向土著個人買其私有地，有的是向土著社買土著社公有地。茲分別抄錄其買賣契字如下以供參考。

一、土著個人私地賣給漢人之賣契字：

> 立賣契人吞霄社番不抵，有　祖遺下荒埔一處，坐落土名頭內樸仔腳荒埔地一所，東至水流內為界，西至坑溝漕為界，南至大車路為界，北至坑溝漕為界；四至界址，面踏分明。今因乏銀費用，情願將荒埔出賣，先盡問番親叔姪不要承受，外托中引

32　黃富三〈清代臺灣漢人之耕地取得問題〉，載曹永和、黃富山編《臺灣史論叢》第一輯，臺北，眾文圖書股份有限公司，民國六十九年，頁一九七一一九八。

33　前引《臺灣私法》第一卷上，頁三四九一三五〇。

與漢人許連觀出首承買，三面言議定時價銀四大員正。其銀即
日同中收訖；其埔地隨踏界址明白，交付銀主前去掌管，開墾
耕種，永為己業，不敢言贖找增租等情之弊。年載租粟二斗，
付抵收入，配納大租。保此埔地系自己承祖遺下，與別番無干
涉，並無典借他人交加不明等情；若有之，系抵一力抵擋，不
干銀主之事。恐口無憑，立賣契一紙，付執為照。

中人蔴老尉
代筆：ＸＸＸ
立賣契字人吞霄番社：不抵

乾隆三十五年十月　日。[34]

一、土著社公有地賣給漢人之賣契字：

立賣契貓兒於社土官哮女、蛤肉、大甲、孩武力、甲頭眉斗
女、孩勝拔、白番孩女、罵大眉老等，因本社草地一所，
南……北……西……東……四至明白。今因乏銀費用，閤社公
議，願將此業托中賣與張振聲出首承買，三面言議時價銀一百
五十兩。其銀即日同中交訖；其業除前本社明丈十五甲築埔，
膜與張方致外，其餘不論熟園荒埔，聽銀主前去掌管，招佃明
墾，報課陞科，永為己業，日後不敢言增貼言贖。至張方致每
年應貼餉銀八兩，今本社餉銀各業戶在前已經貼納滿額，此八
兩之銀系溢額之數，願撥歸張振聲對收，社番不得向取；而張
振聲每年議貼社粟二百六十石滿，冬成聽番車收，仍貼銀八兩
作公費。此係兩願，各無反悔，如有不明，賣主抵擋，不干銀
主之事。口恐無憑，立賣契一紙為照。內七張犁莊照番原約一
百石與佃收租；如有租粟短欠，聽業主招佃起耕，依各莊例收
租，佃人不得刁難，再照。

哮女
賣契土官：大甲
蛤肉

34　《大租取調書附屬參考書》（下簡稱《大租參考書》），臨臺土調局編，臺北，昭和三十
七年，中卷，頁九六—九七。

乾隆二年二月　日立。[35]

一、詐欺：如前之正常買賣本為人際間互通有無的正當方法，但有些漢人却利用土著之愚實，以一種類似買賣的行為，以極低的代價，詐取廣大的土地。例如開闢臺北平原的陳賴章在康熙四十八年（西元一七○九）就曾以豬酒花紅向當時土著圭泵社，換取現今臺北市雙園區一大半的一大片土地[36]，就是一種詐欺行為。像這類行為在法理上雖無瑕疵可言，但可視為道德上的詐欺行為，應視同詐欺才是。

一、繼承：有些漢人知悉平埔族以女子繼承家產之風俗，乃以入贅之名，獲取土地之實質支配權。

一、讓受：設計交歡土著，與之結拜兄弟，藉此情誼以謀獲贈土地[37]。

一、索債：在土著區開雜貨店，賒售商品給土著，或抬高商品價格，或貸款給土著，至其無力償還債務，而藉以索取其地[38]。同治年間臺灣北路理番鹿港海防總捕分府出示嚴禁民佔番業之曉諭裡載說：

> 嗣因漢奸惡私放番債重利侔估典佔，致番失業。故於乾隆三十一年間奉督憲具奏，開設北路理番衙門，專管淡、嘉、彰所屬番社，不時清釐，不准民番交涉。章程久定，並經興洪前分府循例出示嚴禁在案。茲本分府蒞任，訪查各屬番社，多有流離失所，皆因漢奸惡棍，故智複萌，典佔頻，仍合再查照定章出示嚴禁為此示，仰所屬各社附近漢戶佃民人等知悉。爾等當知民佔番業，有干例禁，嗣後毋許放借番債，重利侔估，自犯條

35　同前，頁一一。

36　前引《臺灣蕃政志》，頁二八六載說：蕃人の愚樣且つ耕作に諳んぜざるに乘じ、百方巧言之を籠絡し、僅に斗酒尺布の徵を以こ、莫大なる土地を交換するもの，即ち康熙四十八年、泉州人陳賴章とりふ者臺北平原の一部（今の大加蚋堡）を開墾する時，圭泵社蕃に猪酒花紅を送り、交換的に土地を取得し、而して墾成の後蕃租を納むべきことを約したりといふ。按上文「今の大加蚋堡」即現今臺北市雙園區之大半（洪敏麟《臺灣舊地名之沿革》，臺中，省文獻會，民國六十九年，頁二一○）。

37　前引《臺灣蕃政志》，頁二八六。另參見周鍾瑄《諸羅縣志》，臺銀經研室編，臺文叢一四一，民國五十一年，卷八，頁一六四、一六九；范咸《重修臺灣府志》，臺銀經研室編，臺文叢一○五，民國五十年，卷十六，頁四七五。

38　前引曹永和、黃富三編《臺灣史論叢》，第一輯，頁二○○。

科。倘有無知，並實系眾番公借公用，先已放借，佔佔在前
者，如得利已數母銀，務將租業自行清理，即將該業歸原番掌
管。[39]

充分說明漢人這種索債取地的辦法行之已久，且必相當盛行，範
圍徧及淡、嘉、彰等地，情形嚴重道威脅土著的生存，才會引起官方
的注意，使官方一再的出示嚴禁此種放高利貸以取地的行為。

一、偽造文書：即常利用土著不識漢字，於立契時，將不利土著
之條件記入契字內，做為異日霸佔土著地的根據。但臺灣南部有些土
著由於在荷據時代就習會以羅馬字母拼其語言，於漢、土訂契時，多
以漢文和羅馬拼音字一同記入契字內，故漢人在此等區域，不易以偽
造文書的技倆霸佔土著地。[40]

一、交換：以水利灌溉設施換取土著地，例如張振萬等之六館業
戶及業戶張承祖，就曾分別於雍正十年和十一年，與臺中岸裡、搜揀
等土著社訂約，以水利灌溉設施，換取一大片土地。[41]

以上就是漢人在土著區（清代所謂「番地」）取得土地所有權的方
法做一探討。下面接着來探討一下漢人如何取得土著控制區以外之荒
地所有權。

在清代，對於人民開荒，雖未曾訂一畫一的條文，但似亦有法令
可循。戶部則例記說：

> 各直省實在可墾荒地，無論土著流寓，俱准報墾。一地戶報，
> 儘先報者。凡報墾必開具界址、土名，聽官查勘出示曉諭五個
> 月，如無原業呈報，地方官即取結給照，限年陞科。貧者酌借
> 牛種，陞科後帶還。每於歲底，州縣將歲墾荒地，填用司頒印
> 照各數，照冊申司，彙報督撫具題，仍於陞科時，核實奏銷。
> 倘墾戶將實有業戶之地，串通捏墾，矇官給照，及指他人承墾

---

39 前引《臺灣蕃政志》，頁一四六。

40 「臨時臺灣舊慣調查會第一部調查第二回報告書」，臨臺舊調查會，神戶，明治三十九
年，第一卷，頁一二四。

41 前引《大租參考書》，上卷，頁二四一二八。

之地，冒認己業者，均依隱佔他人田宅律治罪。墾戶不請印
照，以私墾論。官勘不實，並予議處。至承墾後，或實在墾不
成熟，仍准報官勘明，銷照退業。凡墾荒值有古塚，周圍四丈
以內，不得開墾。[42]

足見清代開墾荒地或荒田，需辦一些手續，方可合法取得土地所有
權。康熙二十二年（西元一六八三年）臺灣併入清朝版圖，此地之百
姓欲開墾土地，理當依循滿清成例，因此申請墾照，成為清代臺灣漢
人取得土地所有權的又一方法。例如康熙二十四年沈紹宏給買滿清政
府的申請墾照書裡載說：

具稟人沈紹宏為墾恩稟請發給告示開墾事。緣北路鹿野草荒
埔，原為鄭時左武驤將軍舊荒營地一所，甚為廣闊，並無人請
耕，伏祈天臺批准宏著李嬰為管事，招佃開墾，三年後輸納國
課；並乞天臺批發明示臺道，開載四至，付李嬰前往鹿野草草
地起蓋房屋，招佃開墾，永為世業，須至稟者。
今開四至，東至大路及八撐溪，西至龜佛山及崁，南至抱竹及
崁仔上，北至溪嵌。
康熙二十四年十月　日。
墾荒，現奉上令，准速給照，以便招佃及時料理；候墾耕成熟
之後，照例起科，照。[43]

又，雍正五年，彰化縣發給貢生楊道弘的墾照裡記說：

特簡州正堂管彰化縣正堂張，為請墾荒埔，以裕國課事。據貢
生楊道弘具稟前事，詞稱：農為民事之本，產乃國用之源。弘
查興直埔有荒地一所，東至港，西至八里坌山腳，南至海山山
尾，北至千荳山，堪以開墾。此地原來荒蕪，既與番民無礙，
又無請墾在先。茲弘願挈資本，備辦農具，募佃開墾。爺臺愛

42　引自《臺灣私法》第一卷上，頁二四八—二四九。

43　前引《大租參考書》，上卷，頁七。鹿野草大概相當於現在嘉義縣鹿草鄉一帶（洪敏麟
　　《臺灣地名沿革》，臺中，臺灣省政府新聞處，民國六十八年，頁九四；前引《臺灣文
　　化志》下卷，頁二八〇）。

民廣土，恤士裕國，恩准給墾單告示，弘得招佃開荒，隨墾升科，以裕國課等情。據此，飭行鄉保、通事查明取結外，合就給墾。為此，單給貢生楊道弘，即便照所請墾界，招佃墾耕，務使番民相安，隨墾隨報，以憑轉報計畝陞科，供納課粟，不得遺漏，以及欺隱侵佔番界，致生事端，凜之，慎之，須至墾單者。

右單給貢生楊道弘准此

雍正五年二月初八日給。[44]

可見清代臺灣地區百姓開荒時，取得土地所有權的方法之一就是依清朝成規，自己先行選擇一塊無人請墾在先之曾開墾，但已拋荒的無主荒田，或未曾開墾之荒地，並書明開墾地之土名、界址，然後向政府提出申請開墾權，經政府核發墾照後，能在規定期間內開墾成功，向政府繳納正供，則便可取得該請墾地的所有權。這種請領墾照開荒的辦法，直到光緒年間仍存。茲錄一光緒年間滿清所發的墾照如下：

欽加五品銜，請補鳳山縣，署理宜蘭縣正堂俞，為給發墾照事。照得二快堡一帶，有新闢開成之地，業經本縣會同委員親臨復丈，限年陞科。其未墾埔地，目前尚覺不少，將來變遷難定，或從此而逐漸擴充，或藉照而視為世業，爭端終屬未息，亟應定以年半為限，俾可稍示區別。如能限內開成田園，可以攜照赴縣呈開，聽便丈量陞科；倘無工本，墾而復輟，一逾年半之限，即將此照作為廢紙，以杜影射冒混之弊。合先給照，為此，照仰墾戶李吟興即便收執，赳日遵照前指辦理，毋稍因循自誤，須至墾照者。

計開：

墾戶李吟興認墾全圍埔地一塊二十四甲，東至三洽成埔，西至自埔，南至紅樂林莊，北至三洽成埔。

右照給墾戶李吟興收執。

光緒十八年十一月三十日給。

---

44 前引《大租參考書》，上卷，頁一○。興直埔大概相當於現在臺北縣之整個新莊平原（尹章義撰《新莊發展史》，新莊，新莊市公所，民國六十九年，頁一一）。

縣行。[45]

正由於有此請領墾照的辦法，有些有力之士，就透過與滿清政府的關係，用上述請領墾趙的辦法，以取得土地所有權。當年領兵攻打臺灣的將領施琅就是以他「功在滿清」的地位，用其權勢，藉開荒之名，依前述請領墾照的手法，霸佔了延平王國時代以來已開墾成田的文武官田，而取得了文武官田將近千一百甲的土地所有權[46]。

　　除了施琅之外，用請領墾照的技倆以佔人之田的大有人在。據《大清會典事例》雍正十二年有一條記載說：

> 劣衿土豪，藉開墾明色，將有業之田濫報開墾者，照侵占律治治罪。里甲地鄰及濫給執照之地方官一併議處。[47]

另外在光緒年間嘉義知縣羅建祥向劉銘傳條陳田賦清理意見時也曾指出說：

> 臺灣規我朝版圖時，與內地聲氣全隔，小民不知法制，從事開墾者，未必盡知請領執照，然赴司衙請照者，類多奸點之徒，往往見某處埔地，已為多人即將開墾成業，乃潛往司衙請領執照，以取得廣數百甲，少亦有數十甲之土地開墾權。又以此執照控爭他人已墾成之地，而無照者自不能與有照者相抗，不得

45　前引《大租參考書》，上卷，頁一五—一六。

46　同註四〇，第一卷，頁九〇載說：臺南附近になすゐ施侯租と稱すゐ大租の如きは、領臺當時施琅將軍餘威を以こ、鄭氏時代の文武官田の私田に對し、荒蕪開拓の名に托して、從來の耕作者より年年一定の大租を收め、地租は自己の名義を以て官に納めたゐに基因すゐものにして、即此等の大租は全く命令的の負擔せしめたゐ。另據前引《臺灣私法》，第一卷上，頁四五六—四五七載說：施侯租中には招佃開墾の事實に基くにあらすして、鄭氏時代の既成田園に對し、權利を濫用し、大租を徵收すゐに至りたゐものありと云ふ。施侯租の所在は、土地調查の際調查しにゐものに據ゐに、二嘉義廳下に約二百九甲、元塩水港廳下に約一千五百七十六甲、元鳳山廳下に約一千二百甲あり、又以て其如何に大地域のものなりしやを知ゐへし然れとも其性質は總て大租たりしを以て、明治三十七年以後は全部消滅せり。則知施琅所霸佔的田園至少也有將近三千一百甲。

47　李鴻章等撰《欽定大清會典事例》，上海，商務印書管館，光緒三十四年，卷一六六，頁三。

已承認有照者為業主。[48]

由這兩段引文足見清代臺灣與彼時之中國大陸也同樣有不少土豪劣紳，恃其與官僚間有所勾結，而往往能以一紙執照強佔他人辛苦經營而成的產業。

除了土豪劣紳以一紙執照霸佔他人田產外，當時握有統治大權的文武官員，霸佔土地之行為，也必不會太少。〈埔裏社紀略〉載說：有人偽稱貴官，從事霸墾。其文曰：

嘉慶十九年，有水沙連隘丁首黃林旺，結嘉、彰二邑民人陳大用、郭百年……偽為貴官，率民壯佃丁千餘人至埔裡社，囊土為城，大書開墾。[49]

另外乾隆九年滿清皇帝下令嚴禁臺灣「鎮將大員」不得在臺置產。《大清會典事例》載說：

九年諭：外省鎮將等員，不許在任所置立產業，例有明禁。朕聞臺灣地方，從前地廣人稀、土泉豐潤，彼處鎮將大員，無不創立莊產，召佃開墾，以為己業。……且有客民……接受前官已成之產，相習以為固然者。其中來歷總不分明……著逐一查勘。凡與民番並無爭執之案者，均令照舊管業外，若有侵占民番地界之處，秉公清釐，民產歸民，番產歸番。此後臺郡大小賭武官創立莊產，開墾荒地，永行禁止。倘有託名開墾者，將本官交部嚴加議處，地畝入官。該管官通同容隱，一併議處。[50]

就顯出或許有不少文、武官員仗其權勢，託名開墾來霸墾或霸佔土地，不然怎會有冒達官之名霸墾，也不須由皇帝下令嚴禁大小武員託名開墾置產了。

土地所有權之發生的另一因素是「添附」。這種現象多半發生在海邊或溪邊的新生地。換言之「添附」者，乃所有權人之土地和海埔或

48　同註四〇，第一卷，頁七六。
49　同註七，頁三四。
50　同註四七，卷一六六，頁五。

溪埔新生地接連時，因母、子地的關係而取得其所有權之謂也。清代
臺灣漢人也常有人因「添附」而取得土地所有權。[51]清代臺灣漢人就一
般而言，多半承認「添附」的原則，所以往往在所有權發生糾紛時，
就以「契字中載明，東至山，西至海或溪」以證明其對子地擁有所有
權，而政府也予以承認之。不過即使契字內未載明「東至山，西至海
或溪」等字樣，可是如果能證明母地所有權人，多年來就一直占有與
該母地相連的海埔或溪埔，則可獲其子地之所有權。[52]此外，如在明鄭
時代即已開墾的田園，其占有人向滿清請領職執照即可取得該地的所
有權。此乃清代臺灣漢人取得土地所有權的又一辦法。[53]

四、土地所有型態之蛻變

　　經前節的分析，可見清代臺灣漢人，取得土地的手段可說是五花
八門，花樣百出，但最常見者，莫過於霸佔和向官方請領開墾的執照
這兩途而已。這些拓荒的先驅者，多半有相當的實力，諸如有相當的
群眾基礎，與官方有良好的關係等。據文獻的記載，當時開拓荒地的
先驅者，或登高一呼即可糾眾數十人或數百人，足見彼等群眾基礎
夠，實力強，則不論是因霸佔或因請領執照所得之土地，其面積當不
小，少也有十餘甲至數十甲，多者百餘甲至數百甲，甚至於有多達千
餘甲或數千甲者。其所有權人之出身，或為貢生、監生，或為武人，
或為人之幕僚，或為商人，或為本來就是農人而力田起家者，可說各
色人等都有[54]，但類為「有力之家」。在雍正四年御史尹奏臺灣田糧利
弊疏裡說：

51　前引《臺灣私法》，第一卷上，頁一六四。

52　同前，第一卷下，頁一四──一五。

53　同註三四，上卷，頁二五一、二五五、二五六。

54　連橫《臺灣通史》，臺北，臺灣書店，民國四十四年，卷三一，列傳三，王世傑、林耳
　　順、張振萬、林詳、林成祖、張必榮、郭元汾、胡焯猷、黃阿鳳及吳沙等傳，頁六一
　　○、六一二、六一六、六一七、六一八、六二○、六四六；廖漢臣編著《臺灣省開關資
　　料續編》，臺中，省文獻會，民國六十六年，林成祖條，頁三一；前引周璽《彰化縣
　　志》，卷八，人物志，施世榜、吳洛條。頁二四二──二四三；前引尹章義《新莊發展
　　史》，頁一○──一五。

> 竊查臺灣全郡……所有平原總名草地，有力之家，視其勢高而
> 近溪澗淡水者，赴縣呈明四至，請給墾單，其所開田園，總以甲
> 計。[55]

就曾指出，當年請墾者為「有力之家」。

由於彼等所擁有的土地面積廣大，非一人之力所能開墾，勢必委
之他人，乃有招佃之事出現。此等招佃來開墾荒地，從事農業生產
者，在過去被稱為墾首、墾戶或業主、業戶，為墾戶從事實際開墾者
被稱之為佃戶或佃人；而墾戶的招佃行為為當時的滿清政府所支持。
如康熙四十八年，諸羅縣給墾戶陳賴章的墾照裡說：

> 為此，示給墾戶陳賴章即便招佃，前往上淡水大佳臘地方，照
> 四至內開荒墾耕，報課陞科，不許社棍、閒雜人等騷擾混事；
> 如有此等故違，許該墾戶指名具稟赴縣，以憑拿究；該墾戶務
> 須力行募佃開墾。[56]

又如雍正三年，彰化知縣給墾戶薄昇潔的墾照裡也有「查明四至無
礙，合就單付墾戶前往呈請界內，募佃墾耕，隨墾隨報，照例陞科，
毋得欺隱」[57]等字，足見滿清政府支持招佃墾荒的方式；同時從前面兩
墾照也可以看出滿清政府，對墾戶申請墾權並無任何條件，只要求墾
戶在限期內能納課陞科，並代為維持地方治安即可，所以說當時滿清
政府所最感興趣的是課稅而已。再據光緒十四年滿清政府所發出的墾
單裡說：

> 三年成熟之後，按則升科，即將此墾單繳還，換給縣印墾照，
> 永遠收執。倘限滿未墾，即追回墾單，另行招墾，該墾戶不得
> 抗違干究。[58]

滿清政府所最感興趣且關心的是賦稅，別無其他。

---

55 《福建通志臺灣府》，臺銀經研室編，《臺文叢》八四，民國四十九年，頁一五八。

56 同註三四，上卷，頁八。

57 同前，頁九。

58 同前，頁一四。

　　招佃既然是當時墾荒時，現實上所必要的，又為政府所支持，因此其時全臺各地，只要是新開墾的土地，必採此招佃的辦法開墾土地，即使是未向政府請領墾照者也是如此，於是租佃制度，隨之應運而生。地主和佃人間的關係也隨之產生。地主和佃人之關係有因口頭的約定而成立的，也有由訂約而產生的，不過以訂契約為最普遍[59]。有關臺灣這種墾戶與佃人間的關係究竟如何，在清代並無明文規定，因此值得探討。

　　那麼在談及有關上述這種新墾田園之地主與佃人的關係之內容時，我們先來看一下當年墾戶與佃戶所立下的契字。就一般而言，墾戶在招佃戶墾荒時，彼此之間多半立有契約，而所立契字之名稱甚不一致，名目繁多，竟多達五十多種。諸如「給出」、「招批」、「招佃」、「給佃批」、「墾單字」、「給墾批」、「招墾」、「認佃字」、「永耕字」、「招耕字」、「給丈單字」、「永耕田底字」、「招墾耕字」等，即是當時墾戶和佃戶間所訂的租佃契字名稱，但是其內容大致上是雷同。此類契字大部分是由墾戶所立，絕少由佃人來立[60]。茲將當時墾戶與佃人所立契字列舉如下：

　　　　一、立招佃人業戶李朝榮，明買有大突青埔一所，坐落土名巴劉巴來，東至柳仔溝埠為界，西至大溝為界，南至入社大車路

59　前引《臺灣私法》，第一卷上，頁一七七、二九四。

60　筆者據前引《大租參考書》之資料，加以整理得出當時墾戶與佃人間為了開荒所訂租佃契約之名目如下：「給出」、「招批」、「招佃」、「給佃批」、「佃批」、「墾單字」、「給墾批」、「給批」、「批」、「給墾字」、「給墾單」、「給換佃批」、「給單」、「招墾字」、「墾批」、「招佃批字」、「認佃字」、「給出墾字」、「招墾單」、「永耕字」、「招耕字」、「給批地字」、「給批字」、「給丈單字」、「給開墾字」、「永耕田底字」、「出墾字」、「招墾耕字」、「給墾招佃字」、「招墾永耕字」、「給墾約字」、「墾單」、「招墾石浦永遠管業字」、「出墾開闢荒埔字」、「給墾荒埔地基字」、「開墾盡絕海埔填地契字」、「給墾契」、「開墾字」、「給永耕開墾字」、「給單字」、「給山場水田墾契字」、「出開墾字」、「開墾田契字」、「給分墾字」、「給墾批契字」、「再承永耕字」、「給山林園埔契字」、「招佃分管定界字」、「贌永耕字」、「出分管歸肆業契字」、「分給茶埔契字」、「給分墾字」，其有「耕」字之契約，係已開墾過之田，因被水沖毀拋荒而重新招佃開墾，或者自己已從事開墾，而將其中一段抽出招佃開墾等情形所立之契字（同書，上卷，頁四八——一一一）。

為界，北至黃邦傑厝後港為界，四至明白。今有招到李恩仁、
賴束、李祿亭、梁學俊等前來承贌開墾，出得埔銀六十五兩
正，情願自備牛犁方建築坡圳，前去耕墾，永為己業。歷年所
收花利，照莊例一九五抽的，及成田之日，限定經丈八十五石
滿斗為一甲，每一甲經租八石，車運到港交納。二比甘願，日
後不敢生端反悔，增加減少，亦不敢升合拖欠。如有拖欠定
額，明官究討。口恐無憑，立招佃一紙存照。

即日收過埔銀完，再照。

立招耕人：李朝榮

雍正十年十月　日。[61]

一、本宅承買惡馬草地一所，立名德頤莊，現在開圳灌溉禾
苗，招佃墾耕，上供國課，下給家計。茲據佃人張強，備銀五
兩前來承贌，犁份一張，照官尺丈明配田六甲，又每張犁份議
貼水圳銀三兩。其犁分銀五兩業已收明外，所有水圳銀，俟水
開到田之日，立即交明，以資工費，不得拖欠。其地丈明，付
與該佃自備牛工、種籽，蓋房居住，前去墾種為田。至該佃應
納租粟，以雍正十二年為始，每甲照庄例：初年納粟四石，次
年納粟六石，第三年納粟八石，永為定例。俱系滿斗，經風扇
淨，車運至鹿仔港、水裡港船頭交納。無論豐歉，開透不透，
按甲輸納，不得借端少欠升合。至該佃所耕之田，如欲變退下
手頂耕，及招夥幫耕，務須先報明頭家查明誠實的人，方許承
招，不得私相授受。在庄務須恪守庄規，不許聚賭、容匪、打
架、宰牛等項；如有違犯，立即呈官究逐出庄，不得借端生
事。合給佃批，付執為照。

德頤庄業主：XXX

雍正十一年十月　日。[62]

一、立給佃批南崁虎茅庄業主周添福，有前年明買番地一所，

61　前引《大租參考書》，上卷，頁四九—五〇。所謂「一九五抽」就是地主抽收全年總收
　　穫量的百分之十五，其餘歸佃人所有之謂（見同書，頁五七）。

62　同前，頁五〇。

土名虎茅庄，經請墾報課在案。今有佃人葉廷，就於本庄界內虎茅庄認耕犁份二張，每張以五甲為準，不得多占埔地，拋荒誤課。開築圳水佃人，自出工力開水耕種，年所收稻穀及麻豆雜子，首年、次年照例一九五抽，每百石業主得一十五石，佃人得八十五石；至第三年開成水田，照例丈量，每甲約納租穀八石滿斗，雖年豐不得加增，或歲歉亦不得短少。務備乾淨好穀，聽業主煽鼓，約車至船頭交卸；如有短欠租穀，將田底聽業主變賣抵租。若租穀拖欠，日後佃人慾將田底別售他人，務須向業主言明，另換佃批頂耕，不得私相授受，合給批付照。
乾隆四年十二月　日給[63]

一、立墾單字人業戶張和中，向官給串，開墾草地荒埔一所，坐址在西螺北勢清水仔，東至……西至……南至……北至……四至分明，整頓農棋，招至西螺新街佃戶高宗基等前來認主立單，開墾耕種，熟園遞年配納大租一九五抽得，凡有耕種五穀、雜子，冬屆之期，前來請主捐抽，以納供課。此系業佃兩相允諾，立字為憑，萬古遺存，永為己業。似此開墾，關係征重，誠恐日久荒蕪，特立開墾單一紙，付執永遠存照。

業主：張XX

代書人：姚瑞章

立開墾單字業戶：XXX

乾隆七年二月　日[64]

　　從前面諸契字足見墾戶與佃人間所訂契約，都已將當事人、意思表示、標的記出來，其內容大致相同，只是附帶條款的多寡有所不同而已[65]，然而其主要內容在於收租和繳租。就整個來說，當年墾戶所給出

63　同前，頁五二—五三。
64　同前，頁五三。
65　所謂附帶條款主要包括：
　　（一）規定牛種及其他開墾資本由佃人負擔。
　　（二）在契約定後，一定年限未墾成時，墾戶可將墾地收回。
　　（三）拖欠租穀，墾戶可向佃人收回土地，另招別佃耕作。
　　（四）佃人如有窩匪開賭等違非行為，墾戶可收回土地，另找佃人開墾或耕作。
　　（五）佃人要將耕作權讓與他人時，要墾戶的承諾。

的標的地是未經開墾的荒地，或既開墾而未墾熟，或已墾熟而又拋荒
之地。在墾戶和佃人訂契之後，由於契約中通常有「供稅課」或「以
納正供」等雷同之字樣，足見墾戶每年需向政府繳納定額的稅，即供
課由地主負擔，不干佃人之事；同時墾戶也必須約束佃人不得有違非
作歹的行為，亦即墾戶負有維持地方治安之責任（這在前揭墾照裡也
看得出來）。在上述的前提下，墾戶將其荒地給出招佃後，每年就向佃
人徵收彼此相約地租額[66]，但墾戶必須提供佃人荒地以便來日墾成之
後，佃人對該地可以使用收益。換言之佃人只要按期繳足佃租，就可
在約定土地內，享有使用收益權。此用益之轉讓，依當時的習慣，必
須得到墾戶之同意，或是受讓此用益權之新佃人必須和墾重新訂契
字，不准佃人私相授受。此外佃人如有違法或拖欠佃租等情弊發生，
則將遭墾戶撤佃。由此觀之，墾戶並未在租佃契約中將土地之一切權
利轉移給佃人，墾戶能保有在佃戶拖欠租穀之條件下，對該土地之處
分權，也就是說墾戶仍保有土地所有權，只是不「完全」而已，但一
但佃人欠租，就可撤佃，使墾戶之所有權恢復圓滿，可見墾戶與佃人
之間是處於債權之租賃關係。不過像這類墾戶與佃人間所成立之佃
權，其效力相當強固，略帶有物權性質，非一般之佃權所能相比擬，
蓋前揭之契約中，每有「情願自備牛犁方築坡圳，前去耕墾，永為己
業」、「車運到港，永遠定例」、「此係業佃兩相允諾，立字為憑，萬古
遺存，永為己業」等字樣，乃此墾戶與佃人間所設定之佃權效力，比
一般佃權來得有效力之最佳說明[67]。不過要附帶一提的是此等「業」

（六）佃戶要給墾戶價銀，諸如墾底銀、埔底銀、埔價銀等是（見前引《臺灣私法》，第
　　　一卷上，頁二九九—三〇一）。

66　墾戶收租的比率，因地質的肥瘦、水利的好壞有無而不一；通常在開墾之初，租額不
　　定，例如「一九五抽」，或初年抽四石、第二年抽六石、第三年抽八石，等到墾熟之後
　　也有仍然行「抽的租」，但就一般而言，墾熟之後通常採「定額租」較多，其租率大概
　　是全年收穫量的一成左右。在道光年間以前，每甲田園的租額是：上則田八石，中則田
　　六石，下則田四石，上則園六石，中則園四石，下則園二石（前引《臺灣私法》，第一
　　卷上，頁三一七；前引東嘉生《臺灣經濟史研究》，頁七二）。

67　前引《臺灣私法》，第一卷上，頁二九五—三〇二。關於墾戶不是為佃戶設定所有權，
　　這一點戴炎輝對《臺灣私法》所說「（1）若以給墾為墾戶將標的地之一切權利移轉於佃
　　戶，即是荒地之總賣，應立賣契，錢糧（陞科後）義務亦一併移轉，將墾照（因係『因

字，並非指土地所有權之意，而是指墾戶與佃間，訂下租佃契約後，佃人對墾戶得為租賃地之使用收益之權利而言[68]。

經上面對墾戶為開墾荒地而招佃索所訂的租佃契約，予以分析之後，似可了解清代臺灣不少新墾田園是屬於「一田一主」所有型，至於有些規模較小的墾戶，並不招佃，而自力墾耕，這種新墾田園之所有型態，不用說當然是屬於「一田一主」所有型[69]。此外有些新墾荒田園是由漢人向土著私人或土著社贌來荒地，再去開墾而成田的。茲舉一契字如下：

> 立招批奇崙社目有眉大腳郎，白番伊籍等，因前年有荒埔一所……，四至明白。其前年民居稀希，系漢人添奇自備工力，前去墾耕，未有給批。茲已成田，前來墾給為憑，以為己業。年間所收粟石，照莊例一九五抽的，郎得一五，漢人得八五，車運到倉前，經風煽淨交納，不敢少欠升合。立批之後，其屋內不得窩匪設賭等弊；如有等弊，聽郎等逐出莊社，另招別佃耕種，不得異言。倘自己欲別處創業，當道明本社，相議妥當之人，任聽頂退銀兩以充工本，不得阻擋。今欲有憑，給批一紙，付執為照，行。

知見人南崁社通事：林實國

白番：伊籍

立給批奇崙社土目：有眉

乾隆十七年十月　日[70]

係上手契照』）交給佃戶；但給墾乃立招佃（給墾或墾耕）字，佃戶不負擔錢糧，墾戶仍保持其墾照。」表示不贊同。戴氏說：余對私法所以舉（1）之理由，不能贊同。因私法關於土地所有權之概念，偏於羅馬法理論（見戴炎輝「清代臺灣之大小租權」，臺北文獻，第四期，民國五十二年，頁一○）。但是戴氏並沒有提出他個人的看法。

68 關於「業」字的意義，戴炎輝解釋說：我國業主似用於所有權的性質者；但因其與所謂強有力之限制物權同其性，故限制物權亦被稱為業（戴炎輝《中國法制史》，臺北，三民書局，民國六十年，頁二八四）。有關「業」的意義尚可參閱前引《臺灣私法》第一卷上，頁二二九—二四六；前引《臺灣土地慣行一斑》第三編，頁一—四。

69 從一地契內載說：墾戶首王協源，有買過王國賓、王國寬承租父向六社化番草地主目改旦墾過萬安埔一帶草地，今因自己乏力開墾，招出佃人巫呆九開田一段（前引《大租參考書》，上卷，頁九七）。由此足見有些墾戶有時不招佃，而自行墾耕。

70 同註三四，頁一—四。

則知有些新墾田園的所有權屬於土著，其間所訂的租佃契約，其內容
與前揭漢人墾戶和漢佃間所訂的租佃契約之內容差不多。因此給出荒
地的土著與承給荒地之漢人間的關係，乃是地主與佃人的關係。像此
類新墾田園其土地所有型態，仍屬「一田一主」型。但是有些新墾田
園，是由漢人向土著私人、或土著社贌來荒地，再招佃去開墾而成田
的。於茲有一地契裡載說：

> 同立日字人南社番通事孩武力、土目老臺灣、甲頭沙末陳仔、
> 白番加臘萬、富仔等，有承租荒埔一所，坐落土名南勢底，東
> 至埔姜崙，西至海，南至舊虎尾溪，北至新虎尾溪，四至明白
> 為界。自雍正八年間，閤社眾番贌賣與張陳石番銀四百兩，將
> 四至內荒埔付與銀主前去給墾招佃，陞科納課，掌管收租，永
> 為己業。年約納社餉銀一百一十六兩。[71]

由此一類契字看來，土著把荒地贌給漢人之後，每年向該漢人收取定
額的社餉[72]，而將該地之使用收益權轉移給漢人。因為在訂契約的同
時，土著又收了不予退還的現銀，而對於該漢人除了規定又納社餉的
義務外，並無其他條件，同時還准該漢人前去「給墾招佃，陞科納
課，掌管收租，永為己業」。另再舉一則契字如下：

> 同立合約人奇崙社番土目友茅舅，……等，因社口水濫一所，
> 社番無力開濫出水，墾築成田。今幸有林維妹、楊志成等向贌
> 開墾，議每年冬成，願納番粟二十石。其開築埤圳，以及年間
> 修補，並開濫出水，系維妹、志成等自理；後來成田，聽任頂
> 耕收取，本社番不敢阻擋生端異言。今欲有憑，同立合約一樣
> 三紙，各執存照，行。

> 代書人本社長：楊達章
> 甲頭虎茅擺躍之力：虎茅
> 同立合約人奇崙社土目：友茅舅
> 白番也力：皆天加六域

---

71 同註三四，上卷，頁二一。
72 清代土著社所徵得之稅謂之「社餉」，前引《臺灣私法》，第一卷上，頁三五二。

乾隆四年正月　日[73]。

在這契字內，除了規定承贌之漢人每年冬成應納番粟二十石外，別無其他規定，同時為漢人設定：「後來成田，聽任頂耕收取，本社番不敢阻擋生端異言」等權。因此我們從這兩契字觀之，則似可將土著保留收租權，只要漢人繳租，而聽任漢人去使用收益，並處分此用益權的現象，比擬為所有權之質的分割，於是出現分割所有權，即在同一土地上，土著擁有上級所有權，漢人擁有下級所有權[74]。如果這種說法可以成立的話，則新墾田園又存在著「一田兩主」的型態了。茲將新墾田園之所有型態列如表（四）。

表（四）新墾田園所有型態

一田一主型	漢人墾戶（自墾自耕）—田園
	漢人墾戶（招佃墾耕）—佃人—田園
	土著墾戶（招佃墾耕）—佃人—田園
一田兩主型	土著墾戶（交漢墾戶墾耕）—漢墾戶（自耕自墾）—田園
	土著墾戶（交漢墾戶墾耕）—漢墾戶（招佃墾耕）—佃人—田園

　根據何炳棣的研究，大陸人口從康熙四十年（西元一七○○年）

73　同註三四，頁一三。

74　石田文次郎對「分割所有權」解釋說：日耳曼法之所有權轉化於羅馬法所有權過程中所不可忽視之制度，乃所謂分割所有權（Geteiltes Eigentum）之觀念。亦即使他人耕作土地，而使耕作者支付佃租地稅，及其他一定之代價之領主或地主之土地權利，謂之上級所有權（Obe-reigentum），地主或領主謂之上級所有權者。對領主或地主負擔支付一定佃租及其他代價義務，而具有繼承土地使用收益之耕作者，謂之下級所有權（Untereigentum），或利用所有權（Nutzungseigentum），耕作人謂之下級所有權者或利用所有權者。上級所有權之內容，主要為管理權、處分權；利用所有權之內容，主要為使用權、收益權，並無自己之物與他人之物之區別。利用所有權非存在於他人之物上之他物權，上級所有權者與利用所有權者均有完全之所有權之一部份，兩者之權利同其內容，在內容中相等之兩者之權利併立（Nebeneinander stehen），並不合併為一個完的所有權。上級所有權具有所有權之一部份之處分管理之權能；利用所有權者具有所有權其他之權能之使用收益之權能。從而兩者之權利內容彼此互異，此內容相異之兩者間之權利，為上下關係（Uber und unter einander）之結合，合為一個完全之所有權（石田文次郎著，印斗如譯「土地總有權史論」，臺北，中國地政研究所，臺灣土地銀行研究室，民國四十八年，頁二○四；石田文次郎「土地總有權史論」，東京，岩波書店，頁三四二）。

的一億五千萬人，增加到乾隆五十八年（西元一七九三年）的三億一
千三百萬人[75]，臺灣人口數在這個時期雖無較確切的資料可循，但增加
之訊速應是必然的。由大陸人口大量進入臺灣，臺灣土地之大量的開
闢也是大勢之所趨，因此表（四）所列之田園所有型態在雍正末到乾
隆末最為普遍[76]。不過這種新墾田園的所有型態，在整個滿清統治臺灣
的時代都存在，這也就是說不論清代哪一朝，只要新墾田園，其所有
型態超不出表（四）所列的情形。關於這一點，我們若查閱一下新墾
田園之墾戶與佃人所訂的地契即可知曉。茲舉若干地契如下：

> 一、立給單字人墾戶首陳化成，有墾過六社化番草地主六改二
> 世管貓山蘭社轄內頭股荒埔一所，東至陳歡田界，西至莊高生
> 界，南至圳界，北至崁界；四至明白。經丈六分正，給付佃人
> 陳壽官前去自備牛工、種子，竭力墾耕成業，逐年晚季應納大
> 租穀三石六斗正。即日收過陳壽官墾底銀三元六角正；隨即將
> 埔踏明界址，交付佃人前去耕作。至期完納大租，務須到館重
> 風煽淨，完納清楚，不許少欠升合；如是少欠升合，聽墾戶首
> 起耕別佃，亦不得刁難滋事。此系業佃兩願，合給墾單字一
> 紙，付佃執照。
> 即日收過墾底銀三元六角正，執照。
>
> > 代書人：黃大成
> > 在場知見經丈人：陳陽載
>
> 同治十三年三月 日給。[77]

> 一、立給分墾字人墾戶首曾德成，有自己向官給出鹿槌一帶草
> 地，今有佃人沈池自備工本開墾旱田一段，址在營仔東畔，東
> 至竹腳，西至鄭瑞園，南至小溝，北至大路界；四至界址明
> 白，經丈一分七厘九絲二忽正，交付沈池掌管耕作，永為己
> 業。該墾底銀三角五點八毫四絲正，每年該納大租穀七斗一升
> 六合八勺正，應自風乾淨，自運到館完納，聽墾首完納供課，

75　前引陳紹馨《臺灣人口變遷與社會變遷》，頁一〇。

76　同註四〇，頁八九。

77　同註三四，上卷，頁九四─九五。

不得私有抵塞短欠等情；如有等情，聽墾首將田起耕收抵，不敢異言生端。此系業佃相依，二比甘願，各無反悔，口恐無憑，合立分墾契字一紙付執存照

代筆人：王遞獻

經丈人：黃樹

給分墾人墾戶首：曾德成

光緒十六年六月　日。[78]

一、立招佃永耕字西勢批美簡社番加丁緣，有承租父遺下本社東半水田一段東至……。又一段東至……四至界址明白，……今因該田前年浸水淹壓，無力改墾成業……於是招得漢佃黃協和出首承墾永耕。當日同土目人等議定佃人備出地底銀四百六十大員正，即日同中見，人番等銀、字兩相交收足訖，其田隨即……交付黃協和前去改墾掌管，報官陞科，給領丈單，每甲配納本社口糧一石，永遠耕種。自此招佃永耕。……子子孫孫終不敢找贖翻異，生端滋事……口恐無憑，依口代書合立招佃永耕字一紙，付執為照，行。

代筆人：陳從謙

為中人：社黃甘露

場見：□□□

交招佃永耕字西勢抵美簡社番：加丁

咸豐八年十一月　日。[79]

一、立招贌永耕磧底銀字人陳森，今同向得崎仔下社番阿巴毛幹自有承管山埔園，……遞年額租穀的銀一元正。即日當社經土甲三面言定，願將此山埔園付交銀主贌耕收管，森備出無利磧底銀一十五大元正，交收足訖。……倘遇租銀不清，任從埔主另招佃；如無欠租，不敢另招別佃。……口恐無憑，立招贌永耕磧底銀字一紙，付執為照。

在場代筆：潘明忠

同夫：阿威大完

78　同前，頁一〇一。

79　同註三四，中卷，頁一三九──一四〇。

　　　　　　　　　　　　　　　　　　立招贌永耕磧底銀字：阿巴毛干

　道光十六年（歲次丙申）六月　日。[80]

　　依上列這些地契看來，此等地契的格式、內容與前揭康熙、雍
正、乾隆諸代之墾戶與佃人所訂者差不多，可見臺灣在清朝各代之新
墾田園的所有型態應屬相同，但其契約中有「大租」一詞的出現，足
見臺灣土地所有型態有所蛻變。然而從何時，由何許人先改變之，目
前已無可考，但從康熙五十六年編成之《諸羅縣志》內所載：

> 若夫新舊田園，則業主給牛種於佃丁而墾者十之六、七也，其
> 自墾者三、四已耳。乃久之佃丁自居自居於墾主，逋租欠稅；
> 業主易一佃，則群呼而起，將來必有久佃成業主之弊；爭訟日
> 熾，案牘日煩，此漸之不可長者也。又佃丁以園典兌下手，名
> 曰田底，轉相授受，有同買賣。或業已易主，而佃仍虎踞，將
> 來必有一田三主之弊。[81]

則知早在康熙五〇年（西元十八世紀一〇年代）田園之所有型態在蛻
變中。從此段記載，不僅可以看出佃人勢力抬頭，已有墾戶欲換一佃
都換不得的趨勢，更且已有將因租賃而起的佃權互相買賣了。如是我
們似可推測在康熙五〇年代以前，有些新墾田園的「佃權」已物權
化，所以才會有換佃換不得的現象出現。這種趨勢發展的結果，就是
所有權之質的分割，而有所謂大租和小租，田面與田底之出現。

　　至於新墾田園之所有型態會轉型，這或許是如下諸因素所促成。
先就社會因素而言，我們都知滿清政府向有限制大陸人民携眷來臺的規
定[82]，加上渡海來臺墾荒乃是一大冒險的行為，因此來臺者大部分是單
身之青壯男士。在藍鼎元《經理臺灣疏》裡說：

> 統計臺灣一府，惟中路臺邑所屬，有夫妻子女之人民。自北路
> 諸羅、彰化以上，淡水、雞籠山後千有餘里，通共婦女不及數

80　同前，頁一三三。

81　前引周鍾瑄《諸羅縣志》，卷六，賦役志，頁九五—九六。

82　同註二〇。

百人。南路鳳山、新園、琅嶠以下四、五百里，婦女亦不及數
百人。[83]

《東征集》記載朱一貴亂後，諸羅縣大埔莊的情形說：

> 民居十九家，計二百五十七人，多潮籍，無土著，或有漳泉人
> 雜其間，，猶未及十分之一也。中有女眷一人，年六十以上者
> 六人，十六以下者無一人，皆丁壯力農，無妻室。[84]

《諸羅縣志》雜記志，外紀載說：

> 男多於女，有村莊數百人而無眷口者。蓋內地各津渡婦女之禁
> 既嚴，取一婦動費百金。[85]

如上所述，顯而易見臺灣在清代開墾時代的社會裡，呈現一種男多於
女，男女不成比例的不正常現象，因此在臺之單身青壯男士，其性情
自然是來得暴躁些。且這些來臺之青壯男士，其中不少是大陸之無業
的游手無賴，或些重罪逋逃[86]。然而臺灣的佃人，不少就是這類人物。
如《諸羅縣志》卷八，風俗志，漢俗考載說：

> 我朝置縣，流移者踵相接……佃田者，多內地依山之獷漢無
> 賴、下貧、觸法亡命，潮人尤多。[87]

可為佐證。類此出身流民之佃人並無經濟基礎，在臺既無家眷可慰
藉，本來就充滿暴戾之氣，而彼等又同是天涯淪落人，相依為命，因
此一旦有人被解佃，為群體及個人的生存計，必糾集起來反對之，乃
有佃人霸佔田園之局面出現；更何況中國自唐以來，一直到清代，對
土地之「事實的占有」都予相當的尊重與保護[88]，益助長霸佔之風。

83　同註一，頁五九—六〇。

84　同前，頁六〇。

85　前引周鍾瑄《諸羅縣志》，卷一二，雜記志，頁二九二。

86　《中復堂選集》內〈答李信齋論臺灣治事書〉，引自戴炎輝《清代臺灣之鄉治》，臺北，
　　聯經出版事業公司，民國六十八年，頁三二四。

87　前引周鍾瑄《諸羅縣志》，卷八，風俗志，頁一三六。

88　仁井田陞《中國法制史研究—土地法、取引法》，東京，東京大學出版會，一九六〇

　　如所述，清代臺灣社會充滿霸佔之歪風，儼然像個「霸王世界」，因此不少人會視他人之權利於不顧，況且當時墾戶與佃人的契約，有的載有「願自備牛工種，前來耕種，時約定每甲園埔願貼犁頭五十兩，以為開圳費用之資」、「許等前來成贌開墾，出得埔銀陸拾伍兩正，願自備牛犁方建築坡圳，前去耕墾」[89]等條件，顯然佃人在田園開墾上投下了資本和勞力，對土地所有改良，土地生產力提高，土地價值也相對提高，彼等或許更因此而認為對該土地擁有使用收益權。加上一方面康熙四十年代以來，臺灣水利設施就有長足的進展，以及由大陸大量輸入水牛來耕田[90]，田園單位面積之生產量提高。

　　《諸羅縣志》卷六，賦役志載說：

> 臺灣之田……雖賦稅較鄭氏豁免已多，且不止加倍於內地矣。然而民不甚病者，何也？新墾土肥，一甲之田，上者出粟六、七十石，最下者亦三、四十石。佃輸業戶者十之二、三，業戶賦於官者半焉，仰事俯畜，非甚凶年，無憂不足也。[91]

足見佃人可以漸有積蓄，在此情況下，即會有佃人將田園出租，自居地主的地位，以期過收租之安逸生活；另一方由旱田轉向水田的過程中，生產漸集約化，需要更多的勞力投入水稻生產行列，也使得原來向墾戶租田的佃人需要將其一部分的土地，再租給其他人耕種[92]，而從大陸又不斷有大量的新移民來臺[93]，雖然臺灣不斷有新的田園開闢出來，但雍正以後，新闢田園面積的增加速度已趕不上人口膨脹的速度了[94]，所以需要耕地的人相對增加，自然有人願意當第二承租人，承租耕地了；同時由於田園單位面積生產量已相當提高，佃人從田園每甲

年，頁五—三八。
89　同註三四，上卷，頁四九。
90　森田明《清代水利史研究》，東京，亞紀書房，一九七四年，頁五〇五—五〇六。
91　前引周鍾瑄《諸羅縣志》，卷六，賦役志，頁八七。
92　陳其南〈清代臺灣漢人社會的開墾組織與土地制度之形成〉，《食貨月刊》，復刊第九卷，第一〇期，民國六十九年，頁二三。
93　同註一，頁九。
94　陳秋坤〈臺灣土地的開發（一七〇〇—一七五六）〉，載前引曹永和、黃富三編《臺灣史論叢》第一輯，頁一七三。

所得的利益，遠超過墾戶[95]，於是民間買賣不動產時，自然會對買佃權比較感興趣，如此為日後土地所有權之質的分割，又提供一客觀的環境。

此外，臺灣田園所有型態之蛻變可能與滿清統治臺灣之初，若干田園所有權者，取得所有權之方法有關，諸如前節所揭豪強之認佔，即豪強視他人已將或已墾成之田園為己之所有，而潛赴官府請領執照，竊取田園所有權[96]，如此一旦佃人力量稍長，必導致對其墾戶之所有權不予以尊重，於是此等佃人，對土地自由處分之局面遂為之出現。

文化傳統為影響人類生活方式的重大因素，來臺之漢人，絕大部分來自閩、粵，其比例，根據日本人在民國九年的統計，在漢人總人口中，閩籍佔百分之八十四點六，粵籍佔百分之十五點四[97]。因此勢必將閩粵人的生活習慣帶到臺灣來，以致影響臺灣之經濟活動行為。尤其是臺灣人中，閩籍佔大部分，受福建各方面的影響當更大。土地所有型態當然也就難免不受其影響了。

根據學者們的研究，發現中國土地所有權之質的分割之現象，普遍存在於華南各地（華北也有，但很少），而福建即為此分割所有權分布區之一，其分割之激烈，甚有一田三主者[98]。這種分割所有權，在福建稱之為田皮田骨、田皮田根、皮田骨田、小租大租，因此各所有權之所有權人稱之為皮主骨主、小租主大租主[99]。

由於福建土地有上列之所有型態存在，來臺之福建移民自然會將那些習慣帶來，至少把土地所有權利可以分割存在的印象和觀念，隨之傳到臺灣來，因此臺灣新墾田園所有型態之蛻變與大陸之習慣不無

95　依《諸羅縣志》載說康熙末年上則田每甲已能出粟六、七〇石，（見同書，卷六，賦役志，頁八七），如果假定每甲年產粟六〇石，則佃人自耕而照一九五抽的話，佃人尚可得五十一石，照年繳八石頭給墾戶的話，佃人尚可得五十二石。

96　同註四六、四七、四八。

97　同註一，頁九。

98　天野元之助《中國農業經濟論》，東京，龍溪書舍，一九七八年，頁四七八—五一〇。據天野氏的研究，中國之分割所有權，最為盛行的地方是：浙江、江蘇、福建、安徽、江西、廣東，而華北之山西、河北、山東也有所見。另參見仁井田陞《中國法制史》，東京，岩波書店，一九七五年，頁二九三；清水泰次「福建の農家經濟—特に一田三主の慣行について」，載《史學雜誌》第六三編，第七號，昭和二十九年，頁一一二一。

99　前引仁井田陞《中國法制史》，頁二九一—二九二。

關係,其蛻變的結果,就是形成多重所有權的型態;也就是說,在新墾田園之所有型態的基礎上,所有權再一次做質的分割,但與福建之一田三主的行程過程不同。例如福建漳州府南靖縣之一田三主源於明代該地因動亂的關係,農民棄地流亡他鄉,結果該縣七、八成的土地成為外地之土豪所占有。這些土豪為了迴避納糧,就以每年願納一定的租額為代價,委人負擔公課,這些受委負擔公課者,就被稱之為大租主,土豪則為實質的業主,被稱之為小租主或田主,而佃人則為享有永久利用土地之永佃權人,於是大租主、小租主、永佃權人,即為同一土地上三種不同內容之土地權利的所有人,所謂一田三主即指此三者[100]。

前面我們提過,新墾田園在開墾之初,多半行抽的租,等至田園開成,生產量固定後,就改行定額租,此後墾戶所感興趣的是收租而不是土地本身,因此只要有人陸續按期租送達就行,彼等墾戶大概不太去過問土地之實際運作情形,佃人間佃權的私相授受,墾戶也就不太去理會了,更何況新墾田之墾戶和佃人間所訂的契字裡常有「永為己業」的字樣[101],且對佃人能否將其佃權典賣、出租等亦常無明文規定,墾戶似乎在契字內已為佃人設定具物權性的佃權。佃人只要有遷徙他往、需款孔急、略有積蓄欲享清閒、人力不足想找幫耕等情發生,配合前面所析的種種社會經濟因素下,自然會將其所擁有的田園典賣、出租,把佃權當物權來處分了,所以在《諸羅縣志》載有「佃丁以園典兌下手,名曰田底,轉相授受,有同買賣」[102]足見早在康熙五十年代就有將佃權當物權,而稱之為田底,互相買賣,且為社會所容許。田底係源自對田園的使用收益權,大概是針對墾戶原本擁有對田園之管理處分的田面權而言的。後來臺灣地區的人們常把田面稱為大租,田底稱為小租,不過基隆地方把大租稱為地骨,小租稱為地

---

100 前引仁井田陞《中國法制史研究—土地法、取引法》,頁一六九。

101 同註三四,上卷,頁四九—五〇,業主李朝榮和佃人李思仁等所訂契約;同書,頁五二,業主蕭因和佃人林降所訂墾單字,均有「永為己業」之字樣,但對佃人能否將地權典賣、轉租等事,並無明文規定。

102 同註八一。

皮，稱呼上有所不同，內容則一[103]。

　　茲就田面田底、大租小租做進一步的探討。雖然如前所述，從康熙五十年代的文獻裡已可發現有人將佃權當物權來處分的事實，但見諸契字，就目前所之而言，最早是雍正五年。例如雍正五年土著打劉貓示和吳宅所訂的契字中有如下的記載：

> 立契賣園馬芝遴社番打劉貓示，有自開墾園埔一片，坐址社
> 東，土名眉屯，四至園岸為界。因乏銀使用，托中引就吳宅出
> 頭前來承買，三面言議著下時價願出銀二兩，每年帶納租粟五
> 石，年冬豐稔，不敢拖欠升合，……銀即日同中收訖；其園底
> 隨付吳宅掌管耕種，任耕田作園，貓示不敢阻執。……誠恐日
> 後倘眾社番或將草地典贌漢人，園底永為己業，租粟交納漢
> 人，與貓示無關。[104]

就是把土地所有權做質的分割，將其分別處理而見諸契字的事例。從此一契字裡看出土著打劉貓示將田園的上級所有權和下級所有權分別處理，即自己保管收租權，而把使用收益權出售與人，將完全所有權質的分割處分。茲再舉若干契字體如下：

> 一、立杜退青埔底契人金朝樑，於廈門莊門首，向得業主李文
> 煥手內贌墾青埔一分，東至……西至……南與……北與……，
> 四址分明，……今因自己欠乏本力，不能開墾成田，盡問房親
> 人等，俱各無力承退，三請托中送與何廷俊前來出首承退，當
> 日憑中三面言斷時值埔地價銀二十兩零五錢正，銀、契兩交

103　仁井田陞把中國土地權利制度中負擔向政府納地稅者稱為底地有者，把向底地所有者納
　　租而擁有同一土地之使用收益權者稱為土地所有者。根據仁井田陞的研究，中國一田兩
　　主存在區，通常把土地分為兩層，上地稱為田面、田皮，而把底地稱為田骨、田根，但
　　福州和福寧兩地區卻把上地稱為田根，而把底地稱為田面。臺灣對底地和上地的稱呼，
　　則與福州和福寧兩地區雷同，把底地稱為田面，上地稱為田底，不過以大租、小租之稱
　　呼為最普遍，而基隆一帶則把大租稱為地骨、小租稱為地皮（前引仁井田陞「中國法制
　　史研究—土地法、取引法」，頁一六六、一六七、一八○、一八一、二○○、二○一；
　　前引《臺灣私法》第一卷上，頁三三九、三四○）。
104　前引《大租參考書》，中卷，頁八四；關於大租一詞，以目前的資料而言，在雍正十年
　　（一七三二年）才出現於契字內（同書，上卷，頁一二一一三）。

訖，並無短少等情。……自杜退之後，即交付承退主前去墾鑿耕作，永遠為業，不得異言阻擋生端，亦不得於成田之後，言增找取贖等；倘有上手不明，不干承退主之事，係樑一力抵擋。此系二比甘願，葛藤永斷，兩無抑勒成交。今欲有憑，立杜退埔契一紙，付執為照。

即日批明：實領到契內青埔底價銀足訖，照。

依口代筆人：林瑞麟
說合中人：湯新河
立杜退青埔底契人：金朝樑

雍正七年三月　日。[105]

一、立賣田契人楊文達，有自墾南大肚業主楊秦盛主內贌出埔田一段，坐落土名轆遇，墾成田二甲七分，東至……，西至……，南至……，北至……，四至分明，願托中送與張破損，當日三面言議出得時值價銀五十四兩正。其銀即憑中秤交足訖；其田隨即交付破損前去掌管，耕作納租，永為己業。此田系達自墾之業，與房親叔姪兄弟人無干，日後不得生端異言等情，並無典挂他人財物，亦無拖欠租粟為礙等情；如有不明等情，系賣主一力抵擋，不干銀主之事。賣之後，再不敢言贖。二家甘願，兩無反悔，口恐無憑，立賣契一紙，付執為照。

即日收過契內銀完足，再照。

代筆人：關志英
為中人：楊或
立賣田契人：楊文達

雍正十三年十一月　日。[106]

一、立賣田契人林文研，先年有自墾過楊業主水裡新盛莊有水田一段，原丈五甲九分九釐，年載大租粟四十七石九斗二升，東至，西至……，南至……，北至……，四至明白為界。茲無拖欠頭家租粟。今因欠銀費用，托中送就與楊宅智叔出頭承買，三面言議時值銀六十九兩正。其銀即日同中收訖；其田即付銀主起耕掌管，永為己業，不敢阻擋，日後叔兄弟侄不得言

---

105 同註三四，上卷，頁一三三。

106 同前，頁一三五。

貼言贖。保此田系是自墾，並無來歷不明，又無重張典挂他
人；如有不明，賣主抵擋，不干銀主之事。此系二比甘願，各
無反悔，今欲有憑，立賣契一紙，付執為照。
即日收過契內銀完足，再照。

知見：林懷弼

中人：楊思悟

立賣契：林文研

乾隆元年九月　日。[107]

從上列三分地契，更顯見民間已將從前墾戶所設定的佃權視為用益物
權來買賣；換言之，彼等在同一土地上認定兩個不同內容的所有權，
承認「頭家」有收大租之權，而自己保留小租權。因此如果小租做量
的分割時，大租也隨之做量的分割。例如有一「合支分」書載說：

立合支分人叔元登，侄阿大，先年同債有工本銀前來承退陳光
禮、唐九生二家田分共壹處，坐落土名武鹿溝坡下，奉丈四甲
二分七釐，遞年完納頭家租粟二十六石三斗一升，其田請到家
長叔侄同議，其田登坐六分，大坐四分，又帶房屋家貨禾埕牛
隻菜園係二家均分，日後叔侄，不得生端異言，此係二家甘
願，今欲有憑，特立合支分一紙，付執為照。內批水田水分
四、六均分，登坐六分，大坐四分，不得混事。
頭家租粟系登納六分，大納四分，其屋登坐左張，大坐右張。

家長叔：儒珍

元德

房長叔人財

仁亮

仁萬

代筆見人：林永瑞

叔元登

立合支分：侄阿大

乾隆七年十二月　日。[108]

107　同前，頁一三七──一三八。
108　「臺灣私法附錄參考書」，臨臺舊調會編，神戶，明治四十三年，第一卷上，頁二六

則更清楚的看出大出租權和小租權乃是分別存在於同一土地上的不同
內容之所有權。但由於此係各自獨立的所有權，所以可以由各該所有
人，分別自由處分，互不相牽制。例如大租權可將大租之一部分抽出
典賣[109]；又如大租易主，而小租權人毫不受影響，可繼續享有該地之
使用收益權能，當然大租之新所有人也繼續享有其收租的權利[110]。此
等在在說明無論大租或小租，其所有主體發生變動時，彼此都不發生
互相牽制的作用。正由於此，當大、小租混同時，所有權就一時恢復
完滿的現象，猶如近代之完全所有權，但這只是大、小租權潛藏於完
全所有權之內，其本身並未因混同而消滅，只要所有主體有意將其恢
復顯現出來，隨時都可復現。例如有一地契載說：

> 立招招耕字人業主蕭志振，因前年有劉家退佃水田壹坵，坐落
> 鎮平庄南勢……界址明白，經丈壹甲貳分二厘半正。遞年配納
> 大租粟拾貳石貳斗五升，庄例帶車工水銀，今因要銀完課，情
> 愿出贌，托中引就與巫德興父子前來出首承領。當日三面言
> 定，時值價銀叁拾大元正，其銀即日同中交收足訖，其田隨踏，
> 付與銀主前去耕作納租，永為己業。……。[111]

另一地契也載說：

> 今因積欠林業主大租糖，自道光貳年起至拾叁年止，共陸拾石
> 川，無力清還，願將此園底退還林業主，以抵清完，託中言
> 明，蒙林業主許允。即日將園收管，併積欠伊分內之大租，一
> 概給意等完單收執以憑洗清，意等一退千休，異日此園或留或
> 棄，自當聽林業主之便。……。[112]

再一地契載說：

> 立賣盡園底契人林張氏，有承佃退還蔗份園二坵……該納氏大租

四。
109　同前，頁二五三—二五四，第五八之二條。
110　同前，頁二四一，第四四之一條。
111　同註三四，上卷，頁七三。
112　同註一〇八，頁二四一，第四四之一條。

糖五確……乏銀費用。願將此園出賣……托中引就吳祿記出頭承
買……其銀即日同中收訖，其園隨時踏界，交付銀主掌管收稅完
租，永為己業。……保此園果係氏承佃返還物業，與他人無
干……。[113]

從上列諸地契，更顯出大租和小租混同之後，隨時只要所有主體有意
思令其復現就可復現的特性。小租權人通常都會招佃人耕種其地，下
面有一則地契載說：

立贌耕字東螺東堡大坵園庄蕭起鶚，有承父遺下水田壹段，址
在梅州莊東勢洋。自己並無工雇可以耕作，今將此田贌與東螺
堡梅州莊佃人葉已然出首備出牛工種子承耕，言約全年小租粟
三十石，自道光十八年早冬起，至道光二十一年晚冬止，二比
甘願。時葉已然備出壓地銀叄拾元，每元銀全年利息二斗，除
利粟以外，其租粟付田主收租納課，若期限已滿，銀還佃人，
田還佃主，兩不得刁難。其佃人若欲再耕，再立約為憑。口恐
無憑，今欲有憑，立贌耕字一紙，付執為照。
即日親收過壓地銀三十元完足，再照。

親立贌耕字人：蕭起鶚

道光一十八年　月　日。[114]

這一契字就是小租權人將其地出租與佃人耕種時所立的；從這契字看
來，是時小租權人與佃人是處於債權人和債務人的關係，他們之間顯
係租賃關係，只要契約屆滿，其租賃關係即行消滅。

綜合前面的分析及參考前人的研究成果，則知田面田底權或稱大
租小租權，乃係對同一土地之不同內容的所有權；即田面或大租權為
上級所有權，田底或小租權為下級所有權。大租權人的義務是向政府
納正供，如果大租權係源自土著私人或土著社給墾者，則需繳納所謂
番租，此外無任何義務。此大租權人與小租權人已不是當年墾戶與佃
人的租賃關係，不必負有使承租人得為物之使用，收益之義務。此顯

113　同前，頁二四一一一二四二，第四四之二條。
114　同註一○八，第一卷中，頁五八一一五九，第二一條。

然大租權人所負義務已輕，當然其相對的權利也就低落了。此刻大租
權人只擁有空虛所有權，對土地除了收租外，無任何權利，連當第三
人或小租權人對土地予以毀損時，大租權人對之亦無任何請求權；這
即說大租權人僅有權向小租權人每年收一定的租額，這個租額源自新
墾田園時墾戶與佃人間所訂者，其後租額永遠不變。換言之，小租權
人有納大租的義務，如果拖欠此大租時，就北部而言，小租權人必須
負擔該大租額兩成到五成的利息，而南部地區則大租權人可查封小租
權人的許諾，可將其小租權出售、出典、出租等等，可予以自由處
分，不受任何來自大租權人方面的干擾和牽制[115]。換言之，小租權人
可自由使用土地，自由與佃人訂約，而不受大租權人之任何干涉；同
時小租權人可對抗任何第三人，其權利除了依自己的意思表示而移轉
外，永遠持續。總之，小租權人除了納大租的義務外，對土地具有使
用、收益、處分和排他權，幾乎與完全所有權相當[116]。

　　前面所述之田面田底或大租小租權，是在新墾田的所有型態的基
礎上，因受當時臺灣社會經濟之種種因素的影響而演變出來的。換言
之，清代臺灣不論哪個時代，荒地開墾中，或開墾成熟不久，通常會
走向所有權之質的分割，使田園形成複雜之多重所有型態，而田面田
底或大租小租，就是同一土地上之不同內容的所有權名稱。如此一
來，過去的墾戶成為大租戶或自耕農，過去墾荒的佃人變為小佃戶，
過去給出土地的土著私人或土著社成為番大租戶，承租番大租戶之地
的墾荒佃人成為小租戶，如果番大租之下有漢墾戶和墾荒佃人，則番
大租戶稱為番租戶，漢墾戶稱為大租戶，墾荒佃人則成了小租戶，於
是既墾田園呈現一田一主、一田兩主及一田三主之所有型態，足見有
清一代，臺灣民間田園所有型態是複雜而多樣的。於茲為便於清代臺
灣既墾田園的所有型態一目了然，將其列表如下：

115　前引《臺灣私法》，第一卷上，頁三〇三—三〇四。
116　同前，頁三三一。

表（五）既墾田園所有型態

一田一主型	自耕農（原墾戶自墾自耕）─田園
一田兩主型	大租戶─小租戶─田園
	大租戶─小租戶─現個人─田園
	番大租戶─小租戶─田園
	番大租戶─小租戶─現個人─田園
一田三主型	番租戶─大租戶─小租戶─田園
	番租戶─大租戶─小租戶─現個人─田園

　　清代臺灣土地之分割所有權形成後，納稅義務人之大租權人因對小租權人幾無牽制力，所以小租權人常有拖欠大租之情發生，致大租權人無力繳正供，如此自然影響滿清的財政收入，因此在咸豐三年，臺灣府就有意整理大、小租，但沒有做成。至劉銘傳擔任臺灣巡撫，再度整理臺灣田賦。他於光緒十二年（西元一八八六年）下令清賦，欲藉此消除大租，擬將土地所有權歸小租權人[117]。但由於大租由來已久，勢力相當雄厚，據日本統治臺灣初期的調查報告，全臺共有田園六十一萬九千兩百八十七甲，其中有六成的田園負擔大租，即負擔大租的田園有三十七萬一千五百七十五甲，而大租權人有三萬九千七百九十九人之眾[118]，則劉銘傳時代，大租約的聲勢大概與此相差不多。彼等對劉氏的廢除大租措施，紛紛表示反對，在林維源等的活動下，劉氏只好採折衷與妥協之策，行「減四留六」的辦法，在法理上將土地之所有權全歸小租權人，但仍不能消除大租的存在[119]，直到西元一九○五年（日本明治三十八年）日本政府公佈臺灣土地登記規則時，大租才全面被消除[120]，至是臺灣土地所有型態才再現單純化。

五、結語

　　綜觀前面各節的分析，發現臺灣之土地所有型態深受政治變動的

117　同前，頁二七五─二七六。
118　江丙坤《臺灣地租改正の研究》，東京，東京大學出版會，一九七四年，頁二一。
119　同註一一五，頁二七六、二八二─二八六。
120　同註一一八，頁二五一。

影響,換言之在政權發生變動時,其土地所有型態就有所轉變。滿清統治臺灣以後,由於滿清統治臺灣長達兩百一十餘年,才使臺灣土地所有型態得以穩定的發展。

在滿清統治其間,漢人不斷的用種種方法,諸如透過先占、買賣、詐欺、索債、偽造文書、交換、請領墾照等辦法以取得土地,從事開墾,形成了新墾田園的所有型態。但由於臺灣是個移民型的社會,男多於女,男女不成比例,來臺者又不少游手無賴,彼等在經濟上本無基礎,又恐生活無保障,多半虎踞田園,視田園為己之所有,加上土地之改良多賴其勞力和其若干投資,彼等遂多以為對土地有應有的權利;同時彼等多係閩、粵人,將閩、粵之一田兩主的觀念帶來臺灣,又會大陸過剩人口的不斷流入臺灣,臺灣之耕地在量上漸趨不敷分配,在此種情形下,有地者不一定要躬耕,躬耕者不一定有土地,且臺地土肥,水利設施漸開,於是為臺灣新墾田土地所以有權走向質的分割,提供有力的環境,結果臺灣老百姓,往往在同一土地上,設定不同內容的土地權利,即將收租權、用益權、佃權分離出來。因此有清一代,臺灣之荒地一旦開墾成田,其結果必走向所有權之質的分割,而形成多重所有的型態,於是有一田兩主及一田三主之所有型態出現。

臺灣老百姓大部分來自大陸,因而臺灣的各種制度,係多源自大陸,自然無庸置疑,土地制度也不例外,然因此地早有土著,臺灣又每受外力的干擾,地位特殊,自然環境與歷史發展也有其與大陸所不同者,果以臺灣土地所有型態發展的結果,雖與中國華南各地有雷同之處,但其形成過程則有些許不同,例如臺灣人中漳籍人士頗多,約佔閩籍的一大半,可是臺灣土地所有型態之形成過程卻與漳州迥異,此點實值得我們更進一步的探討,以期有助於對大陸與臺灣經濟發展做比較研究時有更豐碩的收穫。再者,臺灣土地所有型態,究竟與清代臺灣經濟有何關係,此亦為我們今後應行探討的重大課題。

(資料來源:《臺灣史研究》,臺北,華世出版社,民國七十年、四月。)

清代臺灣書院制度

一、前言

　　書院制度源遠而流長，早在唐朝即有「書院」一詞句出現。唐玄宗有麗正書院、集賢書院，建於朝省，為修書之地，非士子肄業之所，故其時之書院未具學校性質。到了唐末五代宋初而有天下四大書院之稱。自宋而元學者多於書院講學，至明清亦是如此，書院已形同學校。負起教育之責，為時長達七百年餘久。

　　書院制度能延續數百年之久，自有其理由在，而它對整個中華文化與社會必具深遠的影響乃是無可置疑的。因此學者們早就對書院制度有所探討與研究。例如：盛朗西編《中國書院制度》（上海、中華書局、民國二十三年）劉伯驥著《廣東書院制度》（臺北、中華叢書委員會、民國四十七年），林瑞翰撰〈清代之大學及書院制度〉（載《中國歷史大學史》，臺北、中華文化出版事業委員會、民國四十七年）林友春撰〈元明時代の書院教育〉（載林友春編《近世中國教育史研究》、東京、國土社、昭和三十三年）、〈書院（一）──書院と學校との性格上の關連──〉（載多賀秋五郎編《近世アジア教育史研究》、東京、文理書院、昭和四十一年）、〈中國における書院の推移〉（載多賀秋五郎編《近世東アジア教育史研究》、東京、學術書出版會、昭和四十五年），大久保英子撰〈書院（二）──清代の書院と社會──〉（載前引《近世アジア教育史研究》）、〈清代江浙地方の書院と社會〉（載前引《近世東アジア教育史研究》）等均係研討中國書院制度的論述。此外多賀秋五郎〈近代學制の成立の過程〉（載多賀秋五郎編《近代アジア教育史研究》上卷、東京、岩崎學術出版會、一九六九年）一文亦論及書院制度。此等著述雖亦有就一地域之書院加以探討者，然未曾論及臺灣之書院。

　　臺灣位處大陸東南，文化上係屬中華文化圈中不可或缺的一環，

故學制上自然是源自大陸，只是或許有若干變遷而已，清代臺灣書院制度當然亦是如此，頗值得加以研究。本文擬就清代臺灣書院的源起、組織、經費及性質等方面做一初步的探討。

二、書院的起源

唐代已有「書院」一詞的出現，其時書院為藏書兼校書之處。《唐書·藝文志》載曰：

> 玄宗命左散騎常侍昭文館學士馬懷素為脩圖書使，與右散騎常侍崇文館學士褚無量整比。會幸東都，乃就乾元殿東序檢校。……又借民間異本傳錄。及還京師，遷書東宮麗正殿，置修書院於著作院。其後大明宮光順門外，東都明福門外，皆創集賢書院，學士通籍出入。[1]

同書〈百官志〉載曰：

> 集賢殿書院學士、直學士、侍讀學士、修撰官，掌刊緝經籍。凡圖書遺逸、賢才隱滯，則承旨以求之。謀慮可施於時，著述可行於世者，考其學術以聞。凡承旨撰集文章校理經籍，月終則進課於內，歲終則考最於外……校書四人……，正字二人。[2]

足見當時之書院非士子肄業之所，無學校之性質，而類似圖書館。嗣後士人構屋讀書之所亦間或以書院名之[3]。到了唐末五代戰亂迭起，社會混亂，唐以來所設置之學校費弛，而宋之學校尚未建立，時人為應時之需，乃紛建書院講學，至宋初書院遂興盛起來，自是書院已形同學校，負有教育之責。[4]。此後書院制度雖經歷宋、元、明、清達七百

---

1 《新唐書》（百衲本）卷五七、藝文志四七。

2 同前，卷四七、百官志三七。

3 盛朗西《中國書院制度》（上海，中華書局，民國二三年）頁八。

4 林友春（〈書院（一）—書院と學校との性格上の關連—〉）（多賀秋五郎編《近世アジア教育史研究》東京，文理書院，昭和四一年，頁六三八）另參閱劉伯驥《廣東書院制度》（臺北，中華叢書委員會，民國四七年）頁一七。

年之久，相沿存續不變。然其間興衰不一，茲因非本文討論之列，從略。

滿清以異族入主中國，最忌民間之集會結社，尤其是知識份子之活動，無不加以禁限[5]。故為阻止知識分子間之結合，以防漢人之復明運動計，於清初不但不提倡書院，反加以抑制。順治九年諭勒曰：

> 各提學官督率教官生儒，務將平日所習經書義理，着實講求，躬行實踐。不許別創書院，羣聚徒黨，及號召他方遊食無行之徒，空談廢業。[6]

便曾藉口書院空談廢業，無濟於事，不許創建。然書院制度由來已久，非政治力所能予以消滅。順治十四年清廷乃撫臣袁廓宇之請，修復衡陽石鼓書院。皇朝文獻通考載曰：

> 修復衡陽石鼓書院，撫臣袁廓宇疏言，衡陽石鼓書院……聚生徒講學於其中，延及元明不廢，值明末兵火傾圮，祀典湮墜，今請倡率捐修，以表章前賢，興起後學。[7]

至是，清代書院方見復興之機。到了康熙年間始見清廷對幾個較有歷史之書院，如衡陽石鼓書院、盧山白鹿洞書院、湖南嶽麓書院、山東濟南省城書院、蘇州紫陽書院等頒賜御書或飭修祀典，然仍未有興創書院的明令[8]，而臺灣之崇文書院與海東書院等即是康熙年間建的。

雍正十一年清廷對書院的態度有所改變，正式明令封疆大吏督撫們於各省會建書院，並各賜帑金一千兩，以為士子羣聚讀書之膏火。其諭曰：

> 各省學校之外，地方大吏每有設立書院，聚集生徒……講誦肆業者。朕臨御以來，時時以教育人才為念，但稔聞書院之設，實有裨益者少，浮慕虛名者多，是以未曾敕令各省通行，蓋欲

---

5 《清世祖實錄》（臺北，華文書局影印本，民國五三年）卷一三一、順治十七年正月辛巳條。

6 《大清會典》（內府刊本，雍正十五年敕撰）卷七五、禮部一九、學校一。

7 《皇朝文獻通考》（清稽璜等撰，浙江書局刊本，光緒八年）卷六九、學校考七。

8 陳東原《中國教育史》（上海，商務印書館，民國二六年）頁四四四。

徐徐有待而後頒降諭旨也。近見各省大吏，漸知崇尚實政，不
事沽名邀譽之為，而讀書應舉者，亦頗能屏去浮囂奔競之習。
則建立書院，擇一省文行兼優之士，讀書其中，使之朝夕講
誦，整躬勵行，有所成就，俾遠近士子，觀感奮發，亦興賢育
才之一道也。督撫駐劄之所，為省會之地，著該督撫商酌舉
行，各賜帑金一千兩，將來士子群聚讀書，須預為籌畫資其膏
火以垂永久。其不足者在於存公銀內支用。封疆大臣等並有化導
士子之職，各宜殫心奉行，黜浮崇實，以廣國家菁莪棫樸之化，
則書院之設，於士習文風有裨益而無流弊，乃朕之所厚望。[9]

乾隆元年又諭曰：

書院之制所以導進人才，廣學校所不及，我世宗憲皇帝命設之
省會，發帑金以資膏伙，恩意至渥也。……學臣三年任滿，諮
訪考覈，如果教術可觀，人材興起，各加獎勵，六年之後著有
成效，奏請酌量議敘。諸生中材器尤異者，准令薦舉一二以示
鼓勵。[10]

三年復諭曰：

查各學政舉薦書院優生到部，向來未有成例，嗣後應照彙題通
省優生之例，稟生准作歲貢生，附生准作監生，俱劄監肄業。[11]

四年再諭曰：

聞浙江敷門書院內生童眾多，每歲帑金租息僅四百餘兩，不敷廩
餼，著加帑金一千兩，交該撫經理，歲取息銀，以資諸生膏火。[12]

由上足見清廷對書院的態度，已由過去之壓抑與消極一改為積極提倡
態度，並採取了鼓勵措施。清代臺灣之書院即在此背景下陸續興建的。

　　清代臺灣陸續見了數十所書院，早在臺灣納入清朝版圖之最初二

十餘年，在政府及其近郊多設有書院，即康熙二十二年將軍侯施琅建西定坊書院，二十九年郡守蔣毓英建鎮北坊書院，三十一年臺令王兆陞建彌陀室書院，三十二年郡守吳國柱建竹溪書院，三十四年道憲高拱乾建鎮北坊書院，三十七年道憲常光裕建西定坊書院，四十三年道憲王之麟建西定坊書院，四十四年將軍吳英建東安坊書院，四十八年道憲王敏政建西定坊書院，此等書院其性質與義學同，為當時之義學，而具有書院之名稱而已[13]。此外在康熙四十三年，知府衛臺揆於臺灣府治（今臺南）建崇文書院。《續修臺灣府志》載曰：

> 崇文書院原東安坊，府舊義學，康熙四十三年知府衛臺揆建。[14]

五十九年巡道梁文瑄於臺灣府儒學西偏建海東書院[15]。雍正七年建三所正音書院[16]。乾隆十年同知曾曰瑛於彰化縣學右建白沙學院。同書載曰：

> 白沙書院在彰化縣學宮右，即縣義學。乾隆十年淡水同知攝彰化縣事曾曰瑛建。[17]

十二年紳民劉維仲、賴為舟及林四海等，於鳳山縣長治一圖里（今高雄縣）倡建鳳崗書院[18]。十八年拔貢生鄭海生等於斗六堡（今斗六）建龍門書院。《臺灣私法》載曰：

> 龍門書院は斗六堡斗六街北門に在り、……本書院は乾隆十八年拔貢生鄭海生、廩生吳嘉會、富豪張良源、陳子芳等の首唱

13　莊金德《清代臺灣教育史料彙編》（臺中，臺灣省文獻委員會，民國六二年）第三冊，頁六九六、六九七。

14　余文儀《續修臺灣府志》（引《臺灣全誌》第一卷，臺北，臺灣經世新報社，大正十一年）卷八、學校。

15　同前。

16　雍正七年於臺灣縣、鳳山縣、諸羅縣各建正音書院一所。此外彰化縣亦建正音書院，但興建年代不詳。（參見前引《清代臺灣教育史料彙編》第三冊，頁六九七、六九八。）

17　同註一四。清初設義學以代書院，其後於康熙年間，弛書院之禁，或把義學改設，或從新創建。但義學制度，仍舊存在，其性質與書院差不多，不過規制稍微小一點（參閱前引《廣東書院制度》頁八一）。臺灣也有將義學改記為書院的，同時有些雖名為書院，然實類同義學。

18　《臺灣私法》（臨時臺灣舊慣調查會編，神戶，金子印刷所，明治四三年）第一卷下，頁三二九、三三〇。

に因り創建したるもの。[19]

二十四年諸羅知縣李倓於諸羅縣治（今嘉義）建玉峰書院。[20]

　　二十八年同知胡邦翰於興直堡新莊山腳建明志書院。淡水廳志載曰：

> 明志書院在廳城西門內，原在興直堡新莊山腳，永定縣貢生胡
> 焯猷舊宅，乾隆二十八年胡焯猷捐置義學，名曰明志，並捐充
> 學租，同知胡邦翰詳建書院。[21]

三十一年貢生許應元等於澎湖建文石書院。《臺灣私法》載曰：

> 文石書院は澎湖島唯一の書院にして舊澎湖廳の所在地たる大
> 山嶼文澳鄉西偏に在り、乾隆三十一年冬、通判胡建偉の當
> 時、貢生許應元等の首唱に因り官民の捐銀を募集し創建した
> るもの。[22]

嘉慶八年彰化縣東螺堡（今北斗），建螺青書院，十六年彰化知縣楊桂
森於縣治建主靜書院[23]，十七年委辦知府楊廷理於噶瑪蘭廳治西文昌宮
左建仰山書院。《噶瑪蘭廳志》載曰：

> 仰山書院在廳治西文昌宮左，以景仰楊龜山而得名。嘉慶十七
> 年委辦知府楊廷理創建。[24]

十八年安平知縣黎溶等建引心書院於臺南[25]，十九年知縣吳性誠等，於
鳳山縣建鳳儀書院[26]。同年生員廖朝孔等，於西螺街（今西螺）建振文

19　同前書，頁數三一六。
20　同註一四。
21　陳培桂《淡水廳志》（引《臺灣全誌》第三卷）卷五、志四、學校志。
22　前引《臺灣私法》，頁三三三、三三四。
23　周璽《彰化縣志》（引《臺灣全誌》第七卷）卷十二下、藝文志、記。
24　陳淑均《噶瑪蘭廳志》（引《臺灣全誌》第五卷）卷四上、學校。
25　引心書院原稱引心文社，社址在臺南寧安坊呂祖廟內，係嘉慶十五年所創設，十八年改
　　稱引心書院。光緒十二年擴建並改稱之為蓬壺書院。（參見引《臺灣私法》，頁三二
　　七。）
26　前引《臺灣私法》，頁三二八。同治十二年蔡垂芳撰〈鳳儀崇祀五子並立院田碑〉（參
　　見前引《清代臺灣教育史料彙編》頁七九五。）

書院[27]。二十年建屏東書院[28]。道光三、四年間貢生曾拔萃於員林街（今員林），建興賢書院[29]。道光四年同知鄧傳安等倡建文開書院於鹿港（在今彰化縣）。《彰化縣志》載曰：

> 文開書院在鹿港新興街外左畔，與文武廟毗連。道光四年，同知鄧傳安倡建。[30]

九年刑部郎中王朝清與知縣張紳雲等，於嘉義縣城門外街建羅山書院[31]。十一年沈為鎔、黃琮等，將鹽水港街（今臺南縣）之奎璧社改建為奎璧書院[32]。二十三年同知曹謹於艋舺（今臺北市萬華）完成學海書院。《淡水廳志》載曰：

> 學海書院在艋舺南，原名文甲。道光十七年同知婁雲議建草店尾祖師廟北畔，未果行。……二十三年同知曹謹續成之。二十七年總督劉韻珂巡臺，易以今名。[33]

同年恩貢生詹錫齡等於西螺街（今西螺）建修文書院[34]。二十五年訓導游化等，於內門（今高雄縣）建萃文書院[35]。二十七年於彰化縣北投堡（今南投縣）建登瀛書院[36]。同年於他里霧堡（今雲林縣斗南）建奎文書院[37]。咸豐元年於茄苳南堡（今臺南縣）建玉山書院[38]。五年於今彰

27　前引《臺灣私法》，頁三一八。

28　前引《清代臺灣教育史料彙編》，頁八一七。

29　前引《臺灣私法》，頁三一二。

30　前引《彰化縣志》卷四、學校志。文開書院係道光四年由當地紳民呈請，而經當時鹿港海防同知鄧傳安據請批准倡建，至道光七年始成。（參見同書，卷十二上、藝文志、奏疏、詳報捐建鹿港文開書院牒。）

31　前引《臺灣私法》，頁三二〇。

32　同前書，頁三二三。

33　前引《淡水廳志》，卷五、志四、學校志。

34　前引《臺灣私法》，頁三一七。

35　前引《清代臺灣教育史料彙編》，頁八一四、八一五。

36　前引《臺灣私法》，頁三一三。

37　倪贊元纂輯《雲林縣采訪冊》、他里霧堡、「書院」（引《清代臺灣教育史料彙編》，頁八一六）。

38　前引《臺灣私法》，頁三二二。

化縣和美建道東書院[39]。光緒三年藍荳輝、張簡榮及張簡德等於阿里港街（今屏東縣）倡建雪峰書院[40]。六年知府陳星聚於臺北府建登瀛書院[41]。十五年林朝棟等於臺灣縣（今臺中）倡建宏文書院[42]。同年謝維岳等於苗栗縣倡建英才書院[43]。次年江星輝等於基隆倡建崇基書院[44]。另、於臺南及南投分別建有南湖書院與藍田書院[45]。

　　由前述可得一印象，即清代臺灣興建書院最盛的時代為康熙；其次為道光；復次為嘉慶和乾隆；再次順序為光緒、雍正、咸豐等朝。然如進一步分析則發現興建書院最盛的時代應是道光；其次是嘉慶、復次是康熙；再次順序為光緒、雍正、咸豐、乾隆等朝，同治時代則未見興建[46]。而清代大陸興建書院的情形是：河北、安徽最盛時代為乾隆，次為康熙[47]；福建最盛時代為乾隆，次為嘉慶[48]；江蘇、浙江最盛

39　同前書，頁三一五。

40　同前書，頁三三一。

41　同前書，頁三〇六。

42　同前書，頁三〇九。

43　同前書，頁三〇八。

44　同前書，頁三〇七。

45　臺南之南湖書院，究係何年創建，雖未見明載，然依謝金鑾《續修臺灣縣志》（引《臺灣全誌》第八卷、臺灣縣志）卷七、藝文二、蔣允焄撰〈新建南湖書院碑記〉載曰：「予自癸未量移茲郡（按癸未即乾隆二十八年，是年蔣氏任臺灣府知府，事見同書，卷二、政志。）……，既抵任後二年，得南湖數畝，……爰捐廉俸，傍湖構學舍數座。……」則知南湖書院可能係乾隆三十年建者。又、考〈臺灣教育碑記〉內，曾作霖撰〈新建南投藍田書院碑記〉載曰：「邑治「按指彰化縣治」東南四十里，有地曰南投。乾隆初，始設縣丞居此（按乾隆二十四年始於南投街設縣丞治所），距今百餘年矣。……士之有志讀書者，類多掇科名，以酬素願。於是分縣朱公，延請南北投、水沙連兩保士庶，議建書院。僉舉生員族弟作雲、簡君俊升等董其事，迺屬霖為序勸捐。」（引《清代臺灣教育史料彙編》，頁八一三）。曾作霖係嘉慶二十一年舉人（參見前引《彰化縣志》，卷八、人物志），南投縣丞中，姓朱且與曾氏年代最近者，除道光八年及十一年兩度任南投縣丞之朱懋外無他人（參見同書，卷三，官秩志），因此前文中「朱公」係指朱懋。據此推知南投藍田書院可能係道光八年至十二年間議建的。據日人伊能嘉矩研究認為藍田書院是於道光十一年議建，十三年建成。（伊能嘉矩《臺灣文化志》，刀江書院，中卷，頁三二。）

46　前述各代所建書院數分別為康熙四十年間建十一所，雍正十三年間建三所，乾隆十六年間建七所，嘉慶二十五年間建七所，道光三十四年間建十所，咸豐十一年間建兩所，同治年間未建，光緒而十一年間建五所，其年平均數為〇‧二七五、〇‧二三、〇‧一一七弱、〇‧二八、〇‧三三三、〇‧一八二、〇、〇‧二三八。

47　林友春〈中國における書院の推移〉（載多賀秋五郎編《近世東アジア教育史研究》，

時代為同治，次為光緒[49]；廣東最盛時代為咸豐，次為同治[50]，則知清代興建書院最盛的時代因地而異，非如同林友春謂最盛時代為乾隆，次為康熙者，已似無庸置疑。至於從清代臺灣書院在地理上的分佈看來，則以今之臺南為數最多，其次為彰化，復次為雲林，此正說明清代臺灣文教中心似在南、中部而非在北部。茲為便於讀者了解清代臺灣與興建書院的趨勢及分布之情形起見，列圖表於下：

（一）清代各朝臺灣興建書院情形表

朝代別	興建總數	每坪均興建數	備考
康熙	二	○・二七五	
雍正	○三	○・二三○	
乾隆	○七	○・一一七	
嘉慶	○七	○・二八○	彰化正音書院興建年代不詳未列入預算
道光	一○	○・三三三	
咸豐	○二	○・一八二	
同治	○	○	
光緒	○五	○・二三八	

東京，學術書出版會，昭和四五年，頁二一二。）

48　據大久保英子之研究所列福建與安徽徽州府各書院興建年代表，加以統計之，則該區於康熙、雍正、乾隆、嘉慶、道光、咸豐、同治、光緒等朝年平均興建書院數各為：○・五四、○・六二弱、○・八三強、○・六八、○・二七弱、○・九、○・五四弱、○・一三。（大久保英子〈書院（二）─清代の書院と社會〉載前引《近世アジア教育史研究》，頁六六○、六七九。）

49　依大久保英子〈清代江浙地方の書院と社會〉（載前引《近世東アジア教育史研究》，頁二三七─四二四）一文中〈江蘇地方の書院設立時代分布〉及〈江浙地方の書院設立時代分布〉加以統計之，則江蘇於康熙、雍正、乾隆、嘉慶、道光、咸豐、同治、光緒等朝年平均興建書院數各為：○・二六強、○・一五強、○・五五、○・三二、○・三三強、○・一八強、○・八五弱、○・五七弱；浙江為：○・三七弱、○・一五強、○・六五、○・二八、○・四七弱、○・四五強、一・三一弱、○・六一弱。

50　依劉伯驥《廣東書院制度》所列清代各朝興建書院數加以計算，則康熙、雍正、乾隆、嘉慶、道光、咸豐、同治、光緒等朝年平均興建書院數各為一・三三、一・五四、一・七一、二・○四、一・五三、二・六、二・三八、一・五。（參見該書，頁七八。）又、林友春〈中國における書院の推移〉一文中，註第十七謂清代廣東興建書院最盛的時代為乾隆，次為康熙，係以各朝為一單位，加以判斷所得的結果。然如就年平均興建書院數視之，則當以咸豐朝為最盛，其次為同治。

（二）清代臺灣書院分布情形圖

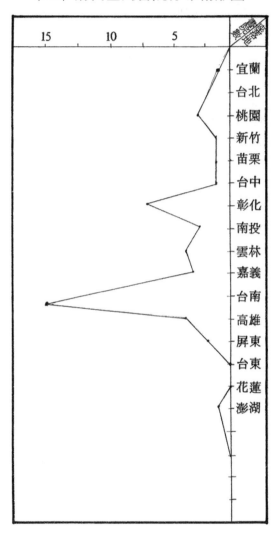

三、書院的組織

　　宋代長書院者有洞主、洞正、堂長、山主及山長等諸名目，此外更有副山長、助教及講書等助理之。然山長一直被普遍的沿用，理由是「書院建以地勝，而山林闃寂，正學者潛思進學之所，故儒生往往

依山林、即閒曠以講授，因以山長稱之。[51]」其時主持書院之山長或為一代大儒，或由州府學教授兼之[52]。元代書院不分官私立皆設山長一員，「山長皆從官授，有祿，命於禮部及行省及行省及宣慰司。」例以下第舉人充山長，有薦舉者亦得參用之[53]。明代書院官立者多為官吏公餘之暇，講說六箴，講讀射法，聽陳弭盜之所，因此雖有書院之設立，並沒有另聘山長。私立者則與官立相異，由於明代講學之風盛，私立學院眾多，不只為聚徒講貫談論心性之處，且為學術中心之所，因此山長的講學，多為自闢山堂，或師友尚請，像前代用聘命的儀式者較少[54]。

清朝如同前代，於書院設有山長。其時書院不論官私立均受政府之監督，因此清廷對山長之選擇標準有所指示。乾隆元年六月諭曰：

> 凡書院之長，必選經明行修，足為多士模範者，以禮聘請，負笈生徒，必擇鄉里秀異，沉潛學問者肄業其干。其恃才放誕，佻達不羈之士不得濫入。[55]

此外清廷又諭曰：

> 查書院之設，原以造就人才，應令督撫學臣，悉心采訪，不必拘本省鄰省，亦不論已仕、未仕，但擇品行方正，學問博通，素為士林所推重者，以禮相延。[56]

是時舉凡品行兼優，素為士林所推重者，皆可聘為山長，但丁憂在籍人員及教官，不得延請為書院師長。大清會典事例載曰：

> 據楊應琚奏甘肅蘭山書院，於去歲延請丁憂在籍之府丞史茂來主講席一摺，此甚非是。……督撫有維持風教之責，搢紳中積學砥行，足備師資者，諒不乏人，何必令丁憂人員，靦居講

51　前引《中國書院制度》，頁四五—四七。
52　同前書，頁二八、四七。
53　同前書，頁六四—六六。
54　前引《廣東書院制度》，頁二二一。
55　同註一〇。
56　同註二一。另、參見前引《大清會典事例》卷三九五，乾隆元年。

席。是應聘者固不能以禮自處,而延請之地方大吏,亦復不能以禮處人。於風化士習,頗有關繫,恐他省不無類此者,特為明切曉示,通諭知之。[57]

同書又載曰:

五十年(按:乾隆)議准各省書院不得久虛講席。教職本有課之責,不得兼充院長(按:乾隆三十年諭令「山長」改稱「院長」),以專責成,通行各直省查照辦理。[58]

足見當時規定長書院者必須是專任而非兼任。然事實上臺灣書院之院長或延請文行優長者任之,或由教授、教諭、訓導等兼任之。續修臺灣府志卷二十二藝文三,覺羅四明撰「新建崇文書院記」記該院院長「爰延內地名宿以擁皋比,選多士之文行優長者實其中。」英才書院章程載曰:「山長宜延聘也。查書院山長,為多士楷模,須延品行端正,學問淵源者[59]。」

又《大清會典事例》載曰:

五年(乾隆)議准:福建臺灣地方現有海東書院,據貢生施士安願捐水田千畝,以充膏火之資。照省會書院之例,每學各保數人,擇其文堪造就者,送院肄業;令該府教授兼司訓練……。至該府教授缺出,令該撫於通省現任教授內由進士、舉人出身,擇其文理優長者,具題調補。[60]

《臺灣私法》更載曰:

書院の長たる教官にして其職務は專入學中の生員童生を考試し之を導進するに在り又其資格は經明に行修り多士の模範と為るに足る者たるを要し監督官廳に於て之を認命。……又院

57　前引《大清會典事例》卷三九五,乾隆三十年。
58　同前,乾隆五十年。
59　沈茂陰纂修《苗栗縣志》卷九、學校志、章程、「英才書院章程」(引用《清代臺灣教育史料彙編》,頁八二一)。
60　前引《大清會典事例》卷三九五,乾隆五年。

長は特に專任することありと雖も儒學をして兼任せしむるこ
と尠からす即登瀛書院の如きは臺北府儒學の教授をして之を
兼任せしめたることあり又學海書院は淡水縣儒學教諭をして
兼任せしめ明志書院は新竹に移辦後は終始新竹縣儒學訓導を
して兼任せしめたり。[61]

清代臺灣書院院長縣然並非全係專任。此外清廷並授權地方官吏負責
考核書院院長盡責否，即院長在任內成績之優劣，得由督撫學臣奏請
議敘或題參。《大清會典事例》載曰：

該部（禮部）即行文各省督撫學政，……學臣三年任滿，諮訪
考覈，如果教術可觀，人材興起，各加獎勵，六年之後，著有
成效，奏請酌量議敘。[62]

同書又載曰：

議准：福建臺灣地方現有海東書院，……令該府教授兼施訓
課，……至該府教授缺出，令該府於通省現任教授內，由進
士、舉人出身，擇其文理優長者，具題調補，照例三年報滿，
如果著有成效，將該員酌量議敘，倘不實心訓課，即行題參。[63]

由此足見清代臺灣書院院長大多係進士或舉人出身，而其考成照例由
地方行政官員行之。

　　考成辦法固然是督促院長認真執教之有效方法，然最有效者莫過
於保障其生活，因此其時院長均領有薪俸及犒賞金，但金額即給發辦
法視書院而異。澎湖文石書院院長年薪二百四十元[64]，臺北學海書院則
為四百圓[65]。另見鄭鵬雲　曾逢辰纂輯「新竹縣志初稿」卷三學校志、
書院、〈明志書院章程〉載曰：

61　前引《臺灣私法》，頁二九七、二九八。
62　前引《大清會典事例》卷二九五，乾隆元年。
63　同註六〇。
64　林豪《澎湖廳志》（引《臺灣全誌》第六卷）卷四、文事。
65　同註二一。

遞年山長束金銀三百圓、贄儀銀二十四圓、節儀年敬銀三十六圓、煙茶雜費銀十二圓。[66]

《噶瑪蘭廳志》載曰：

仰山書院……院長束修與盤川，隨時無定，惟聘金六元，膳金月各十元，年節三次儀各四元。……（院長家器、生童椅棹隨時酌補）。[67]

及沈茂蔭纂修《苗栗縣志》卷九、學校志、〈英才書院章程〉載曰：

山長……到院三、兩月，考課五、六次，即支全年脩金而去，此後不復過問，殊非慎重之道。現議以開課之月起，按月致送修洋三十元，以月計，不以年計，設有間斷，可免濫支，非故為刻覈也，為勤課計耳。以十個月計，年送修洋三百元，又關聘洋六元，酒席洋八元，端午、中秋節敬洋各六元，總計三百二十六元。其來往盤費，計路之遠近，酌量致送。[68]

可知當時院長之收入有諸多名目，除所謂「束金」或稱「脩金」外，尚有「贄儀」「節儀」「聘金」「膳金」「烟茶雜費」「酒席費」「來往盤費」等名目。至於「束金」「脩金」有明定一年之金額者，有暫定一年若干視授課情形按月致送者，給付辦法誠然有所不同。

書院院長既然領有薪俸，自然有其應行的職務。一般而言，舉凡講書、訓課及批閱日記簿，即所謂「閱日記簿，以考生諸生之功課；升堂講書，以覘諸生之學識，更有諸生執經問業，咸須批答」，此概屬院長之職責[69]。不過其最主要的職務除講課外，主要是按月考課在書院肄業之生童。《臺灣私法》載曰：

66　鄭鵬雲、曾逢辰纂輯《新竹縣志初稿》卷三、學校志、書院、〈明志書院章程〉（引《清代臺灣教育史料彙編》，頁七四三）。

67　同註二四。據《臺灣私法》記載，文開書院院長年薪二百四十圓，南投登瀛書院兩百至三百圓，海東書院五百二十兩，蓬壺書院一百六十兩（參見前引《臺灣私法》，頁三一二、三一四、三二六、三二八）。

68　同註五九。

69　前引《廣東書院制度》，頁三〇三。

書院の院たる教官にして其職務は專入學中の生員童生を考試し之を導進するに在り。[70]

同書又載曰：

本書院は……月課として官課及師課を執行し官課は每月十三日にして安平知縣臨檢之を執行し師課は每月二十八日にして院長を執行す。[71]

而月課之日期各書院不盡相同，普通月課兩次，一次稱官課，由政府之官員行之，一次稱師課，由書院院長行之。其日期或定於每月朔望之次日，《噶瑪蘭廳志》載曰：

仰山書院……每月官課一次、師課一次，大率以初二、十六等日為期。[72]

或定於每月十號與二十五號，臺灣私法載曰：

文開書院は……月課として每年官課六回師課六回を舉行し官試の期日は十日にして師試の期日は二十五日とす。[73]

或定於每月二號與二十號，同書載曰：

崇文書院は……月課として官課及師課を執行したり官課は每月二日にして知府臨檢之を執行し師課は每月二十日にして院長之を執行したり。[74]

但臺灣有些鄉邑小型書院只行師課，其次數不定，或臨時舉行，或每年固定若干次。同書載曰：

振文書院……臨時考課を舉行し附近の讀書人をして作文せしめ知名の學者をして其優劣を評定し優等者には花紅として若

70　前引《臺灣私法》，頁二九七。

71　同前書，頁三二八。

72　同註二四。

73　前引《臺灣私法》，頁三一一。

74　同前書，頁三二六。

干銀を賞與したり。[75]

同書載曰：

奎文書院……臨時考課を舉行し附近の讀書人をして作文せしめ知名の學者をして其優劣を評定せしめ優等者には筆紙墨等を賞與したり。[76]

同書又載曰：

玉山書院は年四回考課を開き當地方に於ける生員童生を考試し……又本書院は總て民間に於て經營したるものにして官課なく官の監督を受けしことなし。[77]

振文書院及奎文書院之師課即是臨時舉行者，而未見有官課之記載。玉山書院則每年舉行四次師克，不行官課。

　　書院係屬常設機構，其間業務繁冗，非院長一人所能勝任，因此除院長外尚有其他人員負責處理有關事務。這些負責處理或管理有關書院事務者，其職銜名稱與業務之分劃並不一致，視書院而異。據劉伯驥之研究，清代鄉邑小型書院除院長外，如不設監院則設齋長（或稱學長），府州大型書院及會城新式大型書院均設有監院，掌理總務，其下設齋長、書辦、號房、院役等以輔佐之。惟會城新式大型書院尚設有經、史、理、文等諸科分校[78]。臺灣書院除院長外，其他各職稱與

75　同前書，頁三一八。
76　同前書，頁三一九。
77　同前書，頁三二二。
78　據劉伯驥之研究，清代書院之組織系統有如下列三表：
（一）鄉邑小型書院的行政系統

```
書院 ── 院長 ── 生童
        └學長┘
```

（二）府州大型書院的行政系統

```
憲官    院長（教導）──────────生童
書院    監院（總務）──┬齋長
                      ├書辦
                      ├號房
                      └院役
```

（三）會城新式大型書院的行政系統

業務分劃與大陸之書院不盡相同。即於院長外，負責處理或管理有關書院事務者，其職稱名目繁多，有總董、董事、當事、會東、監院、齋長、禮房、財帛、爐主、院丁、書丁、租丁、租趕、租差等，而其間所負之業務亦不盡一致。《澎湖廳志》載曰：

> 書院租項，前有總董、值董、大小賓興，董事以分理之。董事專辦山長修金（全年二百四十元）及院中雜費所有租息及借項出進，皆一手經理。[79]

可知澎湖文石書院，除設山長外，另設總董管理書院財產，處理會計及總務等事務。不過臺灣之書院總董的甚少，通常是設薰事一兩名負責管理書院財產，設爐主一兩名負責祭祀，或設院丁一名（或不設）充當打雜，也有設會東負責管理財產，並臨時雇租趕負責徵收租谷者。而會東或董事係由紳士間選出，無任期與薪資，爐主係依拔筶法產生，任期一年或半年，亦無薪資。登瀛書院（南投）、道東書院、修文書院、振文書院、奎文書院、玉山書院及萃文書院等即屬此類，都是些小型書院[80]。可是有的小型書院雖設董事、租丁、院丁等，但不設爐主，例如白沙書院即是[81]。此外有些小型書院或設當事一名，由當地具有秀才以上資格者，依拔筶法選任之，任期為一年，其業務是負責管理書院財產，另由當事臨時選任財帛及租趕各一名，分別負責處理會計事務與徵收租谷，例如龍門書院即是[82]。或設爐主一名，由當地讀書人中依拔筶法選任之，任期一年，其業務是負責祭祀及處理書院相關之一切事務，另由爐主任用兩名書丁，充任打雜，例如奎壁書院即

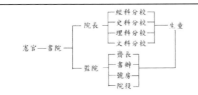

79　同註六四。
80　前引《臺灣私法》，頁三一四、三一五、三一七、三一八、三一九、三二二、三三三。
81　同前書，頁三一一。
82　同前書，頁三一六。

是[83]。或設齋長、監院、租差、院丁等以處理與書院相關事務,《臺灣私法》羅山書院條載曰:

> 齋長六人を置き一年二人遞番本書院の財產を管理せしめ其他本書院一旦の事務を處理せしめたり然れとも咸豐五年本書院に屬する田園の正供も亦海東書院の例に準し減額せられたき旨の稟申書に據れは齋長六人に限られせりしもの,如し要するに時夕變更ありたるものなるか如し又監院一名を置き考試に關する事務を處理せしめ又臨時管事若は租差を雇ひ租穀を徵收せしめ又院丁二名を置き看守掃除焚香等の雜役に從はしめたり。[84]

羅山書院便是設齋長六人(有時齋長人數有所變動),每年兩人輪流掌理書院財產,設監院一名負責試務,雇租差負責徵收租谷,並置院丁兩名充當打雜。不過有的書院設監院負責掌理會計與徵收租谷等事務,海東書院即是如此。《臺灣私法》海東書院條載曰:

> 本書院は……監院一名を置き會計及租谷徵收に關する一切の事務を授理せしめたり……又外に院丁若干名を置き雜役に服さしむ。[85]

有的書院設建院一名負責總務,崇文書院即是[86]。更有設董事負責處理會計事務,而讓監院負責總務者,蓬壺書院條載曰:

> 職員は……董事一名を置き會計事務を處理せしめ監院一名を置き庶務を處理せしめ院丁一二名を置き雜役に從はしめたり。[87]

此即說明監院的業務範圍視書院有所不同。至於其薪水亦因書院而有

---

83 奎壁書院組織與一般書院不同,不設院長及董事,僅設爐主負責處理一切院務(參見前引《臺灣私法》,頁三二四)。

84 前引《臺灣私法》,頁三二〇、三二一。

85 同前書,頁三二五。

86 同前書,頁三二七。

87 同前書,頁三二八。

所別，例如明志書院年薪一百圓，學海書院六十圖[88]，海東書院一百二十兩[89]。上述諸職稱之外，尚有一種稱為禮房者，以協助院長和董事為其職責，例如宏文書院便有禮房之設，由書院資薪[90]。

概括地說，清代臺灣之書院於生童之教導、財產之管理、會計之核報及總務之處理，大多設有專職與專人負責。具體地說，院長負責生童之教導；總董、董事、當事、會東、監院、齋長、禮房即財帛等，或管理書院財產兼理會計與總務，或負會計與總務之責，或僅負責會計業務，或只處理總務；爐主負責祭祀；院丁與書丁充當打雜；租丁、租趕與租差負責收租谷。然而書院之財產與會計事務也有由府、縣之禮房負責的，例如臺北登瀛書院、臺南崇文書院及苗栗英才書院即是如此[91]。不過有些小型書院不聘院長，考課時另聘知名學者評閱生童文卷[92]。由此顯見其時臺灣書院組織並無定制。

四、書院的經費

清初對書院制度抱持懷疑態度，嗣後態度漸有所改變。雍正十一年即正式明令督撫們於各省會建書院，並各賜帑金一千兩，以為士子羣聚讀書之膏火，其不足者在所存公銀內支用[93]。清廷於此時對書院態度，已由消極變為積極，因而對各省會之書院予以財政上的支援。至於各省之府、州、縣地方書院，清廷亦有所指示。《大清會典事例》載曰：

> 其餘各省府、州、縣書院。或紳士出資創立，或地方官撥公經

88　同註二一。

89　前引《臺灣私法》，頁三二六。

90　同前書，頁三〇九。

91　同前書，頁三二七、三〇九。

92　例如興賢、龍門、修文、振文、奎文、屏東、雪峰及萃文等私立小型書院即不聘院長，只是於考課時另聘地方知名學者評閱生童文卷而已（參見前引《臺灣私法》，頁三一三、三一六—三一九、三三〇—三三三）。此外有些官立書院也不聘置院長，例如英才書院（參見同書，頁三〇九）及光緒十九年以後之文開書院均無院長之設（參見註六六）。

93　同註九。

理，俱申報該管官查覈。[94]

已許地方紳民、官署籌資創建書院。

臺灣書院之經費來源，種類繁多，不勝枚舉：或收田租、田底租、園租、店稅、漁塭租及典契價等充其經費。《續修臺灣縣志》載曰：

> 海東書院田：
> 一、在彰化縣大武郡堡社北莊內二抱竹莊，計水田九十一甲七分三釐，折一千零九畝九釐零。每年除完正供粟一百六十六石六斗六升六合零外，實收租粟五百七十三石二斗二升三合零（康熙五年，拔貢生施士安捐置）。
> 一、在彰化縣佳秀莊，共計田五十甲，年徵租粟二百七十石。舊系萬壽宮香燈田（乾隆十七年，金溶撥置。）
> 一、在臺灣縣羅漢門外庄，年徵租粟二百一十五石八斗，折番銀二百一十五石八斗，折番銀二百一十五員。另銀六錢四分（乾隆二十五年，典史陳琇、監生陳丕、武生陳有志等捐置）。
> 一、在彰化縣德興莊犁分二張，水田十甲。每年除完正供耗羨丁餉等費外，另收田底租二百石，折官斗實粟一百七十石（乾隆二十七年原任海寧州州同施士齡捐置。）
> 一、在嘉義縣廖鶴鳴等園，租銀七十六兩八錢。
> 一、書院邊小店，年收稅銀二十兩零（此項小店現在俱各破捐，遷徙空閒居多）。……
> 一、巡道蔣元樞，捐添烏樹林漁塭，租銀一百九十二兩。……
> 一、巡道萬鍾傑，檄發蔣國香名下原典契價銀七百元，折銀五百六十兩。[95]

或將官撥銀兩貸放生息。同書載曰：

94　前引《大清會典事例》卷三九五，雍正十一年。

95　前引《續修臺灣縣志》，卷三、學志。本引文中「……康熙五年，拔貢生施士安捐置」之「康熙五年」乃誤。考之同書同卷有：「海東書院，舊在寧南坊，府學宮之西……，康熙五十九年，巡道梁文瑄建，後為歲科校士所，書院幾廢。乾隆四年督學單德謨，別建校士院於東安坊。……明年巡道劉良璧修之，於是書院復振。御史楊二酉奏請以府學教授為掌教，選諸生肄業其中，……拔貢生施士安，捐田千畝，以給膏火。」則知施士安捐田千畝，充書院膏火事在乾隆五年。

一、巡道奇龍格，檄發銀二百四十兩（每百兩每月生息銀一兩
五錢，每年應收息銀四十三兩二錢）。

一、巡道穆和蘭，檄發林隆盛捐充膏火銀一千兩（每月生息銀
一十五兩，年共收銀一百八十兩）。[96]

或將民捐銀兩，交商生息，以裕財源。蔣鏞勒立〈海東書院膏伙經費
捐輸示告碑記〉載曰：

> 照得海東書院為全臺人文薈萃之區，必須加意振興。無如經費
> 不敷，膏伙時形支絀。道光七年科考期內，經本司道諭令代口
> 提調前署臺防同知呂丞設法勸捐，共先鳩得鳳山縣童生曾炤等
> 番銀四千二百元，交臺灣縣發商生息，由前署廳呂丞勒石曉示
> 在案。[97]

而書院這些財產，不是由民或官捐，就是由官署撥充，但有的由義學
或其他書院移轉而來的。《續修臺灣縣志》載曰：

> 崇文書院田：
> 一、乾隆十六年彰化岸裡社原通事張達京，德化通事林秀俊，
> 呈請每年各願捐款四百，共八百石。每石折銀四錢，共銀三百
> 二十兩。分春夏秋冬四季，秋冬四季繳充膏火。巡道金溶給區
> 獎之。勒石以志（以上舊係臺灣府義學田）……。
> 一、鳳山縣貢生柯廷第呈捐置買蕭大經等赤山洋田四甲，充入
> 南胡書院，年納膏火銀四十員（今歸崇文）。
> 一、鳳山縣柯永德即柯護頂耕林遇夏田業，年完納南湖書院膏
> 火銀十員（今歸崇文）。[98]

崇文書院田一部分即是由義學田及南湖書院田轉來的。此外也有由廟
產轉移過來的[99]。

前述臺灣書院之財產，由官署撥置者，其性質與內容亦諸多不

96　前引《續修臺灣縣志》，卷三、學志。
97　前引《清代臺灣教育史料彙編》，頁七二三。
98　同註九六。
99　例如海東書院，在彰縣佳秀莊之書院田，舊係萬壽宮香燈田。（參見註九五）

同，除檄發銀兩外[100]，有的是民間之田產因訟爭經訊斷充公之田、園、茶埔，當然其田租、園租及茶葉租轉歸書院所有。前引《新竹縣志初稿》卷三學校志、書院、「明志書院租息」內載曰：

> 一、金包里、二方坪等莊充公大租穀年收銀七十一圓六角四瓣，光緒十四年「扣四留六」並退租等情，每年折收銀三十五圓五角五瓣六尖（此條大租，詢之書吏，據稱控案充公）。
> 一、龜崙社佃戶陳清琳、武勝灣佃戶蘇國光承耕桐仔林溪邊充公園租，除撥龜崙社義塾每年脩金四十圓外，實繳銀八十圓。
> 一、光緒十八年，石岡仔溫阿滿與范李養控爭茶埔充公茶園租銀六十五圓（五分埔紳士陳朝綱經理）。[101]

有的是因產業訟爭經訊斷之認納租穀。同書載曰：

> 一、光緒十八年，陳維藻與張秀生控爭竹南一堡大北埔業一所，每年認納租穀三十四石（佃人羅有生、羅仕生）。[102]

有的是被控之罰款。同書載曰：

> 光緒十六年十月，鄭如霑息借培英社小課銀五百圓，遞年行息一分，計銀五十圓，作兩季分納。此款係周玉免被控罰充培英社公款，交鄭如霑行息為小課經費。[103]

有的原係番地被民佔墾，經官署查覺充公或因民田搆訟請官署查勘浮出充公之隱田，其田租亦轉歸書院充膏火，《彰化縣志》載曰：

> 嗣因勘丈屯租，查出番地被民佔墾之業，萬斗六社柳樹湳溢額田二十九甲七分，每甲年額租八石，其田有租無糧，例應充

100 同註九六。
101 前引《新竹縣志初稿》卷三、學校志、書院、「明志書院租息」（引《清代臺灣教育史料彙編》，頁七四一）
102 同前。
103 前引《新竹縣志初稿》卷三、學校志、書院、「書院小課公款」（引《清代臺灣教育史料彙編》，頁七四二）。「培英社」為光緒七、八年時為新竹紳士所組設之詩文社，社址設在明志書院內，與該書院有不可分之關係（參見《清代臺灣教育史料彙編》，頁七四三）。

公。又因民田搆訟，請勘出坪藍莊溢額田九甲七分，每甲年額租八石。又後河厝莊田一段，海墘厝田一段俱以番銀折租。以上按甲計租，每年額租應得三百零六石，除大租正供外，實得租二百五十石，田兩段實折租銀九十圓，俱撥充書院膏火。[104]

有的是所謂「賊產」充公之田地、房屋、魚池，其田租、房租及漁池租照例歸書院所有。《彰化縣志》載曰：

在許厝埔，係道光六年賊產充公：約計田租二百三十六石，除大租正供外，實收租粟一百九十石，房厝暨魚池等租，共番銀一百五十五元。[105]

有的是因犯罪而被抄充之店，其店稅自歸書院所徵收[106]。

　　質言之，由官署撥置之書院財產，就性質而言有由官署直撥銀兩者，有因訟爭充公或認納者，有係罰款者，有本隱田者，有所謂「賊產」者，有由抄家而來者；就內容而言則有現銀、田、園、茶埔、租穀、房屋、魚池及店舖等等，其田租、園租、茶租、房租、魚池及店稅等，此等皆成當時書院之一大收入，與民或官捐者，同為其時書院經費之最主要來源。

　　由前述那些書院財產所生之一切收益，概稱之為書院租，充當書院開支費。依盛朗西之研究清代書院之開支包括院長之聘金、薪俸，生員童生之膏火、膳宿、衣着費，院中僱用員工之工役費及祭祀費等[107]。而劉伯驥在「廣東書院制度」一書中，對書院之開支，說得更具體。他說廣東書院開支之內容包括：掌教之修金、薪膳、聘儀、贄見、節儀及程儀費，生童之膏火、獎賞及賓興會，祭祀之開館祭先師、丁祭、禮生衣資及香油費，行政之監院薪修、齋長津貼、總理紳士車馬費、開館酒席費、禮房紙張費、書辦工銀紙張費、修補費、官師課午膳茶

104　前引《彰化縣志》卷十二上、藝文志、奏疏。
105　同前書，卷四、學校志。
106　同前。
107　前引《中國書院制度》，頁一七六、一七七、二〇一一二〇五、二一〇。

水費、官師課卷費及門房院役工食費[108]。至於清代臺灣書院開支之內容，除前節已述及資給院長之各項費用，齋長、監院之薪俸及僱用租趕（或稱「租差」亦稱「租丁」）費外，尚有其他種種開支。即董事之薪水、生童之膏火、賓興，《澎湖廳志》載曰：

> 每年山長束金年節而外，加薪水小課跟丁各項，以及春秋丁祭，董事薪水，生童膏火、賓興等費，皆由董事向官支領。[109]

移建費、春秋祭祀費、修補費、院丁工食費、淡水廳志載曰：

> 馬鳴鑣牒將郭宗嘏捐額年應收實穀肆百壹拾石零，亦為膏伙用。……迨四十三年成履泰撥出積穀，價銀肆千陸百貳拾玖圓，為移建費，於四十六年興工，是年即竣。……歷年就學租內抽出銀拾伍圓交董事經理春秋祭祀。……以上胡、郭二項捐充租穀，除輸正供雜費外，計共實穀柒百陸拾叁石零，今僅陸百陸拾餘石，定為每年師生修金膏伙，以及修補各費。明志書院章程：遞年山長束金年叁百圓。監院即淡學訓導兼辦薪水壹百圓。院丁一名年給薪金叁拾圓，月食米叁斗。[110]

課期給生童之備席與卷本費、開館及撤館之開銷費、院長家俱和生童桌椅之購置費、禮書紙筆費、拾字紙工食費、歲科各試盤費及參加歲科試取進者之賀金（或稱「花紅」）、《噶瑪蘭廳志》載曰：

> 膏火：每課生員三名，賞銀貳元，童生上取十名，賞銀伍元伍角，未冠童生四名，合賞銀壹元。課期每八人，備席一張，發錢伍百文，每卷一本，發錢拾文。……開館、撤館，各折席銀叁元，具有定數。……（院長家器、生童桌椅隨時酌補）年給禮書紙筆資銀貳拾肆元，院夫工食銀拾貳元。又、拾字紙工食銀拾貳元。又、訂歲、科各試，支給盤川，童生各肆金……，取進者再賀拾金，生員名陸金，鄉試名捌金，取中者再賀，兩

108　前引《廣東書院制度》，頁二〇八。
109　同註六四。
110　同註二一。

　　榜者再賀。[111]

早晚香燈費[112]、董事之油燭紙筆雜費及捐贈義學費等,《苗栗縣志》卷九、「英才書院章程」載曰:

> 書院收租、變價及登記出入帳目,必須派人專理。查有廩生謝維岳,誠實可靠,堪膺英才書院董事,管理一切事務。現在經費未見充足,無庸議給薪水。惟收租、完糧、登記帳目及年底製冊報銷,不無用款之處;議定月給油燭、紙筆、雜費洋四元,全年給洋四十八元,以示體恤、以免賠累。[113]

《臺灣私法》、「白沙書院」條載更:

> 本書院の職員は山長及四名の董事租丁院丁等にして此等に給すべき俸給は財產の收益より支辨し且城內南門義學へ八十兩城內北門義學へ八十兩北門外義學へ六十兩寓鰲義學へ六十兩犁頭店義學へ六十兩南投義學へ百二十兩北投義學へ六十兩を支出したるか如し。[114]

這些是其時臺灣書院的開銷內容。

　　具體言之,清代臺灣書院之開支可歸為五大類:第一類是院長之薪俸與津貼,包括聘金、修金、贄儀、節儀、膳金、酒席費、烟茶雜費及來往盤費(參見本稿第三節)。第二類是員工之薪津,包括齋長、監院、董事之薪水(參見本稿第三節。按一般而言董事不領薪,除少數例外者),僱用租趕費,院丁工食費,拾字紙工食費。第三類是生童之獎賞費,包括膏火、賓興(盤川)、花紅及文具簿本費。第四類是祭祀費,包括春秋祭祀費,早晚香燈費。第五類是事務及雜費,包括書院之移建及修補費,院長家俱及生童桌椅購置費,公務所須知油燭紙

111 同註二四。另、苗栗英才書院,對「花紅」與「盤費」於章程內有所規定(參見前引《清代臺灣教育史料彙編》,頁八二二、八二三)。
112 前引《雲林縣采訪冊》、斗六堡、「祠廟寺觀」(引《清代臺灣教育史料彙編》,頁八一六)。
113 同註五九。
114 前引《臺灣私法》,頁三一一。

筆雜費，開館閉館之開銷費，捐贈義學基金以及其他雜費。不過並非
當時所有之書院均有這些開銷，只是說當時其開支內容大致不外這些
項目而已。

五、書院的性質

　　書院在宋、元、明各代皆有官、私立之別，至清猶然。不過清代
不論官、私立書院，均得向各該管備案[115]。換言之清政府對各書院擁
有相當之監督權。清代臺灣書院自不例外，當受政府之監督，不過其
性質不同，其與政府之關係亦有所不同。現就多方面再加以探討之，
或將有助於了解其時臺灣書院的性質與真相。

　　臺灣書院之創建，有由地方官吏倡建者，例如海東書院、崇文書
院、白沙書院等即是係該地方官率先倡導，由官署及官、民捐資創建
者，而其院長、監院、董事概由各該地方管官任命[116]，此等書院似可
視為府、縣立書院。有的由地方官民倡建，經官批准由民間運營者，
例如文開書院，即是由該地方官民倡建，民、官及官署捐資創建，而
受該地方管官監督者。《臺灣私法》「文開書院」條載曰：

> 本書院は理蕃分府に於て官試を為し又山長董事の任命を認可
> し會計支出を報告せしめたるを以て官の監督を受たるものと
> す。[117]

此種由官署撥至大量田產充書院經費，而實際之運營操諸紳民者，實
屬少數[118]。此外有些書院由當地官、民捐地捐產創建，而與該地方官

115　同註九四。

116　前引《續修臺灣府志》，卷八、學校。《續修臺灣縣志》，卷三、學志。《彰化縣志》
　　卷四、學校志。另、參見前引《臺灣私法》，頁三二四—三二七、三一〇。

117　前引《臺灣私法》，頁三一二。另、參閱前引《彰化縣志》卷四學校志，及卷十二藝文
　　志。

118　此外引心書院亦可視為官督民辦書院，蓋自嘉慶十八年知縣黎溶與監生黃拔萃，將引心
　　文社改建為書院以來，其掌教聽紳民擇請，官課縣自延師校閱（參見前引《續修臺灣縣
　　志》，卷三、學志）。

署幾無關係者，例如興賢書院、登瀛書院（南投）、龍門書院、修文書院、振文書院、奎文書院、玉峰書院、玉山書院、奎壁書院及萃文書院等即屬此類[119]。此等鄉邑小型書院，似可視為私立者。儘管書院有官、私立或官督民辦之別，然須向該管官或較上一級地方官署備案則一。澎湖通判胡建偉撰〈募創澎湖書院疏引〉載曰：

> 澎湖學隸臺郡，遠阻大洋，風聲逖聽，人無奮志，地鮮良師，實膠庠之教所不逮也。……余甚憫之，爰與都人士謀，所以創興書院之意。眾志僉俞，欣然報可，隨稟明臺灣學政張憲並達知郡守倬工均，以為地方應辦之事，深加獎勵。[120]

彰化知縣楊桂森〈詳報捐建鹿港文開書院牒〉載曰：

> 竊鹿港居民繁盛，人知向學。道光四年，今臺灣府郡守前在鹿港廳所任內，據紳士舉人林廷璋、貢生陳世英、吳道東、廩生陳仁世、……監生梁安瀾、陳清泰等呈稱：「……彰化縣城之白沙書院，建立已久。鹿港地當南北之中，……自案下蒞任後，月集生童課試，飲食誨訓，優者加獎，士子更勉日新，但惜無肄業之所，應課時甚費周章，須設書院，乃可經久……」等情。當經鄧丞堂臺據請批准捐建，豫定書院名曰「文開」，先捐廉千圓為倡，然後給疏引勸諭遠近各踴躍捐助。適逢今太子少保總督部堂孫以巡撫部院奉命巡臺，各紳士赴彰化行轅具呈，並請設立學規，俾得遵守等由。奉憲批：「建設書院，教養人才，乃為治者所當先也。該處書院擇於何處營建，需費若干，作何鳩集，其束修膏火等項，出於何款，曾否定有章程，經久無缺。仰鹿港廳速行妥議規條，通詳察奪。」等因。蒙此遵即擇該處文昌祠左邊，坐西向東曠地，……鳩工庀材起造。……其撥充書院膏火田地房業甲數租數，已具細冊。所有公議規條、工程費用及樂輸士商姓名，並載清冊，覆核無異。……所有書院修建竣工緣由，理合據眾紳士繪圖造冊呈報，詳請憲臺

---

119 前引《臺灣私法》，頁三一三、三一四、三一六、三一七、三一八、三一九、三二二、三二三、三三三。

120 前引《澎湖廳志》，卷十三、藝文中。

堂臺鑒核。[121]

又、〈新建萃文書院碑記〉載曰：

> 我羅漢內門諸同人，崇祀文昌帝君，肇自嘉慶壬申年，……而
> 未有宮闕以壯帝君居……。茲公議將□積公項鳩齊，新建廟
> 宇，特祀聖帝，足見尊崇，而東西兩翼室，可令延西席，教子
> 弟讀書其中。……事關大典，稟請邑侯閻批准。[122]

由上述諸記載，不僅獲悉當時臺灣各書院得向官署申請批准立案，且
說明了書院創建過程大略為官民之動議，具擬申請批准立案，集資興
建，籌設經費基金，議章程規條，然後再造冊詳報該管官備案，至是
書院方告完成。

　　以上就書院之創辦者略加闡述，但彼等創辦書院之初衷亦頗值得
注視。雍正十一年清廷諭曰：

> 建立書院，擇一省文行兼優之士，讀書其中，使之朝夕講誦，
> 整躬勵行，有所成就，俾遠近士子，觀感奮發，亦興賢育才之
> 一道也。[123]

乾隆元年清廷又諭曰：

> 書院之制所以導進人才，廣學校所不及。我世宗憲皇帝命設之
> 省會，發帑金以資膏火，恩意至渥也。古者鄉學之秀始升於
> 國。然其時諸侯之國皆有學。今府、州、縣學並建而無遞升之
> 法。國子監雖設於京師，而道里遼遠，四方之士不能胥會。則
> 書院即古侯國之學也。[124]

當時清廷諭令各省、州、縣立書院，其意在藉書院以「興賢育才」。清
代臺灣興建書院其意蓋亦在此，乾隆年間澎湖通判胡建偉於〈募創澎

121　同註一○四。
122　前引《清代臺灣教育史料彙編》，頁八一四、八一五。
123　同註九。
124　前引《大清會典事例》，卷三九五、乾隆元年。

湖書院疏引〉中曰：

> 原夫書院之設，所以輔膠庠之教之所不逮也。我國家如意作
> 人，振興士類，於學校之外，凡省會建置書院，發帑金以資膏
> 火，法良意美。士生於今，抑何幸哉。因而府、廳、州、縣，
> 與夫通都巨鎮薄海遐陬，靡不踵事而興，以為士人敬業樂群之
> 所，藝林精舍，遂遍寓內焉。[125]

道光年間分巡臺灣道徐宗幹亦曾曉諭書院生童曰「書院之設，非徒課
文詞也，所以造人才，敦士品也」[126]。而是時臺灣各書院固以「興賢
育才」為其創設的宗旨，然其具體之意義及生童來院肄業的目的為
何，似在書院學規裡可以找到答案。例如劉良璧所訂「海東書院學
規」：

> 書院之設，原以興賢育才。……今提學楊公奏請特立書院，延
> 請師儒，崇為生童肄業，俾成人有德、小子有造。所有規定如
> 左，願諸生遵守勿違！
> 一、明大義：聖賢立教不外綱常；而君臣之義，為達道之首，
> 所以扶持宇宙為尤重。臺地僻處海表，自收入版圖以來，秀者
> 習詩書，樸者勤稼穡。而讀書之士，知遵君親上，則能謹守法
> 度，體國奉公；醇儒名臣，由此以出。雖田夫野老，有所觀感
> 興起；海外頑梗之風，何至復萌。
> 一、端學則：程、董二先生云：「凡學於此者，必嚴朔、望之
> 儀，謹晨、昏之令」。「居處必恭，步立必正，視聽必端，言語
> 必謹；容貌必莊，衣冠必整，飲食必節，出入必省；讀書必專
> 一，寫字必楷敬，几案必整齊，堂室必潔淨；相呼必以齒，接
> 見必有定，修業有餘功，遊藝有適性；使人莊以恕，而必專所
> 聽」。此白鹿書院教條與鰲峰書院學規並刊，工夫最為切近。
> 一、務實學：古之大儒，明禮達用、成己成物，皆由為諸生時
> 明於內重、外輕，養成深重凝重氣質；故出可以為國家效力宣

---

125 同註一二〇。
126 徐宗幹〈斯未信齋文集〉、〈諭書院生童〉（引《清代臺灣教育史料彙編》，頁六九
　五）。

獻，入亦不失為端方正直之士。家塾、黨庠、術序，胥由此道
也。諸生取法乎上，毋徒以帖括為工。

一、崇經史：「六經」為學問根源；士不通經，則不明理。而史
以記事，歷代興衰治亂之跡，與夫賢佞忠奸，善可為法，惡可
為戒者，罔不備載。學者肆力於經史，則有實用；而時文之根
柢亦胥在焉。舍經史而不務，雖誦時文千百篇，不足濟事。

一、正文體：自明以帖括取士，成、弘為上，隆、萬次之，
啟、禎又次之。我朝文運昌明，名分巨篇，汗牛充棟；或兼收
博採，或獨宗一家。雖各隨風氣為轉移，而理必程、朱，法則
先正，不能易也。夫不仰泰山，誤止狙狢之高；不窮典謨，妄
夸諸子之陋。諸生取法宜正，立言無陂。

一、慎交友：讀書之士，敬業樂群，原以講究詩書、切磋有
益。故君子以文會友，以友輔仁。若少年聚會，不以道義相
規，而以媒褻相從，德何以進、業何以修？稂莠害嘉禾，不可
不察。諸生洗心滌慮，毋蹈前習。[127]

又如臺灣道兼提督學政覺羅四明勘定海東書院學規，其大綱是「端士
習」、「重師友」、「立課程」、「敦實行」、「看書理」、「正文體」、「崇詩
學」、「習舉業」[128]。由是顯然可見，培植能明君臣大義，品德高尚，
學士淵博，敬業樂群，而透過科學，出則可以為國家效力宣獻，入則
不失為端方正直之士，乃為海東書院之教育目標。此外楊桂森所訂
「白沙書院學規」內容為「讀書以力行為先」、「讀書以立品為重」、
「讀書以成物為急」、「讀八比文」、「讀賦」、「讀詩」、「作全篇以上者
之學規」、「夜讀如前功」、「作起講或半篇之學規」、「六、七歲未作文
者之學規」[129]；胡建偉所訂「文石書院學約」內容是「重人倫」、「端
志向」、「辨理欲」、「勵躬行」、「尊師友」、「定課程」、「讀經史」、「正
文體」、「惜光陰」、「戒好訟」[130]；林豪續擬文石書院學約八條，即

---

127 劉良璧《重修福建臺灣府志》卷二十、藝文、記、劉良璧（臺灣巡道）撰「（附）海東
　　書院學規」（引《清代臺灣教育史料彙編》，頁六九九—七〇一）。
128 同註一四。
129 前引《彰化縣志》卷四、學校志。
130 同註六四。

「經義不可不明也」、「史學不可不通也」、「文選不可不讀也」、「性理不可不講也」、「制義不可無本也」、「試帖不可無法也」、「書法不可不習也」、「禮法不可不守也」[131]。由此不僅獲曉書院之理想在求「興賢育才」，且對其意義得到更具體的了解，並悉是時士子入院肄業，其目的不外應舉而已；教導生童如何應舉業，已成為書院的主要工作之一；讀四書、經史、習古文、詩賦遂成為生童之經常課業，而書院與科舉已結為不了緣，似無庸置疑。因此清代興辦書院謀「興賢育才」之崇高理想，其具體意義在陶冶士子品德使達於聖賢境界，教育士子使能負國家重任，而具「治國平天下」之才。故論者謂：培植品德崇高之優秀官僚，乃當時書院教育的主要目標，而當時臺灣一般之士子與大陸讀書人如出一轍，概以應舉仕宦為一生奮鬥的目標。曾作霖撰〈新建南投藍田書院碑記〉內有一段記載曰：

> 士之有志讀書者，類多掇科名，以酬素願。於是分縣朱公，延請南北投、水沙連兩保士庶，議建書院。[132]

把當時臺灣書院與士子之關係，與創書院的動機與士子入院肄業之緣由，一語道出。

為求積極達成書院教育之目標，清代各書院每每舉行定期考試，稱之為「月課」，是時臺灣書院亦照例行之。通常「月課」包括官課和師課，課期視書院而異，也有不行官課僅行師課者，此係視書院之大小而定，已於本稿第三節述及，於茲從略。當時對「月課」成績優良者略資膏火以示獎勵。膏火之多寡亦視書院而別：明志書院依其章程規定，凡「月課」生員超等第一名，給膏火銀兩圓，餘超等均一圓，明列特等者給五角，列一等者不給，童生取第一名給一圓，餘上取均五角，中取二角五瓣，次取不給[133]。學海書院規定，生員名列超等第一名，給膏火銀兩圓，超等第二名起，至特等第一名止，均給一圓，

---

131 同前。

132 前引《清代臺灣教育史料彙編》，頁八一三。

133 同註二一，及六六。

餘特等皆五角。一等不給，童生上取第一名給一圓，餘上取均五角，名列中取，次取者均不給[134]。文開書院「月課」生員超等四名，每名給膏火銀三圓，特等八名，每名給一圓五十錢，童生上取六名，每名給二圓五十錢，中取十二名，每名給一圓[135]。英才書院「月課」生員超等十名及童生上取十名，均各給膏火銀一圓以上，生員特等二十名及童生中取二十名，均僅賞與紙筆[136]。此外有的書院於年初官課時依成績之優劣，將生童類別為內課、外課及課生三種，除附課生外，分別賞與若干膏火。例如白沙書院於年初官課時，取生員十二名為內課生，二十名為外課生，取童生二十名為內課生，四十名為外課生，其餘生童皆為附課生。師課生員內課生各給膏火二圓四十錢，外課生各給一圓二十錢，童生內課生給一圓二十錢，外課生各給八十錢，附課生皆不給。其他如海東、崇文書院亦有內、外課生之別，膏火給與各有差等。[137]又、其時社會向以書院生童應舉及第之多寡，來評價書院之高低，如澎湖〈文石書院碑記〉載曰：

> 澎湖之形勢仍舊，而氣象聿新者，蓋自胡公設立書院始。公遂捐俸以倡，……延名儒掌教，月給膏火。……季考月課……。丙戌、丁亥科歲兩試，入泮者六，備卷者四。從此而掇巍科，登顯仕，人文鵲起，甲第蟬聯，皆我公樂育之功也。[138]

即反映出此種社會現象。換言之，興辦書院，使地方士子登科第，則每受當時地方士紳之讚美和景仰，在此種背景下，自然有些書院積極鼓勵生童應舉，對赴歲試、鄉試及會試之生童，發給花紅或盤費，以表鼓勵之意。例如龍門、修文、海東、鳳儀、雪峰、文石、仰山及英才等書院，即有此類獎勵措施[139]，藉此以求提高生童應舉及第率。

---

134 同註二一。
135 前引《臺灣私法》，頁三一一。
136 同前書，頁三〇八。
137 同前書，頁三一〇、三二五、三二六。
138 前引《清代臺灣教育史料彙編》，頁七四八。
139 前引《臺灣私法》，頁三一六、三一七、三二五、三二九、三三二、三三四。另、參見註六四，及註一一一。

　　是時書院既以「興賢育才」以「廣學校所不及」為宗旨，對入院
肄業之學額，原則上應無所限制才是。但據劉伯驥之研究，清代廣東
各書院，對欲入院肄業之生童，嚴加甄別。在學額上亦有所限制，距
達「以廣學校所不及」之目標，可謂尚遠[140]。反觀臺灣則不盡如是，
因為儘管有關清代臺灣書院招生方面之記載資料不多，可是從有限之
資料得知其時臺灣書院，就一般而言，均許其學區內之生童，參加其
所行之官、師課，例如英才、宏文、文開、興賢、道東、龍門、修
文、振文、奎文、羅山、玉山、奎璧、鳳崗、屏東及文石等書院即
是，所以是時臺灣書院，在學額上似無所限制，其中或僅於月課時，
聘請當地知名學者，評定應試生童之成績，酌給膏火[141]。另外有些類
似大型義學或書房的書院，雖規定僅收當地之成年或幼年子弟肄業其
間，而於學額上似無所限制[142]。由此可見臺灣一般書院頗具近代教育
之「大眾化」的精神，且為是時讀書人定期聚會的場所。

　　再就若干資料看來，有些書院雖有內課、外課及附課生之別（已
如前述），然未見對學額有所限制，只是從一些資料之記載，如《大清
會典事例》載曰：

> 五年（按乾隆五年）議准，福建臺灣地方，現有海東書
> 院，……照省會書院之例，每學各保數人，擇其文堪造就者，
> 送院肄業。[143]

續修臺灣縣志，蔣允焄撰〈改建海東書院碑記〉載曰：

> 臺灣……稽首立學定制，始於康熙二十四年；又選才俊之士，
> 設公廨、增廩餼，創為書院以養之，如崇文、白沙、玉峰、明
> 志等所在多有，而海東其最著也。[144]

140　前引《廣東書院制度》，頁三〇四—三一六。
141　前引《臺灣私法》，頁三〇八、三〇九、三一一、三一二、三一五—三二〇、三二二、
　　三二三、三三〇、三三一、三三四。
142　例如南投登瀛書院，僅收丁年子弟肄業其中。雷峰及萃文書院則僅收幼年子弟。（參見
　　前引《臺灣私法》，頁三一四、三三二、三三三。）
143　同註六〇。
144　前引《續修臺灣縣志》，卷七、藝文二、配。

姚瑩東槎紀略》卷二〈籌議噶瑪蘭定制〉載曰：

> 噶瑪蘭新闢之區，三籍人民，風氣強悍，自宜選擇俊秀（按選
> 擇俊秀送仰山書院肄業之謂也）教之誦習經書，俾知孝悌禮
> 讓。[145]

藍鼎元《鹿洲初集》卷二〈與吳觀察論治臺灣事宜書〉載曰：

> 臺邑、鳳山、諸羅、彰化、淡水各設義學，凡有志讀書者皆入
> 焉。學行進益者，升之書院為上舍生，則觀感奮興，人文自必日
> 盛。[146]

顯示當時臺灣有些書院，對入院肄業之生童，並非毫無選擇或限制。
《臺灣私法》更載曰：

> 本書院（按指海東書院）は他の書院と異り姚道臺の當時は四
> 十人を限り入院せしめ院長に於て授業したり之を肄業生と云
> ふ。[147]

海東書院在姚道臺時代即曾限收四十名為肄業生。統觀上述諸記載則
知是時臺灣有些書院其生童，有自選才俊之士者，有由各儒學或義學
保送而來的。

依上述各種角度之分析，對清代臺灣書院之性質，可獲一較清晰
的了解。總括地說，是時臺灣書院從某一角度而言：有官立的，即院
長及職員係由官任免；有官督民辦的，即院長與職員由書院當局聘
請，但得經該管官批准同意；有私立的，即書院一經批准立案，其院
長、職員及書院之運營，聽由書院當局自便。從另一角度言，有「大
眾化」的，對學額無所限制，只要是其學區內的生童，皆可入院肄
業，不須經過甄別；有「非大眾化」的，書院生童包括由書院當局自
選而來的才俊之士，和由儒學或義學保送而來的優異分子。再就另一

---

145 前引《清代臺灣教育史料彙編》，頁七九三。
146 同前書頁八二六。
147 前引《臺灣私法》，頁三二五。

角度言，有生員、童生兼收的，也又專收幼年童生的書院。不過雖說其性質上有諸多不同，然而其興辦的宗旨在「興賢育才」及生童入院肄業的目的在「求取功名」則一。此外清代「書院畢業」並非科舉制度應考必備之資格，譬如未在書院肄業與在書院肄業之童生皆可應歲試，又、非在書院肄業與在書院肄業之生員均可應鄉試，而在書院肄業未具生員資格者却不得應鄉試，除非具有其他資格。換言之，是否在書院肄業與科舉考試資格無關，所以書院只是學子進修的處所，類似現在的補習班，此其共通性也。

六、結語

中國書院制度歷史悠久，早在唐朝即有「書院」一詞出現。不過是時之書院類似圖書館，未具學校之性質，到了唐末五代宋初以後才漸具學校性質。此後書院制度在各代雖有興衰之別，可是一直到清末始終未曾間斷過，尤其是清代，書院可謂盛極一時。臺灣位居大陸東南，自屬中華文化圈不可或缺的一環，文教制度本都源自大陸，書院制度就是在清代興盛起來的。

臺灣書院制度既源自大陸，與大陸書院當有其共通性，但也有其特殊性。就書院興建盛衰而言，清代臺灣書院興建最盛的時代首推道光，其次嘉慶，復次為康熙，而與河北、安徽、江蘇、浙江、福建及廣東之情形均不一致。就書院組織而言大致訪倣自大陸，於生童之教導，財產之管理、會計之核報及總務之處理大多設有專職與專人負責，不過其職稱與職務範圍頗不一致。換言之，有清一代臺灣書院在組織上並無定制，視書院而異。就書院性質而言，清代臺灣書院有官立、官督民辦、私立之別，也有「大眾化」、「非大眾化」之殊，更有生員、童生兼收與專收幼年童生之異。不過無論哪一種書院，其立院宗旨在「興賢育才」，即培植品德崇高，具「治國平天下」之才能，使成為國家社會優秀之官僚君子，乃當時書院教育的理想，而當時入院肄業生童庶幾以「求取功名」為其人生奮鬥之目標，故書院設立之宗

旨恰與當時社會上一般學子的心理需求相銜接，書院遂儼然成為生童應舉之「補習班」，究竟能否培植國家社會之優秀人才，似乎已無人過問，蓋是時書院當局與社會上一般人士，咸以為應舉及第者，類皆國家社會之良才。正因為如此，書院制度在臺灣歷兩百餘年而未衰。

中日甲午戰爭後，滿清將臺灣割給日本，臺灣書院隨此而亡，固有之書院，或成為日軍營房，或成為日軍醫院，或成為日本官廳宿舍，或改為所謂公學校及其校舍，或空其屋令其自毀[148]，向為傳播並發揚中華文化之機構，頓時被毀於無形，其命運之悲慘，正是其時臺灣人民受異民族壓迫的寫照。

臺灣書院與大陸各地書院雖出自同源，然因所處地域相異，組織略有變遷，歷史遭遇又不同，致其命運亦相違，前者被毀於無形，後者成為中國新制學校之前身，故兩者在整個中華民族近代化過程中所佔的位置就大異其趣了。

（資料來源：《臺灣史研究》，臺北，華世出版社，民國七十年，四月。）

148　例如文開書院改充日軍營房，崇基書院改為日軍醫院，修文書院改成西螺公學校，道東書院變成公學校舍，奎壁書院成為警察宿舍，鳳崗及屏東書院竟成廢屋（參見前引《臺灣私法》，頁三〇七、三一一、三一五、三一七、三二三、三三〇、三三一）。

臺灣近代教育的發展

壹、晚清時期的教育行政與教育設施

一、教育行政機關

清初以提學道為一省之最高教育行政官，雍正四年（西元一七二六）改稱提督學校；清末，改稱提學使。其職責為掌全省學校士習文風之政令及與貢舉有關之諸事項，類似今日之教育廳長監督學，並負有科舉考試之責。臺灣原隸福建之一府，學政應由福建之學政負責，但臺灣孤懸海外，閩省學政渡海管轄實有不便，故援陝西延安及廣東瓊州之例，由在臺之高級官員兼任，初由分巡臺廈兵備道兼管，雍正五年（西元一七二七）以後改由巡視臺灣的漢御史兼理，乾隆十七年（西元一七五二）又改為分巡臺灣道兼管。光緒元年（西元一八七五）福建巡撫有半年駐臺之例，臺灣教育行政乃由巡撫兼理。光緒四年，又改歸臺灣道兼管。光緒十三年臺灣建省，臺灣教育行政從此遂歸臺灣巡撫兼理。但因巡撫事務紛繁，難以一一兼顧，故臺灣道仍居輔佐教育行政之地位。其後又於提督學政之下，設置提調官一人，由知府兼任之，以協助辦理各項教育行政。

依清代地方職官制度，省之下設府州廳縣，府設府儒學，為一府之最高教育機關，設教授一人，掌管所職。縣設縣儒學，設教諭一人，以掌所職。另有訓導，以為教授、教諭之副。而州廳亦設儒學，但臺灣因開發較晚，故部份州廳未設儒學。府學隸於府治，受知府管轄，縣（廳）儒學則受知縣（同知）節制，而均受提督學政之監督。此外，光緒十三年巡撫劉銘傳亦於臺北創設西學堂，光緒十六年又設電報學堂於大稻埕，皆為新式之洋學堂，隸巡撫直接管轄。故晚清臺省之教育行政系統，主要可分為省、府、縣三級。

晚清臺灣之教育機關，除各府、縣、廳儒學及洋學堂外，尚有書院、義學、社學、土著社學及民學。就其教育程度而言，儒學、書院

及洋學堂可視為中等教育；義學、社學、土著社學與民學，類似初等教育。而其設立之性質，儒學、洋學為官立；書院、義學、社學、土著社學，有官立者，亦有私立者，更有半官立性質者；民學則純為私立。其中以義學、社學、民學遍設全臺各地，但均側重於科考之準備，與今日以普及國民教育為目的之初等教育大異其趣。此乃當時情勢使然。然自教育行政觀點視之，則學校系統已臻完備。

二、各級學校行政與課程

（一）儒學

儒學係地方政府官辦之學校，大都設於府、縣之文廟裡，其學務由提督學政管轄，惟直接管理仍屬知府、知縣。由教授、教諭主持，訓導副之。一般而言，凡儒學之經費與祭孔典儀，進退黜陟及提調學生為廩生、貢生，及任免教諭、訓導之權，均屬學政；主持月課，分配教授、教諭、訓導之工作等任務，則由知府、知縣負責。

儒學創立之目的在培育英才，故對生員之挑選頗嚴，招收轄治內通過學政主考及格之秀才入學肄業。初進學之生員，通稱附生；但實際大都不留學肄業，只於規定之期，前來應考而已。考試分二種，一為歲考，一為月課。月課每月一、二次，分甲乙講評，發給膏伙（賞金）；歲考一年一次或三年兩次舉辦，由學政主持。歲考成績優良者依次遞升，由附生而生增生，由增生而升廩生，由廩生而升國子監，成績低劣者依次遞降。大致而言，生員之出路，除少數成為國子監生外，其他大多去應鄉試考舉人，由此可知，生員入儒學，乃其獲取科舉功名的途徑之一。

（二）書院

書院之創設，有官建，有民建；由道臺、知府、知縣或有關者分別管理之。其主講者原稱山長，乾隆年間改稱院長。除院長主講外，亦可邀請名儒碩彥講演。書院除院長外，尚有總董、監院等不同名稱之行政人員，分別處理各項書院事務。

書院之生徒，雖有生員與童生之別，[1]然當時書院對於生徒之就學資格與學額，並無嚴格限制，充分顯示清代臺灣書院教育係屬推廣教育之性質，故人人皆有就讀之機會。至於書院之課程，以習作八股文及研習四書五經為主，每月舉行考試，[2]再評其優劣，予以獎賞。

儒學、書院之外，社學、義學及民學亦遍設於全臺各地。社學於晚清為士子結社砥礪文之所；義學由鄉紳富戶設立，延師以教閭里子弟之貧困者；民學為私學，一般成為書房，遍設民間。然此等學校之設施，主要為科舉之預備學校耳，故其教授方法與課程，完全配合考試而定，並無一套有系統之傳授，大致可分認字、默寫、開講、課功、習字、考試等六階段進行課業。

清末臺灣之新式教育亦告萌芽，光緒二年基督教長老教會設神學院於臺南；八年（西元一八八二），傳教師馬偕（George Lealie Mackay）亦設理學堂大書院於淡水，以培育傳教人才，雖非一般教育機構，然實為西人教育入臺之始。光緒十年，馬偕又創淡水女學院，次年，臺南長老教會又創男子長老教中學堂；十三年，又創女子中學堂，皆為私立之新式教育機構。

臺灣官立新式教育，始於光緒十三年巡撫劉銘傳創西學堂於臺北城內，聘洋教席及漢教席，課以英文、法文、歷史、測繪、理化之學。光緒十六年，又創電報學堂於臺北電報總局內，專習電信技術。同年，又創「番學堂」於臺北，課以讀書、習字及生活禮儀。

三、教育經費與師資

清代臺灣之儒學、書院、義學、社學及祀孔之經費來源，大都來自學租與捐款。清代之所謂學租，係指來自學田園及地方士紳所捐贈之不動產，以之租賃於民，而收取租米或租銀者。其學田園又分為公地、抄封地及地方士紳捐贈之私有地，或以私人之捐銀購地者，其中

1　通過儒學入學考試在儒學肄業者稱生員或秀才，未通過者稱童生。
2　考試分官課與師課。每月官課師課各二次，監院每月初二、十六出題考課曰官課；院長於初八、二十二考試曰師課。

以私人捐地最多；至於捐款則係官府吏員捐廉及地方士紳之捐獻為主，此外，亦有來自官府藉沒收之財產項下之捐款，挪充為教育經費者。至於民學之經費，係由鄉堡鄰里之捐資；或殷戶宗族獨力籌措之；或賴於束脩、贄儀、節儀及供膳等收入。[3]

清初設立「土番社學」，以教育「熟番」為目的，故由官方設立，其經費來源係由社租支付社師束脩。[4]乾、嘉以後，社學變成士子會文結社之團體，其經費來源，大多由紳民捐獻，因其多依附於文昌祠或文廟，故其經費亦有來自文昌祠或文廟之學租。

至於晚清臺灣建省後所設之洋式學堂之經費，則由省方撥付，以鹽務項下支付，每年支出約一萬兩以上，蓋教席及學生全為官費之故。[5]

師資方面，晚清臺灣各級儒學教授官之教授和教諭大都出身進士或舉人，而訓導則以出身舉人和貢生為主。書院之主講者曰院長，其出身大都為舉人、貢生或碩儒，偶而亦有進士任院長者，如開臺進士鄭用錫主持明志書院即為一例。至於義塾之師資，大都聘請生員或童生擔任。據《恆春縣志》云：「延請塾師，無論生童，務擇老成自愛，始可延請。」[6]可見塾師以老成自愛之童生或生員為延聘對象。而民學為臺灣最普遍之教育機構，其大部份為塾師設帳於自宅，亦有由殷戶延師至家設館，亦有巨室豪族延師於閭里以教族人，故其擇師標準不一，師資亦參差不齊。一般而延言，以出身生員為主，亦有舉人與碩儒，偶而亦有進士執鞭授徒於民學。

四、教育設施

清代臺灣的正規教育設施有儒學、書院、義學、社學、民學及西

---

3 郭輝，《臺灣省新竹縣志》，卷七教育志，（新竹，新竹縣文獻委員會，一九六〇），頁三〇。

4 溫吉譯，《臺灣番政志》，（臺中，臺灣省文獻委員會，一九六七），頁五二八。

5 李汝和，《臺灣省通志》，卷五教育志，教育行政篇，第一冊（臺北，臺灣省文獻委員會，一九七九），頁二三上。

6 屠繼善，《恆春縣志》，卷十義塾（臺北，大通書局，一九八四），頁一九五~一九六。

式學堂等，茲分別將其設置情形述之於後：

（一）儒學

清代地方制度，省之下為府，府設有府儒學，為一府之最高教育機關，由教授掌管，府之下有縣，縣設有縣儒學，由教諭掌管。另設訓導為教授或教諭之輔佐。晚清臺灣雖置東直隸州，但以開拓較晚，荒煙未啟，故未有州儒學之設。部份廳亦設廳儒學，其規制與縣學大致相同。

儒學創立之宗旨，在於育賢儲才，而掌管文廟，指導與監督生員，舉行士子月課，均為儒學之主要任務。府儒學隸屬於知府，受學政之監督，而由教授及訓導任教誨之責。縣儒學責隸屬於知縣，亦受學政之監督，其教誨之職，則由教諭及訓導任之。

臺灣自嘉慶以降，儒學即告不振。光緒元年（西元一八七五）臺灣實施「開山撫番」及開放移民渡臺之後，臺灣儒學之興建方告復振。至清季臺灣割日前夕，臺灣共有府儒學三，縣儒學十，茲列之於後：

（1）府儒學：臺灣府儒學、臺北府儒學、臺南府儒學。

（2）縣儒學：安平縣儒學、鳳山縣儒學、嘉義縣儒學、彰化縣儒學、新竹縣儒學、淡水縣儒學、宜蘭縣儒學、苗栗縣儒學、雲林縣儒學、恆春縣儒學。

晚清以降，臺灣已由移墾社會發展為文治社會，追求科舉功名及重視教育係當時之社會價值取向。[7]儒學一方面是地方最高教諭機關，也是培育人才之搖籃，不少士子經過儒學之訓練而金榜題名，竄升進入社會之上層，故它是科舉之訓練所，亦是出仕之墊腳石。

（二）書院

清代臺灣因儒學之設置，往往於府廳縣之設治已有時日方告創建，或根本不設儒學，故往往無法滿足臺地人民之需求，而義學、社學與民學，則以所授內容較為簡單，僅類似初等教育而已，亦不能滿足臺灣學子求取功名之需，可見「書院之制所以導進人才，廣學校所

7　李國祁，〈清代臺灣社會的轉型〉，（臺北，教育部社會教育司，一九七八），文化講座專集，頁一一九。

不及」。[8]因此書院在臺也頗為發達，甚至可說是清代臺灣教育之中心，對中華文化之傳播，及地方人才之培育，均有重大之貢獻。

清代臺灣書院之興建始於康熙年間，其後除同治朝外，歷朝都陸續有所興建。[9]清代臺灣各地書院之創建，或由官司，或由民間義舉，分設於各地，而由各地方官或有關者管理之，由院長主講，監院督之。每月舉行官課與師課之考試，發給膏伙，以為諸生之獎勵。

清代臺灣所建之書院，其可考者前後有四十餘所。[10]就其興建興盛的情況而言，依序以道光、嘉慶和康熙各朝為盛。尤以道光年間新建最多，達十所左右，[11]此乃因為嘉慶道光之際，臺灣之開發已達成熟階段之故。就地域分佈而言，臺灣縣（今臺南縣市）最多，他處較少。就其發展情形來看，早期以南部為多，而晚清則以中、北部為盛，此乃與經濟與政治中心北移有關。[12]

臺灣之書院制度，一如內地，其創立也，全部根據章程，而各書院亦多自訂學規，訓之以保身立志之道，勉之以讀書作文之法。至於各書院之教學方法，依月課成績考核，以督促學業之進步為目的。故其入學考試、月課、宣講等，均照預定方針進行。而特重人格教育。倡導學術研究自由之風氣。故書院對傳遞中華文化及維護道德傳統頗有貢獻。

（三）社學

清初以各省之儒學多在城市，鄉民居住遼遠，不能到學；乃於大鄉巨堡，設置社學，以為補救。清初社學遍設臺灣各地，而其種類，大致言之，有漢人及土著之分。漢人社學制乾隆年間已告廢弛，嘉、道以後，社學便成士子會文結社，以資磨練詩文、敬業樂群之所。故道光年間，彰化縣有拔社、振文社、噶瑪蘭有仰山社；光緒年間，新

---

8 《清高宗實錄》，卷二十，乾隆元年六月甲子條（臺北，華文書局，一九六四）。

9 拙著，《臺灣史研究》，（臺北，華世出版社，一九八一），頁五~八。

10 同前書，頁九。

11 同前書，頁八。

12 黃秀政，〈書院與臺灣社會〉，《臺灣文獻》，一九八〇，第三十一卷，第三期，頁十六。

竹有培英社等，雖名為社學，然僅事課文，定期集會，與學校無干矣！

　　至於土著社學亦盛行於清初，遍設於全臺南北路「熟番」處。迨嘉慶年間，不僅土著社學已漸廢弛，即官場弊竇亦告叢生。及道光年代，「熟番」急速漢化，毋須施以特殊教育，多就近入漢民之義塾就讀，故土著社學制度遂告中絕。

　　（四）義學

　　義學亦稱義塾，其設立之宗旨為教育閭里子弟家貧而不能延師，及不能就學者所設之教育機關。有官立者，亦有私立或官民合設者。而臺灣義學之創設導源於社學，雍正十二年（西元一七三四），巡道張嗣昌建議各「番社」置社師一人，以教社童；因此義學漸萌興機，而社學亦漸易其組織為義學。故當時習慣上雖多仍存在社學之名稱，然則實為義學。乾隆以降，社學已轉變為文士集會結社之總稱。而義學已普設於全臺各城鄉，其規制完備、經費充足者，概多兼有書院之目的，施行會課，已不僅為聚集孤寒生童之教育場所矣。

　　道光二十八年（西元一八四八），分巡臺灣兵備道徐宗幹蒞任之後，注意義學之刷新；特訂立義塾規約，以律當時全臺之義學。其後，同治之世，巡道吳大任、黎兆棠等來臺任職，留意作育人才，相繼於府城內外續建義塾十四所，合原有者及臺灣、鳳山兩縣下三所土著義學，總稱為道憲十八義學，統歸臺灣道管理。而各塾生徒則以三十名為限，少者亦須達二十名，均係閭里幼童，定例於正月二十日左右開塾，十二月二十日左右散塾，不收束脩，塾師則由道憲選考文理清通知生員擔任之。同治十一年（西元一八七二），各塾添巡查教職一員，每月三次到塾巡查，令各童背誦經書，以明塾師教讀之勤惰。翌年，巡道夏獻綸以義學為化民成俗要務，為加強各「番社」教化，增設「番」社義學三所，合前共二十一所。

　　至於其他各、廳，亦紛有設立，以教化該管人民子弟，如同治年間，淡水廳同知嚴金清洗後於該廳各要地設立義塾十七處，即其一例。

　　至於私人創設之義學，規模較大，成績可觀者，當推臺北士林芝山巖之文昌祠義學及板橋之大觀義學。

　　道光以降，由於土著急速漢化，土著社學漸告廢弛，義學興起後，「熟番」入義塾就讀者不少。如淡水廳之中港、後壠、新埔、貓裡等四義塾，即採漢、「番」共學之教育。迨光緒年間，由於政府進行開山撫「番」，為加強對「番民」之教育，乃先後於埔里社廳設義塾二十六處，卑南廳三十四處，恆春縣十五所，其他如宜蘭、阿里山等地均先後設立義塾多處，採漢「番」共學制，但仍以「番童」居多。至於學童之學雜費用及膳宿等費，由官供給，聘請通事或漢儒執教，授以簡單之讀書習字，然或以教育不得法、或因教師不忠於職務，「番童」多避就學，隨拉隨逃，故至割臺之際，幾告廢絕，所剩無幾矣！

　　（五）民學

　　民學為私塾，通稱書房，或稱學堂、書館。雖名異而實同。其設立之目的：一為使學童獲得讀書識字之能力；另一則作為將來科舉之準備，實具有初級基礎教育及預備教育之功能。民學設立之方式有三種：（1）讀書之士人所自設者；（2）鄉堡鄉里合資創設，延師教讀者；（3）豪門富紳延師以教子弟，兼收附讀學生者。學童入學年齡多在七歲左右，肄業年限在十年上下，並無限制，所授課程以四書五經及詩文為主。晚清臺灣民學之設置仍遍於街庄鄉里，至於其分佈情形，素不見舊志記載，而難以詳考。

　　（六）新式教育

　　現代西式教育之傳入臺灣，始於光緒二年（西元一八七六），基督教長老會創神學院於臺南，八年，傳教士馬偕（George Lealie Mackay）亦設理學堂大書院於淡水，皆以培育傳教人才，而非正式教育機構，但卻是西式教育入臺之始。光緒十年，馬偕創淡水女學院，招收女生三十五名，從事教讀。長老教會亦於光緒十一年，設男子長老教中學堂於臺南，越明年，又創女子中學堂，為臺灣最早之西方正式教育機構，但皆屬外人所創之私立學校。

　　臺灣官立之新式教育設施之創建則始於劉銘傳撫臺時期。劉氏曾先後於臺北創設西學堂、電報學堂及「番學堂」，採歐美新學制，以養成通達時務之人才。茲將此三學堂分別述之於下：

1.西學堂

西學堂創於光緒十三年，初設於臺北大稻程六館街。十七年遷新址於城內登瀛書院西邊。主要以講授外國語文、旁及普通科目如地理、歷史、測繪、理化、數學等科，聘洋人及留學生為教習；另聘國人教習三、四人，依照一般義學課程，授以經學及藝文。學生人數六十一人，其目的，除在培養所需之翻譯人才，以應付通商、籌辦有關交涉事宜外，更能研求機器、礦務、鐵路等現代科技。同時，為使學生兼讀本國之經史文字，理解本國文化，以免盡蹈洋氣，而有所偏廢。其眼光之遠大，用意之周到，實令人敬佩。奈何劉銘傳於光緒十七年去職後，新任巡撫邵友濂即予以裁撤而功虧一簣。

2.電報學堂

劉銘傳於光緒十六年於臺北大稻埕之電報總局內，設立電報學堂，招收西學堂及福建船政學堂之學生，共計十名，使之學習有關電報之各項技術，以便將來擔任司報生及製器手等職。開辦未及一年，亦為新任巡撫邵友濂所廢。

3.「番學堂」

光緒十六年，劉銘傳於臺北城內創設「番學堂」，以為教育土著之模範學校。該學堂設施有學監一人、教師三人、通事一人。招募北部大嵙崁、[13]屈尺、馬武督諸「番地」十歲至十七歲之未成年「番堂」，及「番社」頭目及有勢力者之子弟，合計二十名入學堂，翌年，又加募十名。其教學內容，依照民學之課程，授以四書、五經、三字經等書，兼授官話及臺語，並命其隨時溫習「番語」俾不忘本。其衣食文具，概由官給，且住於官建宿舍中，「番童」亦改漢姓，薙髮結辮，飲食起居亦盡求漢人化。每三月由教師及通事引導，至城內外觀光，認識民俗民情，以收潛移默化之效。修業年限三年，成績及格方得畢業，其特別優異者，可享有儒學生員之待遇，可謂頗具特色之學堂，惜於光緒十七年，亦為邵友濂所廢。[14]

13　今桃園縣大溪鎮。
14　盛清沂等，《臺灣史》，（臺北，眾文，一九七九），頁數三一六~三一七。

貳、日治時期的教育行政與教育設施

一、教育行政機關

光緒二十年（西元一八九四）中日甲五戰爭滿清失敗後，清廷於次年將臺灣割讓予日本，從此臺灣淪於日本之統治，日本政府於臺北設置臺灣總督府為全臺之最高軍事、行政機關。臺灣總督府之民政局學務部為當時全臺之最高教育行政機關，掌理全臺教育行政。然當時佔領伊始，兵馬倥傯，故一切組織甚為簡單。

明治二十九年（西元一八九六），臺灣總督府條例公布，並明令公布實施民政。此時學務部仍隸民政局，然已分教務、編纂二課，課之下再分掛（即股，以下同），組織已漸嚴密。翌年，因受行政縮編之影響，民政局改稱民政部，下轄之學務課仍分教務、編纂兩係，以掌理有關學校、教員檢定及編纂圖書等事宜。

明治三十四年，此時臺灣之教育已頗有發展，學校數及分教場合計七十餘所，書房義塾二千餘處，教員約二千八百餘人，學生數達四萬以上。[15]故於是年修正學務課分掌規程，增設視學係，成立正式之教育視導單位。同年，因民政部所屬單位過多，指揮監督困難，故將學務課改隸於民政部之總務局之下，而成第三級行政單位，但其職掌仍無太大變動。

明治四十二年，學務課又改隸內務局。越明年，學務課改稱學務部，隸於民政部，下分學務、編修二課，下再分掛。迨大正八年（西元一九一九），總督府官制修正，撤銷學務部，將其所轄之學務、編修二課改隸民政部下之內務局。其後曾再度遭縮編，直迄大正十五年，由於教育之迅速發展及臺灣當局者之注重教育，乃擴大教育機構，成立文教局，直屬於總督府。文教局置局長一人，並置視學官及社會教育事務官各數人。昭和四年（西元一九二九），文教局擴充成庶務、督學、學務、編修、社會五課。此後迄二次大戰期間，除二次世界大戰

15　汪知亭，《臺灣教育史料新編》，（臺北，臺灣商務印書館，一九七八），頁二五。

期間，文教局曾略做縮減之調整外，文教局一直為臺灣最高教育行政機關。

由上可知，日治時期臺灣總督府之教育行政機關變更極其頻繁，而地方之教育行政機關，亦因地方官制之變動頻繁而屢次變更。一般而言，日治初期，由於統治未臻穩固，因此，各州廳之教育行政概由庶務課兼理，支廳則由庶務係監理。迨明治二十九年臺灣總督府實施民政後，已有部份州廳設有學務課或學務係等教育專責機構。[16]但其仍始終附屬於各州廳之總務課或內務課之下，未能成為獨立之行政單位，使其功能無法盡量發揮。此外，太平洋戰爭爆發後，無論總督府之文教局或各州廳之教育行政單位，均著重於軍事之動員與皇民之練成等工作，而逐漸偏離其原來之職責。

整體而言，日治時期無論中央或地方之教育行政機關均變動極為頻繁，此一方面顯示日本統治臺灣之缺乏經驗及政策之不穩定性，令人有朝令夕改之感；但從另一角度觀之，亦可看出日本對臺灣教育努力嘗試之苦心，以期達到其統治臺灣之目標。

此外，日治時期，臺灣各級教育行政機關之職權劃分極為清楚，且各有重心，行政效率頗高，亦是值得一提。例如：其文教局直接管轄者僅限於各專門學校及師範學校，各州之學務課則只直接管轄中等學校，各市郡教育課或教育係只直接管轄各國民學校、青年學校，可見其教育行政機關分層負責，各有所司，而且組織嚴密的情形。

二、教育經費與教育視導

日治時期之教育經費，由國庫、州廳地方費及街庄費分別負擔。其負擔之區分，據法令之規定如次：

（一）公立之幼稚園、盲啞學校，國民學校及實業補習學校，教職員之俸給及其他各種給與，由州或廳地方費負擔；其他經費則由所屬州廳市街庄或街庄組合負擔。

16　同前。

（二）公立之中學校、高等女學校及實業學校，教職員之俸給由國庫負擔；其他經費，由設立者之州廳地方廢費負擔。

（三）高等學校、專門學校、師範學校、大學乃至教護院之經費，全由國庫負擔。

（四）圖書館、博物館等經費，由設立者負擔之，故或由國庫或公共團體負擔。[17]

由此可見日治時期之教育經費，其公立學校之教職俸給大部份由國庫負擔，而各級學校之經常費及臨時費則採分層負責之辦法。此分層負責之方法，較為公平合理，且可使地方人士對地方教育較為熱心。但其教育經費佔全臺灣歲出總預算之比率過低，顯示日政府對教育重視之程度不夠是其缺憾，如昭和元年迄昭和十二年其教育經費均未超出其歲出總預算之百分之十五，[18]即可說明此一現象。

日治時期臺灣的教育視導始於明治三十年，臺灣總督府學務課長於是年赴臺灣本島各地及澎湖從事學視察，亦為視學制度之濫觴。[19]當時視察範圍包括各級學校機關之人事、財政、行政狀況以及學生出席、課業成績、住宿狀況，以督促學校教育行政及學生求學之狀況。翌年，日政府發布「學事視察規程」作為學事視察之規範。但此時主要以視察傳統書房義塾及新式之小學校、公學校等教育設施之教育行政及學事事務等項。

明治三十四年臺灣總督府民政局學務課設置視學係，由現任教職者中甄選其富經驗技能者，兼任視察業務。至於專任視學官之設置，實肇始於明治四十二年所修正公布之「臺灣總督府官制」第十九條下，於「警視」之次加「視學官專任一人奏任（相當於今之薦任）」，又於「警部」之次加「視學」一人。[20]二者皆屬於總務局，承上官之指示，掌理有關學事之視察任務。亦為臺灣正式視學制度之開始。

17　李汝和，《臺灣省通志》，卷五教育志，教育行政篇，第二冊，頁一五九。

18　汪知亭，前引書，頁三三～三四。

19　曹先錕，《臺灣省通志稿》，卷五教育志，教育行政篇，（臺北，臺灣省文獻委員會，一九五七），頁八八。

20　同前書，頁九一。

　　大正六年日政府發表「臺灣總督府學視察規程」，將視學官之職責及視察之項目做明白之說明，並規定於直轄學校中甄選教職員任視學委員，由視學委員與視學官及視學分別相輔從事視察指導，以促進視導功能。[21]同時總督府廢止學務課中之視學係，將視學業務併入教務係辦理。大正七年各廳置廳視學，直屬於庶務課，以視察地方廳之教育，地方視學制度亦告確立。越明年，地方制度改正，各州、廳、郡、市均置視學，地方視學制度更趨完備。

　　大正十五年臺灣總督府文教局成立後，總督府置視學官五人，文教局置視學官四人，共同負責全臺之學事指導與監督。而各州廳郡市亦均置視學，以掌其轄區內之教育視導工作。至於由警務局所轄山地教育所之教育視導工作，則由警務局理蕃課置專任視學官一人，州之理蕃課及廳之警務課各置專任視學一人，分別負責執行視導任務。

三、幼兒教育設施

　　日治時期的幼兒教育設施俗稱幼稚園，其創設始於明治三十年（西元一八七九），由臺南教育會所創立，址在臺南市關帝廟，招收當地官紳及富家子弟入學，然因經費缺乏等因，於三年後即停辦。明治三十三年，又有私立臺北幼稚園創設於臺北市，以收容日人子弟就學，但亦經營不善而勉強維持。

　　日治三十八年，臺灣總督府公布「幼稚園規程」，並發布「臺北幼稚園規程」後，旋於同年設立臺北幼稚園於臺北，並同時將原私立臺北幼稚園廢止。此為臺灣最早之公立幼稚園，但至明治四十年又宣告停辦。

　　明治三十八年臺灣總督府公布「私立學校規則」後，不少幼稚園乃先後紛紛成立，其向政府立案者共十九所。[22]大正九年（西元一九二〇）臺灣總督府訂定「公立幼稚園辦法」，其後又分別制定「臺灣公立

21　臺灣教育會，《臺灣教育沿革誌》，（臺北，臺灣教育會，一九三九），頁五五。
22　李汝和，《臺灣省通志》，卷五教育志，教育設施篇，第一冊，頁四下。

幼稚園規則」、「臺灣公私立幼稚園官制」等法規，使幼稚園之法規趨於完備。根據上述各項幼稚園法規之規定：其就學年齡為三至七歲左右，其保育人員有園長及保母等職員。其教育方式曾先採「日、臺分離」及常用日語與否之分別教育措施。據統計，昭和十九年（西元一九四四）時，全臺共有幼稚園九十所。其中大多為私立，公立者僅二所。園童八、六七二人，其中臺籍者五、六九〇人，日籍者二、九四一人，其他籍者甚少。[23]

四、初等教育設施

（一）國語傳習所及其前身：明治二十八年，日本治臺之初，曾先後創設芝山巖學務部學堂、臺北日本語學校、宜蘭明治語學校、新竹竹城學館及基隆日本語速成學校等，招收臺籍青年入學，授予日語、會話、寫字等，以訓練通譯人才，但上述各校均屬臨時性質，並非根據正式法令設置，故於國語傳習所設立後，即先後廢校。

明治二十九年日政府於全臺各重要城市設國語傳習所十四所，招收甲、乙兩科學生，甲科生年齡十五歲以上、三十歲以下；修業半年，專習日語及初步之讀書作文；乙科學生為八歲以上十五歲以下，修業四年；修習日文、算數等科。其目的均在養成通譯人才。此國語傳習所至明治三十一年公學校成立後方告廢止，而為公學校所取代。

（二）公學校：明治三十一年日政府將臺灣各國語傳習所改為公學校與小學校。公學校招生之對象為臺籍兒童；在臺日人兒童則進入小學校就讀，採日、臺分離之教育，日本政府卻解釋為基本語文程度差異難以共學。公學校之學制雖屢有變更，但大致而言，其就學年齡在七歲以上、十二歲以下，修業年限四年或六年。公學校有校長主持校務，下有教諭任授課之職，另有訓導以協助教諭為務。公學校又設有二年制之實業科，對修業年限六年之公學校男畢業生，授予有關實業之知識技能，分為農業、工業、商業等科，實為一種簡易之職業教

23　同前。

育。此外，又設有二年制之初習科及高等科，為公學校畢業生再深造之途徑。

大正八年日政府又規定公學校得併簡易實業學校，將原有之公學校實業科併歸於簡易實業學校。

大正十一年日政府修正「臺灣教育令」，規定：「常用國語（日語）者入小學校，不常用國語（日語）者入公學校」。[24]表面上標榜日、臺共學，事實上臺籍兒童能入小學校就讀者寥寥無幾。同年，又將公學校課程中之漢文改為隨意科（選修科），以加強其同化政策，並規定六年制之公學校得設二年制之高等科，以加強職業教育。

昭和十二年由於中日戰爭爆發，日人為加強統治，乃廢止漢文課程。昭和十六年又將公學校改稱國民學校。

日治時期，臺灣公學校之發展相當迅速，據統計：明治三十二年時，臺灣有公學校九十六所，教職員三三七人，學生九、八三九人，至昭和十六年時，已增至八五二所，教職員一一、○一五人，學生六七八、四二九人。[25]成長快速，相當驚人。

（三）小學校：日治初期初等教育採日、臺分離教育，臺籍兒童入公學校，日童則入小學校。本島小學校之前身為明治三十年設於臺北之國語學校第四附屬學校，該校設小學科及補習科，小學科修業六年，補習科修業二年。

明治三十一年日政府頒布「臺灣小學校官制」，並於是年起於全臺各重要城市設置官立小學校，迄明治三十四年全臺已有十二所小學校。其修業年限尋常科六年，高等科二年，其後修業年限會再度修改。

大正十一年日政府修正「臺灣教育令」，規定常用日語之兒童入小學校就讀，但臺籍兒童能入小學校就讀者極少。迄昭和十一年時，日籍學齡兒童就學於小學校之就學率已達九九％；而臺籍兒童僅佔小學校學生總數之五％左右。至昭和十六年全臺小學校均改稱國民學校。

24　該令第二十一條之規定。

25　李汝和，《臺灣省通志》，卷五教育志，教育設施篇，第一冊，頁三三~三五。

　　（四）國民學校：昭和十六年日政府為加強臺民對日本之認同，將全臺小學校及公學校一律改稱國民學校，招收六歲至十四歲之兒童就讀。但國民學校之課程有第一號表、第二號表、第三號表之別。其第一號表之國民學校，實為小學校之化身，大多為日籍兒童及常用日語之臺籍兒童就讀；第二號表之國民學校則為原公學校之化身，第三號表則為「蕃人公學校」及偏遠地區之公學校之化身。修業年限均為六年。並得依地方狀況設置二年制之高等科。至昭和十九時，全臺共有國民學校一、○九九所，教職員一五、四八三人，學生三二、五二五人。[26]

　　（五）「蕃人教育所」與「蕃人公學校」：明治二十九年日政府於各地設國語傳習所及其分教場，以普及原住民之日語教育。迨明治三十七年又創設「蕃人教育所」，以教化原住民，召集「蕃童」，授以禮法、農耕、日語、算數等課程，修業四年。從此，臺灣原住民之教育乃採國語傳習所及「蕃人教育所」雙軌並行制，與漢人及在臺日人有別。明治三十八年廢止國語傳習所及其分教場，同時設置「蕃人公學校」以為原住民兒童之教育機構。同年並公布「蕃人就學條例」及其規程，[27]規定其修業年限為四年，課程內容為修身、日語、算術。更得依當地情形酌加設農業、手工及唱歌等一科或數科。此時原住民之就學機構仍維持公學校與教育所並行制。

　　大正十一年日政府修訂「臺灣教育令」後，將「蕃人公學校」改稱公學校，修業年限為四年或六年。其後，自昭和十年至昭和十四年為止，原住民子弟被收容於公學校就讀者，計有臺東、花蓮兩廳普通行政區域內之二十四校及高雄、臺中兩州之「蕃地」凡五校，共計二十九校，學童五千餘人，就學率達七四％。[28]

　　昭和十六年日人將公學校及小學校一律改稱國民學校，但課程內

26　臺灣行政長官公署統計室，《臺灣省五十一年來統計提要》，（臺北，臺灣行政長官公署統計室，一九四六），頁一二一二。

27　臺灣教育會，《臺灣教育沿革志》，頁四六八～四七一。

28　李汝和，《臺灣省通志》，卷五教育志，教育設施篇，第一冊，頁四○。

容有第一號表、第二號表、第三號表之分，其中第三號課程表之國民學校為原住民之就學機構。此類國民學校不設高等科，修業年限六年。

　至於由警察機關主管之「蕃人教育所」，亦於昭和十八年由四年制改為六年制。迄昭和十九年全臺之教育所共有一一八所，學童數一○、三八三人。[29]

　臺灣原住民兒童之教育，自昭和七年視學制度創立後已日漸普及，迨昭和十六年時，原住民兒童之平均就學率已達八六‧三五％。其中以賽夏族之九四‧二六％為最高，蘭嶼雅美族之六七‧一％為最低。原住民之就學率較漢人為高，其就學率甚高之原因，除學生之教科書及學業用品全由政府供給外，並用警察力量強迫或誘導入學，故其就學率甚高。[30]

五、中學教育設施

　日治時期之中學教育亦稱高等普通教育，採男女分校之原則。且迄大正十一年日本修正「臺灣教育令」為止，臺灣之中學教育仍行臺民子弟與日人子弟分離教育之措施。

　日治時期之中學教育始於明治三十四年創設之國語學校第四附屬學校附設尋常中學科，為在臺日人子弟之就學機構，明治三十五年改稱中學部，明治四十年中學部又獨立為臺北中學校。分為第一部及第二部。第一部入學資格為尋常小學校肄業五年以上，修業年限六年；第二部入學資格為尋常小學校畢業者，修業年限五年。並於第一部另設高等科，修業年限二年，第二部設補習科，歇業年限一年。大正三年又成立五年制之臺南中學校。以上二所中學均屬州立，臺胞不能入學就讀。[31]

　至於臺民之中學則遲至大正四年才在部份臺胞之請願下設立公立

29　同前書，頁四三。
30　汪知亭，前引書，頁四九。
31　盛清沂等，前引書，頁五九三。

臺中中學。其土地及創校經費均由臺胞自行籌措。該校修業年限四年，招收公學校四年以上或同等學力者入學。公立臺中中學校之程度，無論修業年限及入學資格均較日人所進之中學校低，且四年制公立中學畢業後並無報考日本專科以上學校之資格，再進學之機會遭到限制。

大正八年臺灣教育令公布後，公立中學改稱公立高等普通學校，修業年限仍為四年，但入學資格則改為六年制公學校畢業者。大正十年又提高修業年限為五年。[32]

大正十一年日政府又將前述各公立高等普通學校，一律改稱公立中學，修業六年，與日本國內中學之學制及課程一致；而入學者不分臺胞或日人，凡六年制公學校畢業或同等學力者均得入學，採「日臺共學制」，但臺胞能入中學就讀者仍極少數。據統計：昭和十五年時，全臺公私立中學之入學錄取率，日人之錄取率為六一・九％；而臺胞之錄取率僅一八・七％。[33]兩者相去甚遠。

昭和十三年日政府始准許私立中學之創設，私立臺北中學校及私立淡水中學校遂於該年創立；次年，又有私立長榮中學校及私立國民中學校創立。[34]

昭和十八年日人又將中學校修業年限改為四年，並將課程簡化，同時廢止補習科，並設夜間中學校。其目的均希望學生提早畢業，以便入伍服役，挽救其日益挫敗之戰局。迨昭和二十年日政府為配合戰爭需要，更規定全臺學校必須動員全年三分之一以上時間從事糧食生產與軍事操演。因此，中學教育之品質乃更江河日下。據統計：昭和十九年時，全臺共有男子中學校二十二所，其中公立十八所，私立四所，學生一五、一七二人。[35]

至於日治時期臺籍女子之中學教育則始於明治三十年創設之國語

---

32 臺灣教育會，《臺灣教育沿革志》，頁七六九。

33 李汝和，《臺灣省通志》，卷五教育志，教育設施篇，第一冊，頁四九。

34 同前書，頁五二~五三。

35 同前。

學校第一附屬學校女子分校場，僅教授普通常識及技藝。明治三十五年改稱第二附屬學校。明治三十八年改為中等程度之女子學校。明治四十一年遷校至艋舺，設師範科、師範速成科及技藝科。師範科及師範速成科旨在培養公學校教員，技藝科則傳授技藝。修業年限各為三年，速成科二年。大正八年改稱公立臺北女子高等普通學校，修業年限三年。此外，尚有彰化及臺南二所女子高等普通學校。大正十年地方制度改正，上述三所女子中學均改州立。

至於日人在臺女子就讀中學之創設，則始於明治三十七年設於臺北之臺灣總督府國語學校第三附屬高等女學校；明治四十二年該校獨立為臺灣總督輔高等女學校。大正六年改稱為臺灣總督府臺北高等女學校，並設分班於臺南，同年秋，臺南分班獨立為臺灣總督府臺南高等女學校。次年，上述二校均改為州立高等女學校。

大正十一年日政府將全臺之女學校概稱為高等女學校，修業年限以四年為主，採日臺共學制。昭和十三年日政府准臺人創立私立中學，其後乃有私立淡水高等女學校及私立長榮高等女學校先後創立。據統計：迄昭和十八年時，全臺有高等女學校二十二所，公立者二十所，私立二所，學生一二、○○七人。[36]

六、師範教育設施

日治時期最早之師資養成機構為創建於明治二十九年四月之芝山巖教員講習所，招收具有日本小學教員資格者，施以三個月之訓練，然後分發至各國語學校及國語傳習所任教師。但該所為臨時性質，至明治三十四年即停辦。

日治時期正式之師資養成機構為創於明治二十九年五月之國語學校師範部。招收具有尋常中等學校第四學年程度之日本人入學肄業，修業年限二年。明治三十二年又將修業年限改為三年，並於臺北、臺中、臺南各置師範學校一所。

36　同前書，頁六四~六六。

　　明治三十五年日政府將臺北、臺中兩師範學校廢止，將其合併於
國語學校及臺南師範學校。並將國語學校師範部改設甲、乙兩科，甲
科專收日籍學生，修業年限二年，乙科收臺籍學生，修業年限三年。[37]
越明年，又將臺南師範學校廢止，歸併於國語學校。迨明治四十三年
國語學校設小學師範部及公學師範部。小學校師範部專門培養日籍小
學教員；公學師範部分甲、乙兩科，甲科培養日籍公學校教員，乙科
培養臺籍公學校訓導。大正七年國語學校又設分校於臺南。

　　大正八年原國語學校改名為臺北師範學校，而臺南分校則獨立為
臺南師範學校。招收中學校畢業之日本人，修業年限一年，畢業後得
任小學校或公學校甲種教員。臺人欲報考者則須六年制公學校畢業以
上學歷，修業年限為預料一年，本科四年。畢業後得任公學校乙種教
員。當時師資培養機構除上述二校外，尚有公學校教員講習科及女子
高級普通學校師範之設。[38]

　　大正十一年日政府修訂「臺灣教育令」後，將師範學校分為小學
師範部及公學師範部，各部又分為普通科及演習科。普通科入學資格
為尋常小學校畢業程度，修業年限五年。結業後可入演習科。演習科
除收普通科畢業生外，並得酌收中學校及女學校畢業生，修業年限一
年。[39]小學師範部畢業者得擔任小學本科正教員；公學師範部畢業者，
得擔任公學校甲種本科正教員。此外，演習科之上又設研究科，修業
年限一年。

　　昭和十八年日政府將師範提高至專科程度而改稱專門學校，廢止
演習科，改置預科及本科。預科收國民學校高等科畢業生，修業二
年；本科招收預科及中學校或高等女學校畢業生，修業年限三年。各
校得分設男子部及女子部。昭和十五年時，臺灣共有臺北第一、臺北
第二、新竹、臺中、臺南、屏東六所師範專門學校。但至昭和十八年
時，臺北第一與第二師範學校合併改稱臺北師範專門學校，而新竹師

37　國語學校規則改正第七條規定。
38　詳見李汝和，《臺灣省通志》，卷五教育志，教育設施篇，第一冊，頁七一～七二。
39　昭和八年（一九三三）後改為二年。

範則改為臺中師範專門學校新竹預科；屏東師範亦改成臺南師範專門學校屏東預科，全臺只剩臺北、臺中、臺南三所師範專門學校，以迄於二次大戰之後。

七、職業教育設施

日治時期之職業教育稱實業教育。日治初期之職業教育機關大多為非正規教育之講習所，如農業試場講習班、糖業講習所、工業講習所及林業講習所等。[40]而正式職業教育設施之成立始於大正六年之臺灣總督府商業學校。招收尋常小學生畢業生，修業五年。大正九年該校改為臺北州立臺北商業學校。此外，日人亦於大正七年設臺灣總督府工業學校於臺北，其學制與商業學校相同，亦於大正十年改為臺北州立臺北第一工業學校。上述兩職業學校均專為日人而設。

至於屬於臺民就讀之職業學校則稱為臺灣公立實業學校及公立簡易實業學校。臺灣公立實業學校共三所於大正八年正式成立，分別為公立臺北工業學校、公立臺中商業學校、公立嘉義農林學校。均招收六年制公學校畢業生，修業年限均為三年。越明年，三校均改為州立，另外，大正八年公學校實業科廢止後，又設立公立簡易實業學校共二十四校，學生八五三人，大正十年廢止時，增為二十八校，學生一、一三二人。[41]

大正十一年日政府以前設立之所有職業學校全部廢止，將臺灣之職業學校分農、工、商、水產四種，修業年限為三至五年，入學資格為尋常小學校或六年制公學校畢業者。亦招收高等小學校或公學校等科畢業者，修業年限二至三年，亦得延長一年。二次世界大戰發生後，修業年限一律改為四年，並全部改為州立。此外，另設有公立實業補習學校，國民學校畢業即可入學。據統計，昭和十九年時，全臺共有職業學校一一七所，學生三二、七一八人。其中農林學校九所，工業學校九所，商業學校八所，水產學校一所及實業補習學校九○

40　詳見李汝和，《臺灣省通志》，卷五教育志，教育設施篇，第一～二冊，頁八四～八九。
41　同前書，頁九四上。

所。[42]

八、高等教育設施

日治時期臺灣之高等教育始於明治三十二年臺灣總督府醫學校之創立，其後有臺灣總督府農林學校、臺北高等商業學校、臺北帝國大學、臺南高等工業學校及私立臺北女子專門學校先後成立。日治時期之初等及中等教育採日、臺分離之差別教育，因此臺籍學生程度較差，臺人能受高等教育者不多。其高等教育設施幾成為在臺日人子弟之專屬教育設施。迄昭和十九年時，全臺共有臺北帝國大學附屬醫學專門部、臺中農林專門學校、臺北經濟專門學校、臺南工業專門學校、臺北高等學校、臺北帝國大學及私立臺北女子專門學校等高等教育設施，其學制不一，大體而言，已招收中等以上學校畢業生為主，修業年限一至四年不等。

九、特殊教育設施

日治時期臺灣之特殊教育已逐漸奠下基礎，盲啞學校及感化院先後設立。日治時期臺灣共有盲啞學校二所，即臺南盲啞學校及臺北盲啞學校。前者創始於清季，由英國長老教會所創，大正十一年改為臺南州立。後者於昭和三年由日政府所創。招收盲生入學肄業，分普通科與技藝科，普通科修業年限五年，技藝科修業年限為三年。普通科授予修身、日語、算術等課程，技藝科則以按摩術及各種 生活技能之傳授為主。

此外，臺灣感化教育設施亦於明治四十二年設立，由日本佛教真宗本願寺臺北別院創立臺北成德學院於臺北內湖。該院至大正十一年捐給臺灣總督府而改名為臺灣總督府成德學院，以收容環境及素質不良之兒童，且以精神及身體有缺陷者為多，設本科及補習科。本科修

---

42 臺灣行政長官公署統計室，《臺灣省五十一年來統計提要》，頁一二一二～一二一三及一二二四～一二二七。

業六年，補習科二年。至昭和九年，該院又改稱臺灣少年救護院，以迄二次大戰。

十、書房與義塾

日治初期，書房義塾仍為臺民之主要初等教育機構，全臺曾達一千餘所。日人最初對數量如此龐大之教育設施，既難以取締，又無法加以利用，遂鼓勵其加授日語、算術及日本歷史等科目，以收同化之效。迨明治三十一年日政府公布「書房義塾規則」[43]後，書房義塾須受地方官之監督，教學內容亦受規範，從此其發展大受壓抑，數量日減。其後又以公學校教育日漸發達，使其更難生存。至昭和十四年底，全臺只剩十七所，學生九三二人，[44]迨昭和十八年（西元一九四三）日政府明令廢止書房義塾後，書房義塾遂告停辦。

十一、社會教育

日治時期社會之發展乃循序漸進，初期以日語之推行為主，繼則有各種敦風勵俗之社會團體紛紛成立，迨蘆溝橋侵華戰爭爆發後，則以皇民化教育為主要工作。尤以太平洋戰爭爆發後，其社會教育經費竟居其他教育經費之首位，可見其對社會教育之重視。故本文擬就其日語之推行、社會教育團體、皇民練成及一般教育設施等方面述其發展情形於後：

（一）日語之推行：日治時期對日語之普及甚為重視，自明治二十九年即於臺北芝山巖設國語（即日語，以下同）傳習所，其後各地均有國語傳習所之設。至國語傳習所改為公學校後，日政府於各公學校內設有國語夜學會、國語普及會、國語獎勵會等，由各校自行辦理，教師義務任課，以推行日語教育。昭和五年以後，全臺各地更紛紛設立國語講習所及簡易國語講習所，甚至動用警察力量，勸誘臺胞

43　盛清沂等，《臺灣史》，頁六〇六。
44　同前。

利用夜間上課，尤以山地地區之績效為佳。據昭和十二年之統計，當時全臺有國語傳習所二、八一一所，學員一八五、五九〇人，簡易國語傳習所一、五五五所，學員七七、〇七一人。[45]

（二）社教團體：日治時期之社教團體非常多，如成立於明治三十三年之天然足會，其他如宜蘭同風會、臺中之風俗改良會、臺灣同化會、政風會、敦風會、自強會、主婦會、同仁會、矯風會、俗德會、向陽會、部落振興會、教化聯合會、自治會等，大多以移風易俗，促進日、臺民之融合為宗旨，或以同化臺民、培養所謂「日本精神」為目的之社團亦不勝枚舉。

（三）皇民練成之組織：日治時期對臺灣青少年施以各種訓練，以磨練其身心，達到「皇民化」為目的，如青年會、青年團、青年訓練所、青年學校及少年團等，即是皇民練成之組織。

（四）一般社教設施：日治時期之社會教育相當發達，其以啟發民智、陶冶性情、增進身心健康之社教設施不少，據民國三十五年（西元一九四六）之統計：日治末期，全臺之一般社教設施有圖書館九十三所、博物館六座、動物園一所、植物園一所、運動場二十三處、游泳場二十四所、劇院一二九所、公會堂集會所二一二所。[46]

參、二次大戰後的教育行政

一、教育行政機關

民國三十四（西元一九四五）年臺灣成立臺灣行政長官公署於臺北，為全臺之最高行政機關。行政長官公署內設教育處，掌理全省教育行政業務。教育處內設秘書、督學、編審、會計、統計五室及第一、第二、第三、第四科，第一科掌高等教育及師範教育，第二科掌中學教育及職業教育，第三科掌國民教育及地方教育行政，第四科掌

45　同前書，頁六〇三。
46　汪知亭，《臺灣教育史料新編》，頁一二二。

社會教育。另設中等國民學校教員甄選委員會，以處理各相關業務。

　　地方教育行政方面：臺北市設教育局；各縣市政府則設教育科，掌理各該縣市之教育行政業務。教育局下分設國民教育、中等教育及社會教育三課；教育科下設國民教育、中等教育、社會教育三股，或僅設國民教育及社會教育二股。此外，自民國三十五年起，縣轄市之市公所亦設教育課以掌教育業務。

　　民國三十六年五月，行政長官公署改組為省政府，教育處亦隨之改為教育廳，但一切組織仍舊。其後，由於各級教育迅速發展，原有組織漸不能適應實際需要，乃增設若干單位並調整其職掌。至民國四十四年時已擴編為六科、四室、八委員會。[47]地方教育行政則仍維持臺北市設教育局；其他各縣市設教育科之制度。

　　民國五十七年，為配合九年國民教育及各級教育普遍發展之需要，政府乃自是年八月起，將各縣市教育科改為教育局。教育局下設秘書、督學室、安全組、第一、二、三、四課及國民教育輔導團。秘書綜核文稿及辦理不屬於其他單位之業務；第一課辦理學校教務、訓導及教育人事；第二課辦理增班設校、修建設備、學校總務及教育經費等業務；第三課辦理社會教育、補習及藝術教育等業務；第四課辦理體育、衛生、保健、服務等業務；督學堂辦理教育視導及有關駐區督學行政；安全組辦理教育人員安全業務及保防教育；國民教育輔導團分國民中、小學兩組，各輔導國民中、小學教學工作。

　　民國六十二年八月，臺灣省政府令各縣市教育局修訂編制，簡化機構，廢秘書，並將第一、二、三、四課，分別改為學務管理、國民教育、社會教育、體育保健、人事五課。而省教育廳亦於同年九月將編制稍做修正，將第六科改為總務室，其他部門亦做小幅調整，其後迄七十九年均未做大幅變動。

47　即第一~六科，秘書室、主計室、人事室及中等學校教員檢定委員會、國民學校教員檢定委員會、衛生教育推行委員會、教育研究委員會、國語推行委員會、編審委員會、特種教育基金處理委員會、建教合作委員會。

二、教育措施與學制系統

臺灣二次大戰後，國民政府在臺之教育基本方針，據李汝和氏之看法認為係在於肅清過去日據時期所施行之殖民地教育政策，根據中華民國教育宗旨，推行自由民主的三民主義教育。故當時政府主要之教育措施為：調整學校制度、增加學校數量、充實教育內容、編訂教材、修訂學校課程、加強社會教育、推行國語教育、培養優良師資、訓練教育行政人員、加強學術研究、改進教育視導……等工作。[48]

民國三十八年冬，戡亂軍事逆轉，國民政府遷臺，乃宣稱「積極建設臺灣，準備反攻大陸」為最高國策。因此，教育部為配合時代與環境需要，特於三十九年六月訂頒「戡亂建國教育實施綱要」，[49]以加強三民主義教育，修訂各級學校課程，獎勵學術研究，準備收復區教育重建等為首要工作。在臺省教育當局方面，於民國三十八年頒訂「非常時期教育綱領」，以適應需要。至民國四十一年初，又訂頒「臺灣省各級學校加強民族精神教育實施綱要」、「臺灣省各級學校加強生產訓練及勞動服務實施綱要」、「臺灣省高中以上學校軍事訓練綱要」、「臺灣省各級學校課程調整辦法」、「策勵本省教育人員推行各種方案辦法」等五種，[50]以改革本省教育。

自民國四十五學年度起，臺灣之教育，由於教育工作人員之努力，社會人士之支持，外援之配合，人口之增加與人民生活之改善，所以不僅僅在量方面有飛速的發展，而且在內容上有許多創造性的措施。例如：在教育行政方面：有確定中小學教育改進方針，創立教師福利制度，設置教育建設基金，舉辦中小學教室普查，精簡中等學校行政事項；在國民教育方面：有強迫學齡兒童入學，試辦國校畢業生免試升學，三對等增建教室，取締惡性補習，增設小型國校，縮小學

48　李汝和，《臺灣文教史略》，（臺中，臺灣省文獻委員會，一九七二），頁七三~七五。

49　臺灣省教育發展史料彙編編輯委員會編輯小組，《臺灣教育發展史料彙編》（以下簡稱臺灣教育發展史料彙編，不註作者），社會教育篇，（臺中，臺灣省教育廳，一九八九），頁一三。

50　同註49引書，高中教育篇，頁二六二~二七二。

區，推行營養教育等項；在中等教育方面：中學有省辦高中、縣市辦初中，計劃設校，改進入學考試，實施初中工藝教育，興建學生宿舍等項；職業學校有實用技藝訓練中心之創立，發展水產教育，改進農職教育，加強工職教育，縣市立職業學校逐步改歸省辦，舉辦學生技藝競賽與展覽等項；在高等教育方面：設立博士學位，成立夜間部，舉辦聯合招生，軍警學校授予學位，辦理長期發展科學等項；社會教育方面：有失學民眾強迫入學，設置失學役男補習班，舉辦國軍隨營補習教育，推廣勞工補習教育，創設體育場等項。[51]

　　民國五十五學年度以後，臺灣之教育不只在量方面仍呈驚人之發展，而且在質之提高方面亦成為教育當局施政之重點，極力注意內容之充實與改進。因此，有不少革新之措施，如建立公開之人事制度，實施九年國民教育及發展特殊兒童教育，大力推展職業教育，調整高中與高職學生比例，開創空中補習教育，實施大專學校評鑑等措施。

　　民國五十七年，九年國民教育施行後，一方面為適應國中畢業生就業需要，一方面為配合經濟發展，政府更大力推行職業教育，民國六十九年教育部更進行規劃「延長以職業教育為主的國民教育」，實施計劃草案經行政院核定於七十二年七月在臺澎、金馬地區實施。此項計畫之總目標，係依據國家建設及教育發展需要，傳授青年職業技能，並加強其職業道德及文化陶冶，以培養基層之優秀技術人才及現代化之健全國民。為達成上述目標─除規劃增設專業性之職業學校外，每年適當的擴充高級中等學校教育機會，對國中畢業而未滿十八歲者，施以部份時間的職業進修補習教育，並推廣各級各類補習教育及空中教學，建立職業進修教育體系。其實施進度，分為近程（七十二年至七十五年），中程（七十五年至七十八年）與遠程（七十八年至八十一年）三階段進行，希於近期內達成全面提昇國民知識及技術水準之目標。不過上述自民國七十二年以來，所推行「延長以職業教育為主的國民教育」之教育政策，日前已受到質疑。甚至或說現今升學主義之

51　汪知亭，前引書，頁二四一~二四二。

嚴重，國民中學較學之不正常化，都與此一發展職業教育政策有關。

　　二次大戰後在學制上有所變革，其所採行之學制可分為國民教育、中等教育、高等教育三階段。此外，尚有學前教育及僑民教育等，茲分述於後：

　　（一）學前教育：一般通稱幼稚教育，收六歲至四歲之兒童保育之，採自由入學方式。

　　（二）國民教育：依憲法規定，受此教育者為六歲至十二歲之兒童，免納學費。其已逾學齡為受國民教育之國民，一律受補習教育，亦免納學費。民國五十七學年度開始實施九年國民教育；依照九年國民教育實施條例第二條規定：「國民教育分為二階段；前六年為國民小學；後三年為國民中學。」國民中學生亦免納學費。

　　（三）中等教育：中等教育包括中學、師範學校、職業學校等。中學原來分為初級中學及高級中學，修業各三年。初級中學自民國五十七學年度起，改為國民中學，分發國小畢業生入學，不需經過考試。高級中學招收公私立初級中學畢業生，或同等學力者。師範學校則以培養小學師資為目的。師範學校原招收初中畢業生，修業年限三年；入學年齡為十五足歲至二十二足歲。特別師範科，招收高高中及高級職業學校畢業生，修業年限一年。幼稚師範科，招收初中畢業生，修業年限四年。簡易師範科，招收初中畢業生，修業年限一年。民國四十九學年度，政府擬將師範教育提高為專科程度，改招高中、高職畢業生，修業年限三年，但此三年制之師專招生情況不佳，而於民國五十二學年度起，改為招收初級中學畢業生，修業年限之五年制師專，並於五十六學年度全部改制完畢。職業學校原分初級職業學校及高級職業學校。初級職業學校，招收國民學校或小學畢業生，修業年限為一至三年，入學年齡為十二歲至十八歲。初級職業學校至五十七學年度停辦。高級職業學校，招收初中或三年制初級職業學校畢業者，修業年限三年，入學年齡為十五歲至二十二歲。高級職業學校計分農、工、商、護士、助產、家事、水產等職業學校。此外，另有五年及六年一貫制之職業學校，招收國民學校畢業生，入學肄業五年或

六年，但此一貫制之職業學校於民國五十七學年度起停辦。

（四）高等教育：高等教育可分為專科學校、專修科、大學及研究所。專科學校可分為五年制、三年制及二年制三種。五年制者招收初中或同等學力畢業生，修業五年；三年制者招收高級中學畢業生，修業三年；二年制者招收高職畢業生，修業二年。專修科則為大學或獨立學院所附設，招收高中及同等學力畢業者，修業二年。大學及獨立學院則招收高級中學畢業或同等學力者，修業年限：醫學院六年，師範學院五年，其餘均四年。研究所則設於大學內，修業年限二年以上，經碩士、博士考試及格者，授予碩士、博士學位。

三、教育經費與教育視導

我國教育經費，向由中央、省、縣三部份負擔，且採憲法保障主義。憲法第一六四條規定：「教育科學文化之經費，在中央不得少於其總預算額百分之十五，在省不得少於其預算總額百分之二十五，在縣市不得少於其預算總額百分之三十五，其依法設置之教育文化基金及產業應予保障。」一般而言，中央負擔之教育經費，由國庫統支，以分配於高等教育為主，省負擔之教育經費，以分配於中等教育為主，縣、市負擔之教育經費，由縣、市政府統收統支，以分配於初等教育方面為主。二次大戰後之教育經費即依照上述之規定籌措、分配及使用。

二次大戰後教育經費之來源，主要部份是來自政府所列之預算。預算外之各種教育基金利息，國外援助，私人捐贈等，為數均少。惟自民國五十五年七月起，若干縣市徵收地方教育捐，以補地教育經費之不足。此外，各級學校徵收學費亦為重要來源之一。

二次大戰後，因百廢待舉，經費困難，故民國三十五年度省教育經費僅佔該年省總預算之五‧六五％。此後各級教育迅速發展，教育經費亦相應迅速增加，民國三十六年度時，教育經費已佔省總預算之二五‧四七％。其後除民國三十八年度、四十年度及四十五年度三年略低於二五％外，均合乎憲法之規定。其中民國五十一及五十八年度之

教育經費更高達佔省總預算之三一％以上，為四十餘年來最高紀錄。[52]

　　至於各縣市之教育經費，於民國三十五年度時所有縣市教育經費之總數，佔所有縣市總歲出四‧〇四％，其教育投資甚少。惟自民國三十八年度起，此項比率已提高至三二％以上。[53]此後隨臺灣經濟之發展與國民教育發展之需要而逐年增加，至民國五十年度已增為佔總歲出之三六‧七九％。其教育經費總額亦較三十五年度增加一三‧八六倍，促使地方國民教育迅速發展。五十七學年為實施九年國教之第一年（即五十八會計年度）所需要經費更為龐大，因而使縣市教育經費合計增加至佔縣市總預算合計之五三‧二五％，其較三十五年度更增加達四五‧四四倍。[54]此後由於地方經濟之發展，地方財源較多，因而縣市教育經費合計所佔之比重亦相對略為下降。至七十九會計年度，縣市教育經費合計較三十九年度已增加一、一九二倍強，但比重則降為佔省總預算之四六‧九六％。[55]

　　臺灣二十一個縣市中，七十九年度教育科學文化支出預算佔其縣市實質總預算之百分比，超過五〇％者有三縣，佔四〇％至五〇％者有十四縣市，其餘四縣市亦佔三五％以上。另外院轄市之臺北市及高雄市亦達憲法規定之二五％。[56]臺灣地區政府投資教育經費之龐大及對教育之重視由此可見。

　　教育行政機關為執行教育政策，推行教育政令，須瞭解各教育事業機構之設施與教學活動能否與社會需要相配合，作為計畫發展與研究改進之依據，故須有教育視導工作之配合。教育視導工作之內涵具有視察、調查、輔導、考核、研究等步驟，依其任務應有教育行政研究發展考核等效用。

52　臺灣省教育廳統計室，《臺灣省光復以來各級教育發展概況（民國三十五學年至七十四學年）》（臺中，教育廳，一九八六），頁七六。

53　同前。

54　同前。

55　臺灣省教育廳，《中華民國七十九學年度臺灣省教育統計年報》，（臺中，臺灣省教育廳，一九九一），頁四五四。

56　同前書，頁四六六~四七七。

　　依照行政劃分之原則，教育部對全國各級教育機關均有視導之權，但主要以專科以上學校為視導對象；省教育廳則對全省各省立教育機關及中等學校為視導對象；而縣市教育局（科）則對區內各國民教育、社會教育及幼兒教育有視導之權。

　　教育部設有督學室，督學室置督學以擔任視導工作。據民國三十二年教育部頒「教育部督學服務規則」第二條之規定：督學之視導分定期及特殊兩種，定期視導又分為分區視導與分類視導，每年一度行之。特殊視導，依該部次長臨時命令行之。督學視導之重點以各校之學校行政、教學方法、各項辦理成績等之考核為主。至於專門學科如美術、音樂、體育、生物、化學、物理等科目，非人人所能瞭解，故自民國五十一年起，全國各級視導機構，乃有專科督學之設置。至民國七十年教育部又修正督學服務規則，將一年視導一次改為每學期視導一次。除督學視導外，教育部為提高大專學校學術水準，促進各校不斷改進，特於六十四學年度起實施大專評鑑工作，各校每三年評鑑一次，由教育部成立評鑑委員會，由教育部人員及聘請專家學者擔任評鑑委員。評鑑內容包括師資、設備、行政、課程、經費與十年來畢業生就業及深造情形。無論督學視導或評鑑，均需事先擬定計劃，然後按計劃實施，然後就視導所得，撰寫報告，評定等第，優者獎勵，劣者促其改善。

　　省教育廳對省內各中等學校以下學校（含中等學校）及省轄教育機關均有視導之權。臺灣二次大戰後，其視導之責由省教育處督學室負責。其視導除定期視導外，遇有特別事故，得由處長臨時派往視導。定期視導每學期一次，於學期中行之，採分組分區進行。教育處視導除一般行政之視導外，尚有專科視導。行政視導由現有督學擔任，專科視導則由專才負責。故省教育處於民國三十五年五月公布中小學專科視導辦法，於省教育處內成立中等學校專科視導委員會，由委員會聘請對各科有十年以上之教學經驗、並著有成績者為指導員，將全省分為若干視導區，每學期至少須視導區內學校總數十分之一。專科視導委員會之任務，除派員視導教育外，並得舉辦各種教師進修

之設施，如：講習班、施行實驗、編印刊物等，以期教學之改進。

民國三十九年，省教育廳為加強視導工作及增進教育效能，乃公布臺灣省政府教育廳駐區視導辦法，將全省劃分為六視導區，採駐區視導責任制，派任督學一至二人為駐區視導。駐區視導人員以一學期調換一次為原則，且駐區視導人員至少應有三分之二以上時間出外實施視導。此種駐區視導責任制，迄民國七十九年為止仍繼續採行。

二次大戰後，臺灣各縣市教育科（局）設有督學室，置督學若干人。根據民國三十五年十月，臺灣省行政長官公署公布之「臺灣省各縣市督學視導規則」之規定：各縣市督學對該管範圍內各教育機關，每學期應舉行二次以上之普遍視導，每月以在外工作二十天以上為原則。[57] 其視導對象為各初級中學、國民學校及社教機構。視導內容，除行政視導外，縣市政府教育科亦成立國民學校專科視導委員會，對管內各教育機關學校實施專科視導，每學期至少須視導區內學校總數十分之一。

民國四十五年，省教育廳為加強視導工作，增進視導效率，著重視導與輔導工作配合，以發揮行政三聯制精神，除將全省劃分為若干視導區，各縣市教育科（局）亦須將其轄區劃分為若干視導區，採分區視導之責任制，由縣市政府每學習派一督學視導區內二次以上。

民國五十七年因九年國民教育之實施，省政府乃將各縣市教育科改為教育局，局下設有督學室及國民教育輔導團為教育視導單位。督學室辦理教育及有關駐區督學行政；國民教育輔導團則分為國民中學組及小學組，各輔導國民中小學教學工作。

肆、二次大戰後的教育設施

一、幼兒教育設施

臺灣在二次大戰後初期，政府為發展幼兒教育，特於國民小學附設幼稚班，幼稚教育才獲各界之重視，然當時僅限於收容五歲之幼童，幼

57　李汝和，《臺灣省通志》，卷五教育志，教育行政篇，第三冊，頁二七一下。

稚班之師資由國校教師擔任，課程內容近似小學一年級，設備簡單，僅為幼兒升小學之準備。其後由於經濟之發展，不僅使幼稚園教育在量方面有迅速之發展，其由國民小學所附設者，發展成單獨設立。在受教年齡之限制上，由五足歲發展為四足歲以上六足歲以下之兒童。在課程內容上，依據教育部訂頒之「幼稚園課程標準」，實施保育活動。

臺灣境內之幼稚園數於民國四十學年時，僅有二〇三所，其中專設者三十九所，佔一九・二％，附設者一六四所，佔八〇・七九％。其後因本省經濟迅速發展與教育日益普及，民眾對幼兒教育亦愈來愈重視，故至五十六學年度時，園數已增為五一五所。其中專設者二七〇所，佔五二・四％，附設者二四五所，佔四七・五％。較四十學年度時增加一五三・六％，約增加一・五四倍。此後仍逐年迅速增加，至七十九學年時，臺灣地區已有幼稚園二、五〇五所，其中私立者約一千八百所，約佔全部之三分之二。[58]已較民國四十學年度時增加十二倍之多。此乃因近年來臺灣工商發達，社會型態迅速變遷，職業婦女漸多，要接受保育之幼兒日益增加。然由於幼稚園擴充過速，亦導致部分幼稚園師資欠佳，環境不良，以致教學品質低落之情形，值得關切。

二、國民教育

（一）國民小學

臺灣二次大戰後，廢除日治時期之教育所，所有普通初等教育機構一律稱國民學校，同時將原有國民學校第一號課程表、第二號課程表及第三號課程表之區別廢除，改依教育部頒課程及當時需要，訂頒「臺灣省國民學校暫行教學科目及每週教學時間表」，以推動國民教育，清除日治時期「皇民化」教育內容。自民國三十五年四月起，一切設施，悉依照新的教育年度；其學制、教材、教法及訓導方針等，均遵照中華民國教育法令之規定辦理。

二次大戰後政府除確立教育機會均等政策外，並組織各縣市及鄉

58　教育部，《中華民國教育統計》，（臺北，教育部，一九九一），頁四。

鎮義務教育推行委員會，全面鼓勵學齡兒童入學。接著自民國三十六年開始免費供應教科書，以減輕家長負擔，藉以誘導學童入學。至民國四十五年又公布「臺灣省學齡兒童強迫入學辦法」，以為實施強迫義務教育之依據。

　　民國五十七學年度起，我國國民教育延長為九年，臺灣原有之國民學校，即改制為國民教育前階段之國民小學。關於國民小學教育之實施，依照行政院五十六年八月頒布之「九年國民教育實施綱要」第六條之規定：「國民小學應就原有國校基礎，促進其設備及教學正常化；1.督導各校按照課程標準實施，俾兒童身心均衡發展；2.對於體能殘缺及智能不足兒童，施以特殊教育，保障其就學機會均等；3.國校各項設施，應符合最低必要之規定水準。」在此政策之指導下，臺灣之小學教育，無論學校、班級、教師及學生數量均呈現迅速之發展。民國三十五年學年度時，臺灣有國民學校一、一三〇所，一三、六三八班，教師一三、三六〇人，學生八二三、四〇〇。[59]然至民國七十九學年度時，臺灣地區已有小學二、四六二所，五五、八七六班，教師八二、二〇三人，學生二、三四七、一五〇人。[60]呈現一倍以上之成長。學齡兒童之就學率，亦由民國三十九學年度之七九‧九八％，提高為七十九學年度之九九‧八九％。[61]小學教育之普及，由此可見。

　　（二）國民中學

　　二次大戰後，政府將日治時期之公立中學及高等學校均改為省立中學，此外，又有縣立及私立之中學。初期本省有中學共三十六所，[62]分為初級中學與高級中學。但由於原國民學校高等科取消後，一般國民學校畢業生升學之機會頓減，省教育當局為解決此一問題，乃於民國三十五年二月間通令各縣市盡速籌辦縣市立初級中學，因此，各縣市乃於是年先後成立縣市立初期中學七十八所之多。[63]至於私立中學之

59　臺灣省教育廳，《中華民國七十九學年度臺灣省教育統計年報》，頁二~二〇。
60　教育部，《中華民國教育統計》，一九九一，頁六五。
61　同前書，頁二八。
62　李汝和，《臺灣省通志》，卷五教育志，教育設施篇，頁一七七。
63　同前。

設置，省教育處亦訂有「臺灣省私立中等學校管理規則」一種，並加強輔導，俾納入正軌，迄民國三十五年底止，本省向政府登記有案之私立中學共有十校。

民國四十四年，教育部訂頒「國民學校免試升學初級中學實施方案」，主要內容為增設初級中學，劃分初中學區，國民學校畢業生按志願升入學區內初中，免除入學考試。同時加強培養與選訓教師，以適應需要，並於四十五及四十六年先後指定新竹縣、高雄市試辦。

民國四十八年至五十五年，教育廳推行「省辦高中、縣市辦初中」政策，以省辦高中，縣市專辦初中，俾縣市集中全力發展初級中學，達到一鄉鎮至少設立一初中之目標。

其後，政府為提高國人教育水準，乃於五十七學年度將我國國民教育延長為九年。因此，原全臺之各初級中學均改為國民中學，實施學區制度，並增設學校、增加班級，國民小學畢業生一律免試分發學區內國民中學就學，並免納學費。並將各省立中學及初級職業學校之初級部逐年結束，確立縣市政府辦國民教育之原則。

由於九年國教之實施，為配合該項措施，故自五十七至六十二學年度，本省總共新設國民中學二六九校，一〇、〇九五班。其中均以五十七學年度增加最多。另就建築狀況而言，自民國五十七至六十三學年度七年間，共建普通教室一〇、四二〇間，特別教室四、五一四間，總計一四、九三四間。[64]此外，為因應學生之急速增加，教育部亦於民國五十七年起，委託國立臺灣師範大學、成功大學、彰化教育學院、中興大學、高雄師範學校及各師專辦理師資培訓工作。根據統計，迄民國七十九學年度為止，臺灣地區共有國民中學六九〇所，教師五〇、九一七人，學生一、一六〇、一八〇人。[65]其學生數較三十五學年度之三六、二二二人，[66]成長達三十二倍之多。由於九年國教之實施，國民知識水準普遍提高，對社會之進步與繁榮，頗有貢獻。

64　盛清沂等，《臺灣史》，頁一〇〇〇～一〇〇一。

65　教育部，《中華民國教育統計》，（一九九一），頁七一。

66　臺灣省教育廳統計室，《臺灣省光復以來各級教育概況》（一九四六～一九八五），頁七。

三、高中教育

日治時期之教育設施，著重國民教育及職業教育，對臺灣人之中學教育及高等教育則加以限制。二次大戰後，臺日人間之差別教育自然消失，臺灣人受教育之機會得到充分之發展。政府為適應青年升學之需要，在九年國民教育實施前，就使各縣市幾達「一縣市一初中」之目標，且部份初中增設高中部成為完全中學。而省立高中，在初中畢業升學競爭激烈下，亦視各地需要而逐年增加班級。自五十七學年度開始，實施九年國民教育，將各縣市立之高中部二六四班，按「省辦高中，縣市辦初中」之原則，分別撥入就近之省立中學或新設省中收容施教，學生學籍亦隨之轉移省中。自五十九學年度起省立中學一律改為高級中學。至此，臺灣高中教育乃迅速發展，根據統計，民國三十五學年度時臺灣只有公私立高中四十三所，學生四、五〇三人，至民國五十九學年度時已達一五七所，六十一學年度時更達一六八所，學生一五〇、七〇三人，[67]達到顛峰狀態。其後由於政府調整高中高職之發展比例，逐漸增加職業學校，再加上學生家長觀念逐漸改變，投考五專人數日多，而影響高中招生，自六十二學年度起，少數學校發生招生不足之現象，因此，自是年起，公私立高中無論學校數或學生數均逐漸縮減[68]。其後因社會變遷，想升學高中者不斷增加，但政府之教育方針未隨之調整，截至民國七十九學年度止，臺灣地區有高中仍僅有一六八所，學生二〇九、〇一〇人，於此可見高中之嚴重不足，與國民中學教育之不正常化有極密切的關係。

四、職業教育

臺灣二次大戰後，臺灣省政府依照我國職業學校法與規程，將日治時期之職業學校改為三三制之高、初級職業學校。修業年限各三年，共分為農業、工業、商業、海事、家事、醫事等六類。民國四十

67　臺灣省教育廳，《中華民國七十九學年度臺灣省教育統計年報》，頁二~二〇。
68　盛清沂等，前引《臺灣史》，頁九八九~九九〇；教育部，《中華民國教育統計》，（一九九一），頁七七。

五年以後，鑒於初級職校學生，限於智力體力，及所受專業訓練尚欠充實，為應社會需要，曾選定部份農、工、商及家事四類職校試辦五年制高級職業學校，修業年限五年。五十七學年度起，為配合九年國民教育之實施，乃將初級及五年制之職校逐年結束，全面發展高職教育，此後臺灣之職校已全為高級職校。

由於九年國教之實施，國中畢業生人數激增，職業教育在量的需求大幅擴增，六十二年起政府推行十大建設，加速本省經濟快速發展，工業比重日益增加，工業職業教育亦相對增加。政府乃先後對職業教育採取各種因應措施，如：調整高中、高職入學人數比例，優先發展工業及水產職業類科，加速農職教學與農業建設配合，加強推行建教合作，扶植私立職業學校之發展等，因此，使臺灣職業教育蓬勃發展。

民國七十年以後，由於　1.職校數量大幅擴增已達飽和狀態。2.工業升級由勞力工業進入自動化工業。3.資訊迅速發展，4.家長觀念改變，投考五專人數激增等因素，使職業學校之經營漸入困境，招生不足之現象屢有所聞。因此，各校紛紛以革新教學內容，調整職業類科及發展為綜合性類科之職業學校等措施以為因應。整體而言，臺灣四十餘年來之職業教育，確實為國家培育不少基層技術人才，對國家經濟之發展貢獻至鉅。根據統計，二次大戰後，臺灣有初級及高級職業學校共七十六所，學生二三、三一六人。[69]至民國七十九學年度時，臺灣地區高職已達二一五所，學生四四七、七六一人。[70]四十餘年來職業學校發展之迅速由此可見。

五、師範教育

日治末期，臺灣有臺北、臺中、臺南三所師範學校。另外尚有一所專為皇民化訓練而設之總督府彰化青年師範學校。二次大戰後，因日籍教師之大量離去而師資需求甚殷，因此，政府除將上述三所師範學校改為省立師範學校，並將原臺中師範學校在新竹所設之預科改為

69　臺灣省教育廳，《中華民國七十九學年度臺灣省教育統計年報》，頁二及頁一八。
70　教育部，《中華民國教育統計》，（一九九一），頁八二。

省立臺中師範學校新竹分校；省立臺南師範學校在屏東所以設之預科改為省立臺南師範學校屏東分校。嗣為適應臺灣女子師範教育之需要，又創立臺北女子師範學校於臺北市。此外，為培育東部國民教育師資，特於省立臺東中學、臺東女中、省立花蓮中學及花蓮女中各設簡易師範班一班。至於彰化青年師範學校則予以廢止。民國三十五年九月，臺中師範學校新竹分校獨立為省立新竹師範學校；原臺南師範學校屏東分校亦獨立為省立屏東師範學校。民國三十七年又先後成立省立臺東師範學校及花蓮師範學校，並將原省立臺東中學及臺東女中之簡易師範班歸併於臺東師範學校；原省立花蓮中學及花蓮女中之簡易師範班歸併於省立花蓮師範學校。四十三年八月又創設省立高雄女子師範學校於高雄市；四十六年亦創設省立嘉義師範學校於嘉義市。此時臺灣之師範學校已由光復初期之三所增為十所。二次大戰後臺灣師範學校係招收初中及初職畢業生，肄業三年。其後政府為提高國民學校師資，乃於四十九學年度起，先後將臺中、臺北、臺南三所師範學校改制為三年制之師範專科學校，招收高中、高職畢業生，修業二年，實習一年。然由於招生不理想及學生素質欠佳等因素，政府乃自五十二至五十六學年度期間，先後將全臺各師範學校改制為五年制之師範專科學校，招收國中畢業生，修業五年。使臺灣之師範教育提昇為專科程度。至民國七十六學年度，政府為更提昇小學師資水準，更將臺灣各師專改制為師範學院，修業四年，臺灣國小師資又提高為大學程度，與各先進國家並駕齊驅。迄七十九學年度為止，臺灣地區培養國小師資之師範學院共有省立臺北、新竹、嘉義、臺中、臺南、屏東、臺東、花蓮諸師範學院及臺北市立師範學院共九所，學生二〇、二一四人。[71]

　　至於中學師資之培育，民國三十五學年，政府創設省立臺灣師範學院於是臺北，招收高中以上青年入學肄業四年，給予公費待遇，其後由於經濟之發展，教育之普及，至四十四學年度，該院已發展為省

71　教育部，《中華民國教育統計》，（一九九一），頁一四〇～一四一。其中省立有一七、三二五人，市立者有二、八八九人。

立師範大學，並於五十六學年改為國立。為了培育南部地區中學師
資，亦於五十六學年度將原省立高雄女子師範學校改為省立高雄師範
學院，至六十九年七月改為國立。至於培育中部地區師資方面，政府
於六十年八月，將原省立彰化進德中學原址，改為省立教育學院，並
於六十九年七月改為國立。七十六學年改為彰化師範大學。此外，國
立政治大學設有教育系，亦肩負培育中等學校師資之功能。據民國七
十九學年度之統計：師範大學有學生七、三三三人；彰化師範大學有
學生一、八九一人；高雄師範大學有學生一、九九〇人。[72]

六、高等教育

日治末期，臺灣有六所大專院校，即臺北帝國大學、臺北經濟專
門學校、臺中農林專門學校、臺南工業專門學校、臺北高等學校及私
立女子專門學校。二次大戰後，政府為滿足臺灣同胞子弟之求欲望，
並配合省政建設發展需要，大專院校均按我國學制加以改設，臺北帝
國大學，改制為國立臺灣大學；臺北經濟專門學校，改制為省立臺北
專科學校，民國三十五年九月再改為省立法商學院，民國三十六年一
月再併入國立臺灣大學法學院；臺中農林專門學校，改制為省立臺中
農業專科學校，民國三十五年十月奉准改制為農學院；臺南工業專門
學校，改制為省立臺南工業專科學校，三十五年再改制為省立臺南工
學院；臺北高等學校，則改制為高級中學。

此外，為解決臺灣二次大戰後中等學校師資缺乏問題，於三十五
年新創省立臺灣師範學院（前面已述及），以培養本省中等學校師資，
又為配合工業發展需要，三十七年創設省立臺北工專，以培養工業技
術人才；三十八年為配合本省地方自治之實施，培養地方行政幹部；
創設省立地方行政專科學校等。因此，至民國三十九年時，臺灣地區計
有大學一所、獨立學院三所，專科學校二所，學生人數六千三百多人。[73]

---

72 同前書，頁一四〇～一四一。

73 臺灣省政府新聞處，《臺灣光復四十年專輯，教育文化的發展與展望》，（臺中，臺灣
省政府新聞處，一九八五），文化建設篇，頁三〇七。

政府除了創辦公立大專院校外，並鼓勵私人興辦大專院校，民國四十年，臺灣第一所私立大專院校：私立淡水英語專科學校創立，其後私立大專院校即迅速發展。

民國四十年以後，因中華民國中央政府已播遷來臺，部份原設於大陸之大學紛紛在臺復校及政府大立發展高等教育，並鼓勵私人興辦大專院校，因此，公私立大專院校在民國四十年中期以後即蓬勃發展。

另外，政府為使在職青年能滿足求知慾望，提高青年知識水準及工作能力，於民國四十六年起在各公私立大專院校先後創辦夜間部，其後臺灣大專院校夜間部迅速發展，大量提供在職青年進修機會。

大專院校由於逐年增設，至民國五十年以後，臺灣已新設立許多公私立大專院校，同時，各公私立大學均積極擴充師資及設備，增設碩士、博士研究所，以培養高級專門人才及大專院校師資。

由於科技及資訊之發達，為滿足一般大眾進修之慾望，政府乃利用視聽傳播媒體，實施空中教學。於民國五十五學年指定省立臺北商職（今國立臺北商專）試辦空中教學，成效頗佳。因此，為配合經濟發展需要，提供工商業人士及現職公教人員更多進修機會，於六十六年三月及九月先後開辦空中商專及空中行政專校。七十五學年度起，政府開設國立空中大學，使臺灣之空中教學更上層樓。

臺灣二次大戰結束以來，大學除外，專科教育在「量」之發展上可謂迅速，至民國六十一學年時，大學只有九所，獨立學院不過十四所而專科學校却有七十六所，專科學校有發展過速之勢，且部份私立專科學校素質有低落之現象。為遏止此一趨勢，中央政府採取緊縮措施，自六十一學年起暫停創立大專院校。對於現有大專院校之系科與班級，則僅從經建發展之需要，做矯枉過正之調整。七十五學年以後，政府迫於人口之成長及社會之發展需要，乃再度開放大專院校之設立，因此，又有十餘所大專院校先後創設。據統計；七十九學年度臺灣地區共有大專院校一二一所，學生五七六、六二三人，其詳細情形如附表一。

附表一、大專院校概況

校別	研究所數	學系數	學科數	專任教師 男	女	兼任 男	女	職員 男	女	班級 數	學生人數 男	女	大學本科	博士	碩士	三年制專科	二年制專科	五年制專科	七八學年度畢業生人數	博士	碩士	學士	三年制專科	二年制專科	五年制專科
總計	三二	二九七	八〇八	四二		二七九	八六	七五七	五一九		三三	九四五	五一	六二	三	四二	二五九	一七九	五六二							
國立大學	二六八		三〇六			一六九	二〇																			
國立獨立學院	一六	三三																								
國立專科學校	二	一九																								
直轄市立獨立學院	一	一五																								
直轄市立專科學校	二																									
省立獨立學院	八	二七																								
省立專科學校	二	二〇																								
私立大學	三	一二	三〇〇																							
私立獨立學院	三	九一	二六																							
私立專科學校	一二	五九四	五九四																							

七、特殊教育

臺灣二次大戰後，設有臺南、臺北二所盲啞學校，招收視覺、聽覺障礙之兒童與青少年，授以生活上必需之知識與技能，就學人數僅八十二名。民國四十五年，臺南盲啞學校於豐原成立分部，四年後獨立，本省特殊學校增為三所，各校分設小學、初職業及高級部，將

盲、聾學生與一般正常學生隔離施教，教育設施仍偏重養護。民國五十年，就學人數增加為一、五〇九名。[74]

　　民國五十年以後，由於經濟之成長、社會安定、教育之發達，特殊兒童之教育亦日益受到重視，本省特殊教育乃呈現蓬勃之發展。民國五十七年「九年國民教育實施條例」公布，其中第十條規定：「對於體能殘缺、智能不足及天才兒童，應施以特殊教育，或予以適當就學機會」，促使特殊教育從原有之盲、聾教育擴展至其他領域。除特殊學校外，並於各地選擇國民小學附設特殊班級，進行混合式]特殊教育實驗。迄民國七十九學年，臺灣之特殊教育之發展，已由點而面，相當普及，計有特殊學校十一所，即臺北市啟明學校，省立臺中啟明學校、臺中縣私立惠明學校暨惠明盲童育幼院、臺北市立啟聰學校、省立臺中啟聰學校、省立臺南啟聰學校、高雄私立啟英小學、省立臺南啟智學校，高雄市立啟智學校、臺北市立啟智學校，省立彰化仁愛實驗學校。學生合計三、五五九人。[75]另外，各國民中學、國民小學、高級中學附設有特殊班（包括資賦優異班），全臺共有二千多班，學生三千多人，而大專院校亦設有資源教室，輔導視障、聽障學生就讀。[76]

八、社會教育

　　二次大戰後，對於日治時期具有「皇民化」色彩之社教機構與碩措施，均一律加以撤銷改革，而致力於發展與民智有關之社會教育設施。二次大戰後，臺灣之社教設施，可概括為社教機構、國民體育、藝術教育、補習教育、國語文教育及加強全民精神建設等多項，茲分別述之於后：

　　1.社教機構：民國三十五年時，臺灣之社教機構只有二十三座圖書館及二座博物館。經過政府四十餘年來努力發展社會教育之結果，至七十九年度時，臺灣地區之社教機構已達四二五處。包括文化中

74　同前書，頁三二二。
75　教育部，《中華民國教育統計》，（一九九一），頁二〇~二一。
76　同前書，頁Ⅶ~Ⅷ。

心、圖書館、博物館、科學館、社會教育館、國父紀念館、教育資料館、中正紀念堂、藝術館、戲劇音樂廳、國樂團、天文臺、體育場、動物園、美術館、民俗文物館、兒童育樂中心、青少年育樂中心等，其詳細情形如附表二。

附表二、社會教育機構及職員人數

機構	總計（機構數）	總計（職員數）	國立（機構數）	國立（職員數）	直轄市立（機構數）	直轄市立（職員數）	省立（機構數）	省立（職員數）	縣立（機構數）	縣立（職員數）	私立（機構數）	私立（職員數）
總計	435	4,178	13	1,329	64	768	9	317	310	1,245	39	519
文化中心	18	165										
圖書館	348	1,364										
博物館	1											
科學教育館	1	317										
社會教育館	8	211										
教育資料館	1	29										
國父紀念館	1											
中正紀念堂	1											
藝術館	1											
戲劇音樂廳	1											
國樂團	1											
天文臺	0											
交通文物館	1											
體育場	5											
動物園	8											
美術館	4											
民俗文物館	2											
兒童育樂中心	6											
教師研習中心	1											
兒童交通博物館	1											
青少年育樂中心	1											

由附表二可見，二次大戰後臺灣社教機構由二十五所，增加為四

百多所，成長十六倍之多，成長速度之驚人，可反映出社會教育之日獲重視。

2.國民體育：二次大戰後，在國民體育方面，無論學校體育或社會體育均乏相當基礎，省府為發展國民體育，促進國民健康，光復後即設置「臺灣省國民體育委員會」，推展體育工作。為提昇運動風氣，省行政長官公署於三十五年訂頒「臺灣省全省運動會舉行辦法」、「臺灣省各級學校鄉鎮及縣（市）運動會舉行辦法」，並於同年舉行第一屆臺灣省運動會。惟二次大戰後，百廢待舉，限於人力、物力、財力，故國民體育之發展甚緩。

民國三十八年中華民國中央政府遷臺後，由於政府之重視與民間之通立合作，不論學校體育之加強、社會體育之推展，體育學術之研究，以及國際體育之參與，均有長足之進步。

在加強學校體育方面，政府施政之重點有培育體育師資、充實場地設備，改善體育教學，舉辦各級學校運動會，並輔導運動績優學生升學等，在發展社會體育方面：政府施政之重點在於健全政府及民間體育組織，增建體育場所（包括縣市體育場、鄉鎮社區體育場等），舉辦鄉鎮、縣市、全省及臺灣區運動會，推展社區全民運動及培訓優秀運動員等，均有卓越之成就。

3.藝術教育：藝術教育包括音樂、美術、戲劇、舞蹈、文藝等項，其發展將詳述於本篇第三章，茲不贅述。

4.補習教育：補習教育係以補充國民生活知識，提高教育程度，增進生產能力，並培養健全公民，促進社會進步為目的。二次大戰後臺灣之補習教育大致可分為學校補習教育、進修補習教育、短期補習教育等三種。此外，並舉辦失學民眾補習教育，自學進修學歷鑑定考試及國軍隨營補習教育，臺灣糖業公司勞工補習教育等。茲分述如下：

（1）學校補習教育

學校補習教育，可分為國民補習教育及高級進修補習教育。國民小學及國民中學得附設國民補習學校，高級中等學校及專科學校得附設進修補習學校。

①國民小學補習學校：分為初級、高級兩部，初級部相當於國民小學前三年，修業年限為六個月至一年；高級部相當於國民小學後三年，修業年限為一年六個月至二年。七十九學年度時，臺灣地區國民小學附設補習學校共一三八校，五五四班，學生一九、四一五人。[77]

②國民中學附設補習學校：相當於國民中學，修業年限不得少於三年。七十九學年度時，臺灣地區有一六四校，學生約二萬五千人。[78]

③高級中等學校附設之高級進修補校：分為普通、職業二科，經資格考試及格者，則相當於同性質高級中等學校畢業資格，其修業年限，均不得少於同性質之高級中等學校修業年限。七十九學年度時，臺灣地區有高中補校四十一所，學生七、七六二人；高職補校一八一所，學生一九一、四一八人。[79]

（2）短期補習教育

係由學校、機關、團體或私人辦理。分為技藝補習班及文理補習班兩類。修業期限自一個月至一年六個月，視課程之繁簡而有所不同。技藝補習班計有美容、縫紉、打字、烹飪、會計、速記、汽車駕駛等三十餘種；文理補習班則分語文、數理化、史地等學科。據民國七十九年之調查，臺灣地區共有短期補習班三、二三三班，學生人數一、二三五、九三四人次。[80]其對提高國民生產技能及促進工商發展，頗有貢獻。

（3）失學民眾補習教育

二次大戰後，為掃除文盲，於國民學校內設班施教，收容十二歲以上失學民眾施教，民國六十八年以後已併入國民小學附設補習學校而停辦。

（4）自學進修學力鑑定考試

二次大戰後，政府為鼓勵一般國民利用各種機會自學進修，以增進智能，為使自學進修學力鑑定考試獲得相當程度之學力起見，教育

77　同前書，頁一二五。
78　同前書，頁一二五。
79　同前書，頁一二六。
80　同前書，頁一三〇，此統計含金門、馬祖。

部頒「自學進修學力鑑定考試辦法」，分別舉辦國民小學、國民中學、高級中學等畢業程度之學力鑑定考試。凡經參加考試及格者，由主管教育行政機關發給學力鑑定及格證書，使其有上進升等之機會。

（5）其他

此外，尚有空中補習學校、專科學校附設進修補習學校，國軍隨營補習教育及監獄附設補習學校等。其中監獄附設補習學校計有臺北宏德、新竹勵德、高雄仁德、花蓮正德等五所補校，少年輔育院附設之桃園厚德、彰化立德二所補習學校。以配合監獄學校化政策，兼能收潛移默化，提高受刑人知識水準之功能。

5.國語文教育

日治時期，日政府在臺灣推行「皇民化」之「國語」（日語）教學，不准學生說臺語。二次大戰後，省政府成立國語推行委員會，加強辦理本省學校、機關及社會之國語文教育，並甄選專業人員，分布各縣市負責推行、指導國語文活動。民國四十二年，省政府更命令各縣、市政府「嚴禁日語、臺語」教學。五十二年又通令各機關學校「在辦公時間，必須一律使用國語」。[81]部份學校更大力推行國語運動，不准學生說臺語，違者處罰。民國六十二年行政院又限制國內電視臺之臺語節目時間。為了觀念之溝通及教育普及，實施統一國語誠屬必要，國語之加強亦勢在必行。然臺語亦有其優點與特質，有其存在的價值，在推行國語之同時，實無理由消滅或廢除臺語。禁止臺語之使用，無形中增長省籍之歧視，實為不智。

二次大戰以來，政府推行國語運動之方式，除要求在機關學校講國語外，並常舉辦國語教學研究、國語演講比賽，舉辦社會國語教育宣導，並於山地鄉設置國語推行小組，負責推展各該鄉之國語文教育。經四十餘年來之努力，收效甚宏，目前臺灣五十歲以下之民眾，大多能以國語交談，即為國語教育「徹底」之說明。另一方面，近年來臺灣政治迅速民主化，社會趨向多元化，人們已認識到在國語普及的基礎上，各種方言的存在有其正面的價值，乃掀起了學習臺灣方言

81　林玉體，《臺灣教育面貌四十年》，（臺北，自立晚報，一九八八），頁一一五。

的熱潮。

伍、晚清的教育思潮

晚清臺灣的教育思潮可分為二階段，光緒元年（西元一八七五）以前為中國傳統教育思潮期，光緒元年以後為近代化教育萌芽期。

一、中國傳統教育思潮期

滿清雖以邊疆少數民族入主中國，但其教育制度大多沿襲前代而略作增損。故清代之教育制度，可稱為傳統的教育制度。臺灣建省以前，一直繼續推展此種傳統教育，故可稱為中國傳統教育思潮期，此種中國傳統教育，其內容有數大特色：

（一）注重文字教育：清代之傳統教育，自啟蒙到學成，都離不開文字。自學成到終老，亦多不外在書中討生活。一般教育，雖應講求文字之讀、寫、作，但我國傳統教育太重文字教育，而產生若干流弊；其一為易使人誤解一切學問盡在文字之中，以為文字之外無學問，而易與現實生活脫節，而流於迂腐。其二則為使人重文輕武，致國勢積弱不振，又易使人重虛文不重實踐，不能言行如一；其三則為清代之文字教育太注重八股文，易使文人之思想受限制，無法自由寫作。士子除必須學會八股文外，還要學會寫字，學習詩賦策論以及各種公文。這種文字教育，雖然可養成若干文學家、書法家、經學家與文官，但未必能適合政治之用，更未必能適合政治以外之用。[82]

（二）以四書五經為教材：清代之科舉以四書五經為命題之範圍，因此，清代之學校為應科舉，亦以四書五經為主要教材。古代專家皓首窮經，未必能通一經，更未必能致用。而乾、嘉以降，因文字獄之陰影，知識分子缺乏經世致用之抱負，只埋首於故紙堆中，為學問而學問，忽視其他學科，更無宋明理學家以天下國家為己任之胸襟。

82　陳啟天，《近代中國教育史》，（臺北，中華書局，一九七九），頁二二。

（三）以儒家思想為中心：清代自乾、嘉以後，漢學極盛，而當時之漢學以宋代義理之學為主，即以孔孟程朱之思想為中心。若違反儒家經典與聖賢之言，即構成「離經叛道、非聖無法」之罪名，而為輿論所不容。儒家思想成教育精神所在，具教條式之權威。此種儒家思想為中心的教育，修身齊家尚可，對於應付近代強敵外患則不逮。[83]

（四）以科舉領導教育：清代的傳統教育，深受科舉制度影響，教育的目的與教材，均須適應科舉之要求，學校無法獨立發展，而學校不能影響科舉，甚至只為學生考課及孔子神位之處所，而非知識傳播之設施，只做為科舉之準備。

清廷自道光、咸豐以降，時局日非，眼光明遠者，見國難當前，亟思救國經世之道，對漢學及訓詁考證之學，頓覺厭棄，復因鴉片戰爭及英法聯軍之戰敗，遭此打擊後，國人心理乃大有轉變，咸認西方列強之盛，在其船堅礮利，為挽救危亡，唯有「師夷之長技以制夷」。[84]繼以戰敗之後，西學不斷輸入，遂有洋務運動之興起於同治、光緒年間，冀能自強，以圖中興。時勢至此，中國政治與教育乃產生劇烈變化，舊式傳統教育乃逐漸崩潰。而興起一種「中學為體、西學為用」的教育思想，此種中西並取之思想，對西方文化，只接受其科學技術與法制，對本國文化仍保持其禮教、倫常與風俗。此種中體西用之教育思想，自同治以降，成為教育的新思潮。在此新思潮的引導下，近代新式教育設施逐漸設立，如同文館、廣方言館、船政學堂、武備學堂先後創建，而臺灣以孤懸海外，風氣稍晚，故新式教育至光緒年間方告萌芽。

二、近代教育的萌芽

臺灣的近代教育之興起，早期係由教會所引進。光緒二年，基督教長老教會，初設長老教神學院於臺南；光緒八年教士馬偕亦設理學堂大書院於淡水。此兩院皆招收臺民，施以宗教訓練與知識，雖非一

83　同前。
84　此主張由魏源於其所著之《海國圖誌》一書中首先提出。

般教育機構，然其教育內容與目標，均已脫離中國傳統教育之範疇，即以傳授基督教教義和近代生活知識為其主要內容，以培植傳教人才為其主要目標，實為近代西式教育入臺之始。其後，光緒十一年馬偕又創立淡水女學院，同年臺南長老教會又創男子中學堂於臺南，越明年，又創女子中學堂，皆為純粹現代之西式教育機構。

　　教會於臺灣創立近代式教育機構，同時也引進了近代的教育理念，使傳統中國教育受到衝擊，此種近代的教育理念帶來許多轉變：

　　（一）教育對象的改變：中國傳統教育的主要對象是男子，女子教育可說是絕無僅有，故未包括全體人民。教會引進西式教育後，其教育的對象，由男子擴充到女子，使男女都有受教育的機會。雖然起初風氣未開，女子受教育者寥寥無幾，但卻是男女教育機會不平等的一大突破。

　　（二）教育目標的轉變：清代的傳統教育以修身及出仕為主要的教育目標。然而教會所引進臺灣的西式教育，雖然頗具宗教之目的，然亦兼具以啟迪民智，化民成俗的理想，乃兼授予臺民地理、歷史、科學、藝術、政治等多方面的知識。此由教會引進的教育，其教育目標已有極大的轉變。

　　（三）教材內容的改變：清大傳統教育以四書五經及習作八股文為主要教學內容。教會所引進之西式教育，除宗教課程外，尚有外語、經濟、藝術、科學及各種近代化之生活教育，其內容幾乎涵蓋德、智、體、群、美各方面，不像傳統教育以德育為主。

　　清季基督教會所引進的西式教育，對臺灣的教育思想帶來不少變革，但臺灣由於受傳統教育的影響甚深，一般人對教會所引進之新式教育之接受程度仍極有限，只有少數較新潮之人士，不以科舉功名為念，能拋棄傳統觀念之束縛，而進入新式學堂就讀。

　　光緒十三年臺灣建省後，劉銘傳被任為首任巡撫。劉氏為淮軍名將，才識兼備，且富近代思想，在臺大力推動洋務，其主要目標之一，在輸入西方先進國家之文化，乃首先在臺灣試辦新式教育，採用歐美新學制，以養成通達時務之人才，其曾先後於臺北創立西學堂、

電報學堂及番學堂，為官方開臺灣近代教育之先河。

　　劉銘傳於臺灣推展近代教育之理念為何？吾人可從其於光緒十四年所上之「臺設西學堂招選生徒延聘西師立案摺」及學堂之學制與規程略窺其一二，茲分述如下：

　　（一）教育之目的在為國家培育人才：劉氏在其奏摺中認為臺灣缺乏翻譯及通曉洋務人才，翻譯取才內地，多所不便，因此「不得不開設學堂，以廣朝廷教育人才之意」[85]而其培育之人才，希能通曉洋務，故其於西學堂成立一年後，評其成效，略謂：「臣嘗親自考察，所習語言文字，均有成效可觀。擬漸進以圖算、測量、製造之學，冀各學生砥礪研磨，日臻有用。而臺地現辦機器製造、煤礦、鐵路、將來亦不患任使無才。」[86]由此可見，其培育人才乃為將來建設臺灣之用。而培育之人才乃多方面之專才，而非通才。而其電報學堂以養成司報生及技術人員為目的，亦為臺灣職業教育之濫觴、打破傳統「萬般皆下品，唯有讀書高」的士大夫觀念。

　　（二）劉氏之思想富有「西學為主、中學為輔」之觀念，故其要求西學堂學生「於西學閒餘，兼課中國經史文字，既使內外通貫，亦以嫻其禮法，不致盡蹈外人洋氣，致墮偏詖」。[87]可見其提倡西學之際，並未把中國傳統學術全部拋棄。另由其西學堂之課程有「日以巳午未申四時，事心西學，早晚則由漢教習督課國文」[88]可資說明劉氏具「西學為主，中學為輔」之理念，此與清季主張「中學為主、西學為輔」之張之洞、孫家鼐等人相較，實屬較為「激進」者。

　　（三）劉氏富有教師專業化之精神，其西學堂之西課程聘請洋人為教師，並以留學生為助教；國文課程則請漢教習講授，實為重視專業化之現象，亦符合近代教育之要求，其識見之深遠，由此可見。

　　劉銘傳在臺灣推展近代教育，以實踐其教育理念，替國家培育人

85　引自劉銘傳於光緒十四年（西元一八八八）所上之〈臺設西學堂招選生徒延聘西師立案摺〉，詳見李汝和，《臺灣省通志》，卷五教育志，制度沿革篇，頁六九所錄。

86　同前。

87　同註85。

88　同註85。

才，冀能把臺灣建設為中國最近代化之一省，惜劉氏於光緒十七年即因故去職，主持臺政六年有餘，各項近代建設略具基礎，而新教育之風氣，實亦由劉氏開之。

陸、日治時期的教育思潮

日治時期臺灣的教育思潮可分為三期，第一期為日本治臺開始至大正八年（西元一九一九）臺灣教育令公布前為止；第二期自大正八年臺灣教育令公布後至昭和六年（西元一九三一）九一八事變發生為止；第三期則自九一八事變發生後迄民國三十四年二次大戰為止。茲將其各期教育思潮分述於后。

一、第一期

日本治臺之初，由樺山資紀出任第一任臺灣總督，而以伊澤修二為臺灣總督府之首任學務部長。日本自明治維新以後，頒布統一之學制，進而於明治十九年確立國家主義的教育政策，旨在教育國民維護日本固有之語言、習俗、制度及國體等，以奉萬世一系之天皇為最高榮譽；亦即在培養國民忠君愛國之思想為目的。而伊澤修二正是日本國家主義教育的倡導者之一，其於明治二十三年創立「國家教育社」，伊澤本著社會達爾文主義與國家有機體說之語言觀，認為臺灣之殖民地教育政策適合採行英國施行於加拿大之「混合主義」，使臺灣不只純然是個殖民地，而必須使其真正成為日本不可分割之一部。故伊澤於就任學務部長之初，向樺山資紀提出的「新領土臺灣之教育方針」中，關於應急事業，首先強調宜講求日、臺語教育，以「打開溝通彼此思想之途」；關於永久事業，則特別重視初等教育與師範教育。[89]可見伊澤認為臺灣的教育並非單純的教育，而是具有同化臺灣人為日人之目的的教育。故日治初期臺灣的教育即為伊澤德國家主義同化政策

89　吉野秀公，《臺灣教育史》，（臺北，臺灣日日新報社，一九二七），頁一〇～一五。

的教育政策，期能同化臺人，成為日本天皇之順民為目標。

　　明治三十一年兒玉源太郎繼任臺灣總督，以後藤新平為臺灣總督府之民政長官。後藤新平到任之初，採取沈默主義，先觀察全臺之狀況，再慢慢決定其施政方針，其最初之教育政策係採漸進主義，即繼承伊澤以來之政策，繼續加強日語教育、初等教育及師範教育，逐漸同化臺民的殖民地教育。

　　明治三十六年後藤新平於學事諮問會議上又提出其教育主張，此教育思想稱為「無方針主義」，後藤於會議上發表演說，說明「無方針主義」之意義之大要，他認為「世界上之列強在佔領其領土之前，均有五年或十年之預先準備，然而日本佔領臺灣時都全無預先準備。大多數日本人又對殖民地或新版圖之統治，毫無經驗」。[90]所謂「無方針主義」，乃「是其方針並非一定不變，而是隨時變化。換言之，變化即是進步。」[91]由此可見，後藤之「無方針主義」，事實上就是在臺灣進行教育試驗，在試驗期中不斷調整其教育政策，以適應臺灣的社會與文化，亦可視為一種現實主義的教育政策。而其認為當時教育之第一要務為日語之普及，即公學校之普遍設立。事實上，後藤仍以同化臺民為要務，名為無方針，實乃有方針也。

　　後藤新平任民政長官期間，總督府之學務課長木村匡於明治三十三年曾提出臺灣的初等教育必須實施義務教育的主張。其思想富有統一主義之色彩，類似大正年間之田健治郎總督所倡導之「內地延長主義」，認為應該「內臺如一」，即臺灣的教育應與日本國內一樣，實施初等教育的義務教育。但木村匡所主張臺灣的初等教育應實施義務教育的理想色彩，事實上與當時後藤之無方針的現實主義教育政策無法相容，故未被採納，木村匡乃於任職一年後去職。事實上，木村匡的義務教育思想，當時亦有其施行困難之處，因當時之環境各公學校招生困難，臺籍兒童入書房就讀者不少，故其義務教育的理想主義實窒礙難行。故此種主張於明治三十七年即以不切實際而遭新任學務課長

90　同前書，頁一二二。
91　同前書，頁一二三～一二四。

持地六三郎嚴厲之批駁。[92]

　　明治三十七年以後的教育思潮，可由該年學務課長所提出的教育政策見其端倪，其政策為：1.普及初等教育；2.進一步推展中等教育；3.推展職業教育與專門教育。[93]此三大目標成為此後迄大正八年的主要政策。然日政府普及初等教育的目的，除在提高國民之知識水準外，另有普及日語，以加強同化臺民之目的。至於推展職業教育，屬於臺民就讀之職業學校此期仍未建立，僅有公學校之實業科而已，此種初級之職業教育，係以培養臺民為具有一定文化程度之小職員、勞動者，為帝國生產為目標的殖民地教育。推展中等教育與專門教育方面，僅專為在臺日人子弟而設，對於臺民子弟之中等以上教育則置之不理，此種公然化的差別待遇，引起臺民的不滿，而有林獻堂等人於大正三年於臺中別設「私立臺中中學校」之舉。

　　綜上所述，此期的教育思潮，最初國家主義的同化政策教育為主，全力普及日語教育及推展近代化的初等教育及師範教育，以促使統治之溝通管道能夠通暢，其後則在後藤新平的無方針主義中逐步調整各項政策，建立各項教育制度與設施，以鞏固其統治基礎。至大正年間，其統治基礎大致已告穩固，而努力推展臺民之初等教育與職業教育，也為日人子弟發展中等以上教育。在上述教育思潮主導下，此期臺灣的教育呈現若干特色，茲一一述之於後：

　　（一）學制的近代化：日治初期臺灣的學制已漸趨近代化。初等、中等教育之劃分，始見明晰；普通、職業教育的充實，亦漸收成效。

　　（二）差別待遇的教育：日本治臺之後，雖企圖同化臺民，然其心理上即以征服者姿態統治臺灣，歧視臺胞，使臺民受教育之機會遭到限制及不平等待遇。臺胞受中等教育甚少，即在初等教育方面，亦採分離教育，不但受教機構不同，課程程度亦不同，臺胞受教之機會及待遇均較日人差。

　　（三）教育目標配合政治、經濟之需：日本治臺之初，為達到其

92　同前書，頁一四一～一四二。

93　同前書，頁一四二。

控制臺灣及獲取經濟資源，故其教育政策均以配合政治、經濟之需要為目標，教化人民反成次要工作。

（四）國家主義的同化政策：日政府企圖透過教育，遂行其同化政策，以求達到使臺民成為日本順民之最終目標。

二、第二期

大正初年因正值一次世界大戰期間，民族自決之浪潮洶湧澎湃，而日本國內的民主運動勃興，臺灣的民族運動亦隨之而起，故此期臺灣興起民主主義的教育思潮。另外，日本資本家此時已完全壟斷臺灣的產業，極思增進臺灣社會的生產力。因此，大正八年，臺灣第一位文人總督田健治郎蒞任後，在此內外情勢急遽轉變下，深感有必要提高臺灣人的初等教育，一方面可培養生產技術人才，另一方面可藉此懷柔臺灣人，企圖緩和臺灣人之民族運動，故其治臺政策，「務必從先普及教育始，一方面啟發其智能德操，一面使之感我朝廷撫育蒼生之精神與一視同仁之聖恩，醇化融合，以期（臺民）與內地人（日人）之社會接觸上，無有任何逕庭，教化善導務必使之進入政治均等之地步」。這就是田健治郎所謂的「教育文化同化政策」。[94]故此期的教育思想乃是以民主主義及平等主義為主的時期。田健治郎高倡「內地延長主義」及「內臺如一」的主張，並於大正八年公布「臺灣教育令」，由「臺灣教育令」之內容，即可略知此期教育方針之梗概為：

1.教育之目的，以養成忠良臣民為本義。

2.注重德育教育，尤其對普通教育及師範教育更要貫徹其旨趣。

3.提倡女子及實業教育。

4.延長修業年限及開放高等教育。[95]

然當時根據臺灣教育令所設立之各種學校，於日人、臺民之間，各成系統，彼此之間，判若雲泥，頗為世人所譏評，更為臺胞反對。

94 史明，《臺灣人四百年史》，（臺北，自由時代周刊社，一九八八），頁二九二。

95 李汝和，《臺灣省通志》，卷五教育志，制度沿革篇，頁七二。

因此，日政府乃於大正十一年修正臺灣教育令，取消臺、日人分離教育，改採「日臺共學制」，皆為其「內臺如一」的教育文化同化政策之實施，以適應當時民主、平等主義的潮流。但事實上，田健治郎的撤廢臺、日人分離教育，以期達到平等之原則並未完全實現，臺胞仍受不平等之待遇，如初等教育仍以常用日語與否為標準，予以分別施教即其一例，只是較以前所受之歧視略有改善而已。

田健治郎於大正十五年去職後，其後之伊澤多喜男及上山滿之進等，均繼續推展田健治郎之政策，並於昭和三年創立臺北帝國大學，使臺灣的學制系統由初等教育迄高等教育均趨於完備。但是差別待遇仍存，臺人受高等教育之機會仍甚尠。

三、第三期

此期時日本之國力達到二次世界大戰前的巔峰狀態，但政治為軍人所操縱，對外侵略成為日本政府的目標。昭和六年日本發動九一八事變之後，日本已經佔領中國東北，並打算往東南亞發展，臺灣的地位乃益形重要，成為軍事上南進的基地。在教育上，臺灣更成為日本南進人才之養成所，故日本積極充實臺灣高等教育之內容，特別注重熱帶醫學、商業、農業之研究，以配合其南進政策，故此期之教育充滿軍國主義的色彩。此軍國主義的教育思潮，可由當時推行之下列諸項教育措施顯示出來：

（一）提倡國家主義，消滅臺民之民族意識：此期日本政府於臺灣推行「皇民化運動」，以灌輸其「日本精神」，擬把臺民從思想意識上加以日本化，期使臺民為日本之侵略戰爭效力。其皇民化之宗旨為：1.徹底振作皇國精神，強化國民意識；2.滋長日臺融合精神，養成團結一致之習慣；3.啟發智能，加強產業報國。[96]依此，日本乃積極於臺灣推展日語普及教育，獎勵「國語（日語）家庭」、「國語部落」，強迫改日本姓氏，基至於昭和十二年將公學校之漢文隨意科（即選修

96　史明，前引書，頁二九四。

科）取消，其消滅民族意識，標榜國家主義的心態，昭然若揭。

（二）實施國民學校義務教育：昭和十六年太平洋戰爭爆發後，日本政府為加強臺民對日本之認同，乃將過去初等教育中公學校與小學校全部改稱國民學校，以示平等待遇。事實上，差別教育仍未完全取消，課程仍有第一號表、第二號表、第三號表之別。昭和十八年更實施國民學校的義務教育，其意義頗值肯定。但深究其目的，亦可見其收拾人心之企圖，以爭取臺民於戰爭中為日本效力。

（三）教育淪為軍事之附庸：二次大戰期間，日本為動員更多臺灣青年入伍服役，不惜縮短高等教育及職業教育之修業年限。戰爭末期，為配合戰時迫切需要，動員全臺學校參加糧食增產，戰技防空訓練，國防建設等工作，並規定時間必須動員三分之一，從事上述非常措施。因此，讀書時間絕少，教育水準低下。此外，將商業職業學校改為農工學校。並新設各種實業補習學校、青年學校、青年團、壯丁團，對臺民授予志願兵及被徵入伍之預備性軍事教育，充滿濃厚軍國主義之色彩。

柒、二次大戰後的教育思潮

民國三十四年臺灣二次大戰後，政府當局立即肅清過去日治時期所施行之殖民地教育，而根據中華民國之教育宗旨，推行三民主義的教育。所謂三民主義的教育，其精神為何？根據民國十七年五月間大學院召集第一次全國教育會議中曾詳細闡述說：「三民主義是恢復民族精神、發揮固有文化，提高國民體格，普及科學知識，培養藝術興趣，以實現民族主義；灌輸政治知識，養成運用四權之能力，闡明自由的界限，養成服從法律的習慣，宏揚平等精神，增進服務社會之道德，訓練組織能力，增進團體協作之精神，以實現民權主義；養成勞動的習慣，增高生產技能，推廣科學應用，提倡經濟利益之調和，以實現民生主義，提倡國際正義，涵養人類同情，期由民族自決，進於

世界大同。」[97]由此可見，三民主義德教育思想內容相當博大精奧，包含民族、民生及民權三方面。其目的在由中華民族之自救而至於濟弱扶傾，由建設新中國，而進於世界大同。故自臺灣二次大戰以來，三民主義的教育思想，一直為主導臺灣教育之方針。然由於國際環境及政治、經濟情勢的演變，在三民主義主導下的臺灣教育，其發展過程大致可分為三階段，各階段有其特色與思潮，茲分別述之於後：

一、二次大戰後（民國三十四年至三十八年）

此期由於臺灣二次大戰後不久，日本之影響尚在，故滌除日本文化思想、推展我國語言及文化成為教育之重點。其主要教育措施如下：

（一）積極推行國語：光復之初，一般人士迫切需要學習國語，各級學校的國語文教師亦甚缺乏，故政府於二次大戰後即成立國語推行委員會，向學校及社會大眾推行國語。期能透過國語之普及，以建立政府與人民溝通的管道。

（二）推行民族文化教育：將日治時期的皇民化教育予以廢止，將學制改為我國學制，取消差別待遇之教育，改採平等之教育，並訂頒訓導應行注意事項，令頒各校遵照實施，以加強學生的民族意識與國家觀念。

（三）師資的充實：二次大戰後，由於日人教師之離去，導致師資嚴重缺乏，政府除擴增師範院校、師範學校外，並向大陸徵聘教師來臺，已解決師資荒。

整體而言，此期之教育思潮已除舊佈新為主。增進國家認同及民族意識的國家主義色彩相當濃厚。

二、戡建時期（民國三十九年至五十六年）

民國三十八年冬，由於大陸局勢逆轉，政府遷臺，次年春，政府

97　王連生，《教育概論》，（臺北，五南出版社，一九八五），頁六六。

以「積極建設臺灣、準備反攻大陸」成為最高國策。教育部為配合時代與環境之需要，特於民國三十九年六月訂頒「戡亂建國教育實施綱領」，以做為反共抗俄時期的教育準繩，因此，「戡亂建國」成為此期教育之潮流。此一潮流可由當時之各種教育措施反映出來，茲述之於後：

（一）實施計劃教育：為配合「戡亂建國」之國策，政府有計劃推動各項教育政策，如普及義務教育、開放升學機會，統籌學生就業，實施建教合作及發展技職教育等，已配合國家建設之需要。

（二）加強民族精神教育：為培育國民愛國情操，於教材中增加有關民族文化及反共抗俄之教材。此外，為推廣國語，民國四十二年起，政府禁止機關學校使用臺語、日語，一律使用國語。然這些措施難免令人們有教材國民黨化、教條化及增長省籍情節之感受。

（三）加強生產勞動教育：於各類學校，推行生產勞動及勞動服務，以培養學生勤勞服務之美德，並充實生活技能，立意甚佳。

（四）推行文武合一教育：民國四十一年起，中等以上學校學生均先後實施軍訓課程，大專以上應屆畢業生，均施以一年之軍事教育，養程預備軍官，以培養文武合一之青年，此一立意雖佳，但亦帶來軍事介入教育，違反學術中立之原則。

整體而言，此期的教育以復國建國為努力的方向，故蒙上不少國家主義及軍國主義之教育色彩。

三、革新時期（民國五十七年迄民國八十年代）

民國五十七年以後，由於政府已推動四期四年經濟計畫，臺灣已由農業社會轉變為工業社會。經濟上亦由輕工業邁向重工業及精密工業發展之路。為了配合國家經濟發展之需要，適應大工業社會結構之變遷，及厚植國家軍事力量，因此在教育上採取許多興革措施，使其在促進臺灣政治、社會及經濟近代化的過程中，扮演重要角色，並發揮積極之作用，故此期亦可稱為革新的近代化教育思潮期，其革新之要點如下：

　　（一）改革學制注意機會均等與人盡其才：為適應現代化社會之
需要，提高人民知識水準，民國五十七年政府開始實施九年國民義務
教育，使我國學制由初等教育、中等教育、高等教育之三級制，逐漸
轉變為國民基本教育與繼續進修教育二段制。就國民教育而言，為全
民之基礎教育，基本目的在培育健全國民，統一民族文化；至於繼續
進修教育，為終身教育，旨在培養專業技能與高深學問，以適應職業
生活需要。此全民教育與終身教育之理想，為我國學制革新上之主要
特質。[98]

　　（二）大眾傳播工具成為社會教育的利器：廣播事業與電視事業
的興起，建立了空中教育制度，使教育方式產生極大轉變。臺灣原來
只有中國廣播公司及教育廣播電臺，從事空中教學，民國六十年，中
華電視臺成立後，開辦商專、大學等課程，使我國社會教育更上層樓。

　　（三）教育設施與國家建設配合：此期由於政府繼續推動四年經
濟建設、六年經濟建設、十大建設等，為配合經濟之發展，政府乃研
訂經濟成長與教育發展計畫，開發人力資源計畫，以積極發展科學教
育及技職教育為重點。[99]此外，在高等教育及社會教育之質與量的擴充
上亦有所著力，惟目前臺灣之大學生在學學生數所佔總人口比率，仍
較比各先進國低。

　　（四）教育的民主化：在戡建時期的教育，因政府實施戒嚴之
故，因此，校園民主與學生運動一直受到壓抑，但自民國七十六年政
府解除戒嚴後，自由民主的學風開始在大專院校興起，「教授治校，學
生自治」、「一切政治勢力退出校園」、「廢除審稿制度」等民主自由之
風潮開始瀰漫校園，而學生運動亦開始興起，學生們開始以靜坐、示
威等方式表達抗議的心聲，並提出改革政治、召開國是會議等要求，
此種校園民主之風潮正方興未艾中。

　　總而言之，革新時期的教育思潮，正使臺灣的教育，朝向民主
化、自由化、平等化及近代化的方向邁進。

98　同前書，頁六九。
99　同前。

參考書目

一、中文專書

1. 郭輝：《臺灣省新竹縣志》，新竹，新竹縣文獻委員會，一九六〇。

2. 溫吉譯：《臺灣番政志》，臺中，臺灣省文獻委員會，一九六七。

3. 李汝和，《臺灣省通志》，卷五教育志，教育行政篇，制度沿革篇；教育設施篇，臺北，臺灣省文獻委員會，一九七九。

4. 屠繼善：《恆春縣志》，臺北，大通書局，一九八四。

5. 《清高宗實錄》，臺北，華文書局，一九六四。

6. 連橫：《臺灣通史》，臺北，大通書局，一九八四。

7. 盛清沂等：《臺灣史》，臺北，眾文出版社，一九七九。

8. 劉銘傳：《劉壯肅公奏議》，臺北，臺北銀行經濟研究室，一九五八。

9. 汪知亭：《臺灣教育史料新編》，臺北，臺灣商務印書館，一九七八。

10. 曹先錕：《臺灣省通志稿》，卷五教育志，教育行政篇，臺北，臺灣省文獻委員會，一九五七。

11. 臺灣行政長官公署統計室：《臺灣省五十一年來統計提要》，臺北，臺灣行政長官公署統計室，一九四六。

12. 臺灣省教育發展史料彙編編輯會員會編輯小組：《臺灣教育發展史料彙編》，教育行政篇，國民教育篇，高中教育篇，職業教育篇，社會教育篇，大專教育篇，體育教育篇，特殊教育篇，臺中，臺灣省政府教育廳，一九八五～一九八九。

13. 臺灣省政府教育廳統計室：《臺灣省光復以來各級教育發展概況（民國三十五學年至七十四學年）》，臺中，臺灣省政府教育廳，一九八六。

14. 臺灣省政府教育廳：《中華民國七十九學年度臺灣省教育統計年報》，臺中，臺灣省政府教育廳，一九九一。

15. 教育部：《中華民國教育統計》，臺北，教育部，一九八七~一九九一。

16. 臺灣省政府新聞處：《臺灣光復四十年專輯》，〈教育文化的發展與展望〉，臺中，臺灣省政府新聞處，一九八五。

17. 林玉體：《臺灣教育面貌四十年》，臺北，自立晚報，一九八八。

18. 陳啟天：《近代中國教育史》，臺北，中華書局，一九七九。

19. 王連生：《教育概論》，臺北，五南出版社，一九八五。

20. 徐南號：《當代教育思潮》，臺北，三民書局，一九七八。

21. 楊國賜：《現代教育思潮》，臺北，黎明文化事業公司，一九八〇。

22. 臺灣教育輔導月刊編輯委員會：《臺灣教育發展的方向》，臺北，臺灣教育輔導月刊社，一九六〇。

23. 李汝和：《臺灣文教史略》，臺中，臺灣省文獻委員會，一九七二。

24. 莊金德：《清代臺灣教育史料彙編》，臺中，臺灣省文獻委員會，一九七三。

25. 矢內原忠雄著，周憲文譯：《日本帝國主義之下之臺灣》，臺北，帕米爾書店，一九八五。

26. 王曉波：《臺灣的殖民地傷痕》，臺北，帕米爾書店，一九八五。

27. 史明：《臺灣人四百年史》，臺北，自由時代周刊社，一九八八。

28. 臺灣行政長官公署：《臺灣一年來之教育》，臺灣行政長官公署，一九四六。

29. 臺灣省政府教育廳：《十年來的臺灣教育》，臺中，臺灣省政府教育廳，一九五五。

二、中文論文

1. 黃秀政：《書院與臺灣社會》，《臺灣文獻》，一九八〇，第三十一卷，第三期。

2. 張勝彥：〈清代臺灣書院制度初探〉，《食貨月刊》，一九七六，第六卷第三~四期。

3.吳文星:〈日據時期臺灣總督府推廣日語運動初探〉,《東海大學歷史學報》,一九八五,第七期,臺中。

4.吳文星:〈日據時期臺灣師範教育之研究〉,一九八三,臺北,臺灣師範大學歷史研究所。

5.鄭梅淑:〈日據時期臺灣公學校之研究〉,一九八八,臺中,東海大學歷史研究所。

三、日文專書

1.臺灣教育會:《臺灣教育沿革志》,臺北,臺灣教育會,一九三九。

2.吉野秀公:《臺灣教育史》,臺北,臺灣日日新報社,一九二七。

3.臺灣總督府文教局:《臺灣の學校教育》,臺北,臺灣總督府文教局,一九四〇。

4.臺灣總督府:《臺灣の社會教育》,臺北,臺灣總督府,一九三八。

5.伊能嘉矩:《臺灣文化志》,東京,刀江書局,一九二八。

6.井出季和太:《臺灣治績志》,臺北,臺灣日日新報社,一九三七。

7.持地六三郎:《臺灣植民政策》,東京,富山房,一九一三。

8.佐藤源治:《臺灣教育の進展》,臺北,臺灣出版文化株式會社,一九四三。

9.木原義行、佐藤源治,《臺灣に於ける國民學校の經營》,臺北,新高堂書店,一九四二。

10.西卷南平:《公學校教師論》,臺北,臺灣子供世界社,一九二九。

11.東鄉實、佐藤四郎:《臺灣植民發達史》,臺北,晃文館,一九一六。

（資料來源:《臺灣近代史文化篇》,南投,臺灣省文獻委員會,一九九七年,六月。）

國家圖書館出版品預行編目資料

張勝彥臺灣史研究名家論集 / 張勝彥　著者. -- 初版. -
臺北市：蘭臺, 2021.06
面；　公分. -- (臺灣史研究名家論集；3)
ISBN 978-986-06430-4-6(全套：精裝)

1.臺灣研究　2.臺灣史　3.文集

733.09　　　　　　　　　　　　　　　110007832

臺灣史研究名家論集 3

張勝彥臺灣史研究名家論集

著　　者：張勝彥

主　　編：卓克華

編　　輯：沈彥伶、陳嬿竹

封面設計：塗宇樵

出 版 者：蘭臺出版社

發　　行：蘭臺出版社

地　　址：台北市中正區重慶南路 1 段 121 號 8 樓之 14

電　　話：(02)2331-1675 或(02)2331-1691

傳　　真：(02)2382-6225

E—MAIL：books5w@gmail.com 或 books5w@yahoo.com.tw

網路書店：http://5w.com.tw/、https://www.pcstore.com.tw/yesbooks/
　　　　　https://shopee.tw/books5w
　　　　　博客來網路書店、博客思網路書店
　　　　　三民書局、金石堂書店

經　　銷：聯合發行股份有限公司

電　　話：(02) 2917-8022　　　傳　真：(02) 2915-7212

劃撥戶名：蘭臺出版社　　　　帳號：18995335

香港代理：香港聯合零售有限公司

電　　話：(852)2150-2100　　　傳真：(852)2356-0735

出版日期：2021 年 6 月 初版

定　　價：新臺幣 30000 元整（套書，不零售）

ISBN：978-986-06430-4-6

《臺灣史研究名家論集》

這套叢書是研究台灣史的必備文獻！

　　這套叢書是兩岸台灣史的權威歷史名家的著述精華，精采可期，將是臺灣史研究的一座豐功碑及里程碑，可以藏諸名山，垂範後世，開啟門徑，臺灣史的未來新方向即孕育在這套叢書中。展視書稿，披卷流連，略綴數語以說明叢刊的成書經過，及對臺灣史的一些想法，期待與焦慮。

三編

尹章義、林滿紅、林翠鳳、武之璋、孟祥瀚、洪健榮、
張崑振、張勝彥、戚嘉林、許世融、連心豪、葉乃齊、
趙祐志、賴志彰、闞正宗

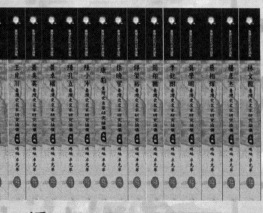

二編　ISBN：978-986-5633-70-7

9789865633707　30000

臺灣史名家研究論集二編　（精裝）NT$：30000

尹章義、李乾朗、吳學明、
周翔鶴、林文龍、邱榮裕、
徐曉望、康　豹、陳小沖、
陳孔立、黃卓權、黃美英、
楊彥杰、蔡相輝、王見川

一編　ISBN：978-986-5633-47-9

9789865633479　28000

臺灣史研究名家論集〈套書〉　定價：28000

王志宇、汪毅夫、卓克華、
周宗賢、林仁川、林國平、
韋煙灶、徐亞湘、陳支平、
陳哲三、陳進傳、鄭喜夫、
鄧孔昭、戴文鋒

100台北市重慶南路一段121號8樓之14
TEL：(8862)2331 1675　FAX：(8862)2382 6225

E-mail：books5w@gmail.com
網址：http://5w.com.tw/